Thomas Mann Jahrbuch Band 30

THOMAS MANN Jahrbuch

Band 30 2017

Begründet von
Eckhard Heftrich und Hans Wysling

Herausgegeben von
Katrin Bedenig und Hans Wißkirchen

Herausgegeben in Verbindung mit der Deutschen Thomas Mann-Gesellschaft,
Sitz Lübeck e.V. und der Thomas Mann Gesellschaft Zürich

Redaktion und Register: Silke Schulenburg und Barbara Eschenburg

Gedruckt auf Alster Werkdruck der Firma Geese, Hamburg,
alterungsbeständig ∞ISO 9706 und PEFC-zertifiziert
Satz: post scriptum, www.post-scriptum.biz
Druck: Hubert & Co., Göttingen
Printed in Germany
ISSN 0935-6983
ISBN 978-3-465-03972-3

Inhalt

Laudationes

Abhandlungen

Anhang

Vorwort

Das Thomas Mann Jahrbuch erscheint mit diesem Jahrgang zum dreißigsten Mal. Die Zielsetzung im ersten Band war kurz und präzise: Das Jahrbuch sollte Thomas Mann in seiner privaten und historischen Umgebung darstellen und das »Werk und dessen Wirkung aus verschiedenen Perspektiven sichtbar machen und zur Diskussion stellen«.

An diesen grundlegenden Zielen halten auch die aktuellen Herausgeber des Jahrbuchs unverändert fest, wobei wir die konkrete Ausgestaltung natürlich den sich veränderten Zeitläuften angepasst haben. Es ist uns aber nach wie vor darum zu tun, Thomas Manns Leben und Werk in seinen ganzen Vieldimensionalitäten und in seinen Bezügen zur Wirklichkeit von heute zu präsentieren.

Das tun auch die im vorliegenden Band abgedruckten Vorträge, die wie immer die Tagungen der Deutschen Thomas Mann-Gesellschaft in Lübeck und der Schweizer Thomas Mann Gesellschaft in Zürich dokumentieren.

In Lübeck trafen sich vom 16. bis 18. September 2016 Wissenschaftler und Leser zur Tagung »*On Myself* – Autobiografisches Schreiben bei Thomas Mann«. In acht Vorträgen, die nachfolgend abgedruckt sind, wurde jener Bereich zwischen Leben und Literatur bei Thomas Mann ausgelotet, der konstitutiv für sein Schaffen gewesen ist.

Im Rahmen der Tagung wurde zudem der Thomas-Mann-Preis der Hansestadt Lübeck und der Bayerischen Akademie der Schönen Künste an die Schriftstellerin Jenny Erpenbeck verliehen. Die Preisverleihung fand mit einer Laudatio von Knut Elstermann und einer Dankesrede von Jenny Erpenbeck in den Kammerspielen des Lübecker Theaters statt.

Die Thomas Mann Gesellschaft Zürich feierte 2016 ihr 60-Jahr-Jubiläum. Aus diesem Anlass widmete sie ihre Jahrestagung am 11. Juni dem Thema »Thomas Manns Zürcher Jahre von 1933 bis 1938«. Neben einem literaturwissenschaftlichen und einem zeithistorischen Blick auf Thomas Manns besondere Situation im Zürcher Exil stand auch ein Rückblick auf die sechzigjährige Geschichte der Schweizer Thomas Mann Gesellschaft auf dem Programm.

In der Rubrik »Abhandlungen« stellt Yvonne Nilges neue Archivfunde zu Thomas Manns Erstlingsroman *Buddenbrooks* vor.

Wie üblich wird der Band mit der Auswahlbibliographie, diesmal der Jahre 2015 bis 2016, sowie durch die Mitteilungen der Deutschen Thomas Mann-Gesellschaft, Lübeck e.V., und der Thomas Mann Gesellschaft Zürich abgerundet.

Die Herausgeber

Alexander Honold

On myself

Thomas Mann als Figur und Erzähler seiner selbst

I.

»Ursprünglich hatte ich ganz etwas anderes machen wollen.« (XIII, 148) Dieses Geständnis ist ebenso kokett wie aufrichtig – und markiert somit in beiderlei Extremen die stilistische Spannbreite des Redens und Schreibens über sich selbst. Was Thomas Mann den amerikanischen Studenten des Literaturseminars von Hans Jaeger an der Princeton University im Mai 1940 über die Entstehungsgeschichte seiner berühmten Novelle *Der Tod in Venedig* verrät, fördert einige jener, dem Publikum meist verborgenen, intentionalen oder auch unbewussten Beweggründe zutage, von welchen die schriftstellerische Arbeit initiiert und am Laufen gehalten wird und die im manifesten Text als solche höchstens in gedämpfter oder verschobener Form erkennbar werden. Freilich kann nur, wer auf dem Podest anerkannter Meisterschaft steht, so offenherzig eingestehen, er habe eigentlich etwas anderes zu bewerkstelligen vorgehabt als das am Ende Realisierte. Und doch ist Thomas Manns Eingeständnis durchaus verallgemeinerungsfähig. Angedeutet ist darin eine Erkenntnis über das Verhältnis von Machen und Gemacht-Werden, von Poetik und Produktion. Die Drift zwischen Machen-Wollen und Gemacht-Haben ist wohl niemandem fremd, der das Abenteuer des Schreibens kennt. Sie beruht auf der irritierenden Entdeckung, dass sich im blinden Winkel zwischen gedanklichen Absichten und sprachlicher Gestaltungsarbeit die Richtung, der Umfang und sogar der Gegenstand des eigenen Ausdrucksbestrebens erheblich verschieben können. Nicht der Schreibende ist es also, der mit der Sprache und mit seinem Text machen kann, was er will; oft verhält es sich umgekehrt und die Worte und Sätze ihrerseits ›machen‹ den Schreibenden, spiegeln ihm anhand der Textgestalt zurück, was tatsächlich gemacht wurde und von wem.

In seinem ersten größeren autobiografischen Rückblick, dem *Lebensabriß* von 1930, hatte Thomas Mann auf die noch frische Ehrung durch den Nobelpreis zurückblicken können, von dem die familiären, politischen und publizistischen Turbulenzen der Zwanzigerjahre an deren Ende überstrahlt wurden. Auch damals schon reflektierte er mit einer selbstironischen Wendung den Umstand, dass er im Laufe seiner schriftstellerischen Karriere wiederholt in ungeahnte Werk-Abenteuer, Zeitnöte und Terminschwierigkeiten geraten war, weil er sich bei der Einschätzung des kreativen Aufwands und textuellen Umfangs, den der jeweils als nächstes auszuführende Werkplan einnehmen sollte, anfänglich gerne einer erheblichen Täuschung hinzugeben pflegte. Und auch bei dieser früheren Arbeitsbilanz gibt just die Textgenese des *Tod in Venedig* den Anlass für die selbstkritische Diagnose des Auseinanderklaffens von Start und Ziel:

Die Novelle war so anspruchslos beabsichtigt wie nur irgendeine meiner Unternehmungen; sie war als rasch zu erledigende Improvisation und Einschaltung in die Arbeit an dem Betrügerroman [also den 1912 fragmentarisch zurückgelassenen Krull-Memoiren, A. H.] gedacht [...]. Aber die Dinge [...] haben ihren eigenen Willen, nach dem sie sich ausbilden [...] (XI, 123),

so Thomas Mann. »[A]uch Aschenbachs Geschichte erwies sich als ›eigensinnig‹, ein gutes Stück über den Sinn hinaus, den ich ihr hatte beilegen wollen.« (XI, 123) Der *Tod in Venedig* ist, und das macht diesen Text zum besonders intensiv kommentierten Textzeugen der autobiografischen Rechenschaften, ein werkchronologischer Umbruch- und Wendepunkt, mit dem Thomas Manns Schreiben demonstrativ aus der Jugendphase eines dekadenzgesättigten Gauklertums in die Pathosgebärde einer tragisch grundierten Künstlerexistenz überwechselt.

Am Ende der 1920er Jahre hatte Thomas Mann aus mehrerlei Gründen Anlass, sich als jemanden zu porträtieren, dessen frühere rechtsnationale Staatsauffassung und dessen skeptisch-ironisches Menschenbild nicht etwa nur durch die Wechselfälle der politischen Zeitgeschichte überholt und korrigiert worden waren, also lediglich auf äußerlichen Druck hin. Vielmehr legte der Schriftsteller in seinem *Lebensabriß* die Entstehungsgeschichte seiner Hauptwerke nun so aus, dass sich an ihnen ein vom Schöpferwillen des Verfassers nur partiell gelenkter, gesellschaftlicher Erziehungsprozess ablesen ließ.

Schon der mit dem Erstling in Angriff genommene Familienroman der Lübecker Kindheit und hanseatischen Kaufmannswelt sei unversehens weit über das eigentlich gesetzte Limit »von allenfalls zweihundertfünfzig Seiten« (XI, 123) hinaus ausgewachsen zu einem Zeitpanorama und Generationendrama der ermüdeten Bürgerlichkeit. Erst recht für den zunächst als humoristische Novelle des Davoser Heilbetriebs geplanten *Zauberberg* würde gelten, so blickt der Schriftsteller von der eben noch behandelten *Venedig*-Novelle her chronologisch voraus, dass sich aus einem quantitativ überschaubaren und gattungstechnisch klar pointierten Schreibvorhaben, welches mit seinem leichten Tone nur eine Zwischenzeit hätte ausfüllen sollen, am Ende ein geradezu lebensbegleitender Epochen-Zeitroman herausgeschält haben würde. (Vgl. XI, 125 f.)

Zwar nicht etwas grundsätzlich anderes hatte der Schriftsteller also mit den beiden Großromanen im Sinne gehabt, wohl aber etwas, das in beiden Fällen weit stärker von der satirischen Perspektivierung durch den Künstler und dessen karikierendem Blick auf gesellschaftliche Typen durchwirkt gewesen wäre, als es die in eine epische Breite der Phänomene ausgreifenden Zeitschilderungen dann noch zulassen, die demgegenüber ein größeres Maß an sozialer Objektivität aufbieten. Ähnlich wie Hugo von Hofmannsthal in seinen biografisch-poetologischen Selbstbetrachtungen retrospektiv einen fast unwillkürlich vollzogenen »Weg zum Sozialen«[1] zu erkennen glaubte, sieht sich auch Mann mit seinen großen Zeitromanen letztlich in einer gesellschaftlichen Verantwortlichkeit stehen, für die er »ursprünglich« (um an diese genealogische Fragerichtung nochmals zu erinnern) keineswegs prädestiniert gewesen war. Die in schier endlosen Figurenreden und Zeremonial-Schilderungen fortgesetzte ironische Zeitreise durch das *Zauberberg*-Panoptikum etwa, so räumt der Rückblick des Verfassers ein, wäre ihm bei der Wiederaufnahme des Romans im Nachkrieg zunehmend wie ein »problematisches Privatvergnügen« erschienen, dessen ursprüngliche »Reize« sich am angereihten Material »längst schon abgenutzt« (XI, 133) hatten. Und schließlich sei es ihm, nach so vielen Jahren, dann am Ende vor allem um das Weiterführen und »Fertigmachen« des unter so gänzlich anderen Voraussetzungen Begonnenen zu tun gewesen, was der Autor leicht abfällig, aber nicht ohne Genugtuung, »eine Sache produktionsethischer Bravheit« nennt (XI, 133).

Ein wichtiger Startimpuls von Thomas Manns Künstlertrieb hatte, wie wir sowohl aus Jugenderinnerungen des Autors wie auch aus seinen frühen *Notizbüchern* wissen,[2] im frühreifen Pennälertalent zur karikierenden Nachahmung der Erwachsenenwelt mithilfe der verzerrenden Hervorhebung besonderer Sprachticks oder körperlicher Kennzeichen bestanden. Diese satirisch-imitatorische Schreibweise nennt der Autor im Rückblick »physiognomisch-naturalistisch« (XI, 116); sie wurde entwickelt und verstärkt unter dem misanthropischen Einfluss von Karikaturzeitschriften wie dem *Simplicissimus.*[3] Auch später noch ist Thomas Manns literarischer Stil, auf dessen jederzeitige Wiedererkennbarkeit sich der Schriftsteller einiges zugute hielt, grundiert von satirisch angelegter Mimesis, von demonstrativ virtuosen Kostproben sozialer Rollenprosa, die in erster Linie auf ›Effekt‹ angelegt waren. Noch in des Schriftstellers kaum je wirklich gezügelter Lust an der Exhibition antisemiti-

[1] Hugo von Hofmannsthal: Ad me ipsum (1916–1929), in: Gesammelte Werke. Reden und Aufsätze III. Buch der Freunde. Aufzeichnungen, hg. von Bernd Schoeller und Ingeborg Beyer-Ahlert, Frankfurt/Main: S. Fischer 1980, S. 597–628, 610.

[2] Peter de Mendelssohn: Der Zauberer. Das Leben des deutschen Schriftstellers Thomas Mann. Erster Teil 1875–1918, Frankfurt/Main: S. Fischer 1975, S. 68; Notb I; Notb II.

[3] Mendelssohn, Der Zauberer (Anm. 2), S. 219–224.

scher und chauvinistischer Stereotype[4] kann so etwas wie die Erfüllung eines kindlich frechen Streiches als negative Antriebkraft beobachtet werden, eine machtberauschte Gabe des Verächtlichmachens, die mit spielerischer Provokation dem vernünftigen Bürgersinn und der empathievollen Mitmenschlichkeit, die im Selbstbild des reifen Thomas Mann zweifellos tragende Bestandteile waren, immer wieder ins Handwerk pfuschte.

Von der Vorherrschaft dieser aus Décadence-Zeiten überkommenen frivolen Spottlust nun habe den Autor, so die im *Lebensabriß* angedeutete Pointe seiner ästhetischen Konversion, nicht so sehr die Verpflichtung zu politischer Rücksichtnahme geheilt, als vielmehr die intrinsische Fortentwicklung des durch seine hybriden Großprojekte heraufbeschworenen narrativen Materials. Zwischen Autorvita und Werkgenese walteten die gleichen Kräfte einer von Umbrüchen zuvor unvorstellbaren Ausmaßes entfachten sozialen Zentrifuge, die den idiosynkratischen »Ur-Kram«[5] der problematischen Künstlerexistenz durch das unkontrollierbare Hinausschleudern seiner Kernmotive mit zunehmender Welthaltigkeit durchtränkte. Das epische Sich-Auswachsen der Romane besitzt – und dies darf man als Kernaussage und Zielpunkt der im *Lebensabriß* gegebenen Rückschau von 1930 betrachten – insofern auch eine *literarische Erziehungsdimension*, als sich das Gewicht historischer Fakten und die Fülle sozialer Phänomene durch die sukzessive Verbreiterung und Vertiefung der Erzählstoffe spürbar erhöhten und sich somit eine offenere Haltung gegenüber den weiterhin virulenten Spitzen des Imitators und Karikaturisten allein schon in quantitativer Hinsicht mehr und mehr durchsetzen konnte.

Als Vernunftrepublikaner war Thomas Mann 1926 einer der führenden Köpfe bei der politisch umstrittenen Gründung einer Schriftstellersektion in der Berliner Akademie der Künste gewesen, ein Vorgang, bei dem hartnäckiges künstlerisches Widerstreben erst durch »[d]as soziale ›Trotzdem‹« (XI, 135), wie er es nennt, hatte überwunden werden müssen. Er selbst, so betont Thomas Mann, sei Sinnbild dieser zugleich äußerlich wie innerlich vom deutschen Kulturleben insgesamt vollzogenen Kehre. »Wie vielleicht kein zweiter hatte ich den zeitlichen Zwang zum Übergange aus dem Metaphysisch-Individuellen ins Soziale unter heftigen Kämpfen am eigenen Leibe erfahren« (XI, 136). Desto wichtiger war es, die markanten Veränderungen des politischen und kulturellen Rahmens in diesem Rück- und Einblick nun mit der intrinsischen Dynamik der literarischen Werke selbst in Beziehung zu setzen, was auf nichts Geringeres hinauslief als auf eine Grundlagenrevision der eigenen Arbeitsweise.

[4] Vgl. Yahya Elsaghe: Thomas Mann und die kleinen Unterschiede. Zur erzählerischen Imagination des Anderen, Köln/Weimar/Wien: Böhlau 2004.

[5] Hermann Kurzke: Thomas Mann. Das Leben als Kunstwerk, München: C.H. Beck 1999, S. 86.

II.

Die drei großen öffentlichkeitwirksamen und politisch gemeinten Selbstverständigungs-Texte der Zwanzigerjahre, also die Hauptmann-Rede *Von deutscher Republik* (1922), die *Pariser Rechenschaft* (1926) und der *Lebensabriß*, sind verbunden durch die darin wiederholt absolvierte argumentative Gratwanderung, das klare Signal einer demokratisch geläuterten Grundauffassung auszusenden und zugleich auf der publizistischen Nicht-Behaftbarkeit des Verfassers zutiefst ambivalenter literarischer Werke zu insistieren. In allen diesen Beiträgen nimmt der Autor eine prononciert autobiografische Sprecherposition ein, die den komplexen Werken ihren eindeutigen Platz in seiner Lebens- und Schaffens-Chronologie zuweist und Thomas Mann selbst als deren legitimen, autorisierten Interpreten statuiert. Doch lassen die in ihrem Tonfall und ihrem stilistischen Gestaltungswillen durch und durch als literarisch erkennbaren Selbstdeutungen auch wenig Zweifel daran, dass die Persönlichkeit des Schriftstellers Thomas Mann eine ihrerseits schon fiktionalisierte, artifiziell hergestellte Größe ist, nicht minder elaboriert als der Figurenkosmos seiner Romane.

Auf diese Weise entsteht ein Habitus repräsentativer, aber unverbindlicher Selbstbezüglichkeit, der als doppelseitige Passform Autorpersönlichkeit und Werkprofil konturengleich übereinanderlegt. Nicht von ungefähr steht der überaus enge Konnex von demonstrativer Lebensführung und ihrer ins Literarische transponierten Imaginationswelt im Fokus aller großen Biografien Thomas Manns, die auf diese Weise nicht nur, wie Hermann Kurzke es formulierte, »das Leben als Kunstwerk«[6] deuteten, sondern umgekehrt auch den Kreis der Werke als eine symbolische Extension der in ihnen umgestalteten Lebensproblematik verstanden. Damit ist allerdings auch gesagt, dass derjenige Thomas Mann, dessen kanonisierten Namen wir als resultative Klammer der Autorschaft um dieses Œuvre zu ziehen gewohnt sind, und derjenige Thomas Mann, dessen bewegtes Leben und bewunderte Schriftstellertätigkeit den entstandenen Texten schaffenspsychologisch vorausgegangen sein muss, dass also die literarische und die historische Gestalt dieses Autors einander wechselseitig und interferierend erst hervorgebracht haben, so dass das biografische Referenzobjekt nicht von der literarisch erzeugten Vorstellung des Autors abgelöst oder erst recht nicht das eine aus dem anderen hergeleitet werden kann.

Letztlich beruht, was in der konventionellen Formel von *life and letters* zum komplementären Paar verbunden ist, auf der beides überwölbenden Syntheseleistung eines umfassenden, großen *Selbstnarrativs*. Es ›gibt‹ Thomas Mann nicht nur insofern, als die unter seinem Namen publizierten Werke in ihm ihren realhistorisch identifizierbaren (und biologisch endlichen) Verfasser haben;

[6] Vgl. Kurzke, Thomas Mann (Anm. 5).

sondern es gibt ›Thomas Mann‹ als eine (weiterhin gegenwärtige) kulturelle Persönlichkeit vor allem deshalb, weil erst diese umgreifende Autorschaft sein Œuvre zu einer Einheit konstituiert, die ihrerseits nach einem persönlichen Darsteller und nach einem Sitz im Leben verlangt.

Damit ist nun jener Punkt markiert, wo Thomas Manns im Frühjahr 1940 an der Princeton University gehaltenen Vorlesungen *On myself* den erzählten Lebensfaden wieder aufnehmen. »Von meiner eigenen Arbeit, von meinem Leben als Schriftsteller, soll ich Ihnen heute etwas erzählen.« (XIII, 127) So eröffnet Thomas Mann in der deutschen Fassung sein Redemanuskript, das für den Vortrag vor den amerikanischen Studenten von seiner langjährigen literarischen Übersetzerin Helen Lowe-Porter ins Englische übertragen und von dem seit der Übersiedlung nach Princeton für den Schriftsteller tätigen Sekretär Hans Meisel redaktionell bearbeitet wurde.[7] Der Schriftsteller tritt folglich nicht mehr alleine und kraft eigenen Wortes vor seine akademischen Hörer, sondern vorbereitet durch ein kleines Team, dessen unterstützende Zuarbeiten den Auftritt dieser und einiger anderer *Lectures* wirkungsvoll flankieren.

Wer aber ist Gegenstand und wer ist der Sprecher in den Vorlesungen »on myself«? Die erzählende Rede *über sich selbst* ist mit der denkbar stärksten Identitätsbehauptung verbunden; hier spricht nicht ein figürlich maskiertes fiktionales Rollen-Ich, sondern der Autor ›himself‹.[8] In grammatischer Hinsicht handelt es sich dabei um ein in reflexiver Wendung gebrauchtes Demonstrativpronomen, welches die Übereinstimmung des Gemeinten mit dem Gegenstand der Rede, also mit ›sich selbst‹, betont. Allerdings wird im vorliegenden Falle gerade eine solche emphatische Form der Selbstbezüglichkeit mit den pronominalen Identitätsformen einer fremden, dem Autor noch keineswegs geläufigen Sprache artikuliert. Wenn Thomas Manns schon verstorbener Wiener Dichterkollege Hugo von Hofmannsthal für seine in Einzelnotaten festgehaltenen Überlegungen der Selbstrechtfertigung die klassische Überschrift *Ad me ipsum* gewählt hatte[9], war damit seine Form der Selbsterkundung in eine grammatisch analoge, der englischen Phrase zum Vorbild dienende Façon gegossen worden. Die direktionale und referentielle Zeigegeste, welche diese Formel »Ad me ipsum« in zeremonieller Feierlichkeit vollzieht (von der in Thomas Manns Rede ebenfalls einiges mitschwingt), ist ihrer Haltung wie

[7] Klaus Harpprecht: Thomas Mann. Eine Biographie, Reinbek bei Hamburg: Rowohlt 1995, S. 1140.

[8] Zur Differenz pragmatischer und fiktionaler Selbstbezüglichkeit vgl. Matthias Hattemer: Das erdichtete Ich. Zur Gattungspoetik der fiktiven Autobiographie bei Grimmelshausen, E.T.A. Hoffmann, Thomas Mann und Rainer Maria Rilke, Frankfurt/Main u.a.: Lang 1989, bes. S. 19ff.

[9] Hofmannsthal, Ad me ipsum (Anm. 1), S. 597–628.

ihrem Wortlaut nach etwas völlig anderes als der Vorgang, innerhalb eines alltäglichen Sprechaktes unbefangen und bedenkenlos ›ich‹ zu sagen. Bei Anwendung der Ich-Form verbleibt der Sprecher in der Latenz des (ihm) Selbstverständlichen und richtet aus unbefragt bleibendem Sehwinkel seinen Blick auf distante Gegenstände. In der Rückwendung »ad me ipsum« hingegen kehrt sich diese Blickachse diametral um, und gerade der Selbstbezug des Sprechenden wird seinerseits zum Gegenstand, während die Sprechhaltung so sehr von ihm ›selbst‹ abrückt, wie dies bei Benutzung der ersten Person irgend denkbar ist. Die Formulierung »on myself« indiziert, ohne die subjektive Position des Sprechenden zu verlassen, ebenfalls diese perspektivische Brechung, bei der ein autobiografischer Protagonist sich in dem Kunststück versucht, das Phänomen seiner selbst gleichsam von außen zu gewärtigen.

Zugleich aber legt Thomas Mann diese Darlegungen zu seiner Person im klassisch-konventionellen Formrepertoire eines *Erzählers* ab, weshalb hier gattungsspezifisch von einem *Selbstnarrativ* gesprochen werden kann, von einer reflexiven Erzählhaltung gegenüber dem eigenen Leben sowie dessen geschichtlichen Ereignissen und errungenen künstlerischen Erfolgen.[10] Einerseits evoziert der Auftritt als solcher den Effekt größtmöglicher Identität und Selbstpräsenz, die in der Gegenwärtigkeit und Unverwechselbarkeit einer zu internationaler Berühmtheit gelangten Schriftsteller-Persönlichkeit wurzelt; andererseits bleiben die Gründe und Anschauungsbeispiele der in diesem Autor verkörperten Zelebrität – also die literarischen Werke in ihrer artistischen Feinstruktur – im Vorgang des sich präsentierenden Schriftstellertums notgedrungen absent und können allenfalls indirekt etwas zur Stützung dieser Kommunikationssituation beitragen, deren politisches und kulturelles Gewicht schon viel bedeutender ist, als es ihre tatsächliche rhetorische Ausgestaltung jemals würde einholen können.

So zeigt sich in der Anlage des Selbstnarrativs der Princeton-Lecture *On myself* ein für diese Textsorte auch in allgemeiner Hinsicht durchaus charakteristischer, doppelter Widerstreit. Zum einen betrifft dieser das sprachlich bereits an der Überschrift deutlich werdende Spannungsverhältnis von Identität und Maskerade, insofern just die innigste Form der Selbstreflexion mithilfe einer formelhaft eingesetzten Fremdsprache zum Ausdruck gelangt, so dass die Herausgeber des Textes bis heute noch zögern, diesen Werktitel überhaupt den intentional verantworteten Publikationen Thomas Manns zuzuschlagen

10 Da hierbei nicht die empirische Referenz auf die Person des Autors, sondern das reflexive Moment der Selbsterzählung im Vordergrund steht, verfolgt der Begriff des Selbstnarrativs mit seinem performativen Rückbezug eine andere analytische Konzeption als Lejeunes Modell des autobiografischen Paktes, zu dem es sich gleichwohl komplementär verhält (Philippe Lejeune: Der autobiographische Pakt, aus dem Französischen von Wolfram Bayer und Dieter Hornig, Frankfurt/Main: Suhrkamp 1994, S. 16–38).

(in den *Gesammelten Werken* findet sich die Überschrift eingeklammert). Und zum zweiten wird in der Vorlesung eine Gratwanderung zwischen ›insiderisch‹ klingenden Anspielungen und informativen Passagen vollzogen, aus der erkennbar wird, dass sich der Vortrag weder nur an gute Kenner des Werks noch an ahnungslose Neulinge allein richtet und es vielmehr beiderlei Gruppen recht zu machen versucht, indem er die als bekannt vorauszusetzenden Stationen der Werk- und Lebensgeschichte jeweils in einer Art ›Moderations‹-Gestus aufruft,[11] als seien sie längst erwartete Bühnengäste eines allseits bekannten, aber immer wieder gern gesehenen Stücks.

»Nach meinem Werden als Künstler, der Geschichte meines Künstlertums gefragt, frage ich mich nach seiner Wurzel, seinen frühesten Keimen und Regungen, und ich finde sie in meinen *Kindheitsspielen.*« (XIII, 127) Mit dieser Bemerkung wechselt der Erzähler ins dramatische Register, lässt die kindliche Neigung zum Komödiantentum und den Drang zur Nachahmung hervortreten – damit eng an dem Vorbilde Goethes und nach dem Muster von dessen Lebensroman voranschreitend. Es verwundert insofern nicht, wenn zum Kindheits-Stichwort des Puppentheaters sogleich die einschlägigen Episoden aus Goethes *Wilhelm Meister* und Kellers *Grünem Heinrich* herbeizitiert werden (XIII, 131), bei welchen beide Protagonisten den kindlichen Bühneneindrücken ihre erste Einführung in die Stoff- und Formenwelt der Literatur verdanken. Das ästhetische Initiationserlebnis Thomas Manns ist also in den Erzählmustern dieser Bildungsromane literarisch vorgebildet; in biografischer Hinsicht schafft es einen gleitenden Übergang von der Fremdbestimmung durch die äußeren Lebensumstände zu den selbstbestimmten Formungskräften. »Zwischen Kinderspiel und Kunstübung ist in meiner Erinnerung kein Bruch, keine scharfe Grenze.« (XIII, 131) Aus dem Kindervergnügen des Theaterspiels leitet der Selbst-Erzähler zwanglos zu einem Lob des Nachahmungsprinzips über, das als die elementarste (und keineswegs unehrenhafte) Form des literarischen Gestaltungswillens gelten darf. Von hier aus sind die weiteren Etappen auf dem Wege des literarischen Spieltriebs dann durch die indirekte Schutzmacht der großen Vorbilder eigentlich schon vorgezeichnet, so dass die Selbstdarstellung des eigenen Werdegangs Mühe haben wird, angesichts des vom Publikum vor-

[11] Hier berührt sich die darstellerische Dramaturgie der Bekenntnisse »on myself« mit der Poetik des kalkulierten Selbstzitates, wie es Thomas Mann sowohl in der fiktionalen Prosa wie auch in seinen Essays einsetzt, oftmals die dazwischen liegenden Gattungsgrenzen kalkuliert überschreitend. Vgl. hierzu Gert Bruhn: Das Selbstzitat bei Thomas Mann. Untersuchungen zum Verhältnis von Fiktion und Autobiographie in seinem Werk, New York u.a.: Lang 1992. Wie Bruhn darlegt, dienen die eingesetzten Selbstzitate Thomas Manns einerseits »der direkten oder indirekten Charakterisierung epischer Figuren«, verschaffen andererseits aber »auch der geheimen Selbstdarstellung und Selbstparodie des Autors« ein Vehikel (Bruhn, Das Selbstzitat, S. 96).

hergesehenen glänzenden Ergebnisses noch das nötige Quantum an erzählerischem *suspense* aufrecht zu erhalten.

Der Erzähler in eigener Sache bedient sich hierzu dreier Spannungsfelder, die bereits seinen früheren autobiografischen Versuchen inhärent waren. Da ist zunächst die stilistische Rivalität von Bekenntnisgeste und komödiantischer Verstellungskunst; sie sorgt dafür, dass auch unter den Bedingungen eines autobiografischen Paktes die Äußerungen dieses Selbsterzählers weder ganz zum Nennwert noch als reine Fiktion verstanden werden dürfen. Zweitens folgen die im einzelnen verhandelten Stationen dieses Werdegangs trotz ihrer denkbar konventionellen erzählerischen Anordnung – *ab ovo* und dann weiter der chronologischen Reihe nach – keiner einsinnig zielorientierten Erfolgslinie, sie stehen vielmehr unter der epistemischen Grundspannung allen geschichtlichen Erzählens zwischen Providenz und Kontingenz, um eine prägnante Formel Werner Fricks zu benutzen. Der Weg dieses künftigen Meisters ist zwar von Beginn an als solcher angelegt und vorgesehen, doch zugleich stellt das erreichte Ziel auch eine Verwirklichung größter Unwahrscheinlichkeit dar. Ein drittes großes Spannungsfeld tut sich immer dann auf, wenn die idiosynkratische Perspektive des eigenen Selbst mit dem Anspruch auf gesellschaftliche Repräsentanz nicht ohne weiteres in Einklang gebracht werden kann. Sowohl die Kühnheiten eines Lebensweges nach dem romantischen Modell träumerischer Wunscherfüllung wie auch die Frechheiten einer grenzenlos selbstbezogenen Weltsicht werden in *On myself* mit maßvollen, aber kräftigen Registern ausgespielt. Zweischneidig bleibt dabei vor allem die jüngste Phase der eigenen Werkentwicklung. Wie er lernte, auch aus dem alles überragenden Schattenriss Goethes herauszutreten, kann Thomas Mann schon deshalb nicht ohne innere Anspannung erzählen, weil er damit auch jenes Schatten-Ich deutscher Literaturtradition verlieren würde, von dem er in den früheren Stationen seiner Vita mit unheimlicher Verlässlichkeit begleitet worden war.

III.

»Ursprünglich«, so gibt der Schriftsteller seinem akademischen Publikum also preis, hatte die rivalisierende Auseinandersetzung mit Goethe schon den Ausgangsimpuls für die Schreibarbeit an der Novelle *Tod in Venedig* und die Profilierung ihrer zentralen Schriftstellerfigur gebildet. »Ich war von dem Wunsche ausgegangen, Goethe's Spätliebe zu Ulrike von Levetzow zum Gegenstand meiner Erzählung zu machen, die Entwürdigung eines hochgestiegenen Geistes durch die Leidenschaft für ein reizendes, unschuldiges Stück Leben darzustellen« (XIII, 148), so erklärt der Autor. Eine ironisch-elegische Variation über die bekannte Marienbader Liebesleidenschaft des alternden Goethe – das ist es, was Thomas Mann zunächst als Werkidee vorgeschwebt hatte und was sowohl in der manifesten Textgestalt wie auch in früheren Kommentaren des Autors beharrlich verborgen und verschwiegen worden war.

»Damals«, so geht die Enthüllung des vereitelten Werkplanes bis zum entscheidenden Punkt der ambivalenten Objektbesetzung weiter, »hatte ich es nicht gewagt, die Gestalt Goethe's zu beschwören, ich traute mir die Kräfte nicht zu und kam davon ab.« (XIII, 148) Jener Gustav von Aschenbach, den Thomas Mann dann anstelle der Figur Goethes als Protagonisten dieses Dramas abgründiger Leidenschaft ersann, hat gegenüber dem bekanntesten deutschen Dichter den Vorzug, eine fiktionale Gestalt zu sein, an deren negativer Schilderung niemand Anstoß zu nehmen brauchte; und er steht aufgrund seiner biografischen Position den zeitgenössischen Herausforderungen eines zwischen Dekadenz und Pflichtbewusstsein zerspannten Künstlertums, die vor allem den jungen Thomas Mann bewegt hatten, sehr viel näher, als es bei dem Weimarer Klassiker der Fall gewesen wäre. Aus späterer, gegenwärtiger Sicht des Jahres 1940 zeigt sich für den Autor deshalb die *Venedig*-Novelle als die »moralisch und formal zugespitzteste [...] Gestaltung des Décadence- und Künstlerproblems« (XIII, 151), und damit zugleich als dessen – wenn nicht Überwindung, so doch: – Verabschiedung.

So einleuchtend also die intrinsischen Gründe der damaligen Selbstzensur, mit der Thomas Mann von seiner Goethe-Darstellung Abstand nahm, so hartnäckig pochte andererseits die noch unabgegoltene Schreibfantasie in der Schaffenspsychologie ihres Autors weiter. In der Stoffwahl schon des *Zauberbergs*, erst recht aber dann des mehrbändigen *Joseph*-Romans, entfernt sich der Autor mehr und mehr von jener unmittelbaren autobiografischen Erlebnissubstanz, die dem Lübecker Kaufmannsroman, den frühen Künstlernovellen vom *Bajazzo* und von *Tonio Kröger* und auf leicht verschobene Weise auch noch dem Roman *Königliche Hoheit* zugrunde gelegen hatte. Als entscheidende Schauplätze der Abspaltung treten wiederum, wenig überraschend, die einander komplementären Selbstexponierungs-Experimente des Weltkriegsjahrzehnts hervor, also die *Venedig*-Novelle und die *Betrachtungen eines Unpolitischen*. Was hernach kommt, hat gewiss nicht weniger innige Fühlung mit Thomas Manns ureigenen lebensgeschichtlichen Motiven und existentiellen Problemlagen als die Werke zuvor, eher im Gegenteil. Nur mit dem Unterschied, dass die Bezüge nun nicht mehr so stark aus der Übereinstimmung äußerer Umstände und aus der Milieu-Ähnlichkeit geschöpft sind, sondern vorwiegend auf chiffrierten symbolischen Verbindungen beruhen. »Beziehung« sei alles, schreibt Thomas Mann über den »Betrügerroman« (XI, 123) um den Hoteldieb, Erotomanen und Hochstapler Felix Krull, der materialiter sich schon weit entfernt hat von den *Biographica* Thomas Manns, aber mit seinem frivolen Memoirenton einer schelmenhaft selbstironischen Erzählhaltung

Bahn bricht, die wiederum Thomas Mann in seinen eigenen autobiografischen Skizzen ebenfalls gerne einzunehmen beliebte.

Indem der Schriftsteller den Imaginationsraum dieses Beziehungsnetzes in den Zwanziger- und Dreißigerjahren sowohl geografisch wie geschichtlich immer weiter über den eigenen Lebenshorizont hinaus zu erstrecken begann, nahm die symbolische Dimension der dabei ausgearbeiteten Selbstbezüge gegenüber den stofflichen Korrespondenzen zusehends die Hauptrolle ein. Das Zusammenspiel von erzählter Geschichte und Narrationsvorgang eröffnet dem Autor immer größere Möglichkeiten der Parallelführung und Kontrastbildung, die sich vor allem in dem von Eberhard Lämmert mit einer Nietzsche-Formulierung diagnostizierten Erzählverfahren einer »doppelten Optik« bemerkbar machen, bei der explizit aufgerufene Gegenstandswelt und innerer Sinngehalt ein zweiwertiges, widersprüchliches Ganzes bilden.[12] Durch die demonstrative Entfernung der Themen- und Stoffwahl aus der eigenen unmittelbaren Lebenswelt und Zeitgeschichte unterstreicht Thomas Mann den Anspruch, künstlerisch nicht (mehr) vom Materialfaktor abhängig zu sein, sondern kraft der eigenen souveränen Bemeisterung eines gewählten Stoffes Großes schaffen zu können; er beschreitet den Weg in eine intertextuelle Klassizität, die es mit Textvorlagen größtmöglichen symbolischen Kapitals aufnimmt: mit dem Erzählschatz der Bibel und mit dem deutschen Nationalautor.

Der Romancier der *Joseph*-Tetralogie und des Goethe-Romans der späten Dreißigerjahre ist nicht mehr jener von der Nervenkunst der Jahrhundertwende geprägte Nietzsche-Adept, dem eine von tiefer Selbstkritik begleitete Sympathie mit dem Abgrund die Feder lenkte. Diese eigenen Befangenheiten hinter sich gelassen zu haben, beschreibt die autobiografische Vorlesung »on myself« als bedeutende Voraussetzung für das Erreichen einer neuen Qualität literarischer Meisterschaft. Nicht ohne Stolz und Genugtuung vermerkt Thomas Mann:

> Neigungen und Möglichkeiten der Gestaltung, die mir in meiner ganz ans Bürgerlich-Realistische gebundenen Jugend verschlossen gewesen waren, wandten sich nun, in den Jahren, da der Mensch sich vom Besonderen dem Allgemeinen zuneigt, einem solchen Stoff [der biblischen Josephs Geschichte] schon zu, noch ehe der Entschluß, ihn anzupacken, reif war. (XIII, 162)

Als die entscheidenden Ingredienzien dieses stilistisch nicht unheiklen Erzählexperiments mit einem wohlbekannten und bereits verbindlich fixierten biblischen Erzählstoff benennt der Schriftsteller ein Zusammenwirken von

[12] Eberhard Lämmert: Doppelte Optik. Über die Erzählkunst des frühen Thomas Mann, in: Literatur, Sprache, Gesellschaft, hg. von Karl Rüdinger, München: Bayerischer Schulbuchverlag 1970, S. 50–72.

»Mythos und Psychologie« (XIII, 164). Der Begriff des Mythos umreißt dabei die ungezählte Menge an frühen, vorgeschichtlichen Überlieferungen, deren Figurenwelt und Handlungsmuster ins kollektive Gedächtnis der Menschheit Eingang fanden; und Psychologie wiederum meint das Vermögen, sich selbst diese weit entfernten und nur umrisshaft gegebenen Gestalten für das gegenwärtige und eigene Leben so anzuverwandeln, dass noch die sagenhaftesten Episoden (wie Josephs prophetische Traumdeutungen, seine Verführung und insbesondere seine ›Erwähltheit‹) plötzlich eine perspektivische und emotionale Stimmigkeit gewinnen.

Diese Form der identifikatorischen Anverwandlung, bei der das Schriftsteller-Ego und ›Sonntagskind‹ sich im märchenhaften Aufstieg des Pharaonenberaters Joseph narzisstisch gespiegelt sieht – und durch diese symbolische Beziehung den Textsinn der uralten Geschichte auch für die Gegenwart und Gefühlswelt der künftigen Romanleser erschließt –, ist dasjenige Addendum an Modernität und Literarizität, welches es gerechtfertigt erscheinen lässt, eine gute und altvertraute Erzählung nochmals neu zu gestalten. Mythos und Psychologie: diese Formel ist die bündige Beschreibung der schriftstellerischen Arbeitsweise, sich epochal und kulturell weit entfernte Lebenswelten, wie in diesem Falle die altägyptische, als literarisches Material für die Gegenwart anzuverwandeln. Die dahinter liegenden Zusammenhänge entwickelte Thomas Mann vor allem in seinem Vortrag *Freud und die Zukunft*, den er am 8. Mai 1936 zum 80. Geburtstag des Begründers der Psychoanalyse in Wien gehalten hatte. In prägnante Kürze gefasst, so Thomas Mann seinerzeit, laute dieser Identifikationsmechanismus schlichtweg: »Ich bin's.« Dieses »Ich bin's« ist »die Formel des Mythus.« (IX, 496)

Die mit Hilfe Freuds gewonnenen Einsichten in die Psychologie des Künstlertums bilden in werkgeschichtlicher Hinsicht den schlüssigen Übergang von der Arbeit an den *Joseph*-Romanen zur Evokation des alten Goethe, welchem ein Besuch der Jugendliebe Charlotte Kestner noch einmal die ferngerückte Figurenwelt der Werther-Zeit gegenwärtig werden lässt.[13] Von Thomas Manns Arbeitsperspektive her gesehen, handelt es sich bei der Dichter-Hommage von *Lotte in Weimar* demnach um eine mythische Identifikationsleistung zweiter oder sogar dritter Potenz. Denn zunächst war ja im jugendlichen Kreativitätssturm der Werther-Episode eine biografische Konfiguration nur wenig verschlüsselt in überschwängliche Dichtung transformiert worden, worauf Jahrzehnte später die Wiederbegegnung des einstigen verhinderten Liebespaars miteinander, mit der eigenen Jugendzeit und mit den inzwischen an ihre

[13] Vgl. zum Folgenden: Alexander Honold: Falsche Freunde und »heilige Identität«. »Lotte in Weimar«, Thomas Mann bei Goethe, in: Goethe als Literatur-Figur, hg. von Alexander Honold, Edith Anna Kunz und Hans-Jürgen Schrader, Göttingen: Wallstein 2016, S. 163–192.

Stelle getretenen literarischen Rollenkonzepten folgt. Thomas Mann setzt die Künstlichkeit seines Sujets jederzeit als bekannt voraus, schon wenn er das freudige Ereignis des Lotte-Besuchs durch den Weimarer Hoteldiener als »buchenswert« (9.1, 446) bezeichnen lässt. Zu seinem eigentlichen Wagstück aber dringt der Roman erst mit dem als Klimax angelegten siebenten Kapitel vor, das Goethes innerste Gefühlswelt und Gedankengänge im Modus des inneren Monologs entfaltet. Damit erklärt sich Thomas Mann zum intimen Kenner, Fürsprecher und sogar zum Erfinder der deutschen Dichterpersönlichkeit schlechthin, er rückt in die Diskursposition Goethes.

Der Vorgang ist so »unerhört«, dass der Romancier ihn auch im Nachhinein nur in einer ironischen Dämpfung zu schildern vermag. Umso mehr kostet seine Lebensschilderung an dieser Stelle freilich die Differenz aus, die in der eigenen Schaffensbiografie zwischen dem einstigen *Tod in Venedig*-Verfasser und dem von Klassizität geadelten Schriftsteller der Gegenwart besteht:

> Sie erinnern sich, daß ich schon fünfundzwanzig Jahre früher, als der ›Tod in Venedig‹ in mir umging, daran gedacht hatte, Deutschlands größten Dichter, Goethe, zum Gegenstand einer Erzählung zu machen, und wie es mir damals an dem nötigen Mut zu solch einem anspruchsvollen Unternehmen gebrach. Als Sechziger habe ich's gewagt, den großen Alten auf die Bühne zu stellen [...]. (XIII, 167)

Hier kommt, was immer eine Selbstbiografie an errungenem Lebenserfolg und sozialem Prestige in die Waagschale zu werfen hat, in möglichst emphatischer und feierlicher Genugtuung zum Ausdruck. Für den Thomas Mann des Jahres 1940 ist der eigene literarische Rang ohne Frage primär durch dieses gestalterische Aufschließen zur Persönlichkeit und zum Dichterrang Goethes bestimmt, einer noch ganz frisch zurückliegenden und mit dem Publikum freudig geteilten Errungenschaft, so wie es im *Lebensabriss* von 1930 der im Vorjahr erlangte Literaturnobelpreis gewesen war.

IV.

Für die deutschen Emigranten war die Eingewöhnung in amerikanische Verhältnisse meist eine erheblich schwierigere Übung, als sich dies bei der scheinbar mit eleganter Mühelosigkeit vollzogenen Übersiedlung Thomas Manns ausnimmt. Etliche zwar vermochten nach mehr oder minder mühevollen Phasen des Eingewöhnens sich in das Englische als Arbeitssprache hineinzufinden oder profitierten gar von dem boomenden Gewerbe der Filmindustrie und ihres Skriptbedarfs im kalifornischen Hollywood. Für kaum jemanden aus der literarischen Zunft deutscher Exilautoren aber kann ansonsten gelten, dass durch den Eintritt in die amerikanische Wirkungssphäre eine erhebliche Steigerung und Weitung der eigenen künstlerischen Publizität, ihre Erhöhung in eine weltliterarische Dimension erfolgte – außer für Thomas Mann.

Der Schriftsteller lernte nun erst, mit den Mächtigen zu verkehren, als würde sich für ihn selbst der traumdeuterische *Joseph*-Roman erfüllen; er wurde, auf Vermittlung seiner einflussreichen Freundin Agnes E. Meyer, an der Präsidenten-Tafel empfangen und von der *Library of Congress* als »Consultant in Germanic Literature« geführt;[14] von einflussreichen Medienunternehmern ins Gespräch gezogen und von zahlreichen Universitäten mit Einladungen bedacht, welche ihm Gelegenheit gaben, das Land in großen Vortragstourneen zu bereisen. Kurz, ihm wurde nun tatsächlich die zuvor eher spielerisch angelegte Rolle des Repräsentanten zugemessen, eines Botschafters Deutschlands, der dessen stolze und auch dessen verhängnisvolle Grundzüge wie kein anderer zu erklären wusste und der die tiefgründige Problematik des deutschen Wesens *in personam* zu verkörpern schien.

Für das zeitgenössische amerikanische Publikum aber hatte ein Repräsentant deutscher Kultur und Geschichte sich nicht nur durch das bisher geleistete Werk auszuweisen, er musste sich überdies positionieren durch sein Verhältnis zu den beiden eminenten Fixpunkten, zwischen deren Extremen das kulturelle Profil Deutschlands insgesamt eingespannt war, nämlich durch ausdrückliche Referenzen nicht nur auf Goethe, sondern auch auf Hitler. Sowohl der im Frühjahr 1938 entstandene Essay *Bruder Hitler* wie schon die Arbeit am Goethe-Roman *Lotte in Weimar* stehen nicht nur im Zeichen der Selbstverständigung und der künstlerischen wie politischen Rechenschaft; Thomas Mann nimmt mit diesen betont ›vorbelasteten‹ Themen die beiden markanten Fluchtlinien auf, zwischen denen sich das internationale Deutschlandbild jener Jahre im Guten wie im Bösen zerspannte. Das Exil wirkte hierbei als Katalysator: Ohne die Schrecken, die das Hitler-Regime über Deutschland und über Europa gebracht hatte und die sich nun zu einem Zweiten Weltkrieg zu weiten begannen, wäre die Rolle Thomas Manns als eines Repräsentanten des Deutschtums für die amerikanische Öffentlichkeit bei weitem nicht als so bedeutsam wahrgenommen worden, wie es in den Jahren 1939 und 1940 dann der Fall war.

In seiner Person äußerte sich ein Sprecher des Exils, dem manche der kulturellen Einstellungen und gesellschaftlichen Entwicklungstendenzen nicht ganz fremd waren, vor deren Folgen nun geflohen werden musste. In *Bruder Hitler* bekennt Thomas Mann diese eigene Verschwisterung mit manchen geistigen

[14] Harpprecht, Thomas Mann (Anm. 7), S. 1081; Vgl. auch den einleitenden Essay Hans Rudolf Vagets in seiner Edition des Briefwechsels zwischen Thomas Mann und Agnes E. Meyer. Hans Rudolf Vaget: Einleitung, in: Thomas Mann – Agnes E. Meyer: Briefwechsel 1937–1955, Frankfurt/Main: S. Fischer 1992, S. 5–71.

Wurzeln des gegenwärtigen Deutschland geradezu demonstrativ ein und erläutert sie bar jeder taktischen Rücksichtnahme: Die amerikanische Erstveröffentlichung erfolgte im März 1939 unter dem provokanten Titel *That man is my brother.* In den Vorlesungen von Princeton allerdings spielt dieser Bezug keine ausdrückliche Rolle. War die öffentlich deklarierte Bruderschaft mit Hitler eine in politischer Hinsicht höchst wagemutige und zu Missverständnissen Anlass gebende Form der Identitätssetzung, so schafft Thomas Manns systematisch erarbeitete Goethe-Referenz auf der anderen Seite einen zweiten, nicht minder riskanten Schauplatz der Usurpation, auf dem die Leitlinien der deutschen Literaturgeschichte neu ausgemessen werden.

Die zeitliche Koinzidenz, die zwischen der Fertigstellung des Goetheromans und dem endgültigen Übertritt Thomas Manns in das amerikanische Exilland besteht, wird durch den lange erwarteten Ausbruch der manifesten Kriegshandlungen mit dem deutschen Überfall auf Polen in dramatischer Form besiegelt. Einen innerhalb Deutschlands liegenden Verlags- und Publikationsort hatte der Schriftsteller seit seiner 1936 erfolgten ausdrücklichen Parteinahme für das Exil und gegen das Hitler-Regime verloren; mit Bermann Fischers Stockholmer Behelfskonstruktion war Mann bei *Lotte in Weimar* zu einer Erstpublikation außerhalb des deutschen Sprachraums gezwungen, und kaum einer der verbliebenen europäischen Verlagskontakte schien angesichts der deutschen Kriegs- und Eroberungszüge noch sicher. Notgedrungen beginnt Thomas Mann, sich auch publizistisch vermehrt dem amerikanischen Markt und seinen Möglichkeiten zuzuwenden. Schon sein nächster Roman, *Doktor Faustus,* wird – wie sonst, wenn nicht im Namen- und Werkbanne Goethes – den Geltungsbereich der deutschen Sprache demonstrativ hinter sich lassen. Dort nimmt der Tonkünstler Adrian Leverkühn mit seiner ausgeprägten, ganz auf Shakespeare ausgerichteten Anglomanie und mit seiner Freisetzung der musikalischen Elementargewalten gleich doppelten Abschied von Thomas Manns Herkunftswelt samt ihrer literarischen Prägungen. Es ist, symbolisch zumindest, ein Abschied auch von der deutschen Sprache. Im Modus des autobiografischen Blicks zurück greift *On myself* demnach einer literarischen Politik des Sprachwechsels voraus, bei der sich abermals die eigene Existenz und das Schicksal Deutschlands als miteinander verklammert erweisen. Tatsächlich hatte, wie wir Heutigen viel besser sehen können, in jenen Jahren auch das Deutsche als Sprache der Literatur und der Wissenschaft einen irreversiblen Weg ins Exil angetreten.

Werner Frick

»Geistige Huldigungsmusik«: Thomas Mann als Gratulant und Jubilar[1]

für Helmut Koopmann

Ehre zu bezeigen, den Rang zu salutieren, Honneurs zu erweisen, gehört zu den schönsten Genugtuungen des Herzens. Ohne Heuchelei, es gewährt viel reineres Vergnügen, als Ehre zu empfangen. Das macht einen heißen Kopf, überlastet das Selbstgefühl, und man denkt nur: ›Kinder, Kinder – !‹

Vielleicht empfindet auch der Mann so, dem heute die geistige Welt huldigt. Er muß uns erlauben, egoistisch zu sein. Er erntet, was er gesät hat, und hätte uns weniger wohltun dürfen, wenn er beabsichtigte, heute den Spröden zu spielen.

Die Eitelkeit ›dabei zu sein‹, ist äußerlich schwer zu unterscheiden von dem echteren Glücke, es dahin gebracht zu haben, daß man loben und ehren darf. Daß man sich doch dem Guten so weit zu nähern vermochte, um daran teilzuhaben und sich in Stunden wie dieser ein wenig ›vom Bau‹ fühlen zu dürfen, vom Bau des Guten.

Ja, ich bin glücklich, heute ›dabei zu sein‹, zum Danke zugelassen zu werden und zum Bekenntnis. (15.1, 1114)

Eine wahrhaft voll orchestrierte Intrade in satter Fülle des Wohllauts – und sie fährt fort:

Die hellsten und geistig heitersten Theaterstunden meines Lebens waren die, welche ich vor den Werken Bernard Shaws verbrachte. Diesen allerfreiesten und lustig-wahrhaftigsten Geist zum siebzigsten Geburtstag zu grüßen, vereinigt sich mit Freuden das ganze höhere Deutschland. (Ebd.)

Hier spricht der fünfzigjährige Thomas Mann, Ende April 1926, in einer Huldigung zum siebzigsten Geburtstag von George Bernard Shaw – und offenkundig spricht er nicht nur in eigener, privater Person und Veranlassung, sondern in öffentlicher Rede und als Repräsentant eines Kollektivsubjekts, eben: des »ganzen höheren Deutschland«, dessen Grüße und Glückwünsche er in allerdings höchst selbstbewusster Stellvertretung (und im Medium einer durch den S. Fischer Verlag zusammengestellten Kassette von handschriftlichen Gratulationsadressen deutschsprachiger Autoren) überbringt, glücklich als einer,

[1] Vortrag gehalten bei der Herbsttagung der Deutschen Thomas Mann-Gesellschaft (»On Myself: Autobiografisches Schreiben bei Thomas Mann«) vom 16.–18. September 2016 in Lübeck sowie an den Universitäten Augsburg, Bonn und Freiburg. Spuren seiner ursprünglichen Mündlichkeit wurden dem Text belassen.

der »dabei sein«, der »loben und ehren darf«, der sich »zum Danke zugelassen« weiß und zum »Bekenntnis«, weil er seiner geistigen Affinität *zum* und seiner Ranggleichheit *mit* dem Adressaten seiner Lobrede gewiss sein darf und lebhaft empfindet, dass er selbst »vom Bau« und vom Kaliber »des Guten« ist: Shaw hatte im Vorjahr, 1925, den Literatur-Nobelpreis erhalten, bei Thomas Mann, der unlängst den *Zauberberg* veröffentlicht hat, wird es noch drei Jahre, bis 1929, dauern, auch wenn er den Preis dann tatsächlich vor allem für *Buddenbrooks* erhalten wird. Aber man spricht schon jetzt von gleich zu gleich und im Bewusstsein gemeinsamer meritokratischer Zugehörigkeit zum »Bau des Guten« und der aus solcher Kongenialität folgenden reziproken Wertschätzung.[2]

Wovon diese Hommage ein Beispiel geben will und was uns im Folgenden in einem (wenn auch notwendig skizzenhaften) Aufriss beschäftigen soll, ist dies: Thomas Mann war, je älter, desto mehr, ein leidenschaftliches Geburtstagskind und ein virtuoser Zelebrant eigener wie fremder Jubiläen von höchsten literarisch-essayistischen Graden, gleichermaßen begabt als Gratulant wie als Jubilar, als Subjekt wie als Objekt festlicher Huldigungen und preisender Reden im Rahmen einer bürgerlich geprägten Gedächtnis-, Erinnerungs- und Festkultur.

Zu Jubiläen, ihrer Genese und Vielfalt, ihren sozialen und kulturellen Funktionen, hat die kulturhistorische und sozialwissenschaftliche Forschung in

[2] Angesichts dieses meritokratischen Sprechens ›auf Augenhöhe‹, das an den Typus der »heroischen Geschichtsschreibung« aus Nietzsches *2. Unzeitgemäßer Betrachtung* erinnern mag, verdient notiert zu werden, dass Friedrich Nietzsche auf dem Feld des Lobens und Huldigens einmal nicht uneingeschränkt als Gewährsmann seines Bewunderers Thomas Mann gelten kann, eher schon als dessen skeptischer Antipode. Entgegen Thomas Manns konzilianter Anerkennungs-, Identifikations- und Huldigungsbereitschaft formuliert der 273. Aphorismus im 4. Buch der *Morgenröthe*, geschult am anthropologischen Pessimismus und der Ideologiekritik der französischen Moralistik, das extreme Kontrastprogramm. Unter dem Titel »Das Loben« vermerkt Nietzsche im Tonfall eines sarkastischen und misanthropischen *Soupçon*: »*Das Loben.* – Hier ist einer, dem du anmerkst, dass er dich *loben* will: du beisst die Lippen zusammen, das Herz wird geschnürt: ach, dass *der* Kelch vorübergienge! Aber er geht nicht, er kommt! Trinken wir also die süsse Unverschämtheit des Lobredners, überwinden wir den Ekel und die tiefe Verachtung für den Kern seines Lobes, ziehen wir die Falten der dankbaren Freude über's Gesicht! – er hat uns ja wohltun wollen! Und jetzt, nachdem es geschehen, wissen wir, dass er sich sehr erhaben fühlt, er hat einen Sieg über uns errungen – ja! und auch über sich selber, der Hund! – denn es wurde ihm nicht leicht, sich diess Lob abzuringen.« (Friedrich Nietzsche: Morgenröthe. Nachgelassene Fragmente Anfang 1880 bis Frühjahr 1881, Berlin/New York: De Gruyter 1971 [= Nietzsche. Werke. Kritische Gesamtausgabe, hg. von Giorgio Colli u. Mazzino Montinari, Abt. 5 Bd. 1], S. 216.)

Derselbe Furor ironisch-dialektischer Dekuvrierung hatte bereits Nietzsches Ahnherrn La Rochefoucauld mutmaßen lassen, noch hinter der bescheidenen Zurückweisung des Lobes verberge sich nichts als die Gier, doppelt gelobt zu werden: »Le refus des louanges est un désir d'être loué deux fois.« (Maximes, § 149.)

den vergangenen Jahrzehnten wichtige Einsichten zusammengetragen: Von »Denkmälern in der Zeit«[3] spricht Aleida Assmann im Hinblick auf die Festsetzung hierarchisch aus dem demokratischen Gleichstrom des Kalendariums herausgehobener Gedenk- und Jahrestage, die einer Erinnerungskultur des Wiederholens Vorschub leisten sollen. Sozialgeschichtler wie Paul Münch beschreiben die Ausbildung einer modernen bürgerlichen Erinnerungskultur im 19. Jahrhundert, die in vielfältigen Schattierungen und in mannigfacher Verschränkung des Öffentlichen mit dem Privaten eine – zum Beispiel um Geburtstage, Namens-, Hochzeits- oder Todestage herum zentrierte – private Erinnerungs- und Festtradition in Heim und Familie mit der kollektiven öffentlichen Feier der eigenen bürgerlichen und nationalen Erfolgsgeschichte zu einem komplexen selbstreferentiellen Erinnerungsraum zusammengespannt habe.[4] Der Wissenschaftshistoriker Rüdiger vom Bruch stellt die Dichter- und »Kulturjubiläen in der deutschen bürgerlichen Variante« in den Kontext »einer ästhetisch erhöhenden und nationalkulturell legitimierenden Bildungsreligion«.[5] Und der Historiker Winfried Müller[6] erkennt im institutionellen Mechanismus des Jubiläums ein im Kern optimistisches Geschichtsverständnis, da die »im Jubiläum inszenierte Geschichte [...] kein auf ein Verfallsdatum zulaufender Niedergang«[7] sei, »sondern ein mit Hoffnungen und Wünschen besetzter Merkposten. Es geht immer auch um eine Verlängerung der Geschichte in die Zukunft und um deren Antizipation«;[8] Jubiläen in ihrer temporalen Janusköpfigkeit formulierten demnach zugleich »einen Geltungsanspruch für die Zukunft« wie sie »den Anspruch auf verbindliche Interpretation der Vergangenheit« bzw. auf die »Marginalisierung konkurrierender Deutungsmuster« einschlössen; sie seien mithin ein wichtiges identitäts- und geschichtspolitisches Instrument im »Kampf um das Gedächtnis«.[9] Oder prägnant: die Wahl

[3] Aleida Assmann: Jahrestage – Denkmäler in der Zeit, in: Jubiläum, Jubiläum ... Zur Geschichte öffentlicher und privater Erinnerung, hg. von Paul Münch, Essen: Klartext 2005, S. 305–314, 305.

[4] Paul Münch: Einleitung: Geschichte und Erinnerung, in: Münch, Jubiläum (Anm. 3), S. 7–25, 19.

[5] Rüdiger vom Bruch: Jubilare und Jubiläen in Kunst und Wissenschaft des 19. und frühen 20. Jahrhunderts, in: Münch, Jubiläum (Anm. 3), S. 171–207, 205.

[6] Winfried Müller: Das historische Jubiläum. Zur Geschichtlichkeit einer Zeitkonstruktion, in: Das historische Jubiläum. Genese, Ordnungsleistungen und Inszenierungsgeschichte eines institutionellen Mechanismus, hg. von dems., Münster: LIT 2004, S. 1–75; siehe vom selben Verf. auch den Aufsatz: Vom ›papistischen Jubeljahr‹ zum historischen Jubiläum, in: Münch, Jubiläum (Anm. 3), S. 29–44.

[7] Müller, Das historische Jubiläum (Anm. 6), S. 2f.

[8] Ebd., S. 3.

[9] Ebd. Die Formel vom ›Kampf um das Gedächtnis‹ zuerst bei Emil Briks / Hannes Stekl (Hg.): Der Kampf um das Gedächtnis. Öffentliche Gedenktage in Mitteleuropa, Wien/Köln/Weimar: Böhlau 1997.

unserer Vergangenheiten prägt unsere Gegenwart und stellt die Weichen für unsere Zukünfte. Die in solchen Prozessen der zyklischen Wiederholung und Auffrischung historischer Ereignisse gemeinhin wirksamen Rechenregeln und ihre historische Genese formuliert der durchaus instruktive Wikipedia-Artikel zum Stichwort ›Jubiläum‹ so:

Unter einem *Jubiläum* (*lat. annus jubilaeus:* Jubeljahr: Plural: Jubiläen) versteht man eine Erinnerungsfeier bei der Wiederkehr eines besonderen Datums. Es leitet sich ursprünglich aus dem alttestamentlichen ›Jubeljahr‹ (›Yovel‹ in Hebräisch) her, das alle 100, 50, dann alle 25 Jahre gefeiert wurde. Durch das 1300 eingeführte Heilige Jahr wurde dieses Jubeljahr auf einen christlichen Festanlass übertragen. – Heute hat sich eingebürgert, jede jährliche Wiederkehr als Jubiläum zu bezeichnen. Neben dem Jahrestag sind alle Vielfachen von 100, 50, 25, 10 oder auch 5 besondere Jubiläen. Das Jubiläum ist umso bedeutender, durch je mehr der vorgenannten Zahlen es teilbar ist. Innerhalb der ersten 100 Jahre sind in der Regel 5 – 10 – 20 – 25 – 50 – 75 – 100 besonders bedeutsam. In der Arbeitswelt werden 10-, 20-, 30-, 40- oder 50-Dienstjahr-Jubiläen oft besonders gewürdigt.[10]

Auf die Bedeutung solcher biografisch-erinnerungsarithmetischer Denkfiguren bei Thomas Mann, insbesondere auf seine Mythisierung von 5-, 10- und 25-Jahres-Etappen in der Betrachtung des eigenen Lebenslaufs, werden wir später zurückkommen. Zunächst jedoch und ganz generell liegt es auf der Hand, dass derartige um den Jubiläumsbegriff kreisende Denkformen der erinnernden Wiederholung und der zyklisch wiederkehrenden Reaktualisierung und Neubewertung markanter Vergangenheiten für einen Autor vom Geschichts- und Traditionsbewusstsein Thomas Manns, für den Vorstellungen wie die des »In-Spuren-Gehens« und des »tiefen Brunnens der Vergangenheit« wichtige Leitmotive seines Lebens und Schaffens waren, – dass solche Ideen der in Jubiläumszusammenhängen zu vollziehenden aktiven Erneuerung der kanonischen Bestände für den Autor Thomas Mann höchste Plausibilität und Anziehungskraft besitzen mussten.

Symptomatisch für Manns Disponiertheit zur Erinnerung und zur Stiftung eines kulturellen Langzeitgedächtnisses durch die Kraft der prägnanten literarischen Rede und der durch sie geleisteten imaginativen *anamnesis* – dies durchaus im Sinne des Hölderlin'schen »Was bleibet aber stiften die Dichter«[11] –, ist eine Kontroverse aus dem Jahr 1931. Hier, in der Antwort auf eine durch die Zeitschrift *Die literarische Welt* lancierte Rundfrage *Soll das Goethe-Jahr 1932 gefeiert werden?*, und ähnlich noch einmal in einer im Mai 1932 gehaltenen

[10] Wikipedia-Artikel *Jubiläum*, https://de.wikipedia.org/wiki/Jubiläum, Eintrag vom 13. März 2017.

[11] Friedrich Hölderlin: Andenken, in: Friedrich Hölderlin. Sämtliche Werke und Briefe, hg. von Jochen Schmidt, Bd. 1: Gedichte, Frankfurt/Main: Dt. Klassiker-Verlag 1992, S. 360ff., Vs. 59.

Münchner Rundfunkansprache mit dem Titel *Vorspruch zur Veranstaltungsreihe ›Bayerische Dichtung im Goethejahr‹*, setzt Thomas Mann sich mit dem Vorschlag der Redaktion auseinander, man solle das Jubiläum, auch angesichts der viel drängenderen Sorgen durch die Wirtschaftskrise, am besten durch ein Moratorium, nämlich durch ein »Schweigen über Goethe«, begehen, und er verwirft diese Anregung, wie sich bei einem so geborenen Zelebranten der festlich-rhetorischen Vergegenwärtigung des Vergangenen leicht denken lässt, mit allergrößter Schärfe:

Verzeihen Sie, aber ich kann Ihren Vorschlag nicht ernst nehmen [...]. Die Welt schickt sich an, das Fest zu begehen. Das Théâtre Français will den ›Faust‹ spielen. Die Columbia-Universität in New York hat Gerhart Hauptmann zum Redner bestellt und wird ihm ihren Ehrendoktor verleihen. Er wird prächtig aussehen in der Robe. Die ›Commission Permanente des Lettres et des Arts‹ beim Völkerbund wird Frühjahr 1932 ihre Sitzungen in Frankfurt am Main abhalten, und die erste davon soll ausschließlich und feierlich dem Gedächtnis Goethe's gewidmet sein. Und Deutschland soll sich in düster-vieldeutiges Schweigen hüllen? Es geht nicht. Es ist nicht tunlich. Wir würden unsere Ungeheuerlichkeit auf die Spitze treiben. So gut und schlecht es gehen möge, müssen wir uns schließlich als gesittete Menschen benehmen. (XIII, 619)

Und Thomas Mann schlägt gleich zwei mögliche Leitmotive für ein deutsches Goethe-Gedenken im 100. Todesjahr 1932 vor, Vorschläge, in denen sich deutlich genug die angespannte politische Zeitstimmung spiegelt und der Versuch, der Krise ein Ethos urbaner und kosmopolitischer Humanität als stabilisierende Macht entgegenzusetzen: »... die Sorge um Kultur oder Barbarei. Hier wäre ein Gesichtspunkt, unter dem das Fest zu begehen wäre. Ein anderer wäre das Thema von Größe und Gesittung, das Phänomen des naturgesegneten Geistes, des urbanen Genies – höchst wichtig, ergiebig und lehrreich für die Deutschen.« (XIII, 620) Entschiedenes Fazit: »[W]enn ich die Macht hätte, ich würde den Deutschen nicht verbieten, ein paar Wochen lang von Goethe zu reden.« (XIII, 620) Der Münchner Rundfunkvortrag von 1932 legt nach, indem er die Sorge vor bloßer rückwärtsgewandter Historisierung und steriler Musealisierung zurückweist und von einem produktiven Goethe-Gedenken günstige Wirkungen auch für das Ansehen der Gegenwartsliteratur prognostiziert: Ein »großes Dichtergedenkfest« könne »keine schönere Folge, keine glücklichere Begleiterscheinung haben [...] als die Belebung der öffentlichen Teilnahme für das Dichterische überhaupt und für zeitgenössische Kundgebungen des dichterischen Ingeniums.« (XIII, 621) Auch wenn nicht zu bestreiten sei, dass das laufende Goethe-Jahr auch »viel triviale Festrednerei, leeres Sich-gütlich-Tun und selbst Mißbrauch und Verdrehung [...] mit sich gebracht« habe, – richtig bleibe doch, daß Deutschland ein Gedenkfest, das, wie es vorauszusehen war und wie es in nicht vorauszusehendem Maße der Fall gewesen ist, die ganze Welt begehen würde, nicht vorübergehen lassen konnte [gemeint ist: nicht mit einem »Schweigen über Goethe« vorübergehen lassen konnte; W. F.], ohne seine Ehre aufs tiefste zu vergeben und namenloses Befremden zu erregen. (XIII, 621)

Aber noch etwas anderes spreche »gegen den Defätismus dieser Kritiker«, nämlich

die Erfahrung, die sich in diesem Jahr wieder bewährt, daß eine große Gestalt der Geistesgeschichte durch ihr festliches Wiederhervortreten, durch die allgemeine Beschäftigung mit ihr in ungewohnter Weise dem Leben angenähert, verdeutlicht, verwirklicht, vermenschlicht werden kann, so daß ein frischerer und unmittelbarerer Blick auf ihr ruht, und daß wirklich eine Art von Wiedergeburt, von Erneuerung, von Verlebendigung sich ereignet und das Historische, scheinbar so Ferngerückte sich dem Leben aufs neue befruchtend verbinden kann. (Ebd.)

Ein solches Credo, der Glaube an das stimulierende und orientierende Potential einer für die krisenhafte Gegenwart neu entdeckten und neu erklärten vergangenen Dichtung, mag pathetisch und deklarativ anmuten, und im retrospektiven Wissen um den Fortgang der Geschichte mag er hilflos erscheinen. Aber es sind keine leeren und folgenlosen Deklarationen, bei denen der Autor hier Zuflucht sucht, und Thomas Mann hat es bei der bloßen Forderung nach dem »frischere[n] und unmittelbarere[n] Blick« auf den Klassiker Goethe auch nicht bewenden lassen: Im Gegenteil sind die hier vorgetragenen Überzeugungen der unmittelbare Denk- und Motivationshintergrund seiner eigenen raumgreifenden Goethe-Essays aus dem Jubiläumsjahr 1932, darunter die beiden magistralen Studien *Goethe als Repräsentant des bürgerlichen Zeitalters* und *Goethe's Laufbahn als Schriftsteller*, luzide Arbeiten, die wie noch vieles andere aus dem Kosmos der Essayistik in den innersten Qualitätskern von Thomas Manns Œuvre gehören – als eindringliche Dokumente eines streitbaren, widerständig-republikanisch gesinnten Humanismus und damit zugleich, in einem durchaus politisch-programmatischen Sinne, als engagierte Entwürfe eines zivileren und gesitteteren Deutschland als des am Horizont bereits heraufziehenden von Nationalsozialismus und Hitlerei. Als Thomas Mann im Jubiläumsjahr 1932 die *Ansprache bei der Einweihung des erweiterten Goethe-Museums in Frankfurt am Main* hält, tut er dies ostentativ in der Gebärde des Repräsentanten und mit dem einleitenden Bekenntnis, er, der Laudator und Gratulant, sei »tief ergriffen von der Ehre, mit der diese Stunde mich belädt: der Ehre, dies fromme Liebeswerk, diesen Reliquienhort, das Frankfurter Goethemuseum – gleichsam als Vertreter der Nation zu treuen Händen entgegenzunehmen.« (X, 327) Es verdient notiert zu werden, dass Thomas Mann siebzehn Jahre später, 1949, bei der *Ansprache in Weimar* zum 200. Geburtsjahr Goethes, im nunmehr geteilten Deutschland erneut auf den Gedanken seiner eigenen ›Repräsentanz‹ zurückkommt und die parallele Zuerkennung des west- wie des ostdeutschen Goethepreises an ihn selbst als Ausdruck der höheren nationalen Einheit oberhalb des politischen Kampfes der Systeme interpretiert:

> Es ist, meine Damen und Herren, ein Faktum, das man nicht verkleinern, sondern dessen glückliche Bedeutsamkeit man anerkennen sollte, daß Ost- und Westdeutschland, abseits und oberhalb von allen Unterschieden ihrer staatlichen Regimente, aller ideologischen, politischen und ökonomischen Gegensätze, auf kulturellem Grund sich gefunden und ihre Goethe-Preise in diesem besonders festlichen Jahr ein und derselben Schriftstellerpersönlichkeit zuerteilt haben. Mir erscheint das als eine ermutigende und bemerkenswerte Tatsache, ganz unabhängig von der Person des Preisträgers. (19.1, 695)

Und Thomas Mann erkennt

> [i]n dieser Übereinstimmung in kultureller Sphäre [...] ein Symbol [...] für die öfters schon gefährdet scheinende Einheit Deutschlands, und auch an dieser Stelle will ich die Frage wiederholen: Wer sollte denn heute diese Einheit gewährleisten und repräsentieren, wenn nicht ein unabhängiger Schriftsteller, dessen wahre Heimat die freie, von Zoneneinteilung unberührte deutsche Sprache ist? (Ebd.)

Mit Befriedigung konstatiert der Redner, »daß das Gefühl für die Richtigkeit dieser Auffassung, die Anerkennung dieser Repräsentanz (wenn ich das stolze Wort gebrauchen darf)« (ebd.), gerade im östlichen Teil Deutschlands früh lebendig gewesen sei. Im Zeichen des Gedenkens an Goethe und in der gemeinsamen Verständigung auf Thomas Mann als seinen gegenwärtig legitimsten, überdies keiner der beiden antagonistischen Hälften angehörenden ›Statthalter auf Erden‹ soll sich über den Konflikt der politischen Systeme hinweg die höhere Einheit der deutschen Kultur manifestieren – und als ihr oberster Garant erscheint der Sprecher, erscheint Thomas Mann selbst. Das ist fürwahr kein kleiner Anspruch – und es ist einer mit einer erkennbaren und spezifisch deutschen Tradition: »Deutschland, aber wo liegt es? Ich weiß das Land nicht zu finden, / Wo das gelehrte beginnt, hört das politische auf«,[12] hatte der Befund um 1800 in Goethes und Schillers *Xenien* schon einmal gelautet, und: »Zur Nation euch zu bilden, ihr hoffet es, Deutsche, vergebens / Bildet, ihr könnt es, dafür freier zu Menschen euch aus«[13] – auch damals sollten, in der Sicht des Weimarer Duumvirats, Sprache und literarische Kultur und ihre obersten

[12] Johann Wolfgang Goethe: Deutschland, in: Johann Wolfgang Goethe. Sämtliche Werke. Briefe, Tagebücher und Gespräche, hg. von Friedmar Apel u.a., Bd. 1: Gedichte, hg. von Karl Eibl, Frankfurt/Main: Dt. Klassiker-Verlag 1987, S. 507.

[13] Johann Wolfgang Goethe: Deutscher Nationalcharakter, in: Sämtliche Werke (Anm. 12), S. 595.

Repräsentanten dasjenige ersetzen und kompensieren, was in der realen Geschichte gegenwärtig unerreichbar schien oder sehr im Argen lag. Die Serie bekenntnishafter Goethe- und Schiller-Huldigungen, die Thomas Mann aus diesem Ethos des Gedenkens heraus in den großen Jubiläumsjahren der Weimarer Klassiker (1932, 1949, 1955) in repräsentativer öffentlicher Rede zelebriert, gehört zweifellos zum innersten Kanon seiner Essayistik und formuliert in prekären geschichtlichen Zeiten exemplarisch das Programm eines form- und traditionsbewussten, »in Spuren gehenden« Humanismus.

Aus der kalendarischen Arithmetik einer bürgerlich geprägten Gedenk-, Erinnerungs- und Festkultur entsteht in Thomas Manns Œuvre über die Jahrzehnte ein (von der Forschung längst noch nicht zureichend erschlossenes) Korpus aus Huldigungstexten und biografisch-autobiografischen Medaillons, ja ein veritables ›Hommagenwerk‹ (wie man in spielerischer Analogie zu Walter Benjamins *Passagen-Werk* vielleicht sogar sagen könnte). Die bevorzugte Ausdrucksform dieser *ars gratulatoria* sind Grußadressen zu runden oder halbrunden Geburtstagen, eine lange Kette von Glückwünschen, Elogen, Nachrufen, Trauerreden, Beiträgen zu den Jubiläen und Centenarfeiern von Dichtern und Künstlern früherer Epochen, vor allem aber öffentlich dargebrachte Huldigungen an lebende Zeitgenossen, Künstlerkollegen und Freunde, in deren Würdigung der Laudator Thomas Mann sich selbst spiegelt und zu denen er das eigene Ich und die eigene Leistung auf eine Weise ins Verhältnis setzt, in der biografisches und autobiografisches Schreiben sich bis zur Ununterscheidbarkeit durchdringen: Die Rede vom Leben und der Leistung der *anderen* wird hier notwendig zugleich zur perspektivischen *Selbst*evaluation und zur Reflexion des eigenen Denkens und Schreibens in seinen Austauschverhältnissen, damit aber: zu einem (vielleicht indirekten, aber darum um nichts weniger intensiven) autobiografischen Narrativ und zum Diskurs *On Myself*.

Im Weiteren soll unsere Aufmerksamkeit nicht so sehr den kanonischen Klassikern dieses Genres gelten als vielmehr einem weiten und diversen Spektrum kleinerer und viel weniger beachteter Huldigungen insbesondere zu Jubiläumsanlässen *lebender* Zeitgenossen. Deutlich werden soll dabei, dass auch diese Miniaturformate von Thomas Manns *ars gratulatoria* zeugen und dass in ihnen der autobiografische Impuls seines laudatorischen Schreibens womöglich noch plastischer greifbar wird als in den großdimensionierten Exempla der Klassiker-Adoration. Tatsächlich ist der Fundus von Thomas Manns Würdigungen und Elogen aus festlichen Anlässen überaus breit und gemischt, kaum überschaubar, weder nach der Zahl der Adressaten noch nach den Äußerungsformen und Medien der Huldigung. Angesichts einer so disparaten Fülle an Zeugnissen sympathetischer Anteilnahme könnte man versucht sein, den Autor nicht als den *Praeceptor*, wohl aber als den *Laudator Germaniae* zu apostrophieren, wäre da nicht der Umstand, dass seine rühmende Aufmerksamkeit keinesfalls an den Grenzen der deutschen Sprache und Kultur halt macht, sondern europäisch-kosmopolitisch ausgreift: Öffentliche Würdigungen Thomas Manns, also nicht nur private Glückwunschbriefe, sondern Grußartikel oder Feuilletons in den großen Tageszeitungen und Kulturzeitschriften, werden so etwa, um nur sie zu nennen, den Schriftstellerkollegen Maxim Gorki und John Galsworthy zum 60., George Bernard Shaw, Knut Hamsun und Georg Lukács zum 70. oder Selma Lagerlöf zum 75. Geburtstag zuteil; André Gide wiederum huldigt eine postume Reverenz zum 10. Todestag.

Thomas Manns Beiträge zu *deutschen* Jubiläen gelten in ihrer großen Mehrzahl *realen* Personen. Gelegentlich finden sich jedoch auch Huldigungen und Gratulationen an *institutionell-kollektive* Adressaten, so in der *Ansprache an die Jugend* überschriebenen Festrede zur 400-Jahr-Feier des Lübecker Katharineums (X, 316–327), der eigenen alten Latein- und Gelehrtenschule, im September 1931 und ebenso in den beiden (später gemeinsam edierten) Festreden über *Lübeck als geistige Lebensform* zur 700-Jahr-Feier der Freien und Hansestadt im Juni 1926 und in dem gutgelaunten Vortrag *Hundert Jahre Reclam* zum Verlagsjubiläum am 1. Oktober 1928 im Alten Theater zu Leipzig. Bei letzterer Gelegenheit findet der Gratulant warme Worte für »Philipp Reclams Pantheon« (X, 249); was ihn bestimmt habe, »die ungewohnte Rolle des Festredners zu übernehmen«, seien Reminiszenzen an die eigene Herkunft aus bürgerlichem Kaufmannsmilieu, vor allem aber sei es

> Dankbarkeit, es sind Gefühle herzlicher Pietät für ein Werk, eine Kulturtat, die meiner Jugend behilflich war, wie sie der Jugend und Bedürftigkeit von Millionen behilflich gewesen ist. Ich denke der fernen, frischen Zeiten, als meine Büchersammlung sich fast ganz aus den gelbroten Heftchen der Universal-Bibliothek zusammensetzte, ich denke entscheidender Eindrücke, bildender, stärkender, begeisternder, die sie mir vermittelte. (X, 248)

Das spätere Vorwort zur gemeinsamen Ausgabe beider Festreden, die 1928 bei Reclam erschien, spricht von einem »Beispiel für den solennen Ausdrucksstil des bürgerlichen Deutschland im ersten Drittel des zwanzigsten Jahrhunderts« (XI, 623); zugleich bedenkt der Autor mit Ironie »die soziale Situation des Festredners« besonders im Hinblick auf seine Bestellung zum Lübecker Laudator: Man habe »ihn dazu berufen mit jenem eigentümlichen Stimmklang, worin ein schmeichelhaftes Zureden nur schlecht die kategorische Unwidersprechlichkeit der Forderung verbirgt und welchem nur besonders kalte, unverbindliche und zum Neinsagen tüchtige Naturen sich zu verschließen vermögen« (XI, 622). Wirkliche rednerische Begeisterung aus ›intrinsischer Motivation‹ hört sich vermutlich anders an, aber Thomas Mann war ein Pflichtethiker eher als eine »zum Neinsagen tüchtige Natur« – und immerhin bot die kategorischunwidersprechlich abgeforderte Hommage die Gelegenheit, einiges im prekären Verhältnis zur eigenen Vaterstadt geradezurücken.

Insgesamt freilich bilden *individuelle* Huldigungen an deutschsprachige Adressaten, und hier in großer Mehrzahl an Schriftsteller- und Künstlerkollegen, das Hauptkonvolut von Thomas Manns ›Hommagenwerk‹, Grußadressen zu runden und halbrunden Geburtstagen zuallermeist (daneben auch eine stattliche Zahl an Beiträgen zu den Jubiläen und Centennarfeiern von Dichtern und Künstlern früherer Epochen: von Dürer über Lessing bis zu Puschkin, Platen, Grillparzer, Tolstoi, Fontane, Nietzsche oder Tschechow). Gewiss, auch in Thomas Manns privater und familiärer Korrespondenz finden sich charmante Gratulationen wie etwa dieser übermütig schopenhauerisierende Geburtstagsbrief vom 6. November 1925 an die Tochter Erika: »Liebes Erikind, / nimm viele herzliche Glückwünsche zu Deinem Wiegenfest und verzeih auch vielmals, daß wir Dich in bodenlosem Leichtsinn auf die Welt gesetzt! Es soll dergleichen nicht wieder vorkommen und schließlich ist es uns ja auch nicht besser ergangen.« (Br I, 248 f.) Aber das Hauptaugenmerk gilt öffentlich dargebrachten Huldigungen an lebende Zeitgenossen, Elogen, die vom Autor auch dann so rasch wie möglich an die Presse gegeben und später mitunter in Aufsatzsammlungen übernommen werden, wenn sie sich halbprivater Formen wie des »offenen Briefs« bedienen oder, in ursprünglicher Mündlichkeit, als Tischreden oder Festvorträge im Rahmen von Akademiesitzungen, Rotarierversammlungen oder anderen geschlossenen Gesellschaften vorgetragen wurden. Das Gros von Thomas Manns Huldigungen jenseits der Sphäre des rein Privaten oder Ephemeren erfolgt *coram publico* und ›vor Zeugen‹, eben vor dem Forum der gebildeten Öffentlichkeit als implizit mitadressierter dritter Instanz. Schauplatz der Handlung sind vor allem die großen Feuilletons, etwa der *Vossischen Zeitung* oder der *Neuen Rundschau*, denn auch und gerade hier geht es um Stellvertretung und Repräsentanz. Hier soll – durch einen Lobredner von oberster Autorität, von unbezweifelbarem Urteilsvermögen und von freigiebig ausgestellter Eloquenz – eine kollektiv bedeutsame, aber so nur durch diesen besonderen Laudator auf den Begriff zu bringende schöpferische Lebensleistung gewürdigt, dem Jubilar Ehre erwiesen werden. Zugleich aber lassen sich in diesem Medium Allianzen öffentlich bezeugen und bekräftigen, untermauert die rituell vollzogene öffentliche Konsekration das Prestige und den Rang nicht allein des Gelobten, sondern auch des Laudators selbst, muss doch, wer in so herausgehobener Weise Schaffensbilanzen ziehen, Lob austeilen, die Honneurs machen darf, selbst in ausgezeichneter Weise dazu berufen sein und darf schon darum gegenüber den Empfängern seines Tributs als mindestens gleichrangig gelten. Es ist – um mit Pierre Bourdieu zu reden – eine stattliche Menge symbolischen Kapitals, das bei solchen festlichen Anlässen aufgehäuft, akkumuliert wird – aber doch nicht, um den Besitzer zu wechseln.

Vielmehr scheint die Besonderheit solcher ideeller Transaktionen gerade darin zu bestehen, dass nicht der eine, der rühmende und würdigende Gratulant verliert, was er an rhetorischem Aufwand in den öffentlichen Ruhm des Jubilars investiert, dass ganz im Gegenteil unter dem Strich beide Parteien von diesem vor dem Forum der Öffentlichkeit vollzogenen *Commercium*, einer Art von laudatorischem Pakt, profitieren: In dieser Disziplin, für einmal, gibt es nur Gewinner (außer den vielen natürlich, die niemand lobt und die niemanden loben dürfen, weil sie unter der öffentlichen Wahrnehmungsschwelle bleiben, im Schweigen der Anonymität und der Irrelevanz verharren). In diesem der Rollenverteilung nach zwar asymmetrischen und komplementären, unter Reputationsaspekten aber reziproken Ehren-Handel zwischen zwei notablen Figuren von öffentlicher Geltung gilt also nicht nur die Maxime: Sage mir, wer dich lobt, und ich sage dir, wie viel du wert bist. Sondern es gilt auch die Umkehrung: Sage mir, wen du loben darfst, und ich sage dir, wo du selbst stehst! Und ohnehin werden die Rollen als reversibel gedacht, als laudatorisches *do ut des*: Wer heute gut lobt, darf morgen hoch gepriesen werden – das Jahr ist in ständiger Bewegung, und Geburtstag haben wir alle!

Eine kleine Auswahlliste der von Thomas Mann öffentlich dargebrachten Gratulationen mag erhellen, dass es in der Tat ein erlesener Zirkel ist, in dem der Laudator sich bewegt und zu dessen Wertsteigerung er mit seiner exquisiten Hommage aus kalendarischem Anlass noch einmal beiträgt. Bürgerlicher Gepflogenheit und wohl auch dem impliziten Leistungs- und Bilanzierungsaspekt des Genus entsprechend, beginnt die Serie mit 50. Geburtstagen, um von dort an weiter aufzusteigen: Öffentliche Glückwünsche zum 50. überbringt Thomas Mann u.a. an Arthur Schnitzler (1912), Hans Pfitzner (1919), an Hugo von Hofmannsthal (1924) und an Bruno Frank (1937); ein 55. Geburtstag scheint sich in der Liste hingegen nicht zu finden. Unter den öffentlichen Huldigungen zu 60. Geburtstagen ragt diejenige von 1904 an Detlef von Liliencron heraus; es ist der überhaupt erste Versuch des noch nicht dreißigjährigen Verfassers in diesem Genre, und er geht die Sache gleich mit jugendlichem Schneid an und wartet seinem mehr als doppelt so alten Jubilar mit einem verwegenen Husarenstück der *ars gratulatoria* auf:

Ganz hinten im Festzuge marschiere ich und werfe die Beine, damit Er doch einen leidlich strammen Eindruck von mir erhält, der Herr Hauptmann, obgleich ich weiß, daß ich vom Parademarsch immer Sehnenscheidenentzündung bekomme und dieserhalb vom Regiment nach einem Vierteljahr mit schlichtem Abschied entlassen wurde … Dürfen solche Leute sich eigentlich heute sehen lassen? Staatskrüppel, Sonnengeflechtler, Schopenhauerianer, Verfallsanalytiker, zwiespältige und ironische Mischlinge aus Bourgeois und Künstler, die als Artisten das Leben und als Bürger die Kunst bespötteln? Gesetzt, daß er etwas von mir weiß – *will* er etwas von mir wissen? Wenn er nun Musterung hält, der Krieger, der Jäger, der Stolze, der Ganze, der Mann – wenn er nun unter uns tritt, unter die Menge der Gratulanten, und ein Wort an mich richtet, so packt mich der Haltungstremor – ich kenne mich, ich verliere die Contenance dort, wo ich liebe und an der Erwiderung solchen Gefühles verzweifeln muß. (14.1, 76)

Und so noch lange weiter in gespielter Demut und ironischen Wilhelminismen, schließlich »Mut« fassend, weil man trotz alledem doch »Stammesgenosse« sei vom »Ostseestrand« (ebd.), kulminierend im militärischen Salut eines triumphalen Finales: »und ich werfe die Beine. Was Ironie! Was Dualismus! Was Dekadenzproblem! Mag er unter uns treten, mag er mich ansehen! Ich schlage die Hacken zusammen und sage mit scharfer und froher Stimme: ›Gratuliere, Herr Hauptmann!‹« (14.1, 77)

Gesetztere Glückwünsche zum 60. gehen u.a. an Heinrich Mann (in Gestalt des Versuchs *Vom Beruf des deutschen Schriftstellers in unserer Zeit. Ansprache an den Bruder* von 1931), daneben erneut an Arthur Schnitzler, an Ricarda Huch (1924), an Bruno Walter (1936), Berthold Viertel (1945), Erich von Kahler (1945), Oskar Maria Graf (1954), Hermann Hesse, Johannes R. Becher (1951); zum 65. erneut an Heinrich Mann (1936) und an Alfred Döblin (1943). Zu seinem 70. im Jahr 1932 wird Gerhart Hauptmann gleich bei mehreren Gelegenheiten rühmend bedacht – das wird zehn Jahre später zu Hauptmanns 80. (Thomas Mann ist da längst im kalifornischen Exil) mit propagandistischem Getöse der nationalsozialistische Staat übernehmen.[14] Hier, zum 70. und in der *Neuen Rundschau*, sucht Thomas Mann dem älteren Kollegen und Konkurrenten auszudrücken, »was Sie uns sind, was wir vor Ihrem geburtstäglich umkränzten, väterlich-fürstlichen Bilde empfinden, welches Erlebnis der Kunst, des Menschen, des Schicksals, der Größe wir Ihnen danken.« (X, 467) Er spricht in sonoren Pathosformeln und prunkenden Goethe-Zitaten von Hauptmanns besonderer »Festivitas« (X, 467), von der Macht der »große[n] Persönlichkeit« (X, 468), der Synthesis aus »[m]etaphysische[m] Deutschtum und soziale[m] Bekenntnis« (X, 470), die den Jubilar auszeichne – um diesem pastosen Bildnis am Ende doch ein Gutteil seiner *gravitas* wieder zu nehmen, indem er die Hommage mit hintersinnigen Anekdoten über den »Inselkönig« (X, 471) von Hiddensee und über eine dortige feriale Begegnung ausbalanciert und in heiterer *leggerezza* ausklingen lässt:

Hiddensee hat ein kaltes Meer, besonders am Morgen, aber Hauptmann ging, wie er's wohl heut noch tut, sehr früh schon, um sieben Uhr, vorm Frühstück zum Baden an den Strand. Eines Morgens traf ich ihn dort – er stand schon im Bademantel, das weiße Haar von Wind und Salzwasser verklebt und versträhnt. ›Nun?‹ fragte ich. ›Guten Morgen! Wie war es denn? Schönes Bad? Wie ist heut das Wasser?‹ ›Es geht‹,

[14] Dazu ausführlich Peter Sprengel: Der Dichter stand auf hoher Küste. Gerhart Hauptmann im Dritten Reich, Berlin: Propyläen 2009, bes. S. 310–314 (»Gauleiter gratulieren: Breslau und Wien 1942«).

war die Antwort. ›Recht hübsch. Nur etwas zu warm.‹ Und ich dagegen: ›Warm? Das ist neu. Nun, desto besser!‹ und ging weiter am Strande. Es waren vielleicht zehn Schritte, die ich ging, oder zwölf, da hörte ich hinter mir wiederholt meinen Namen von Hauptmanns Stimme. Er kam mir nach, bemüht, mich ernstlich zu bedeuten. Er sagte: ›Verstehen Sie mich recht, lieber Freund, das war ein Scherz von mir! Das Wasser ist furchtbar kalt.‹

Was war in ihm vorgegangen, seit ich an ihm vorüber war? Er hatte mich angeflunkert und fürchtete wohl gar so etwas wie einen Choc, wenn ich mit dem Glauben ins Bad ginge, das Wasser sei warm. Ich werde diese rührende Reue über einen so unschuldigen Schabernack niemals vergessen. Sie offenbarte mir zugleich etwas von der Eulenspiegelei und Schalkheit, die, was wenige wissen, auf dem Grunde von Hauptmanns Seele liegen, und von der schonend sich einfühlenden Güte, die ihr widerspricht und sie nicht eilig genug korrigieren kann. (X, 471 f.)

Andere öffentlich gewürdigte Siebziger sind Samuel Fischer (1929), Thomas Manns Verleger, Bruno Walter (1946), Hermann Hesse (1947), Lion Feuchtwanger (mit dem Artikel *Freund Feuchtwanger* von 1954), Hans Reisiger (1954), erneut Bruder Heinrich. Zum 75. Geburtstag von Sigmund Freud 1931 erfolgt der Aufsatz *Ritter zwischen Tod und Teufel* (X, 465–467), zu Hermann Hesses 75. im Jahr 1952 hingegen erklärt sich der Gratulant in koketter Verlegenheit für ›leergeschrieben‹: Hatte der ausführliche Glückwunsch zum 70. Geburtstag, 1947, noch mit den Zeilen begonnen »Sind es also wirklich schon zehn Jahre, daß ich unserem Hermann Hesse zu seinem sechzigsten Geburtstag gratulierte?« (19.1, 234), um in den Glückwunsch zur längst überfälligen »Krönung seines Werks mit dem schwedischen Weltpreis für Literatur« (19.1, 239) zu münden, so lautet es fünf Jahre später in schnurrigem Räsonnement über die ewige Wiederkehr des Gleichen:

Mein lieber Hermann Hesse!
Hier fehlen? Unmöglich! Aber auf eine irgend erhebliche Art dabei sein kann ich auch nicht. Ich habe zu Ihrem Sechzigsten, habe zu Ihrem Siebzigsten geschrieben und weiß nichts mehr. J'ai vidé mon sac. Daß ich Ihnen in Bewunderung von Herzen gut bin, das weiß ich. Aber das wissen schon alle und Sie auch. Lassen Sie mich's zu Ihrem Fünfundsiebzigsten einfach noch einmal sagen und Sie recht aufrichtig beglückwünschen zu dem gesegneten, Freude spendenden Leben, das Sie geführt haben [...]. (X, 529)

Nach Komplimenten für Hesses »musterhafte[] Haltung« gegenüber dem »absurden, konfusen Tag« dann doch noch, in aller Heiterkeit, ein so zuvor noch nicht geäußerter Wunsch:

Und sterben Sie ja nicht vor mir! Erstens wäre es naseweis, denn ich bin ›der nächste dazu‹ [Thomas Mann ist zwei Jahre älter; W.F.]. Und dann: Sie würden mir furchtbar fehlen in all dem Wirrsal. Denn Sie sind mir darin ein guter Gesell, Trost, Beistand, Beispiel, Bekräftigung, und sehr allein würd' ich mich ohne Sie fühlen. (X, 529)

Folgt die schöne, herzliche Schlussformel: »Auf Wiedersehen, lieber alter Weggenosse durchs Tal der Tränen, worin uns beiden der Trost der Träume gegeben war, des Spieles und der Form.« (X, 530) – Unter den Beiträgen zu 80. Geburtstagen ragen zwei heraus, die zugleich noch einmal die breite Ausdrucksskala der Glückwunschformate illustrieren, in denen der Gratulant Thomas Mann exzelliert: Auf der einen Seite die große Festrede zum 80. Geburtstag von Sigmund Freud am 8. Mai 1936 in Wien, *Freud und die Zukunft*, eine tiefgründige Erörterung über Wechselspiele und Wahlverwandtschaften zwischen Kunst und Wissenschaft, deren »geistige[] Huldigungsmusik« (IX, 478), wie der Redner sagt, dem achtzigjährigen Begründer der Psychoanalyse bei der Privatvorlesung in seiner Wohnung an der Berggasse die Tränen in die Augen treibt: Ob es sein könne, dass »der Dichter als Künstler, und zwar als geistiger Künstler, zum Begehen geistiger Feste, zum Festefeiern überhaupt berufener«, ja dass er »von Natur ein festlicherer Mensch« sei »als der Erkennende, der Wissenschaftler?«, lautet die rhetorische Eingangsfrage des Essays, und sie erfährt die affirmative Antwort: »Es ist wahr, der Dichter versteht sich auf Lebensfeste; er versteht sich sogar auf das Leben als Fest« (IX, 478). – Auf der anderen Seite ein entzückendes kleines Medaillon, *Max Liebermann zum achtzigsten Geburtstag* von 1927, das auf wenig mehr als zwei Seiten den Maler zum Inbegriff des »Berlinertum[s]« und seines »Aristokratismus einer Nüchternheit von Strich und Fläche in elegantem Hellgrau« (X, 443) verklärt, Liebermanns deftige, aber geistreiche Sinnlichkeit rühmt – sogar von Geilheit ist im Text die Rede – und ihren typologischen Gegensatz herausstreicht »zu der nach ›Erlösung‹ himmelnden Begierde Wagners, der ein sentimentaler alter Sünder war« – um mit der Pointe einer wunderbar sprechenden Anekdote zu enden: »Achtzig Jahre? Vor einem Liebermann'schen Gartenstück aus jüngster Zeit erzählte mir der Direktor einer ausländischen Galerie, auch der Meister habe mit ihm davorgestanden und gefragt: ›Finden Se det senil?‹. Man kann nur antworten: ›Nee, nich im jeringsten.‹« (X, 444)

So möchte man noch vieles zitieren, aber wir müssen es bei diesen wenigen Kostproben einer geschliffenen Gelegenheitskunst belassen, die aber den schriftstellerischen Rang dieser Prosaminiaturen hinreichend verdeutlichen. Es scheinen drei Vorzüge zu sein, die in Thomas Manns virtuoser Handhabung des gratulatorischen Genres zusammenschießen: nämlich *zum einen* eine bemerkenswerte Begabung zur Synthesis und zur Herauspräparierung des Quintessentiellen auf engstem darstellerischem Raum, sodann, *zweitens*, eine außerordentliche Kunst der Pointierung, der Verlebendigung und der Konkretisierung durch das sprechende, oft anekdotisch gewürzte Detail und schließlich, *drittens*, die stets angestrebte subjektive Perspektivierung des Gesagten, die Anreicherung der Hommage an Schriftstellerkollegen und befreundete Künstler mit Reflexen des Eigenen und Persönlichen im Medium eines permanenten Sich-in-Beziehung-Setzens, das diesem Lobreden seine herzliche Temperierung und dialogische Glaubwürdigkeit verleiht, eine Beglaubigung durch Zeugenschaft und humane Authentizität. In diesem Sinne ist die biografische Würdigung der *anderen* und der intensiven geistigen Verschränkung mit ihnen immer zugleich autobiografische Reflexion auf das eigene Ich, *discourse on myself*.

Wie aber, wenn der Gratulant selbst zum Jubilar wird? Das müsste die zweite, gleichberechtigte Leitfrage unserer Überlegungen sein, aber sie würde in Wahrheit einen zweiten, eigenen Vortrag erfordern und vermutlich weit mehr als das: Denn, ja, Thomas Mann war bis ins höchste Alter ein leidenschaftliches Geburtstagskind, er war sich selbst interessant und bedeutend genug, seine Aufmerksamkeit und Neugier auf sich selbst war, wie vor allem die Tagebücher und Briefe belegen, um nichts weniger ausgeprägt als jene auf die in seinen Huldigungen porträtierten Kollegen (und wie sollte es auch anders sein?). Thomas Manns Geburtstage, große Gesellschaftsfeste ohnehin, wurden ihm zu regelmäßigen und notwendigen Reflexionspunkten, zu Anlässen der Selbstüberprüfung und der Standortbestimmung sowohl in seinen Außenverhältnissen zur Welt und zur Epoche wie auch im Innenverhältnis zur eigenen Person und ihren Ambitionen. Zu diesen enorm weiten Bezügen sollen im Folgenden nur noch ein paar Stichworte gegeben werden – es sind nur drei –, die aber zumindest andeuten mögen, in welchen Richtungen hier weiterzufragen wäre:

Das *erste* Stichwort kann *Lebensbürgerlichkeit* lauten. Es ist Thomas Manns *Tischrede bei der Feier des fünfzigsten Geburtstags* im alten Münchner Rathaussaal anno 1925 entnommen. Dort heißt es gleich zu Beginn:

> ... [E]s gibt verschiedene Arten, sich an Jubiläumstagen zu verhalten und zu festlichen Veranstaltungen, die sie etwa mit sich bringen. Man hört von Jubilaren, die an solchen Tagen auf dem Lande verschwinden, sozusagen in die Wüste gehen, um sich ›den Ehrungen zu entziehen‹; und das wird wohl als Zeichen der Bescheidenheit und der Abneigung gegen äußeren Tand gewürdigt. Sie sehen, ich habe es nicht so gemacht; und zwar nicht aus einem unüberwindlichen Verlangen, mich feiern und hudeln zu lassen, habe ich es nicht so gemacht, sondern weil ich finde, daß man sich nicht ›entziehen‹ soll, überhaupt nicht, daß man dem Leben gehorsam sein und darin seinen Mann stehen und auch die Feste feiern soll, wie sie fallen. Man soll ein Mensch sein, soll sich dem Leben nicht ›entziehen‹, sondern es mitmachen in allem, was es mit sich bringt. [...] und so soll man, lebensbürgerlich, auch solchen Festen, wie sie in diesen sonderbaren Tagen auf mich niederrauschen, standhalten, dankbaren Herzens standhalten – sollten solche Ehrungen einen auch beschämen und einem Angst machen. (15.1, 985)

Dieser Imperativ der Lebens-Annahme und des Standhaltens, dessen nicht nur zeitliche Nähe zur *Zauberberg*-Sphäre wohl auf der Hand liegt, bleibt auch in späteren Jahren leitend; der mit dem eigenen Namen spielende Vorsatz,

»seinen Mann zu stehen«, wird nachgerade zum Leitmotiv in allen selbstdisziplinierenden Äußerungen Thomas Manns zu den Festivitäten seines Lebens, mehr noch, er wird zum Kriterium der eigenen Bewährung in solchen sozialen Konstellationen, gerade auch in Zeiten, in denen sie als Störungen, Bedrängungen, Anfechtungen, Überforderungen erscheinen. Das Zutrauen, dass diesem Kriterium der ›Lebensbürgerlichkeit‹ auch zu entsprechen sei, speist sich bei Thomas Mann dabei offenbar aus einem eigenartig intensiven, stark autosuggestiv getönten Ordnungssinn, dessen Begründungsfiguren Anleihen bei teils astrologischen, teils zahlenmystischen Spekulationen oder ›Intuitionen‹ nicht scheuen. Diese Konstruktionen treten gerade im Kontext von Selbstbetrachtungen und Lebensbilanzierungen auf, wie sie Thomas Mann in zeitlichem Zusammenhang mit seinem Geburtstag regelmäßig anzustellen pflegt. Der 1936 verfasste *Lebenslauf* beginnt, in überdeutlicher Anlehnung an die Eröffnungssequenz von *Dichtung und Wahrheit*, mit dem Befund:

> Ich bin geboren am Sonntag den 6. Juni 1875 mittags zwölf Uhr. Der Planetenstand war günstig, wie Adepten der Astrologie mir später oft versicherten, indem sie mir auf Grund meines Horoskops ein langes und glückliches Leben sowie einen sanften Tod verhießen. Was das Leben betrifft, so konnten sie ihre Prophezeiung zum guten Teil schon von seinen Tatsachen ableiten; denn viel Glück und Gunst kommt darin vor, ja, seine Gesamttendenz ist glücklich zu nennen [...]. (XI, 450)

Viele spätere Brief- und Tagebuch-Äußerungen belegen dieses zahlenarithmetisch grundierte autobiografische Ordnungs- und Beziehungsdenken: Am 4. Januar 1950 schreibt Thomas Mann aus Pacific Palisades an den Religionswissenschaftler Karl Kerényi: »Lieber Herr Professor, / recht herzlichen Dank für Ihr Gedenken zum Neuen Jahr, – einem ›meiner‹ Jahre: 1900 erschienen *Buddenbrooks*, 1925 der *Zauberberg*, und nun werde ich 75« (Br III, 125) – offensichtlich gilt dem Autor die 25 als Glückszahl. Noch prononcierter der Brief an Agnes Meyer vom 21. Juni 1954, der sich derselben lebensarithmetischen Ordo-Muster bedient, es im übrigen jedoch vieldeutig in der Schwebe lässt, wie viel an den dort bilanzierten Erfolgen eigene Leistung sei und was davon womöglich auf die Rechnung höherer Mächte gehe:

> Ich bin nun in mein 80. Jahr getreten, und da tut man wohl gut, sich auf sehr weitschauende Unternehmungen nicht mehr einzulassen. Ich muß froh sein, daß ich mit 25, mit 50, 60 und 70 Jahren doch etwas wie einen kleinen Vollbringer (›Buddenbrooks‹, ›Zauberberg‹, ›Joseph‹ und ›Faustus‹) nach bewunderten Mustern abgeben konnte. Weiß Gott, ich war nicht groß. Aber eine gewisse kindliche Intimität in meinem Verhältnis zur Größe brachte ein Lächeln der Anspielung auf sie in mein Werk, das Wissende, Gütige, Amüsable jetzt und später erfreuen mag. (Br III, 348)

Demütiger und bescheidener ist ein beachtliches Selbstbewusstsein wohl kaum je aufgetreten als hier! Erika Mann treibt in ihrem Bericht *Das letzte Jahr* die kabbalistischen Beziehungsspiele – sie spricht von der »Zahlensymmetrik im Leben meines Vaters«[15] – noch wesentlich weiter, aber was immer man davon halten mag: Man kann sich des Eindrucks nicht erwehren, dass diese astrologisch-arithmetisch gegründeten, gerade in Jubiläumszusammenhängen immer wieder beschworenen Ordnungssuggestionen Thomas Mann im Glauben an die eigene Berufung und in seinem Entschluss zur standfesten Lebensbürgerlichkeit nachdrücklich bestärkt und dass ihre Glückszusagen im Zweifelsfall als *self-fulfilling prophecy* gewirkt haben.

Ein *zweiter* Komplex in den Selbstdeutungen Thomas Manns gerade auch im Horizont seiner Jubiläen lässt sich mit dem von Hans Blumenberg geprägten Begriffspaar von *Lebenszeit* und *Weltzeit*[16] umschreiben. Damit soll die in Thomas Manns Selbstaussagen immer wieder anzutreffende parallelisierende Verschränkung individuell-biografischer mit historisch-epochalen Ereignissen und Konstellationen bezeichnet sein, die abermals Züge eines eigentümlichen Beziehungsdenkens aufweist. Immer wieder notiert Thomas Mann im Umfeld persönlicher Jubiläen, vor allem von Geburtstagen, ihm auffällige Koinzidenzen zwischen persönlichen Daten und den Bewegungen des Weltzusammenhangs: »Höfliche Kriegsnachrichten zum Geburtstag« (Tb, 6. 6. 1940), heißt es im Princetoner Tagebucheintrag vom 6. Juni 1940, dem 65. Geburtstag, weil die Panzervorstöße der deutschen Truppen offenbar von ihrer Wucht verloren hätten; »Eigentümliches Zusammentreffen«, am 6. Juni 1944, jetzt im Tagebuch in Pacific Palisades: »Invasion Frankreichs /Mein 69. Geburtstag./«, »erfuhr, daß die /Invasion Frankreichs/ bei Caen, Calais, Le Havre begonnen hat« (Tb, 6. 6. 1944) – die lange erhoffte Meldung vom Kriegsschauplatz wird begrüßt wie ein persönliches Geburtstagsgeschenk der Weltgeschichte, und tatsächlich heißt es ein paar Tage später im brieflichen Rückblick auf den 69. Geburtstag:

> Hoch-dramatisch akzentuiert war der Tag, – durch den offenbar glücklichen Beginn dessen, woran man kaum zu glauben gewagt hatte, und was doch kommen mußte. [...] Hoffen wir! Es war immer so sehr mein Wunsch, daß an meinem 70sten Friede sein möchte. Daß er höchstens, so weit Europa in Frage kommt, erfüllbar ist, sehe ich ein. (Br II, 372 f.)

Auch dieser Wunsch geht in Erfüllung, und an Silvester 1945 kann Thomas Mann in sein Tagebuch notieren: »Ein ungeheueres Jahr geht zu Ende,/ über-

15 Erika Mann: Das letzte Jahr. Bericht über meinen Vater, in: Erikas Mann. Mein Vater, der Zauberer, hg. v. Irmela von der Lühe und Uwe Naumann, Reinbek bei Hamburg: Rowohlt 1998, S. 389–456, 445.

16 Vgl. Hans Blumenberg: Lebenszeit und Weltzeit, Frankfurt/Main: Suhrkamp 2001.

füllt mit weltverändernden Ereignissen. Daß mein 70. Geburtstag mitten hinein fiel, war eine /hübsche Regie-Verfügung« (Tb, 31.12.1945). Der Text, in dem Thomas Mann dieses Gefühl der wechselseitigen Bezogenheit und Verschränkung von individueller Lebenszeit und epochaler Weltzeit am entschiedensten formuliert, ist der am Vorabend des 75. Geburtstages entstandene und am Geburtstag selbst im Zürcher Schauspielhaus gelesene Vortrag *Meine Zeit* – ein Brief an Agnes Meyer vom 6.3.1950 spricht im Blick auf den Titel vom »Doppelsinn einer Inspektion meiner Epoche (1875–1950) und meines eigenen Lebens, also historisch-autobiographisch« (Br III, 134f.). Im Vortrag selbst heißt es freilich zugleich, nun doch auch mit der Akzentuierung von Gegenläufigkeiten: »Meine Zeit – sie war wechselvoll, aber mein Leben in ihr ist eine Einheit. Die Ordnung, in der es zahlenmäßig zu ihr steht, erregt mir das Wohlgefallen, das ich an aller Ordnung und Stimmigkeit finde« (XI, 314) – es folgen zum Beleg die bereits bekannten 25-Jahres-Intervalle der eigenen großen Produktivitätsschübe. Man sollte diesen Text mit seinem Beharren auf der bewahrten humanen Integrität auch in ›wechselvollen‹ und ›finsteren‹ Zeiten einmal mit Brechts Triptychon *An die Nachgeborenen* konfrontieren, in dem die Möglichkeit einer derartigen individuellen Unversehrtheit inmitten der Inhumanität der Epoche gerade kategorisch in Abrede gestellt wird. – Thomas Manns letztes Lebensjahr, 1955, in dem er in großem Stil den 80. Geburtstag begeht und wenige Wochen darauf stirbt, wird mit seiner Engführung privater und öffentlicher Feiern, vor allem des von Thomas Mann im Rahmen großer Staatsakte zelebrierten rivalisierenden Schiller-Gedenkens in beiden deutschen Staaten, aber auch mit der Verschränkung von individueller Zeit und Geschichtszeit in den zahlreichen politischen Rahmenveranstaltungen, Ehrungen und Vereinnahmungsversuchen zum eigenen Geburtstag die alte Intuition von der engen Verschränkung der biografischen und historischen Gezeiten noch einmal sinnfällig bewahrheiten.

Drittens und letztens: das *Alter* in der Wahrnehmung und Selbsterfahrung des 80-jährigen Jubilars, der im Juni 1955 in einer nie zuvor erlebten Huldigungsorgie von europäischer Dimension seinen letzten runden Geburtstag erlebt, überhaupt seinen letzten Geburtstag. Hier soll einmal nicht so sehr die in der Thomas Mann-Biografik, und zuerst natürlich in Erikas Manns Augenzeugenbericht *Das letzte Jahr*, sattsam beschriebene schwindelerregende Ereignisabfolge dieser turbulenten Festtage interessieren – die diversen Festakte in Kilchberg und in Zürich, die zahlreichen Ehrungen und Auszeichnungen von der durch die DDR-Delegation überbrachten schweren Bronzebüste und der ersten zwölfbändigen Werkausgabe über die westdeutsche »Thomas Mann-Spende« für bedürftige Schauspieler, der Besuch des Schweizer Staatspräsidenten, die Huldigung der französischen Schriftsteller und Intellektuellen, *Hommage de la France à Thomas Mann*, oder der Ehrendoktortitel der ETH Zürich, über den Thomas Mann sich besonders freut, weil es sein erster im Bereich der Naturwissenschaften ist, bis hin schließlich zum Mozart-Konzert im Zürcher Schauspielhaus unter der Stabführung des eigens aus Amerika eingeflogenen alten Freundes und Weggefährten Bruno Walter und jenem amüsanten Lapsus bei Thomas Manns kurzer Dankesrede, in der er sich für die Aufmerksamkeit und Empfänglichkeit nicht etwa des Zürcher, sondern seines lieben Münchner Publikums bedankt (was er in seiner Dankadresse, einige Tage später, an den Münchner Oberbürgermeister Wimmer durchaus groß und kapriziös herausstreichen wird); und ausgeblendet seien auch einmal die Waschkörbe voller Briefe und Telegramme, die Unmengen exquisiter Geschenke, an denen der Mann von achtzig Jahren eine durchaus kindische Freude hat, so dass Tochter Erika ihn in den folgenden Tagen gelegentlich nachts im erleuchteten Salon ertappt, wo er mit seinen Gaben spielt. Wir übergehen sogar den kostbaren Turmalin-Ring, den Katia und Erika ihm zum Trost geschenkt haben, weil die amerikanische Mäzenin Agnes Meyer sich gegenüber dem sehr deutlich an sie herangetragenen Wunsch nach einem noch kostbareren grünen Smaragdring unziemlich verstockt gezeigt hatte – all das ist in den großen Biografien nachzulesen,[17] und ohnehin unterscheidet es sich höchstens im Volumen, aber keineswegs in der prinzipiellen Qualität vom Zuschnitt früherer runder oder halbrunder Thomas Mann-Geburtstage, die spätestens seit dem 50. immer schon bedeutende gesellschaftliche und staatspolitische Begängnisse waren und, auch während der amerikanischen Exilzeit, entsprechend zelebriert wurden, bis hinauf zu Empfängen im Weißen Haus. Auch Thomas Manns Verzweiflung über den völligen »Briefschreibe-Bankrott«,[18] die niemals zu bewältigenden Dankesschulden oder das sorgfältige Registrieren aller in der internationalen Presse erfolgenden Wortmeldungen (einschließlich der empfindlichen Reaktion auf die nicht erfolgenden oder noch ausstehenden Huldigungen) – nichts davon ist eigentlich neu.

Interessieren müssen aber die Töne und Zwischentöne, in denen der Jubilar sich mit dem erreichten Alter auseinandersetzt und mit den schwindenden Energien, die es mit sich bringt. Hier sind verdrossene, melancholische, selbst offen sarkastische Register nicht zu überhören. Einiges lässt sich noch

[17] Vgl. stellvertretend Klaus Harpprecht: Thomas Mann. Eine Biographie, Reinbek bei Hamburg: Rowohlt 1995; dort vor allem das Kapitel »Die letzten Feste«, S. 2042–2049.

[18] »Liebe Freunde! Es gibt einen großen Briefschreibe-Bankrott wieder einmal trotz einer gedruckten Hilfskarte.« Brief an Trudi und Fritz Strich vom 13. 6. 1950 (Br III, 150). Die erwähnte gedruckte Karte trägt den Wortlaut: »An die Geburtstagsgratulanten / Zürich, den 8. Juni 1950 / Sie gehören zu denen, die meiner zu meinem 75. Geburtstag mit guten, wohltuenden Worten, prächtigen Blumen, erfreulichen Gaben aller Art freundlich gedacht haben. Ich bin hilflos vor soviel Güte und muß mich zum Dank mit dieser Karte behelfen, die ich Sie bitte, nicht als Sache kühler Form, sondern als ganz persönlich gemeinten und persönlich gerichteten Ausdruck meiner herzlichen Erkenntlichkeit entgegenzunehmen. Thomas Mann« (ebd., S. 148).

als konkreter Ärger über vermeintliche Kränkungen und Zurücksetzungen im Jubiläumskontext verstehen, so der gallige Tagebucheintrag vom Mai 1955:

> Wie wird es mit dem Schweizer Bürgerrecht werden? Was wird Bonn tun? Ich kann von dort kaum etwas erwarten noch annehmen. Alles käme zu spät, besonders das ›Verdienstkreuz‹. Auch der Pour le Mérite wird zu spät kommen. Diese Zeichen, die Geringere längst tragen, widern mich. Ein holländischer Orden wäre mir lieb, die französische Huldigung wird mich freuen. (Tb, [26.] 5. 1955)

Aber andere Melancholien sind weniger eindeutig in der Niedertracht der Außenwelt begründet. Verdruss und *ennui* über allzu viel sozialen Trubel hatte es auch schon bei früheren Jubiläen gegeben: Vom 70. Geburtstag stammt die überdrüssige Bemerkung zu Alfred Neumann, er könne nach all dem Getümmel »meinen Namen nicht mehr hören und lesen« und sei »froh, daß nun wahrscheinlich die Welt bis an mein selig Ende sich überhaupt nicht mehr um mich kümmern wird. Bei der Gelegenheit wird sie wieder einiges anstellen, aber dabei brauche ich nicht mehr meinen Mann zu stehen, sondern werde nur noch als Büste repräsentieren.«[19] Und wenn der Jubilar bei heranrückendem 80. zunehmend über seine »festliche[]« (Br III, 402) oder auch »solenne[] Auflösung«[20] klagt und den in seiner Tessiner Klause vom Tumult der Welt unbehelligten Hermann Hesse beneidet, so zeigt der Brief an Erika vom 7. Juni 1954 in deprimierender Deutlichkeit, dass der Zauberer auch seine magischen Fähigkeiten schwinden sieht. Konkret geht es dabei um den lustlos wieder aufgenommenen *Felix Krull*:

> Sehr würdig steht es doch nicht darum. Begeht man mit solchen kompromittierenden Scherzen sein 80stes Wiegenfest? Müder Übermut – tut nicht gut, sprichwörtlich geredet. Oft muß ich denken, daß es besser gewesen wäre, wenn ich nach dem Faustus das Zeitliche gesegnet hätte. Das war doch ein Buch von Ernst und einer gewissen Gewalt und hätte als Abschluß ein rundes, in sich geschlossenes Lebenswerk ergeben [...]. (Br III, 345)

Auch wenn der Autor über das Schwinden seiner kreativen Energien klagt, einen beträchtlichen depressiven Furor wird man diesen Greisenausbrüchen keineswegs absprechen können.

Aber sie bleiben nicht das letzte oder eindeutig letzte Wort oder zumindest stehen ihnen andere, hellere Stimmungslagen entgegen. Er habe »nie gedacht, es zu patriarchalischen Jahren zu bringen«, gesteht Thomas Mann im Mai 1945 anlässlich des 70. Geburtstages im Vortrag *Deutschland und die Deutschen*,

[19] Br III, 432. Brief an Hermann Hesse vom 10. 6. 1955.
[20] Br III, 405. Brief an Erich von Kahler vom 16. 6. 1955.

»obgleich ich es theoretisch schon früh für wünschenswert hielt. Ich dachte und sagte, wenn man schon einmal zur Welt geboren sei, wäre es gut und ehrenwert, lange darin auszuhalten, ein ganzes, kanonisches Leben zu führen und, als Künstler, auf allen Lebensstufen charakteristisch fruchtbar zu sein.« (X, 1126f.)

Die Möglichkeit einer solchen künstlerischen Fruchtbarkeit und sogar Altersreife hatte bereits der junge Thomas Mann im Essay *Goethe und Tolstoi* von 1921 zumindest *ex negativo* zugestanden, wenn er den beiden Protagonisten bescheinigte, sie hätten ein produktives »Patriarchenalter« erreicht, während die Natur den Antipoden Schiller und Dostojewski »die Würde und Weihe der hohen Jahre« versagt habe; »sie vergönnte ihnen nicht, auf allen Stufen des Lebens charakteristisch fruchtbar zu sein, ein ganzes und klassisches Leben durchzuführen.« (15.1, 831) Und noch dem sechzigjährigen Thomas Mann war in der Grußadresse zum Geburtstag seines gleichaltrigen Künstlerfreundes Bruno Walter der selbstbewusste Gedanke geläufig, »daß Altwerden unter günstigen Umständen [...] eine vortreffliche Sache« sei:

Wir fangen nun an, zu den alten Herren zu zählen, er und ich, aber was wir einander zu berichten haben, wenn wir uns treffen, das ist, [...] daß es nach unserer Erfahrung durchaus nicht Schrumpfung, Verarmung, Verkümmerung, sondern vielmehr Erhöhung und Zuwachs, ein heiteres Breiter- und Mächtigerwerden, das Inbesitznehmen neuer Gebiete bedeutet; ja wir erzählen uns, daß unternehmende Kühnheit, weit entfernt, ein Vorrecht der Springinsfelde zu sein, eigentlich erst recht dem vielversuchten Alter gehört und daß wir uns heute manches Dinges getrauen, von dem unsere ›blühende‹ Jugend sich nicht einmal etwas träumen ließ. (X, 481f.)

Simone Costagli

Französische Zustände

Das Tagebuch als Form der ideologischen Standortbestimmung in *Pariser Rechenschaft*

Als eifriger Tagebuchschreiber wusste Thomas Mann, dass die diaristische Form nicht nur »sein Verlangen nach täglicher Selbstprüfung«[1] befriedigen konnte: Er war sich auch ihrer literarischen Möglichkeiten bewusst. *Pariser Rechenschaft* und *Meerfahrt mit Don Quijote* heben sich innerhalb seiner Autobiografik dadurch hervor, dass sie ›fingierte‹ – d. h. nachträglich verfasste – Reisetagebücher sind. In ihnen erweist sich die freiere Form des Tagebuchs als geeignet, um verschiedene Stilformen und Schreibintentionen souverän zu verschmelzen.[2] In *Meerfahrt mit Don Quijote* und *Pariser Rechenschaft* lassen sich also »selbst beiläufige Ereignisse und Wahrnehmungen zu einem Selbstentwurf verdichten«.[3] Wie eine kurze Rekonstruktion des autobiografischen und zeitgeschichtlichen Kontexts zeigen kann, war die Entscheidung für die Tagebuchform in *Pariser Rechenschaft* alles andere als selbstverständlich: vielmehr geht sie auf konkrete Motive, die mit der Pariser Reise verbunden sind, sowie auf ein literarisches Vorbild zurück, auf das im Text hingewiesen wird. Thomas und Katia Mann kamen nach Paris im Januar 1926 auf Einladung der *Carnegie Dotation pour la paix internationale.* Als Hauptveranstaltung der Reise war ein Vortrag über *Die geistigen Tendenzen des heutigen Deutschlands* vorgesehen. In den neun Tagen, in denen das Ehepaar Mann in der französischen Hauptstadt blieb, wurden dann weitere öffentliche Auftritte veranstaltet: eine durch die *Union intellectuelle française* organisierte Podiumsdiskussion mit Félix Bertaux, Henri Lichtenberger, Maurice Boucher und Charles Du Bos sowie eine teilweise improvisierte Vorlesung vor den Studenten der *École normale supérieure.* Das Reisetagebuch referiert darüber hinaus

[1] Hans Wysling: Thomas Mann als Tagebuchschreiber, in: Internationales Thomas-Mann-Kolloquium 1986 in Lübeck (= TMS VII), hg. von Eckhard Heftrich und Hans Wysling, Bern: A. Francke 1987, S. 140.

[2] Rolf G. Renner definiert *Pariser Rechenschaft* als »[e]ine autobiographisch geprägte Studie«, die »als Reisetagebuch abgefasst, politische Reflexion mit Selbstreflexion, geistesgeschichtliche mit psychologischen Einsichten« verbindet, »indem sie der Reise, den Vorträgen und Gesprächen folgend Autoritäten vorstellt und Begegnungen inszenierend wiederholt, welche alle diese Gesichtspunkte wie im Fokus zusammenfallen lassen.« (Rolf G. Renner: Lebens-Werk. Zum inneren Zusammenhang der Texte von Thomas Mann, München: Fink 1985, S. 191.)

[3] Rolf G. Renner: Autobiographische Essayistik, in: TM Hb (2005), S. 658.

u.a. auch über Besichtigungen von Stadtmonumenten und über das Pariser Leben im Allgemeinen sowie über Gespräche mit vielen in der französischen Hauptstadt ansässigen Persönlichkeiten. Eingeschoben in die Erzählung werden auch Reflexionen des Autors, in denen die Grenze zwischen Innerem und Äußerem überschritten wird.

Vortragsreisen gehörten zur Routine in Thomas Manns Leben. Wenn der Pariser Reise eine solche außerordentliche literarische Behandlung zukam, war sie also wichtiger als ihr ursprünglicher Anlass, wie auch die Randposition des Vortrags signalisiert, der nur zusammengefasst wiedergegeben wird. Gemessen am Umfang erscheinen die Begebenheiten und die Reflexionen des Autors während der Reise wichtiger als der Vortrag selbst. Für Thomas Mann war die Reise die Gelegenheit, vor der internationalen Öffentlichkeit seine geänderte politische Einstellung bekannt zu geben sowie ein neues Bild der demokratischen, westorientierten Weimarer Republik zu präsentieren.[4] Sicherlich war eine Begegnung mit Frankreich in jenen Jahren, als seine positive Einschätzung als Schriftsteller mit den Vorwürfen als Autor der *Betrachtungen eines Unpolitischen* einherging, jedenfalls nicht frei von Widersprüchen.[5] Eine Distanzierung von den ideologischen Positionen der Vorkriegszeit kündigt sich deshalb bereits im Titel *Pariser Rechenschaft* an, der die Absicht zum Ausdruck bringt, »anderen gegenüber eine Rechtfertigung vorzulegen« und zugleich »sich selbst klar zu werden über seinen Standpunkt zu Frankreich, sich selbst Rechenschaft zu legen«.[6] Wenn er später »Rechenschaft« (Tb, 11.2.1934) zu den Hauptmotiven seines täglichen Tagebuchschreibens zählt,[7] dann kann die Tagebuchform eine erste Begründung darin haben, dass sie sich per se als geeignet dafür erwiesen hat, ein Bekenntnis zu einem geänderten politisch-ideologischen Credo zu inszenieren.[8] Bereits der im höchst pathetischem Stil verfasste

[4] Für eine ausführliche Darstellung dieses Motivs sowie der Hintergründe von Thomas Manns Einladung nach Paris vgl. Hans Manfred Bock: Bußgang zu den »Zivilisationsliteraten«? Zu Thomas Manns Paris-Aufenthalt im Januar 1926, in: Topographie deutscher Kulturvertretung im Paris des 20. Jahrhunderts, hg. von dems., Tübingen: Narr 2010, S. 61–95.

[5] Es sei an den 1922 in der Zeitschrift *Le Temps* erschienenen Artikel von Pierre Mille erinnert, in dem er als »Kriegsbegeisterter« und »Feind der Demokratie« bezeichnet wird und auf den Thomas Mann in seiner Rede *Das Problem der deutsch-französischen Beziehungen* (1922) polemisch Bezug nahm (vgl. Bock [Anm. 4], S. 68). *Die Betrachtungen eines Unpolitischen* werden bei den Resümees öffentlicher Reden und Gesprächen in Paris in *Pariser Rechenschaft* mehrmals erwähnt: vgl. z.B. 15.1, 1151 f.: »Es ist die Rede davon in dem Buch, das ihr ›Considérations d'un non-politique‹ nennt und das euch arg skandalisiert hat. Glauben Sie mir, dies Buch war durchaus nicht bös gemeint. (Heiterkeit, ›Ah, non, évidemment!‹) Sein Antrieb war tatsächlich nicht politischer, sondern rein geistiger Art; es war der Protest gegen die moralische Weltvereinfachung durch die demokratische Tugendpropaganda.«

[6] Bock (Anm. 4), S. 62.

[7] Vgl. Wysling (Anm. 1), S. 140.

[8] In einer referierten Überlegung weist Thomas Mann jedoch darauf hin, dass er immer noch

Anfang verrät deshalb eine emotionelle Teilnahme und deutet eine existentielle Erschütterung an, die der Verfasser nach seiner Rückkehr nach Deutschland noch nicht bewältigen kann, weshalb er die Eindrücke unmittelbar festhalten will: »*Es ist nur, daß ich es nicht vergesse.* Ich will, solange ich es noch Stunde für Stunde am Schnürchen habe, das turbulente Diarium dieser neuen Tage doch wiederherstellen und festhalten, da sie immerhin für meine Verhältnisse ein Abenteuer ersten Ranges bedeuteten.« (15. 1, 1115) Diese Worte sollen nicht darüber hinwegtäuschen, dass *Pariser Rechenschaft* ein sehr sorgfältig konstruierter Text ist. Wenn man die Arbeitsmethode Thomas Manns kennt, dann weiß man, dass improvisiertes Schreiben ihm fremd war. Zwischen Februar und April 1926 rekonstruierte Thomas Mann sein Pariser Tagebuch.[9] Diese Zeit wurde auch dazu genutzt, sich mit den Quellen neu oder zum ersten Mal auseinanderzusetzen. Das bestätigen zahlreiche intertextuelle Verweise auf sein Werk sowie auf andere Autoren. Ein Gesprächspartner war sicherlich der Bruder, wie man aus dem zeitgenössischen Kontext besser verstehen kann. In Bezug auf den deutsch-französischen Verständigungsprozess vertrat Thomas eine Position, die viele Übereinstimmungen mit der in Henrich Manns Essays aus den Jahren 1923–1925 dargestellten Grundthese aufweist: Eine Annäherung zwischen Frankreich und Deutschland war einerseits unentbehrlich, um den Frieden zwischen beiden Nationen zu sichern, anderseits müsste sie als erster Schritt für ein geeinigtes Europa verstanden werden, das als »Reich über den Reichen« gebildet werden musste.[10] Es war dies darüber hinaus eine Ansicht, die in jenen Jahren und insbesondere in den Monaten nach den Locarno-Verträgen im Oktober 1925 von der *Neuen Rundschau*, die nicht nur viele Essays Heinrich Manns, sondern auch einen Auszug aus *Pariser Rechenschaft* veröffentlichte, im Dialog mit Frankreichs führender Zeitschrift *Nouvelle Revue Française* stark unterstützt wurde.[11] Die Position wird im Vortrag *Die geistigen Tendenzen des heutigen Deutschlands* mehrfach betont (vgl. 15.1, 1076–1089),

am Grundgedanken der *Betrachtungen* festhält, »daß Demokratie und Politik ein und dasselbe sind« (15.1, 1186).

[9] Ausdrücklich weist Thomas auf eine »Rekonstruktion« des Tagebuchs in einem Brief an Philipp Witkop vom 22.2.1926 hin. Vgl. DüD II, 77.

[10] Vgl. Heinrich Mann: Reich über den Reichen, in: Essays und Publizistik, Bd. 3/1 (November 1918–1925), hg. von Bernhard Veitenheimer, Bielefeld: Aisthesis 2015, S. 167–191. Vgl. Anna Krause: Das Europa der Literatur. Schriftsteller blicken auf den Kontinent. 1815–1945, Berlin/New York: De Gruyter 2010, S. 269f.: »Nachdem sich nicht mehr eine Republik auf der einen Seite und ein Kaiserreich auf der anderen voneinander abgrenzen, sondern zwei demokratisch verfasste Länder teilweise ähnliche Ziele verfolgen, sieht Mann die Voraussetzungen für eine deutsch-französische Versöhnung gegeben, wie sie seiner Meinung nach die grundlegende Bedingung einer europaweiten Einigung darstellen muss.«

[11] Zu der Rolle der *Neuen Rundschau* in der Unterstützung einer Annäherung an den Westen und an Frankreich, vgl. Michael Grunewald: Deutsche Intellektuelle als Vorläufer des »Geistes von Locarno«. Die Neue Rundschau und Frankreich zwischen 1919 und 1925, in: Recherches

während sein Resümee in *Pariser Rechenschaft* weniger Auskunft davon gibt. Am emphatischsten wird sie jedoch gegenüber Mitgliedern des Pen-Clubs von Thomas Mann geäußert:

Meine Partner haben französisch gesprochen, und ich habe deutsch gesprochen, und wir haben einander ausgezeichnet verstanden. Lassen wir das symbolisch sein! Fassen wir es auf als Symbol für das Europa, auf das wir hoffen und an das wir glauben! Es wird weder ein französisches Europa sein noch ein deutsches. Wir werden französisch sprechen, und wir werden deutsch sprechen, und wir werden einander dennoch gut verstehen! (15.1, 1195)

Ganz nach der Devise des Bruders verstand sich Thomas Mann in Paris als Schriftsteller, der als »Vordiplomat« »den Weg für die Politiker ebnen« sollte.[12] Deswegen konnte die Bezeichnung »als außerordentlicher Gesandte deutschen Geistes« (15.1, 1125), mit der Henri Lichtenberg Thomas Mann den Zuhörern des Carnegie-Hauses präsentiert, angesichts seiner Rolle als Hauptfigur des deutsch-französischen Dialogs sowie als Vertreter des europäischen Gedankens erst recht für Heinrich Mann gelten.[13] Deshalb lässt es sich wohl als Würdigung an den Bruder – wenn nicht sogar als ironische Anspielung auf eine Identifizierung mit ihm – interpretieren, als ein Amerikaner Thomas Mann sagt, er kenne etwas von ihm: »Es war *Der Untertan.*«[14]

Ein weiteres Vorbild, sowohl für den deutsch-französischen Dialog als auch für die Tagebuchform, wird durch eine ähnlich beiläufige Erwähnung eingeführt. Die deutsche Literatur weist eine lange Tradition von autobiografischen Berichten über Frankreich und Paris in Form von Tagebüchern oder Briefsammlungen auf: Herders *Journal meiner Reise im Jahr 1769*, Goethes *Kam-*

germaniques, 18, 1988, S. 67–88. Mehr über den allgemeinen politischen Kontext von Thomas Manns Besuch in Paris in: Bock (Anm. 4), S. 63–75.

12 Dass die Schriftsteller »*avant-diplomates*« sein sollten, hatte der französische Kultusminister De Monzie 1925 Heinrich Mann gesagt. Vgl. Heinrich Mann: Heinrich Mann an Minister Becker. Ein Besuch beim Kultusminister De Monzie, in: Essays und Publizistik, Bd. 3/1 (Anm. 10), S. 277. Über die Anknüpfung an diese Definition von Thomas Mann vgl. Bock (Anm. 4), S. 81.

13 Ähnlich definierte Alfred Kantorowicz gerade Heinrich Mann: »[B]ald nach dem Krieg im Krisenjahr 1923 begann er, ein inoffizieller Botschafter des geistig und politisch vorgeschrittenen Deutschland, auch in Frankreich selbst für die Wiederannährung der beiden Völker zu werben.« (Alfred Kantorowicz: Unser natürlicher Freund. Heinrich Mann als Wegbereiter der deutsch-französischen Verständigung, Lübeck: Senat der Hansestadt Lübeck, Amt für Kultur 1972, S. 6.)

14 15.1, 1195. Wenig später ist in einem Gespräch mit Claire und Iwan Goll nicht nur von einer Identifikation, sondern sogar von einer Überkreuzung die Rede (vgl. 15.1, 1196: »Künstlerisch genommen aber sei ich im Grunde den Franzosen näher und vertrauter als er, nämlich kraft meiner ›Bürgerlichkeit‹, das heiße: eines Konservativismus, der, selbst wenn er sich nur ironischerweise behaupte, ihren klassischen Sinn anspreche, während mein Bruder weit mehr mit dem deutschen Expressionismus zu schaffen habe.«)

pagne in Frankreich 1762, Börnes *Briefe aus Paris*, Fontanes *Kriegsgefangen. Erlebtes 1790*. Mit dieser Tradition verbindet man jedoch vor allem Heinrich Heine. Heine hat zwar kein ›Pariser Tagebuch‹ in engerem Sinn verfasst, viele Beiträge von *Französische Zustände* und *Lutetia* erinnern jedoch aufgrund ihres subjektiven Blicks auf Frankreich sowie der Datumsangabe an Tagebucheinträge. Die Bedeutung des aus dem Französischen entlehnten Worts *Journal*, das etwa im Titel von Herders Bericht vorkommt, bringt diese Ambivalenz zum Ausdruck. Es mag daher nicht verwundern, dass Heine eine der wichtigsten Hintergrundfiguren von *Pariser Rechenschaft* ist.[15] Sein Name wird beiläufig – doch nicht ohne Grund – bei der Beschreibung von Notre-Dame erwähnt. Thomas Mann stellt fest, dass er nur die gotischen Kirchen als »wahrhaft metaphysische Stätten« (15.1, 1165) empfinde. Die anderen Kirchen seien Festsäle und in San Paolo in Rom könne man tanzen, »obgleich doch das Christentum die erste und einzige Religion ist, die den Tanz aus dem Kultus vertrieben und ihn dämonisiert, verteufelt hat, wie Heine in *Lutetia* so hübsch erörtert.« (15.1, 1165) Der Hinweis auf ein Buch, das im Titel den lateinischen Namen der Stadt Paris trägt und der Form nach einem Tagebuch ähnelt, bekräftigt die Vermutung von Heines Einfluss, zumal Thomas Mann *Lutetia* gerade während der Niederschrift von *Pariser Rechenschaft* las.[16] Es ist durchaus plausibel, dass Thomas Mann sich nach seiner Rückkehr nach Deutschland für Heinrich Heines Artikelsammlung interessiert hat. Bereits im Herbst 1925 hatte er einen kurzen Text für ein später nicht zustande gekommenes Heine-Denkmal verfasst, der erst im Januar 1927 in der *Frankfurter Zeitung* mit dem Titel *Über Heinrich Heine* veröffentlicht wurde (vgl. 15.1, 1047f.). Auch im Vergleich zu den früheren Aufsätzen *Heinrich Heine, der »Gute«* (1893) und *Notiz über Heine* (1908) behandelt dieser Gelegenheitstext mindestens zwei neue Motive, die auch in *Pariser Rechenschaft* eine große Rolle spielen. Erstens sei Heine als Rheinländer »dem weltbestechenden Reiz französischer Gesittung von jung auf besonders ausgesetzt« (15.1, 1047) gewesen. Auch in *Pariser Rechen-*

[15] Im Vortragstext wird Heine neben Nietzsche und Goethe als Name genannt, der in Frankreich »Glanz« (15.1, 1085) besitzt.

[16] Volkmar Hansen vermutet, Thomas Mann habe »entweder vor oder nach der Reise nach Paris im Januar 1926« Heines *Lutetia* gelesen, »wie die Nennung in *Pariser Rechenschaft* zeigt« (Volkmar Hansen: Thomas Manns Heine-Rezeption, Hamburg: Hoffmann und Campe 1975, S. 208). Hansen unterstützt seine Vermutung mit dem Hinweis auf einen Brief an Ida Herz vom 14.2.1926. Er schließt daraus jedoch keinen direkten Einfluss von Heinrich Heine auf die Niederschrift von *Pariser Rechenschaft*. Thomas Mann habe (so Hansen) den »Subjektivstil« von Heines *Reisebilder* einzig in *Unterwegs* imitiert (vgl. ebd., 207). Die zeitliche Nähe dieses kleinen Texts, der auf seine Mittelmeerreise 1925 zurückgeht, mit *Pariser Rechenschaft* ist jedoch nicht zu übersehen. Später hat Volkmar Hansen nochmals hervorgehoben, dass Thomas Mann *Lutetia* und *Französische Zustände* »vorbereitend mit dem Bleistift« zu seiner Pariser Reise und zu *Pariser Rechenschaft* gelesen habe (vgl. Volkmar Hansen: Thomas Manns Verhältnis zu Heinrich Heine, in: Düsseldorfer Beiträge zur Thomas-Mann-Forschung, Bd 1, Düsseldorf: Wellem 2011, S. 27).

schaft wird das Rheingebiet als Land zwischen Frankreich und Deutschland beschrieben – übrigens ein Thema, das nach der Ruhr-Besatzung und nach den Locarno-Verträgen eine große tagespolitische Brisanz hatte. Die Schilderung der Frankreichreise fängt in Mainz an, wo man sich »ein wenig im Übergang fühlt«.[17] Sei es aufgrund der noch dort stationierten französischen Soldaten, sei es aufgrund des im Stil der »eleganteste[n] französische[n] Renaissance« gebauten kurfürstlichen Schlosses, das den »historisch-kulturellen Einfluss von drüben« spüren lässt, es gehe »einigermaßen römisch-gallisch zu in der Stadt, die einmal *Maguntiacum* hieß und nicht weniger als viermal von den Franzosen genommen wurde.« (15.1, 1118) Zweitens hebt Thomas Mann vor allem Heines Rolle als kultureller Vermittler zwischen Frankreich und Deutschland hervor. Dass Thomas Manns eigenes Bestreben in dieser Zeit auch dieses Ziel in sich trägt, liegt auf der Hand.[18] Besonders eine Charakterisierung Heines in dieser kurzen Schrift lässt sich ebenfalls auf Thomas Mann zu Zeiten der Niederschrift von *Pariser Rechenschaft* beziehen:

Seine politische Willensmeinung ging auf die Befriedung und Sicherung des Kontinents auf Grund der Verständigung und Freundschaft zwischen den beiden großen Kulturvölkern, von denen er glaubte, daß sie zur gegenseitigen Ergänzung, nicht zur gegenseitigen Vernichtung geschaffen seien: Deutschland und Frankreich (15.1, 1047)

Hatten die *Betrachtungen eines Unpolitischen* insbesondere die Gegensätze zwischen Frankreich und Deutschland hervorgehoben, treten in *Pariser Rechenschaft* dagegen die Gemeinsamkeiten zwischen beiden Ländern besonders zum Vorschein, die »eine gegenseitige Ergänzung« nicht als unmöglich erscheinen lassen. Das gilt zunächst für kulturelle Aspekte, bei denen oft von einer gegenseitigen Verschmelzung die Rede ist, zum Beispiel in einer Bemerkung im Gespräch mit Edmond Jaloux:

Man ist ziemlich weitgehend gewöhnt – und zwar auf beiden Seiten –, Frankreich als den Vertreter des klassischen und Deutschland als den des romantischen Prinzips in Europa aufzufassen. Es ist aber festzustellen, daß diese Anschauung der geistigen Begegnung der Nationen nicht nur nicht förderlich ist, sondern daß sie auch tatsächlich stark zu veralten begonnen hat. Einer gewissen Germanisierung des französischen Geistes entspricht eine ebenso wahrnehmbar fortschreitende, wenn auch ebenso bedingte Verwestlichung des deutschen Sinnes, und eine bewußte Selbstkorrektur auf beiden Seiten, eine Art von wissentlichem Rollentausch möchte ein übriges tun, so daß Deutschland von der Seite der klassischen raison, Frankreich von der romantischen sensibilité her einander finden könnten. (15.1, 1192)

[17] 15, 1. 1118. Hier kann sogar ein anderes Modell gewirkt haben: Goethes *Kampagne in Frankreich 1792* fängt auch in Mainz an.

[18] Vgl. Hansen, Thomas Manns Verhältnis zu Heinrich Heine (Anm. 16), S. 27.

Die Gemeinsamkeiten werden dann sogar in der Physiognomie einiger Personen verkörpert, denen Thomas Mann in Paris begegnet. Der deutsche Botschaftsrat Dr. Kurth Rieth sei »kein germanischer Recke, sondern ein zierlicher Herr von höflich gescheitem Wesen« (15.1, 1121). Professor Luchaire erinnere Thomas Mann »durch seine Züge und seinen gesamten Habitus auffallend an einen hanseatischen Schulkameraden, der heute Weinhändler ist und die Lübecker mit französischem Rotspon versieht.« (15.1, 1181) Ohne jeglichen technischen Patriotismus wird sogar festgestellt, dass »unser Opelwagen« (15.1, 1169) dem Citroën nachgebildet sei, in dem das Ehepaar Mann in Paris fährt.

Diese Rolle Heines als literarischer Pate der deutsch-französischen Annährung wird in *Pariser Rechenschaft* dadurch bekräftigt, dass die bereits besprochene Erwähnung seines Namens genau an einer Stelle stattfindet, an der gerade von der deutsch-französischen geistig-kulturellen Verwandtschaft die Rede ist: Notre-Dame wird als »das zweite große gotische Ruhmeswerk dieser Reise« (15.1, 1165) definiert, denn Thomas Mann hatte auf dem Weg nach Paris in Gesellschaft von Ernst Bertram bereits den Kölner Dom besucht. So wird die gemeinsame Zugehörigkeit der wichtigsten Kirchen Deutschlands und Frankreichs zum selben architektonischen Stil hervorgehoben. Doch die Verbindung zu Heinrich Heine und zu *Lutetia* reicht noch tiefer. Man kann sogar von einer literarischen Beeinflussung und nicht nur von einer Patenschaft für das Hauptthema sprechen. Ein Vergleich zwischen *Pariser Rechenschaft* und *Lutetia* (oder *Französischen Zustände*) lässt sich sicherlich unter der Voraussetzung anstellen, dass Heines Texte dem Anlass nach mit Thomas Manns Reisetagebuch nicht identisch sind, weil sie auf seine jahrelange Tätigkeit als Korrespondent zurückgehen. Wenn auch Thomas Mann seinen deutschen Lesern über *Politik, Kunst und Volksleben* in Frankreich informiert, kann er jedenfalls aufgrund der kurzen Dauer seines Aufenthalts nicht über Anmerkungen in Tagebuchform hinausgehen. Jedoch zeigen sich Parallelen einerseits in der Form, die an Heines journalistische Artikel erinnert, andererseits im Inhalt, der durch eine sehr ähnliche Verbindung von autobiografischen Erlebnissen und geistesgeschichtlichen Überlegungen gekennzeichnet ist. Der Artikel XLII von *Lutetia*, auf den sich Thomas Mann bezieht, als er den Namen des Düsseldorfer Dichters erwähnt, stellt in dieser Hinsicht ein Musterbeispiel von Heines Kunst dar. In seinem Mittelpunkt steht das Verhältnis der Franzosen zum Tanz. Nach einem ausführlichen Kommentar des Balletts *Die Willi* (eigentlich *Giselle*) geht Heine zur Bedeutung des Tanzes im historisch-kulturellen und gesellschaftspolitischen Kontext über. Verglichen werden das institutionalisierte Ballett der *Académie Royale*, das die Abneigung des Christentums gegen den Tanz widerspiegelt, mit dem zügellosen, anarchischen *Cancan*, dem Lieblingstanz der unteren Klassen, der nur durch Polizeibewachung in den Grenzen der Moral gehalten werden kann.[19] Eine vergleichbare Methode, subjektive Beobachtung und geistesgeschichtliche Reflexionen zu verbinden, findet sich in *Pariser Rechenschaft* in der polemischen Auseinandersetzung mit Alfred Baeumlers Einleitung zur Auswahl von Johann Jakob Bachofens Schriften. Die Polemik kann auch als ein eingeschobenes Essay betrachtet werden und wird dementsprechend in der Kritik behandelt, um einen Beweis von Thomas Manns Abkehr von den obskurantistischen Tendenzen im Laufe der Zwanzigerjahre vorzuführen.[20] In *Pariser Rechenschaft* wird diese Polemik jedoch in einen sehr genauen Rahmen eingefügt, der mit den von Baeumler in seiner Bachofen-Einleitung behandelten Themen anscheinend wenig zu tun hat. An Baeumlers Einleitung denkt Thomas Mann, nachdem er das Lustspiel *Les Nouveaux Messieurs* von Francis de Croisset und Robert de Flers besprochen hat, dessen Aufführung das Ehepaar Mann am 22. Januar im Theater *Athénée* beiwohnt. Die Reaktion des Publikums, das »jede antidemokratische Pointe belachte«, lässt einen »Überdruß an parlamentarischer Demokratie und Parteienmißwirtschaft« (15.1, 1158) erkennen, der heute ein internationales Phänomen sei. »Der Weg ins Vordemokratische zurück« sei jedoch »ungangbar«; vielmehr könne die von Nietzsche gestellte Forderung helfen, »in politicis etwas Neues zu erfinden« (15.1, 1158). »Der Glaube an Geschichtswiederholung ist stark in deutschen Köpfen, nicht nur in Professorenköpfen, und zwar namentlich der an geistesgeschichtliche Wiederholungen« (15.1, 1159), konstatiert aber Thomas Mann. Ein Beispiel stellt Alfred Baeumler mit seiner an Bachofen orientierten »mütterlich-nächtigen Idee der Vergangenheit« (ebd.) dar. Dieser Auffassung bringt Thomas Mann vor allem moralische Bedenken entgegen, weil er es für beunruhigend hält, »den Deutschen von heute all diese Nachtschwärmerei, diesen ganzen Josef-Görres-Komplex von Erde, Volk, Natur, Vergangenheit und Tod, einen revolutionären Obskurantismus, derb charakterisiert, in den Leib zu reden« (ebd.). Am Aufbau dieser Passage lässt sie sich also als eine geistesgeschichtliche und politische Reflexion im Medium einer Diskussion eines zeitgenössischen Theatererlebnisses lesen, so wie Heine das Ballett benutzte, um über Frankreichs politische Psychologie zu reden.

Alfred Baeumler erkannte mit scharfem psychologischem Blick, dass Thomas Manns früheren ideologischen Positionen das Ziel dieser Polemik waren.

[19] Vgl. Heinrich Heine: Lutetia. XLII, in: Sämtliche Werke 13/1, bearbeitet von Volkmar Hansen, Düsseldorf: Hoffmann und Campe 1988, S. 154–158.

[20] Die Bedeutung dieser Polemik lässt sich zum Beispiel aus der Tatsache schließen, dass sie in Gesamtdarstellungen über Thomas Manns Werk das einzige Motiv in *Pariser Rechenschaft* ist, das eingehend analysiert wird. Vgl. Hermann Kurze: Thomas Mann. Epoche – Werk – Wirkung, 4., überarbeitete und aktualisierte Ausgabe, München: Beck 2010, S. 181 f.: »[Die Bachofen-Einleitung] dient ihm aber gleich darauf, in der *Pariser Rechenschaft* von 1926, als Beispiel für reaktionären Obskurantismus und Irrationalismus [...].«

In einem Brief an Manfred Schröter schrieb er: »In meiner Arbeit ist ihm sein eigenes Wesen, seine eigene Vergangenheit wie ein Geist erschienen«.[21] Das führt also wiederum auf den Wunsch zurück, in *Pariser Rechenschaft* von den *Betrachtungen eines Unpolitischen* Abstand zu nehmen. Eine zusätzliche Rolle in diesem Zusammenhang kann gerade dem Bezug auf Heine zukommen, der als ein Repräsentant jener journalistischen Schreibweise galt, die in den *Betrachtungen* als charakteristisch für die Demokratie kritisiert wurde.[22] Dass Heine in jenen Jahren als der Erfinder eines von zahlreichen talentlosen Journalisten imitierten feuilletonistischen Stils angesehen wurde, war eine Ansicht, die Karl Kraus' Pamphlet *Heine und die Folgen* (1910) populär gemacht hatte.[23] Sich in die Rolle des Journalisten zu versetzen und ein Tagebuch zu schreiben, in dem tagespolitische Themen wie u.a. die Diskussion um den Beitritt Deutschlands in den Völkerbund (vgl. 15.1, 1130 und 1201), Mussolinis Forderung der Brennergrenze (15.1, 1185) und »[d]ie Finanzlage Frankreichs, das Kunststück und Wunder der deutschen Deflation und Währungsstabilisierung« (15.1, 1188) behandelt werden, bedeutet also auch eine Positionierung im Kulturkrieg der Zwanzigerjahre um das Für und Wider der Demokratie und ihrer kulturellen Formen.[24]

Eine letzte Möglichkeit des Tagebuchs als Schreibform kann in der Tatsache gesehen werden, dass Thomas Mann dadurch einigen in den öffentlichen Stellungnahmen zum Ausdruck gebrachten Ideen durch die subjektiven Erfahrungen in Paris widerspricht oder zumindest relativiert. Wie oft formuliert wurde, war es Zweck dieser Reise, sich als Repräsentant für Deutschlands Demokratie und Westorientierung zu zeigen. Bereits 1925 hatte Thomas Mann im Vortrag *Deutschland und die Demokratie. Die Notwendigkeit der Verständigung mit dem Westen* »[u]nsere Hingabe an den Osten Dostojewskis« (15.1, 946) für erledigt erklärt, weil Deutschland beginne, »seinen Blick wieder

21 Brief an Manfred Schröter, 20.6.1926. In: Marianne Baeumler/Hubert Brunträger/Hermann Kurzke: Thomas Mann und Alfred Baeumler. Eine Dokumentation, Würzburg: Königshausen und Neumann 1989, S. 161.

22 Vgl. 13.1, 283: »Demokratie als Tatsache ist weiter nichts als die immer noch wachsende Öffentlichkeit des modernen Lebens, und den seelisch-menschlichen Gefahren dieser fortschreitenden Demokratisierung, der Gefahr nämlich einer völligen Nivellierung, journalistisch-rhetorischen Verdummung und Verpöbelung, läßt sich einzig mit einer Erziehung begegnen, deren herrschender Begriff, wie Goethe es in der Pädagogischen Provinz verlangt, die *Ehrfurcht* sein müßte: Goethe, dieser Pädagog von Geblüt, dieser leidenschaftliche Erzieher, der wohl wußte, daß Bildung, Erziehung, und zwar im Geiste der Ehrfurcht, das einzige und bitter notwendige Korrektiv der heraufkommenden Demokratie sein werde.«

23 Thomas Mann nimmt auf Kraus' vernichtende Heine-Kritik in *Theodor Storm* (1930) Bezug (vgl. Hansen, Thomas Manns Heine-Rezeption [Anm. 16], S. 221).

24 Mit einem selbstkritischen Ton schreibt Thomas Mann an Ernst Bertram am 21.12.1925: »Am 20. Januar soll ich in Paris für das Carnagie-Institut einen Vortrag halten, worin ich mich wohl einmal auf moralisch-politische Zeitdinge werde einlassen müssen« (DüD II, 76).

nach Westen zu richten«.[25] Wie es im Vortragsresümee in *Pariser Rechenschaft* heißt, hatte Thomas Mann seinen französischen Zuhörern versichert, dass »in Deutschland jeden Tag die Idee der Demokratie an Boden gewönne«, weil »die Fühlung des deutschen Denkens mit dem westeuropäischen niemals in dem Grade, wie geschehen, hätte verloren gehen dürfen«.[26] Jedoch wird dieser Fortschrittsoptimismus durch den Textaufbau sowie durch Thomas Manns Überlegungen oft in Frage gestellt. Ganz früh steht eine Anmerkung, die melancholisch davor warnt, dass die humanistische Zivilisation des Westens im Begriffe sei, »von östlich-proletarischen Wogen verschlungen und begraben zu werden« (15.1, 1123). Selbst die Orientierung nach Westen, die eine Reise nach Paris symbolisch darstellt, erweist sich dann immer mehr als Täuschung, als Thomas Mann die französische Hauptstadt mit eigenen Augen detaillierter zur Kenntnis nimmt. Er stellt zum Beispiel fest, dass die Gegend um den Place de la Concorde ein »Jagdgrund der Prostitution und namentlich der männlich-homosexuellen« sei. Die Toleranz für einen solchen Gefühlsbezirk, »der kürzlich noch – vom Orientalisch-Südeuropäischen abgesehen – für etwas eigentlich Angelsächsisch-Germanisches galt« (15.1, 1164) ist für das klassizistische Frankreich eine relativ neue Erfahrung, die zudem in der Literatur von Proust und Gide bestätigt wird. Deshalb fragt er sich, ob das »mit der Dämmerung des konservativen Frankreich« und »mit dem Übergange klassischer ›Psychologie‹ in östliche ›Psychoanalyse‹« (ebd.) zusammenhänge. Wenn Notre-Dame an den Kölner Dom erinnert, ruft der Eiffelturm dagegen allerlei Assoziationen auf frühorientalische Vorgänger wie zum Beispiel den Turm von Babel hervor, obwohl jener elektrisch illuminiert sei und statt eines Tempels ein Restaurant oben habe (15.1, 1170). Paris erweist sich also sowohl als Tor zum Westen als auch zum Orient. Im kosmopolitischen Paris trifft das Ehepaar Mann nicht nur Franzosen, sondern auch Engländer, Amerikaner, Italiener, Spanier usw. Die einfühlsamsten Porträts werden jedenfalls den exilierten russischen Schriftstellern Leo Schestow, Iwan Schmeljov und Dmitri Mereschkowski gewidmet. In ihnen spiegeln sich unterschiedliche Formen des Russentums wider, die an den bekannten Unterschied zwischen Tolstoi als »Hellseher des Fleisches« und Dostojewski als »Hellseher des Geistes« erinnern, der den Grundgedanken von Mereschkowskis *Tolstoj und Dostojewski als Menschen und als Künstler* (dt. 1903) bildet, das »einen so unauslöschlichen Eindruck« (15.1, 1210) auf

[25] 15.1, 946. Vgl. Philipp Gut: Thomas Manns Idee einer deutschen Kultur, Frankfurt/Main: Fischer 2008, S. 207.

[26] 15.1, 1129. Auf diese Stelle wird im Text nochmals in einem Gespräch mit Fabre-Luce und Boucher Bezug genommen. Hier will Thomas Mann den Gesprächspartner überzeugen, dass »wie ich gestern zu sagen versucht hätte, die Wiederannäherung des deutschen Denkens an das westeuropäische durchaus eine geistige Möglichkeit sei« (15.1, 1152).

Thomas Mann machte.[27] Auf der einen Seite empfängt Schestow die Manns »mit seinen Damen unter den Mantelgebirgen des Vorplatzes fast wörtlich mit offenen Armen, à la russe, voller Herzlichkeit.« (15.1, 1172) Er sei »außerordentlich russisch: bärtig und breit, enthusiastisch, zutunlich, herzensgut, ›mähnschlich‹« (ebd.). In seiner Pariser Wohnung sei »russische Atmosphäre« zu spüren: »eine Stimmung, large, kindlich und von großartiger Gutmütigkeit, vergleichsweise nicht ohne einen kleinen Einschlag von Wildheit, mit starkem Tee und Papyros.« (Ebd.) Auf der anderen Seite sei Mereschkowski »graziler als die Mehrzahl seiner Landsleute« (15.1, 1210). Als typisch für ihn wirkt »sein russisches Religiosentum, sein apokalyptisches Temperament« (ebd.). Seine Erscheinung ist die eines Anachoreten, der in Paris »wie in einer Wüste« (15.1, 1212) lebt. Anders als die mehrsprachigen Mitglieder von Schestows Familie beenge ihn die Fremdsprache (ebd.), und er klage darüber, dass er keinen Anschluss an die dortige literarische Welt finden könne. Deshalb kann das Gespräch mit Thomas Mann nur in einem gebrochenen Durcheinander von Deutsch und Französisch vonstattengehen. Das Porträt Iwan Schmeljows wird durch eine ähnliche Betonung seiner geistig-materiellen Isoliertheit in Paris gekennzeichnet, doch es bekommt durch die Behandlung politischer Aspekte im Werk und im Leben des russischen Schriftstellers eine ganz andere Nuance: Schmeljow lebt in einer kleinen, armen Wohnung, in der man »die Dürftigkeit atmen« (15.1, 1201) kann. Er spreche »weder Deutsch noch eigentlich Französisch« und er suche, »was ihm an Möglichkeit des Ausdrucks fehlt, durch verstärke Tongebung und heftige Bewegung seiner blassen Krankenhände zu ersetzen« (15.1, 1202). Thomas Mann empfindet vor dieser höchst pathetischen Ausdrucksweise »Erschütterung«, die durch Schmeljows apokalyptischen Bericht über die Grausamkeiten der kommunistischen Revolution noch verstärkt wird, die auch im Mittelpunkt seines damals gerade erschienenen Romans *Die Sonne der Toten* standen.[28] Thomas Mann hört mitleidig Schmeljows emphatischer Verurteilung der Massenmorde in der Krim zu. In seinen Überlegungen erinnert er jedoch als Erwiderung an den russischen Schriftsteller an die Toten im Ersten Weltkrieg, die jenen vorangegangen sind und deren Schuld Mann der Bourgeoisie zurechnet.[29]

[27] Über Thomas Manns Übernahme von Mereschkowskis »kontrastierende[r] Kennzeichnung« von Tolstoi und Dostojewski, die dann in *Goethe und Tolstoi* mit Schillers Antinomie von Naivem und Sentimentalischem verschmolzen wird, vgl. Herbert Lehnert/Eva Wessel: Nihilismus der Menschenfreundlichkeit. Thomas Manns »Wandlung« und sein Essay »Goethe und Tolstoi«, Frankfurt/Main: Vittorio Klostermann 1991, (= TMS IX), S. 116–118.

[28] 15.1, 1204: »Ich habe es ausgerechnet: in der Krim allein, in kurzen drei Monaten, waren es an Menschenfleisch, das ohne Gericht – *ohne Gericht!* – erschossen worden ist, achttausend Waggons, neuntausend Waggons! Dreihundert Eisenbahnzüge! Hundertvierzigtausend Tonnen frischen Menschenfleisches, jungen Fleisches! Hundertzwanzigtausend Köpfe! Menschenköpfe!«

[29] 15. 1, 1204f.: »Was fängt man mit den stolzen Ziffern und Summen an, die die Statistik des

Dieser West-Ost-Komplex – auf den natürlich auch der verschwiegene Titel von Bachofens Schriftensammlung *Der Mythus von Orient und Okzident* hinweist – ist einerseits auf die verwirrte politisch-kulturelle Situation Europas in den Zwanzigerjahren, andererseits auf Thomas Manns eigenes Schaffen zurückzuführen. Dem Tagebuch von *Pariser Rechenschaft* kann man vielleicht nicht absolutes Vertrauen schenken, jedoch enthält es einige Hinweise darauf, dass Thomas Mann in Paris wichtige Anregungen für seinen folgenden Roman *Joseph und seine Brüder* bekam. Die bevorstehende schriftstellerische *Tour de Force* wird nur angedeutet, weil viele Einzelheiten über das *Joseph*-Projekt 1926 noch nicht vorweggenommen werden durften. Einige kleine Indizien werden jedoch vor allem in der zweiten Texthälfte verstreut. In einem Gespräch mit dem Schriftsteller und Gesandten an der österreichischen Botschaft Paul Zifferer über das Spanische im *Zauberberg* verrät Thomas Mann: »Das Ägyptische ist noch nie zum Vorschein gekommen. Es wird schon.« (15.1, 1166) Die bezüglich des Eiffelturms erwähnten Türme von Babel und von Esagil verweisen auf das »hochragende Sonnenhaus, der Mardug-Tempel Esagila zu Babel selbst, dessen Spitze der Nimrod ebenfalls gleich dem Himmel erhöht hatte« (IV, 11), auf das dann im sechsten Abschnitt von *Höllenfahrt* im Zusammenhang mit der Geschichte des Großen Turms eingegangen wird, weil Joseph ihn mit dem Esagila-Turm verwechselt (IV, 33–34). Mit Mereschkowski tritt dann eine Figur auf, die zwei komplementäre Osten-Gebilde verkörpert. Seine »theologisch-mystische Aphorismensammlung über Ägypten und Babylon« (15.1, 1211), *Die Weisheit des Ostens* (eigentlich *Die Geheimnisse des Ostens*), die der russische Schriftsteller und Philosoph Thomas Mann am Tag seiner Abreise von Paris schenkt, wird während der Übergangsphase zwischen *Zauberberg* und *Joseph und seine Brüder* in der Verlagerung des Ostens von Russland nach Ägypten eine große Rolle spielen.[30] Viele andere Figuren sind für den geplanten biblischen Roman von Interesse: der österreichische Kulturhistoriker Robert Eisler, der »im Rufe großer orientalistischer Beschlagenheit« (15.1, 1181) stehe; oder der französische Archäologe Salomon Reinach, bei dem die Manns einen Abend »[i]m Zeichen des Orientalismus« (ebd.) verbringen. Zu erwähnen ist auch ein namenloser »schwerer, bärtiger, kluger Mann« (15.1, 1168), der lange

Krieges an die Hand gibt? Da sie zu groß sind, als daß man sie von der Summe der Revolutionsopfer abziehen könnte, wird man sie wohl hinzuaddieren müssen, denn irgend etwas haben diese Summen, das bourgeoise und das proletarische Blutkonto, offenbar miteinander zu tun, und die Bourgeoisie hatte angefangen.« Über die Begegnung mit Schmlejow vgl. Alexej Baskakov: »Ströme von Kraft«. Thomas Mann und Tolstoi, Köln/Weimar/Wien: Böhlau 2014, S. 116–119.

30 Über den Einfluss Mereschkowski in der Übergangsphase zwischen beiden Romanprojekten und über die *Geheimnisse des Ostens* als Vorstudie zu den *Joseph*-Romanen vgl. Manfred Dierks: Studien zu Mythos und Psychologie bei Thomas Mann. An seinem Nachlaß orientierte Untersuchungen zum »Tod in Venedig«, zum »Zauberberg« und zur »Joseph«-Tetralogie, Bern: Francke, 1972 (= TMS II), S. 67–78.

Zeit in Konstantinopel als Diplomat tätig war und deswegen ausgezeichnete Kenntnisse über orientalische Länder und deren Geschichte und Mythen vorweisen kann.[31] Im Gespräch mit ihm liest man Namen, die der Leser erst Jahre später besser kennen lernen wird:

> Wie hieß der biblische Potiphar ›in Wirklichkeit‹? Petepré, oder doch ganz ähnlich, das ist: Der dem Rê Geweihte. Aber wie hieß *seine Frau*, die um ein Haar – die jüdischen Sagen versichern, daß es wirklich um ein Haar geschehen wäre und eigentlich nur durch ein Wunder verhindert worden ist – den Joseph verführt hätte? Niemand weiß es. Es ist nirgends zu lesen. Man nennt sie manchmal humoristisch ›Frau Potiphar‹, und manche sind dermaßen dumm, zu glauben, sie selbst habe Potiphar geheißen. Hieß sie möglicherweise Mut-em-enet, ›mit schönem Namen‹ Eni? (15.1, 1168 f.)

Wenn die kosmopolitische Gesellschaft in Paris wohl als ein Nachklang des *Zauberbergs* wirkt, dokumentiert der Text ebenfalls eine Interessensverschiebung zum Orient, die bald zu *Joseph und seine Brüder* führen wird. Wenn man die Bedeutung der Pariser Reise auf die öffentlichen Stellungnahmen Thomas Mann beschränkt, dann übersieht man diese subjektive Schicht, die das ganze Textanliegen sowie Deutschlands und Thomas Manns ›Westorientierung‹ in Zweifel zieht, die nur durch die Tagebuchform zum Ausdruck gebracht, dokumentiert werden kann, indem sie Privates und Öffentliches miteinander verbindet. Vielleicht ist es kein Zufall, und vielleicht hängt es ja mit der am Ende des Texts fraglich gewordenen Westorientierung Frankreichs und Deutschlands zusammen, dass das Ehepaar Mann von Paris nach München mit einem Zug zurückfährt, der *Orient-Express* heißt.

[31] Max Choublier (vgl. DüD II, S. 78).

Matteo Galli

Drei Wege zum Ich bei Thomas Mann

In diesem Beitrag werde ich das Thema ›Autobiografisches in Thomas Manns Werk‹ aus drei unterschiedlichen Gesichtspunkten beleuchten. Ich werde mich zunächst mit Thomas Manns Statements zum Thema Autobiografie beschäftigen und auf deren Widersprüchlichkeit hinweisen. Ich werde mich dann kurz mit der Operationalisierbarkeit des Begriffs ›Autofiktion‹ bei Thomas Mann befassen, hier – denke ich – könnte man in einem breiteren Kontext eine Spur verfolgen und zu möglichen neuen Wegen der Forschung kommen. Schließlich werde ich auf einige Modalitäten eingehen, nach denen Thomas Mann im weitesten Sinne autobiografisches Material in seinen fiktionalen Werken verwendet, und auch hier werden vielleicht ein paar neue Anregungen zu finden sein.

I.

In den letzten fünfundsiebzig Jahren sind über ein Dutzend autobiografische Bände erschienen, die von Mitgliedern der Familie Mann geschrieben wurden: von Heinrich, Viktor, Katia, Erika, Klaus, Michael, Golo, Monika, Jindrich und Frido Mann. In den letzten zwanzig Jahren sind nicht weniger als ein Dutzend biografische Werke über die Familie Mann erschienen: von Marianne Krüll und Manfred Flügge, von Hans Wißkirchen und Michael Stübbe, von Uwe Naumann und Marcel Reich-Ranicki, von Tilmann Lahme, Inge Jens und Willi Jasper. Im Moment sind auf dem deutschsprachigen Buchmarkt nicht weniger als zehn Biografien zu Thomas Mann erhältlich, sowohl in Form von Doppelbiografien bzw. Beziehungsgeschichten (Thomas und Heinrich; Thomas Mann und Stefan Zweig) oder mit Bezug zu Orten (Thomas Mann in/und Lübeck, Bayern, Weimar, Nidden) als auch in Form von klassischen vollständigen Biografien: angefangen von der Wiederveröffentlichung der Biografie von Arthur Eloesser aus dem Jahre 1925 bis hin zu den Biografien von Klaus Schröter, Klaus Harpprecht und Hermann Kurzke. Die umfangreichste von allen, die zweibändige bzw. dreibändige, lange Zeit konkurrenzlose Biografie von Peter de Mendelssohn ist nunmehr lediglich über das Antiquariat zu erstehen. Bei diesem gewaltigen Maß an Biografischem – vor allem Autobiografischem von Mitgliedern der Familie Mann – gibt es bekanntlich eine auffällige, ja fast provozierende Leerstelle. Diese Leerstelle trägt den Namen Thomas Mann. Thomas Mann hat zwar sehr früh – schon im ersten Essay-Band der Großen kommentierten Frankfurter Ausgabe sind nicht weniger als vier kurze Texte zu finden, die, wenn auch nur editorisch, *Selbstbiographie* genannt werden[1] – ein autobiografisches, zu Anfang äußerst sparsames, im Laufe der Zeit wesentlich mehr artikuliertes, am Ende sehr performatives Klein-Narrativ im Sinne einer sehr raffinierten Werk-Politik inszeniert, das er mehrmals fast wortwörtlich wiederholt hat und das in seiner letzten Fassung bis zu den fünfzig Seiten von *Meine Zeit* hinausgewachsen ist. Außer diesen ›Auftragsarbeiten‹ hat Thomas Mann jedoch keinen längeren, zusammenhängenden Text geschrieben, der von ihm als Autobiografie bezeichnet wurde.

Diese autobiografische Abstinenz ist umso erstaunlicher, weil Thomas Mann spätestens seit Anfang der 1920er Jahre, aber eigentlich schon seit der geplanten Novelle *Goethe in Marienbad* das sogenannte In-Spuren-Gehen ziemlich systematisch praktiziert hat. Und bekanntlich hat sein Modell, sein Vorbild Goethe, nicht Unerhebliches geleistet in Sachen autobiografische Literatur, nämlich – was sonst? – ein Standardwerk, wenn nicht sogar zwei Standardwerke geschrieben: *Dichtung und Wahrheit* und die *Italienische Reise*. In dieser Hinsicht folgt jedoch Thomas Mann seinem Vorläufer nicht. Die Erklärungen von Thomas Mann, warum er keine Autobiografie geschrieben habe, basieren auf drei unterschiedlichen und zum Teil widersprüchlichen Argumentationsgängen, auf die ich kurz eingehen möchte.

Auf der einen Seite lautet das Statement: Meine sehr verehrten Damen und Herren, ich brauche keine Autobiografie zu schreiben, weil alles im Prinzip bei mir (oder sogar: überhaupt in der Kunst) Autobiografie ist. Unter den vielen Behauptungen dieser Art sei vielleicht die treffendste zitiert, nämlich diejenige, die ausgerechnet vom Hofrat Goethe in *Lotte in Weimar* stammt. Zu Anfang eines längeren und wichtigen Dialogs zwischen Goethe-Vater und Goethe-Sohn fragt August den Vater, wohl fast ausschließlich um Zeit zu gewinnen, woran er, der Vater, gerade arbeitet: »[Was] hattest du gerade Interessantes vor? War's die Lebensgeschichte?« Und Goethe antwortet: »Nicht akkurat. Lebensgeschichte ist's immer [...].« (9.1, 356) Ein ähnlicher, wenn auch ein wenig zweideutiger Satz, ist auch – diesmal direkt – bei Thomas Mann zu finden, in seinem Vorwort zu *Altes und Neues*. Die Art der in dieser Sammlung enthaltenen Texte kommentierend, behauptet Mann:

So kam [...] dies Buch zustande, dessen in sich chronologisch geordnete Abteilungen, Aufsätze, Vorträge, Einleitungen und Rezensionen, Autobiographisches und so weiter [...] Autobiographie aber ist alles; und was das Buch für mich selbst an Reiz besitzt, beruht darauf, daß es Leben festhält, Situationen im Worte bewahrt, die zu einem guten Teil unter persönlichem Einsatz, durchgestanden sein wollten und auf die ich

[1] Es sind die Essays: *Selbstbiographie I* (1904), in: 14.1, 78; *Selbstbiographie II* (1907), in: 14.1, 185; *Selbstbiographie III* (1910), in: 14.1, 287; *Selbstbiographie IV* (1913), in: 14. 1, 375–377.

mit der kuriosen Genugtuung zurückblicke, mit der man sich eben des Lebens, eines bestandenen Lebens erinnert. (XI, 695).

Die Zweideutigkeit des Satzes rührt von der Inversion her: ›Alles ist Autobiografie‹ und/oder ›Autobiografie ist alles‹ – und Thomas Mann scheint beides gemeint zu haben.

Der erste Argumentationsgang wäre also als *pan-autobiografisch* zu bezeichnen, und mit diesem Begriff will ich absichtlich auf die kolossale Erweiterung des *Autós* – des Selbst – hinweisen, die sich immer wieder in Thomas Manns Werk ereignet. Ich komme darauf später zurück.

Der zweite etliche Male wiederholte Argumentationsgang lautet: »Vielleicht liebe ich mein Leben nicht genug, um zum Autobiographen zu taugen« (Ess VI, 160), so wörtlich in *Meine Zeit* aus dem Jahre 1950 an der University of Chicago. Thomas Mann hätte also keine Autobiografie geschrieben aus fehlender Selbstliebe, aus Mangel an Narzissmus. Das ist zwar sehr schwer zu glauben, aber Thomas Mann wiederholt diesen Satz immer wieder, manchmal sogar in Verbindung mit dem Themenkomplex ›Schuld‹, worauf näher eingegangen werden sollte.

Der dritte Argumentationsgang ist, wenn möglich, noch überraschender: Um tauglich zu sein, muss ein autobiografischer Text eine unbestreitbare paradigmatische, wenn man so will: repräsentative Funktion haben, und gerade derjenige Schriftsteller, der sein ganzes Leben – oder wenigstens seit etwa 1905 – auf Repräsentation aus war, gerade derjenige Schriftsteller würde über diese substantielle Voraussetzung nicht verfügen und würde demnach als Autobiograf nicht taugen.

Dieser Argumentationsgang wird sowohl direkt als auch indirekt zum ersten Mal anlässlich der Veröffentlichung eines ziemlich eigenartigen Vorworts durchgeführt, das Thomas Mann 1913 zu der Publikation eines Werks des gerade verstorbenen Erich von Mendelssohns schrieb. Das Vorwort ist deswegen als eigenartig zu bezeichnen, weil Thomas Mann sich in den wenigen Seiten auf das Thema Autobiografie einlässt, ohne dass wohlgemerkt das einzuführende Werk eine Autobiografie sei; es handelt sich dabei, wenn überhaupt, um einen autobiografischen Roman. Die Autobiografie verlange nicht nur Repräsentativität und Beispielhaftigkeit, der autobiografische Impuls, so Thomas Mann im Vorwort, brauche zudem »immer ein Maß von Geist und Empfindung zur Voraussetzung, das ihn von vorneherein rechtfertigt, so daß er [d.i. der Autobiograf] nur produktiv zu werden braucht, um unserer Teilnahme sicher zu sein.« (14.1, 388) Und – so fährt Thomas Mann fort –

jene ›Liebe zu sich selbst‹, die sein [des autobiografischen Impulses] Ursprung ist, sie pflegt von der Welt bestätigt, pflegt von ihr geteilt zu werden. Nicht die Meisterwerke spielend-erfindender Kunst unter den Büchern sind es, die am meisten geliebt, am meisten gelesen werden; es sind die persönlichsten, unmittelbarsten und vertraulichsten, sind die Urkunden leidenschaftlichen oder doch innigen sinnlich-sittlichen Ichgefühls, die Bekenntnisse, die Autobiographien. (Ebd.)

Spielend-erfindend gegen sinnlich-sittlich – eine klassische Thomas Mann'sche Opposition. Er, Thomas Mann, sei der Spielende-Erfindende; Augustinus, Rousseau, Goethe und Jung-Stilling seien die Sinnlich-Sittlichen. Thomas Mann würde angeblich kein genügendes Maß an Geist und Empfindung besitzen, um eine Autobiografie schreiben zu können.

Dann aber – einige Jahre später – im Essay über *Goethe und Tolstoi* werden zahlreiche Stellen aus diesem Vorwort zitiert. Bemerkenswert ist jedoch die Variation des oben angeführten Zitats: »Mit Geist und Empfindung ist aus jedem Leben alles zu machen, ist aus jedem Leben ein ›Roman‹ zu machen.« (15.1, 825) Der Gegensatz zu den »Meisterwerken spielend-erfindender Kunst« ist regelrecht verschwunden, und über das Wort »Roman«, wenn auch nur in Anführungsstrichen, ist nun Thomas Manns Verfahren nur zu klar angedeutet. Der Schriftsteller schreibt keine bekenntnishafte Autobiografie, sondern aufgrund eines doch genügenden Maßes an »Geist und Empfindung« eine verspielte, verfremdete Autobiografie über den Umweg des Romans, der Romane.

Soweit Thomas Manns Statements zur Frage, warum er keine Autobiografie geschrieben habe bzw. schreiben würde. Manns letzter Biograf Hermann Kurzke ist vielleicht der einzige, der ziemlich direkt einen vierten möglichen Argumentationsgang angegeben hat: Die Abstinenz in Sachen bekenntnishafte Autobiografie sei ganz explizit mit Thomas Manns Homoerotik in Verbindung zu setzen. Dies wird behauptet vor allem in Anlehnung an – und in Ablehnung gegen – die Autobiografie von André Gide, die Thomas Mann 1929 rezensiert hatte. Thomas Mann wollte und konnte Gides Mut, dessen Coming-Out nicht teilen.[2]

II.

Ich komme zum zweiten Punkt meiner Ausführungen und zwar auf folgende Frage: Nachdem festgestellt worden ist, dass Thomas Mann keine systematische, bekenntnishafte Autobiografie geschrieben hat, dürfen wir in seinem Falle etwa mit dem Begriff der Autofiktion operieren? Der Begriff stammt bekanntlich von dem französischen Schriftsteller und Kritiker Serge Doubrovsky und ist nunmehr vierzig Jahre alt, auch wenn der Begriff erst in den letzten

[2] Hermann Kurzke: Thomas Mann. Das Leben als Kunstwerk. Eine Biographie, Frankfurt/Main: Fischer 2002, S. 386–389.

zwei Jahrzehnten wirklich angekommen ist im internationalen Diskurs.[3] Ich gehe von dem weitgefächerten Begriff von Autofiktion aus, den Frank Zipfel in einem Aufsatz aus dem Jahre 2009 erarbeitet hat.[4] Nach Zipfel sind drei verschiedene Arten von Autofiktion zu unterscheiden: (1) Autofiktion als die den Konstruktionscharakter des autobiografischen Werks exponierende Dimension der Autobiografie; (2) Autofiktion als Namensidentität von Autor und Figur bei einer Gattungsbezeichnung, die Fiktionalität indiziert – Texte also, die oft auch mit einer poetologischen Perspektive verbunden sind; (3) Autofiktion als Kombination zwischen autobiografischem und fiktionalem Pakt (das Wort ›Pakt‹ stammt vom bekanntesten Theoretiker autobiografischen Schreibens, nämlich von Philippe Lejeune[5]). Im Fall von Thomas Mann müssen wir aus dem bereits Gesagten die erste Spielart ausschließen, da Thomas Mann keine Autobiografie im engeren Sinne geschrieben hat. Was die zweite Spielart anbelangt, ist der Begriff in meinen Augen hingegen anwendbar. Der eindeutigste Fall einer Autofiktion im zweiten Sinne – Autofiktion als Namensidentität von Autor und Figur bei einer Gattungsbezeichnung, die Fiktionalität indiziert – ist sicherlich *Die Entstehung des Doktor Faustus*, ein Werk, das bekanntlich den Untertitel *Roman eines Romans* trägt und bewusst die Dialektik zwischen Autobiografie und Fiktion evoziert. Im Hinblick auf die dritte Spielart wäre es ratsam, die Erzählperspektive zu überprüfen und zunächst einmal die Plausibilität dieser Kategorie im Hinblick auf einige längere Ich-Erzählungen des Autors zu hinterfragen. Wenigstens in drei Fällen dürfte die Anwendung dieser Kategorie gestattet sein, nämlich bei *Herr und Hund*, *Mario und der Zauberer* sowie beim *Gesang vom Kindchen*. Hinzu kämen ein paar andere kürzere Erzählungen aus dem Frühwerk, die als autofiktional bezeichnet werden könnten, etwa *Der Bajazzo* oder *Das Eisenbahnunglück* sowie *Unordnung und frühes Leid*. Als autofiktional im Sinne von Zipfels Kategorisierungen ist keiner der elf Romane von Thomas Mann zu bezeichnen. Zwar sind zwei Romane in der Ich-Form geschrieben, der *Doktor Faustus* und die *Bekenntnisse des Hochstaplers Felix Krull*, in keinem der beiden Fälle kann jedoch von Autofiktion die Rede sein.

[3] Der Begriff ›autofiction‹ wurde von Serge Doubrovsky 1977 kreiert, um die Gattung seines Textes *Fils* zu bezeichnen.

[4] Frank Zipfel: Autofiktion, in: Handbuch der literarischen Gattungen, hg. von Dieter Lamping in Zusammenarbeit mit Sandra Poppe, Sascha Seiler, Frank Zipfel, Stuttgart: Kröner 2009, S. 31–36.

[5] Philippe Lejeune: Der autobiographische Pakt, Frankfurt/Main: Suhrkamp 1994. (Originalausgabe: Philippe Lejeune: Le pacte autobiographique, Paris: Éditions du Seuil 1975.)

III.

Ich komme nun zum dritten und letzten Punkt meiner Ausführungen – dem kompliziertesten von allen. Welches autobiografische Material fließt in die fiktionalen Werke von Thomas Mann ein und vor allem wie? Gibt es eine Thomas Mann'sche Methode für die Transformation dieses Materials, die zur Fiktionalisierung führt? Bei seiner Lakonik bzw. Enthaltsamkeit in Sachen bekenntnishafte Autobiografie ist Thomas Mann sowohl in seinen kurzen autobiografischen Statements als auch in Gelegenheitsarbeiten bzw. Interviews zu einzelnen Werken auf deren autobiografischen Züge entweder in Form von Mikrobezügen bzw. Anlässen oder über intertextuelle Bezüge oder auch in der Gesamtkonzeption eingegangen: autobiografische Züge bei den *Buddenbrooks*, bei *Tonio Kröger*, bei *Königliche Hoheit*, beim *Tod in Venedig*, beim *Zauberberg*, bei *Unordnung und frühes Leid*, beim *Doktor Faustus* usw. Von autobiografischen Konstellationen ausgehend ist er darüber hinaus auf bipolare Grundkonflikte wiederholt eingegangen: Dilettant/Künstler, Künstler/Bürger, Künstler/Repräsentant etc. – Etiketten, die allesamt direkt von seinem Leben herzurühren scheinen. Werkpolitik oder, wenn man so will: klassische Poetik-Vorlesungen. In einigen wenigen, jedoch extrem wichtigen Fällen hat er auch einiges gesagt zu seiner Methode, auf die ich gleich zurückkomme. Vor diesem abstinent-redseligen Autor hat die Forschung immer wieder mit der Kategorie »autobiografische Elemente« operiert: etwa *Der Zauberberg* als geistige Autobiografie von Jens Rieckmann oder *Doktor Faustus* als radikale Autobiografie von Eckhard Heftrich. Und seit den frühen 1960er Jahren kam sehr stark die Philologie zum Tragen; seitdem das Thomas-Mann-Archiv eröffnet wurde, sind die winzigsten autobiografischen Bezüge herauskristallisiert worden, die in Tagebüchern, Notizbüchern, Briefen und losen Blättern zu finden sind. Aus alledem ergeben sich drei Konstanten, auf die ich abschließend kurz eingehen möchte: (1) Pan-Autobiografik; (2) Autobiografik als Stufe; (3) Autobiografik als Not.

Zunächst komme ich auf meinen Begriff des *Pan-Autobiografischen* zurück. Wenn Thomas Mann – wie angeführt – behauptet, »Autobiographie« sei »alles« bzw. »alles« sei »Autobiographie«, bedeutet es unter anderem, dass er mit großer Souveränität sowohl über sein Leben als auch über das Leben der anderen, vor allem der Verwandten verfügt. Frühestens mit *Ein Nachwort* aus dem Jahre 1905 (14.1, 88–92), dann ein Jahr später mit *Bilse und ich* (14.1, 95–111) hat Thomas Mann über die Legitimität dieses Verfahrens ein klares Wort gesprochen: Die Mittel heiligen den Zweck, könnte man sagen, ausgeklügelte Verdichtungen, die sogenannte »Beseelung« (14.1, 100) der real existierenden Figuren (worüber Heinrich Detering Fundamentales geschrieben hat[6]) und vor

[6] Heinrich Detering: Thomas Mann oder Lübeck und die letzten Dinge. »Buddenbrooks«,

allem treffende Formulierungen gestatten dem Schöpfer ziemlich alles. Und doch: Trotz solcher poetologischen Prämissen hat Thomas Mann nicht allein in den *Buddenbrooks*, sondern in nahezu allen seinen Werken real existierende Personen porträtiert bzw. karikiert und sie in den meisten Fällen verletzt, nur in Ausnahmefällen geschmeichelt. Denken wir an Arthur Holitscher, der für Detlev Spinell Pate stand[7], denken wir an die Pringsheims und an die ganze Affäre um *Wälsungenblut*, die zur erstmaligen Zurückziehung der Novelle führte, denken wir – was den *Zauberberg* anbelangt – an die Polemik mit der ganzen medizinischen Zunft aus Davos und an den um ein Haar vermiedenen Skandal wegen Gerhart Hauptmanns Karikatur in der Figur von Peeperkorn – ein Skandal, der lediglich dank der souveränen Reaktion des Betroffenen nicht stattgefunden hat. Auch die an und für sich harmlose Novelle *Unordnung und frühes Leid* hat manche Irritationen verursacht, z. B. bei Ernst Bertram, der in einem Brief an Ernst Glöckner behauptet, die Novelle sei ihm nicht lieb »wegen der Preisgabe der Kinder«[8]. Im Hinblick auf *Königliche Hoheit* hat sich Heinrich Detering in der Großen kommentierten Frankfurter Ausgabe sowohl im Abschnitt *Entstehungsgeschichte* als auch im Abschnitt *Quellenlage* mit diesen Fragestellungen ausführlich konfrontiert. Er hat z. B. auf die direkte Anwendung – gleichsam in Echtzeit – von Privatbriefen im Rahmen der Verlobung zwischen Thomas Mann und Katia Pringsheim hingewiesen:

> Ein Anfang Juni 1904 geschriebener Liebesbrief nimmt einige der neuen Schlüsselwörter (kalt, verarmt, repräsentativ) in die Selbstdarstellung auf – und erweist sich sogleich als tauglich für den Novellenplan. [...] [E]ine Ausbeutung des eigenen (und nicht nur des eigenen) Lebensmaterials und eine Selbstfiktionalisierung, die mit dem kurz darauf in *Bilse und ich* ausformulierten Programm konsequent ernstmacht und sich um Intimitätsgrenzen und Rücksichten nicht schert. (4.2, 22)

Das, was Detering »die Ausbeutung des Lebensmaterials« von anderen nennt, könnte – im Hinblick auf die Familie Mann – mit ein Grund sein, warum so viele Familienmitglieder im Laufe der Zeit auf die Idee gekommen sind, ihrerseits autobiografische Texte zu schreiben: als Ergänzung bzw. Korrektur ihrer

Stadtklatsch, »Bilse und ich«, in: Herkunftsorte. Literarische Verwandlungen im Werk Storms, Hebbels, Groths, Thomas und Heinrich Manns, hg. von dems., Heide: Boyens 2001, S. 166–193.

[7] »Novellenstoffe drängen herzu«, schreibt Thomas Mann an Otto Grautoff am 19. 12. 1900, »[e]ine, wohl die nächstliegende, wird – was sagst Du dazu? – Herrn Holitscher zum Helden haben.« (21.1, 141) Später wird Thomas Mann jedoch, auch in seinen privaten Ausführungen, etwas vorsichtiger werden.

[8] Brief von Ernst Bertram an Ernst Glöckner vom 16. 1. 1926. Zitiert nach Jan Steinhaußen: »Aristokraten aus Not« und ihre »Philosophie der zu hoch hängenden Trauben«. Nietzsche-Rezeption und literarische Produktion von Homosexuellen in den ersten Jahrzehnten des 20. Jahrhunderts: Thomas Mann, Stefan George, Ernst Bertram, Hugo von Hofmannsthal u. a., Würzburg: Königshausen & Neumann 2001, S. 74.

Fiktionalisierung seitens des Familienoberhaupts. Trotz Manns Ausführungen in *Bilse und ich* und in anderen Texten, die die Legitimität dieses Verfahrens behaupten und verteidigen, sei dennoch auf das ethisch-juristisch Heikle dieses Procedere hingewiesen, wovon etliche brisante Fälle in den letzten Jahren zu zeugen wissen – ich denke an *Esra* von Maxim Biller oder an die Romane des norwegischen Schriftstellers Karl Ove Knausgård, worüber die in Norwegen tätige Germanistin Beatrice Sandberg kürzlich geschrieben hat.[9] Der ganze Komplex kann auf eine Reihe grundsätzlicher Fragen zugespitzt werden, die auch im Fall von Thomas Mann, *schon* im Fall von Thomas Mann, aktuell waren und noch sind: Wie weit reicht das Alibi der Kunst als Deckmantel? Wie viel Fiktion ist notwendig, um die Privatsphäre zu schützen? Wie sollen die Beschriebenen reagieren, die sich als ›literarisches Material‹ verwertet und ausgestellt fühlen? Welche Rolle spielen Ort und Zeit, d. h. Distanz bzw. fehlende Distanz, beim Rezeptionsakt, bei der Annahme der Bezeichnung Roman als ›paratextuelles Angebot‹?

Im Apparat von *Königliche Hoheit* geht Heinrich Detering – und hiermit komme ich zur zweiten Konstante – auf einen weiteren Aspekt ein, der mit dem gerade erwähnten Punkt wenigstens teilweise einhergeht. Er stellt im Falle vom zweiten Roman die Prozessualität des Fiktionalisierungsverfahrens fest. Anhand der *Notizbücher* ist diese Intention sehr gut verfolgbar. Bleiben wir bei *Königliche Hoheit*: In einem früheren Stadium des Projekts ist etwa Imma Spoelmann jüdischer Herkunft, somit leichter anzudocken an Katia Pringsheim. Die Mutter des Titelhelden heißt in einer früheren Phase Maria da Gloria, sodass es ein Leichtes gewesen wäre, dahinter das Vorbild Julia da Silva zu vermuten. Überbein hieß noch Hutzelbein, nicht so weit weg also von dem realen Vorbild, dem Münchner Arzt Hutzler, der Selbstmord begangen hatte und einen gewissen Skandal in der bayerischen Hauptstadt verursacht hatte: »[...] die zunächst geradezu mutwillig gelegten biographischen Spuren«, schreibt Detering, werden »in der letzten Textfassung wieder verwischt.« (4.2, 96) Bekanntlich stehen zwar nicht für alle Werke Notizbücher, Tagebücher bzw. frühere Stufen zur Verfügung, sodass wir die unterschiedlichen Arbeitsphasen nicht immer verfolgen können. Davon abgesehen gewinnt man jedoch den Eindruck, dass Thomas Manns Arbeitsmethode im Laufe der Zeit etwas raffinierter geworden ist und der Fiktionalisierungsprozess keine sukzessive Arbeitsphase darstellt, sondern bereits in *re ipsa* vorhanden ist. Projekte historisch-mythischen Zuschnitts – wie die *Joseph*-Tetralogie, der Goethe-Roman, die Gregorius-Legende und zum Teil auch der nunmehr historisch gewordene Stoff des

[9] Beatrice Sandberg: Unter Einschluss der Öffentlichkeit oder das Vorrecht des Privaten, in: Auto(r)fiktion. Literarische Verfahren der Selbstkonstruktion, hg. von Martina Wagner-Egelhaaf, Bielefeld: Aisthesis 2013, S. 355–377.

Doktor Faustus – haben darüber hinaus sehr dabei geholfen, die Irritationen der Referentialität zu mildern. Gerade *Die Entstehung des Doktor Faustus* lässt jedoch die – wenigstens inszenierte – unentwirrbare Verschmelzung biografischer und autobiografischer, kulturgeschichtlicher und politischer Bestandteile schon bei der allerersten Konstruktion des Plots festmachen.

Ich komme abschließend zur letzten Konstante. Detering versucht im besagten Apparat zu *Königliche Hoheit* im Abschnitt *Quellenlage*, eine grundsätzliche theoretische Unterscheidung festzumachen:

> Nicht ganz leicht ist es in all diesen Fällen [...], zu unterscheiden zwischen biographischer *Spur* und gewolltem (auto-)biographischem *Signal*, also zwischen einer gleichsam aus der Not geborenen Verarbeitung von erlebter Wirklichkeit aus tatsächlichem oder empfundenem Mangel an schriftstellerischer Phantasie einerseits und gezielter Mehrdeutigkeit andererseits. (4.2, 96)

Ich bin mir nicht so sicher, ob diese Unterscheidung theoretisch haltbar ist. Falls wir unbedingt bei den zwei Termini bleiben wollen, würde ich behaupten, dass jedes Werk, auch das entlegenste Werk Thomas Manns, biografische bzw. autobiografische *Spuren* enthält, jedes Werk, auch das dokumentarischste, das am meisten von Fakten und Daten befrachtete Werk Thomas Manns, *Signale* enthält, und diese Daten die Spuren im Sinne einer symbolischen Mehrdeutigkeit funktionalisieren. Was mich im Hinblick auf Deterings Behauptungen interessiert, ist jedoch der Begriff der Not. Bei Detering ist der Begriff lediglich punktuell zu verstehen: Einzelne faktische Episoden und real existierende Figuren werden aus Not in den Schaffensprozess involviert, Stichwort ›Hauptmann/Peeperkorn‹. Ich wollte den Begriff der Not erweitern: Das Biografische und Autobiografische rettet wenigstens bis zum Ende der 1920er Jahre etliche Male Thomas Mann aus der schriftstellerischen Not; oder gelinder gesagt: Autobiografische Schreibanlässe garantieren eine kontinuierliche Präsenz Thomas Manns auf dem literarischen Markt und zwar in vier unterschiedlichen Fällen: (1) in Zeiten von kreativen Schwierigkeiten, (2) in Fällen von Auftragsarbeiten, (3) als Intermezzo zwischen Großprojekten oder (4) als *chill-out* am Ende von Großprojekten. In all diesen Fällen helfen z.B. die eigenen Reisen: nach Dresden, nach Venedig, nach Davos, nach Bad Tölz, nach Forte dei Marmi. Und es helfen die Mitglieder der eigenen Familie, egal wie sie in der Fiktion gerade heißen: Toni oder Imma, Bert oder Ingrid, Kindchen oder Bauschan.

Katrin Max

Inszenierte Nähe und fiktive Verwandtschaft

Thomas Manns Darstellungen als Autor der *Buddenbrooks*

Thomas Mann hatte zeit seines Lebens ein stark ausgeprägtes Bewusstsein seiner Autorschaft. Das belegen nicht nur die zahlreichen Kommentare zum eigenen Œuvre, die im essayistischen Schrifttum, in Vorträgen, im Briefwerk usw. vorzufinden sind. Auch den literarischen Texten selbst ist zu entnehmen, dass er der Gestaltung und Inszenierung seiner Person als Autor ein hohes Maß an Aufmerksamkeit schenkte. Was die Äußerungen im essayistischen Werk betrifft, so sei exemplarisch jene bekannte Aussage angeführt, die er 1926 im Hinblick auf die Frage nach dem Finden und Erfinden des Schriftstellers tätigte. Mann schreibt,

> daß mir der Begriff der *Erfindung* künstlerisch niemals sehr hoch gestanden hat und daß ich die *Deutung des Erlebnisses* immer für die eigentliche produktive Leistung gehalten habe. Ich darf oder muß von mir sagen, daß ich *niemals* etwas erfunden habe. Szenen und Gestalten meiner Bücher, von denen man glauben sollte, daß sie durchaus um der Komposition willen erfunden sein müßten, weil sie so auffallend gut hineinpassen, sind von mir einfach aus der Wirklichkeit übernommen. [...] Goethe hat erklärt, daß ihm das Leben immer genialer erschienen sei als das poetische Genie, und in den ›Meistersingern‹ heißt es: ›*All Dichtung und Poeterei ist nichts als Wahrtraumdeuterei.*‹ (XIII, 55)

Dieses Zitat steht für eine Reihe ähnlicher Äußerungen, die als eine Art Programmatik seiner Dichtung anmuten. Hierbei ist nicht nur von Interesse, *was* Thomas Mann sagte, sondern auch *wie* er es tat. Bemerkenswert ist unter anderem die Verwendung von Modalverben (dürfen, müssen). Der in der Formulierung »Ich darf [...] von mir sagen« zutage tretende Bescheidenheitstopos wird in Verbindung mit dem Zusatz des Müssens – »Ich darf oder muß von mir sagen« – als gefühlte innere genialische Notwendigkeit etwas zu schaffen, beschrieben. Auffällig ist überdies die Ausschließlichkeit des Wortes »niemals«, das gleich zwei Mal vorkommt. Mit fast schon unangemessen wirkender, übergroßer Klarheit verweist Mann doppelt darauf, dass ihm »der Begriff der *Erfindung* künstlerisch niemals sehr hoch gestanden« habe und er von sich sagen könne oder müsse, »*niemals* etwas erfunden« zu haben. Überaus deutlich ist die Art seiner Selbstinszenierung auch bei dem von ihm angeführten Kontrast zwischen Kompliziertem und Einfachem. Er spricht von der »Deutung des

Erlebnisses« als der eigentlichen dichterischen Aufgabe und deklariert diese somit als Tätigkeit, die durchaus nicht jeder zu bewerkstelligen imstande ist. Sich selbst allerdings attestiert er nicht nur die Fähigkeit, sondern auch das Talent zum Schreiben, dem er scheinbar mühelos nachgehen kann. »Szenen und Gestalten« habe er »einfach aus der Wirklichkeit übernommen«, ist zu lesen. Schließlich deutet Thomas Mann durch den Verweis auf Goethe an, dass er sich in dessen Nachfolgerschaft gesetzt wissen will. Indem das verwendete Goethe-Zitat seine eigenen Ausführungen bestätigt, artikuliert er eine geistige Verwandtschaft und dichterische Nähe. Richard Wagner bezieht er hierbei ebenso ein, und durch die Benennung des Werkes, dem er das wörtlich Zitierte entnommen hat – den *Meistersingern* –, streicht er heraus, welche Sicht auf seine dichterische Tätigkeit von ihm gewünscht ist. Er stellt sich als ein solcher »Meistersinger« dar, nicht zuletzt, da er dies nicht offen artikuliert, sondern in vielfältigen Andeutungen, Zitaten, rhetorisch durchgeformten Argumentationen und mit Hilfe von Namensnennungen belegt. Dabei ist das von ihm Geäußerte deutlich ironisch gehalten, sodass die Bedeutsamkeit seiner Autorschaft durch die Beteuerung und gleichzeitige Infragestellung der eigenen Genialität noch einmal mehr betont wird.

Thomas Mann teilt innerhalb des essayistischen Schrifttums mit solchen und ähnlichen Äußerungen wie dem angeführten Zitat somit nicht nur durch den Wortlaut und das dabei explizit Gesagte etwas mit, sondern es lassen sich darüber hinaus Selbstinszenierungsstrategien von ihm als Person und Autor ableiten. Ebenso sind Rückschlüsse auf seine Kommunikationsarten möglich.

Selbstaussagen zu Buddenbrooks

Diese Art der Darstellung als Autor ist ebenso bezogen auf einzelne, konkrete Werke zu konstatieren, so auch für Manns ersten Roman *Buddenbrooks* (1901). Die Erklärungen dazu bezeugen seinen Willen und sein Bemühen, ein bestimmtes Bild von sich als Autor zu zeichnen. Er hat sich bei *Buddenbrooks* zwar wiederholt gegen eine allzu realitätsaffine Lesart ausgesprochen, zugleich biografische Deutungen wiederum auch befördert.[1]

Bereits die frühesten Äußerungen zu *Buddenbrooks* sind hierbei aufschlussreich. »[D]as Zusammentreten von höchster Deutlichkeit und höchster Bedeutsamkeit, das Metaphysische, die symbolische Gehobenheit des Moments – [...] sind schon völlig Instinct bei mir geworden« (14.1, 74), erklärt er 1904. Auch

[1] Vgl. exemplarisch mit Bezug auf das Wohnhaus: Holger Pils: »Mein Traum, mein Werk, mein Haus«. Das Buddenbrookhaus als symbolischer Ort, in: Der Wagen. Lübecker Beiträge zur Kultur und Gesellschaft, Lübeck: Beleke 2014, S. 11–34.

in dieser Aussage finden sich wieder ironische Brechungen, etwa durch die Massivität des Artikulierten mittels Verwendung des Superlativs »höchste[]«, der zudem gleich doppelt vorkommt, sowie durch das bekräftigende und Ausschließlichkeit suggerierende »völlig«. Die Formulierung »schon völlig Instinct bei mir geworden« postuliert dabei zum einen seine quasi naturgegebene Autorschaft (»Instinct«), zum anderen durch das »geworden« eine Entwicklung bei ihm als Schreibendem hin zu Größe und Bedeutsamkeit – schon in jungen Jahren.

Die von ihm selbst angeführte »höchste Deutlichkeit« in seinen Texten nahmen einige wenige seiner Zeitgenossen offenbar ernster, als Thomas Mann es laut Selbstauskunft erwartet hätte. Dass es sich bei *Buddenbrooks* um keinen Schlüssel- bzw. »Bilseroman« handelte, wurde vom zeitgenössischen Feuilleton und der literarischen Welt ohnehin nicht angezweifelt. Allein die Möglichkeit, dass man *Buddenbrooks* so lesen könne (und vernehmbare Einzelstimmen dies auch taten),[2] ließ ihn seine bekannte Erwiderung *Bilse und ich* schreiben. Hierin nimmt er ebenfalls konkrete Äußerungen dazu vor, wie er als Autor gesehen werden will. Unter anderem reiht er sich in die literarische Tradition ein, indem er Autoren benennt, in deren Folge er sich augenscheinlich gesetzt wissen will. Dadurch sucht er den tatsächlich vorhandenen oder nur gemutmaßten Einwand, mit *Buddenbrooks* einen Lübecker Schlüsselroman geschrieben zu haben, zu entkräften:

> Was hat also Schiller, was Wagner, in diesem Sinne erfunden? Kaum eine Gestalt, kaum einen Vorgang. [...] Shakespeare [...]. Er fand viel lieber, als daß er erfand. [...] [D]ie Verachtung eines Dichters, dem das Stoffliche, der Mummenschanz der Fabel gar nichts, die Seele, die Beseelung alles bedeutet.
>
> Die Beseelung ... da ist es, das schöne Wort! Es ist *nicht* die Gabe der Erfindung, – die der Beseelung ist es, welche den Dichter macht. (14.1, 99f.)

Mit überaus großer Deutlichkeit erklärt er also sein Vorgehen, den gefundenen Stoff zu ›beseelen‹, und belässt dabei im Offenen, inwiefern die historisch-biografische Vorlage durch die literarische Gestaltung selbst eine bestimmte Deutung erfährt und mögliche Sinnzuschreibungen erhält. Biografische Lesarten gesteht Thomas Mann gerade für *Buddenbrooks* bis zuletzt zu, und zwar im Großen wie im Detail. So bezeichnet er den Text als »Roman meines Lebens« (21, 315), wobei er der Doppeldeutigkeit dieser Formulierung Nachdruck verleiht, indem er in seinen weiteren Ausführungen bewusst damit operiert (vgl. 21, 315). Um ein Beispiel für einen einzelnen biografischen Aspekt zu geben, sei

[2] Vgl. Hans Wißkirchen: Die frühe Rezeption von Thomas Manns »Buddenbrooks«, in: »In Spuren gehen ...«. Festschrift für Helmut Koopmann, hg. von Andrea Bartl u.a., Tübingen: Niemeyer 1998, S. 301–321, 318f.

ein Brief an Hermann Lange aus Manns letztem Lebensjahr zitiert, in dem er erklärt, sein Vater habe zu den »Figuren« von *Buddenbrooks* »selbst gehört« (Br III, 386).

Autofiktion

Dass nicht nur die Äußerungen des essayistischen Werkes, der Tagebücher, Briefe usw. Aufschluss über den Willen zur Selbstdarstellung geben, sondern dass tatsächlich auch das literarische Werk Informationen über seinen Autor vermittelt, ist eine Erkenntnis, die gerade in den letzten Jahren verstärkt in das Bewusstsein der Literaturwissenschaften rückt. Nachdem lange Zeit vom *Tod des Autors*[3] die Rede war und es fraglich und zweifelhaft erschien, den Autor als Größe in die literaturwissenschaftliche Betrachtung einzubeziehen, erfolgte ab den späten 1990er Jahren die *Rückkehr des Autors*[4] in die Literaturwissenschaft. Diese Rückkehr geht allerdings mit einer entsprechenden Reflexion einher, d. h. es wird gefragt, inwiefern der empirische bzw. historische Autor legitim in die literaturwissenschaftliche Analyse einzubeziehen ist.[5]

Eine der Möglichkeiten, dies zu tun, stellt das Modell der Autofiktion dar. In den 1970er Jahren innerhalb der französischen Geisteswissenschaften begründet, wurde es dort überwiegend auf die Gegenwartsliteratur bezogen und als durchaus sehr spezifische Form der Kommunikation von Gegenwartsautoren beschrieben, sich selbst über den eigenen literarischen Text mitzuteilen. Bezogen auf die Frage des Vorliegens von Autofiktion in literarischen Texten erfolgte in den letzten Jahren allerdings eine Ausweitung der begrifflichen Anwendung. So ist Autofiktion zum einen nicht ausschließlich auf ganz konkrete Artikulationsweisen innerhalb des literarischen Textes anwendbar, sondern es ist möglich, Autofiktion auch in einem allgemeineren Sinne zu verstehen. Zum anderen können auch Texte anderer literarischer Epochen berücksichtigt werden. Autofiktion ist in diesem Sinne nicht allein auf die Gegenwartsliteratur beschränkt.[6]

[3] Vgl. Roland Barthes: Der Tod des Autors [1968]. Deutsch von Matías Martínez, in: Texte zur Theorie der Autorschaft, hg. von Fotis Jannidis, Gerhard Lauer u. Simone Winko, Stuttgart: Reclam 2000, S. 185–193.

[4] Vgl. den Sammelband: Rückkehr des Autors. Zur Erneuerung eines umstrittenen Begriffes, hg. von Fotis Jannidis, Gerhard Lauer u. Matias Martínez, Tübingen: Niemeyer 1999.

[5] Vgl. hierzu auch die grundsätzlichen Überlegungen bei Regine Zeller: Von Denkfiguren und Klischees. Autobiographisches Schreiben, in: TM Jb 29 (2016), S. 31–43. Zur Autofiktion vgl. ebd., S. 41 f.

[6] Genannt sei exemplarisch Stephanie Bremerich: Erzähltes Elend. Autofiktionen von Armut und Abweichung, Univ. Leipzig: Diss. 2016.

Im Folgenden sollen Überlegungen dazu angestellt werden, inwiefern es aufschlussreich sein kann, auch bei Thomas Mann – und hier im Speziellen bei seinem Roman *Buddenbrooks* – das Modell der Autofiktion (im erweiterten Sinne) anzuwenden und den Text im Hinblick auf Manns Selbstinszenierungsstrategien zu untersuchen. Zunächst aber einige grundsätzliche Ausführungen dazu, was unter Autofiktion innerhalb der derzeitigen literaturwissenschaftlichen Forschung zu verstehen ist.

Autofiktion beschreibt in Anlehnung an Serge Doubrovsky die »Fiktion von absolut wirklichen Ereignissen« bzw. die »Fiktion realer Ereignisse«.[7] Es geht mithin um die Verknüpfung zweier sich eigentlich ausschließender Praktiken: um die Verbindung von Fiktion und Referenz. Dabei werden verschiedene Grenzen berührt, so etwa die Grenze zwischen faktualem und fiktionalem Erzählen, jene zwischen den Gattungen (z.B. zwischen Roman und Autobiografie), schließlich die Grenze von Literatur und Nicht-Literatur.[8] Darüber hinaus kommt bei autofiktionalen Texten die Ambivalenz zum Tragen, sowohl das Allgemeine im Besonderen zu erfassen (wie es für fiktionale Texte angenommen wird) als auch eine individuelle Lebensgeschichte mitzuteilen (wie es für die Biografie typisch ist).[9] Ganz auflösen lässt sich beides dabei nicht. Die Uneindeutigkeit des »Cést moi et ce n'est pas moi« bleibt bestehen.[10] Diese Aussage kann als konzentrierte und pointierte Zusammenfassung von Autofiktion in einem Text verstanden werden. Frank Zipfel führt ein weiteres Zitat an, das ebenfalls zur Illustration von Autofiktion als besonderer Redeweise in einem literarischen Text dient: »Je n'ai jamais parlé d'autre chose que de moi«, heißt es in Alain Robbe-Grillets Roman *Le miroir qui revient* (1984).[11] Die Kommunikationsstrategie eines Autors, in seinen literarischen Texten auch oder womöglich sogar vorrangig über sich selbst zu sprechen, kann somit als Autofiktion verstanden werden. Dies betrifft sowohl eindeutig zu bestimmende Elemente (wie die Namensidentität) als auch solche Aspekte, die einem stärkeren Grad von Vermittlung unterliegen. Entsprechend sind verschiedene Ausprägungen von Autofiktion dergestalt möglich, dass entweder eine Dominanz des Autobiografischen oder eine Dominanz des Fiktiven vorliegt, oder aber, dass eine

[7] Frank Zipfel: Autofiktion. Zwischen den Grenzen von Faktualität, Fiktionalität und Literarität?, in: Grenzen der Literatur. Zu Begriff und Phänomen des Literarischen, hg. von Simone Winko, Fotis Jannidis und Gerhard Lauer, Berlin/New York: de Gruyter 2009, S. 285–314, 285, 298.

[8] Vgl. Zipfel, Autofiktion (Anm. 7), S. 286.

[9] Vgl. Zipfel, Autofiktion (Anm. 7), S. 297.

[10] Marie Darrieussecq: L'autofiction, un genre pas sérieux, in: Poétique: revue de théorie et d'analyse littéraires 27 (1996), Paris: Ed. du Seuil, S. 369–380, 369; vgl. Zipfel, Autofiktion (Anm. 7), S. 305.

[11] Alain Robbe-Grillet: Le miroir qui revient, Paris: Les eds. de minuit 1984, S. 10; vgl. Zipfel: Autofiktion (Anm. 7), S. 310.

Kombination von Autobiografischem und Fiktivem vorhanden ist, ohne dass die Dominanz des einen oder anderen ausgemacht werden könnte.[12]

Stellt man Überlegungen zu der Frage an, wie *Buddenbrooks* innerhalb dieser drei Varianten einzuordnen ist, sind unterschiedliche Antworten möglich. Ob der Roman entweder als dominant fiktiv oder dominant biografisch gelesen wird bzw. ob er als Mischform von beidem gilt oder aber auch gar keine autobiografischen Elemente in ihm wahrgenommen werden, hängt in hohem Maße von der Einstellung des Lesers ab.[13] Bemerkenswert für *Buddenbrooks* ist dessen ungeachtet, dass bei diesem Text nicht nur wiederholt Grenzverwischungen zwischen Biografischem und Fiktivem auftreten, sondern dass es dadurch auch zu Rückkoppelungseffekten der fiktiven Identitäten auf den realen Autor kommt. *Buddenbrooks* stellt so eine Möglichkeit der Kommunikation Thomas Manns über sich dar, die er mithilfe seines literarischen Werkes vollzieht. Charakteristisch ist dabei die Unentschiedenheit, nicht immer mit letzter Sicherheit ermitteln zu können, was in dem Roman fiktiv und was autobiografisch ist.

Durch diese Art und Weise, im Text etwas über sich selbst mitzuteilen, erfolgt nicht zuletzt die Reformulierung einer altbekannten Frage. Nicht mehr »Was will uns der Dichter damit sagen?« ist von Interesse (was ja ohnehin nicht zu beantworten ist und im Übrigen auch gar nicht dem gegenständlichen Interesse der Literaturwissenschaft entspricht). Im Kontext des Modells Autofiktion lautet die Frage vielmehr »Was sagt er uns, was für ein Dichter er sein will?« – Wie also stellt er sich selbst dar, wie nutzt er die unterschiedlichen Ebenen und Möglichkeiten des Textes, wie setzt er rezeptionssteuernde Selbstkommentare ein? Diesen Gedanken möchte ich im Folgenden bezogen auf *Buddenbrooks* anhand von vier verschiedenen Aspekten nachgehen: 1. Thomas Manns »Deutungen des Erlebnisses« – historische Vorlage und Abweichungen, 2. Autofiktion als Kommunikation: Originalität, Antizipation, 3. Formale Aspekte: Thomas Mann der Unzeitgemäße?, 4. Hanno Buddenbrook: »Ich bin allein auf weiter Flur«. Diese vier Punkte sollen exemplarisch illustrieren, wie der Autor als Größe in seinem Text wahrgenommen werden kann. Sie stellen eine Auswahl dar und beziehen sich auf verschiedene Ebenen. Es soll weder

[12] In Anlehnung an Philippe Lejeunes 1975 veröffentlichte Arbeit *Le pacte autobiographique* wird üblicherweise innerhalb der deutschsprachigen Literaturwissenschaft mittlerweile der Begriff ›Pakt‹ verwendet. Auch Zipfel spricht vom »autobiographischen Pakt« und – in Anlehnung daran – vom »Fiktions-Pakt« bzw. »Fiktionspakt«, vgl. Zipfel, Autofiktion (Anm. 7), S. 304f. Zur Problematisierung vgl. Eric Achermann: Von Fakten und Pakten. Referieren in fiktionalen und autobiographischen Texten, in: Auto(r)fiktion. Literarische Verfahren der Selbstkonstruktion, hg. von Martina Wagner-Egelhaaf, Bielefeld: Aisthesis 2013, S. 23–53, 40.

[13] Vgl. Martina Wagner-Egelhaaf: Einleitung, in: Auto(r)fiktion (Anm. 12), S. 7–21, 11, die die Frage nach dem Vorliegen von Autofiktion als »rezeptionsästhetische[] Entscheidung« beschreibt.

eine Systematik aufgezeigt noch Vollständigkeit artikuliert werden. Vielmehr geht es darum, die innerhalb der Thomas-Mann-Forschung altbekannte Frage des Verhältnisses von Autor und Text im Sinne der Autofiktion zu perspektivieren.

1. Thomas Manns »Deutungen des Erlebnisses« – historische Vorlage und Abweichungen

Die von Thomas Mann selbst beschriebene (und eingangs zitierte) »Deutung des Erlebnisses« (XIII, 55) kann auf die historische Vorlage der Familiengenealogie bezogen werden. Dass Mann bei der Konzeption von *Buddenbrooks* Informationen innerhalb und außerhalb der Familie einholte und dabei so exakt und detailgenau wie möglich vorzugehen bemüht war, ist bekannt (vgl. 1.2, 9–101). Vieles von dem, was er in Erfahrung brachte, ließ er in den Roman unverändert einfließen.[14] Bei anderem jedoch nahm er Änderungen vor, und dies ist sowohl hinsichtlich seiner Person als auch bezogen auf den Text selbst von Interesse.

Aus einem Brief an Otto Grautoff geht hervor, dass der ursprüngliche Plan für *Buddenbrooks* darauf ausgerichtet war, den *Verfall einer Familie* innerhalb der Geschwisterfolge und damit innerhalb nur einer Generation darzustellen.[15] Diesen Plan setzte Thomas Mann jedoch nicht um. Stattdessen entschied er sich für die Abfolge mehrerer Generationen, während derer sich der Verfallprozess vollzieht, und legte dabei die Genealogie seiner eigenen Familie zugrunde. Das lässt sich als Anwendung und Umsetzung zeitgenössischer biologisch-medizinischer Theorien lesen: als ein durch moralisch-religiös bedingte Abweichungen ausgelöstes Degenerationsgeschehen also, das über vier Generationen andauert und zum Erlöschen der Linie führt.[16] Um dies zu plausibilisieren und die Ursachen eines solchen Prozesses herauszuarbeiten, mussten allerdings im

[14] Dies reicht von grundsätzlichen Fragen der Figurenkonstellation und -konzeption bis hin zu solchen Details wie Kochrezepten, vgl. 1.2, 642–662.

[15] »Der Vater war Geschäftsmann, pracktisch, aber mit Neigung zur Kunst und außergeschäftlichen Interessen. Der älteste Sohn (Heinrich) ist schon Dichter, aber auch ›Schriftsteller‹, mit starker *intellectueller* Begabung, bewandert in Kritik, Philosophie, Politik. Es folgt der zweite Sohn, (ich) der nur Künstler ist, nur Dichter, nur Stimmungsmensch, intellectuell schwach, ein sozialer Nichtsnutz. Was Wunder, wenn endlich der dritte, spätgeborene, Sohn der vagsten Kunst gehören wird, die dem Intellect am fernsten steht, zu der nichts als Nerven und Sinne gehören und gar kein Gehirn, – der Musik? – Das nennt man Degeneration. Aber ich finde es verteufelt nett.« (21, 58)

[16] Zum medizinisch-biologischen Kontext des Romans vgl. Katrin Max: Niedergangsdiagnostik. Zur Funktion von Krankheitsmotiven in »Buddenbrooks«, Frankfurt/Main: Vittorio Klostermann 2008 (= TMS 40).

Vergleich zur historischen Familie Mann bei der Generationenfolge der Buddenbrooks Änderungen vorgenommen werden.

So wurden zwei Generationen für den Roman vertauscht.[17] An den Anfang der Generationenfolge, mit der der Verfall einsetzt, wird im Roman jene Generation gesetzt, die innerhalb der Familie Mann erst die nächstspätere ist. Den in dieser Generation erfolgten Ereignissen (dass noch eine zweite Ehe eingegangen wird, der rechtmäßige Erstgeborene verstoßen wird usw.) wird so die Bedeutung zugeschrieben, einen Verfallsprozess für die nachfolgenden Generationen in Gang gesetzt zu haben, und zwar mit all ihren religiös-moralischen, philosophischen und biologisch-medizinischen Implikationen.

Damit hat Thomas Mann – um seinen Worten zu folgen – nichts Neues erfunden, sondern er vollzieht eine »Deutung des Erlebnisses« (XIII, 55), in diesem Fall eine Deutung seiner Familiengeschichte. Diese kam so in der außerliterarischen Realität allerdings nicht vor. Das Wissen um die historischen Kontexte hat indes Einfluss auf die literarische Erzählung und umgekehrt. Die Familiengeschichte der historischen Manns zweifelt die Plausibilität des erzählten Niedergangs im Hause Buddenbrook an (denn »so«, wie es geschildert ist, hat es sich nicht ereignet).[18] Umgekehrt haben die Buddenbrooks mit ihrer Vier-Generationen-Linie deutenden Einfluss auf die Manns dergestalt, dass sich möglicherweise Verfallsprozesse in abgeschwächter Form vollziehen, wenn man die »Deutung« priorisiert und daher die historischen Gegebenheiten zugunsten der literarischen Überformung außer Acht lässt – all dies ist möglich.

2. Autofiktion als Kommunikation: Originalität, Antizipation

Dass Thomas Mann sich in seinen Roman offensichtlich auch bewusst selbst eingeschrieben hat, bestätigt er durch Aussagen wie jene, dass Thomas Buddenbrook die ihm »mystisch-dreifach verwandte[] Gestalt, [...] Vater, Sprößling und Doppelgänger« (13.1, 80) sei. Thomas Buddenbrook wird so nicht nur durch ihn selbst als jene Figur beschrieben, die ihm als Autor am nächsten steht. Auch durch die Namensgleichheit – Thomas – ist ein Hinweis auf die Identität gegeben, die durch die Bedeutung dieses Namens (»Zwilling«) noch verstärkt wird.[19]

[17] Vgl. Max, Niedergangsdiagnostik (Anm. 16), S. 77f.

[18] Vgl. Max, Niedergangsdiagnostik (Anm. 16), S. 334f. zur Ironie des »Es ist so!« (1.1, 837).

[19] Die Namensidentität von historischem Autor und literarischer Figur kann als Angebot an den Leser, einen autobiografischen Pakt einzugehen, verstanden werden, vgl. Zipfel, Autofiktion (Anm. 7), S. 287, 302.

Bezogen auf Fragen der Autofiktion im Roman ist unter anderem Thomas Buddenbrooks Schopenhauerlektüre von Interesse. Die Schilderung, wie er als Romanfigur und Doppelgänger seines Autors Schopenhauer zufällig findet und danach ein gleichsam initiatorisches Leseerlebnis hat, ist hierbei besonders hervorzuheben (vgl. 1.1, 720–726). Thomas Mann selbst hat später erklärt, hierdurch das »teure Erlebnis« und »hohe Abenteuer« der eigenen Schopenhauer-Lektüre beschrieben zu haben (13.1, 80, vgl. IX, 559). Ob dem so war und der historische Autor Thomas Mann tatsächlich auf die gleiche oder ähnliche Weise wie seine literarische Figur Thomas Buddenbrook mit Schopenhauer in Berührung kam, darf zu Recht angezweifelt werden. Das in *Buddenbrooks* Beschriebene nimmt nämlich sehr deutliche Anleihen bei Nietzsche und dessen Beschreibung seiner ersten Schopenhauer-Leseerfahrung.[20]

Vermittelt über die literarische Figur konstruiert Thomas Mann hier eine Nähe oder gar Verwandtschaft zu Friedrich Nietzsche. Im Zusammenhang damit ist zu sagen, dass er wiederholt geleugnet hat, zur Zeit der Abfassung von *Buddenbrooks* bereits nähere Leseerfahrungen von Schopenhauer gehabt zu haben (was allerdings nicht zutreffend ist).[21] Durch dieses Leugnen nimmt er eine Selbststilisierung dergestalt vor, dass er indirekt vermittelt, ein »›präexistente[r]‹ Schopenhauerianer gewesen zu sein.«[22] Damit formuliert Thomas Mann zugleich seinen eigenen Originalitäts-Anspruch. Anhand der Schopenhauer-Episode in *Buddenbrooks* kommuniziert er vorrangig über sich selbst, wobei er implizit etwas behauptet (und im Nachgang durch Selbstkommentare bestätigt), das so in der historischen Realität mit großer Wahrscheinlichkeit nicht stattgefunden hat. Durch die über den Umweg der Figur Thomas Buddenbrook konstatierte Originalität erfolgt eine Überblendung mit Nietzsche, und es wird jene im essayistischen Werk nachzulesende geistige Verwandtschaft Thomas Manns zum »Dreigestirn ewig verbundener Geister« (13.1, 86) deutlich herausgestellt.

Thomas Mann hat sich mit *Buddenbrooks* nicht nur als Autor von Originalität und Größe dargestellt. Er zog seinen Roman auch heran, um sich als Antizipator späterer Entwicklungen zu beschreiben. Erwähnt sei eine Äußerung aus den *Betrachtungen*, die sich auf Werner Sombarts 1913 erschienenes Werk *Der Bourgeois* bezieht:

[20] Vgl. Friedrich Nietzsche: Rückblick auf meine zwei Leipziger Jahre, in: Friedrich Nietzsche. Werke und Briefe. Historisch kritische Gesamtausgabe. Werke, Bd. 3, München: Beck 1935, S. 291–316, 297 f. Hierzu ausführlich Werner Frizen: Nimm und lies. Verwegenes im Schicklichen, in: Neue Rundschau 112 (2001), Frankfurt/Main: S. Fischer, S. 72–84.

[21] Vgl. Werner Frizen: Zaubertrank der Metaphysik. Quellenkritische Überlegungen im Umkreis der Schopenhauer-Rezeption Thomas Manns, Frankfurt/Main u. a.: Lang 1980, S. 38–42.

[22] Ebd., S. 39.

Daß er [Sombart] in hohem Grade recht hat, geht aus der Tatsache hervor, daß ich seine Lehre zwölf Jahre, bevor er sie aufstellte, als Romanschriftsteller gestaltet hatte: gesetzt nämlich, daß die Figur des Thomas Buddenbrook, die vorwegnehmende Verkörperung seiner Hypothese, ohne Einfluß auf Sombarts Denken gewesen ist. (13.1, 159f.)

Thomas Mann ist also laut Selbstaussage ein Autor, der spätere Erkenntnisse und Entwicklungen innerhalb der Kultur- und Geistesgeschichte vorwegnimmt. Thomas Buddenbrook als jene Figur im Roman, mit der er sich durch Namensidentität und andere Übereinstimmungen am ehesten identifizieren lässt, ist dabei der Protagonist jener späteren Entwicklungen, womit nicht zuletzt eine Rückkoppelung auf den Autor erfolgt, welcher sich so als Angehöriger einer Geistesavantgarde geriert.

Diese Gedankenfigur des Zeitgemäßen gerade durch das Unzeitgemäße als Exemplifikation des die Zeiten Überdauernden lässt sich auch bezogen auf die Form und Struktur des Romans feststellen. Waren die ersten beiden Beispiele eher an der Handlung und ihren Figuren orientiert, bezieht sich das dritte Beispiel von Autofiktion auf die Form:

3. Formale Aspekte: Thomas Mann der Unzeitgemäße?

Diese Frage berührt vor allem seine literarhistorische Einordnung, und hier konkret die Überlegung: Darf, kann und soll Thomas Manns Werk zur literarischen Moderne zählen oder nicht? Dies wurde im Laufe der Jahre immer wieder aufgegriffen und neu diskutiert. Genannt sei Helmut Koopmanns 1983 getroffene Bestimmung des Begriffs »klassische Moderne« gerade auch am Beispiel Thomas Manns.[23] Andererseits ist noch 2009 im Jahrbuch zu lesen, Thomas Mann werde »nicht zu Unrecht [...] bescheinigt, [...] die ›Schwelle zur Moderne‹ nie überschritten« zu haben.[24] Dass eine solche Einschätzung aus verschiedenen Gründen kritisch zu hinterfragen ist, hat zuletzt Matthias Löwe unter Einbezug der aktuellen Forschungsdiskussion zum Modernebegriff gezeigt.[25]

Mir scheint besonders bemerkenswert, dass gerade das Ambivalente der Texte Thomas Manns in Fragen der Modernezugehörigkeit seine Bedeutung als Autor nur noch hervorhebt. Festzuhalten ist, dass er zumindest formal

[23] Vgl. Helmut Koopmann: Der klassisch-moderne Roman in Deutschland. Thomas Mann, Alfred Döblin, Hermann Broch, Stuttgart: Kohlhammer 1983, S. 26–76.

[24] Sabina Becker: Jenseits der Metropolen. Thomas Manns Romanästhetik in der Weimarer Republik, in: TM Jb 22 (2009), S. 83–97, 83.

[25] Vgl. Matthias Löwe: »Freund, es geht nicht mehr«. Thomas Mann und die Normativität der ästhetischen Moderne, in: TM Jb 29 (2016), S. 9–29.

den Avantgarden seiner Zeit nicht sehr nahe stand, gerade mit *Buddenbrooks* nicht. Das hat er auch selbst angesprochen. So schreibt er an Heinrich Mann:

Die traurige Sache ist ja die, daß der Roman über 1000 Seiten bekommen wird [...] und also unter den heutigen Umständen recht, recht unverkäuflich sein wird. [...] Aber er [Samuel Fischer] soll das Buch bringen, wie es ist. [...] Ein zweibändiger Roman ist doch auch heute noch keine unbedingte Unmöglichkeit! (21, 134)

Später hat er sich als »Sohn des 19. Jahrhunderts« (15.1, 340) bezeichnet und so gleichsam literarisch eingeordnet. Zeitgenossen bestätigen diese stilisierte Selbsteinschätzung als vermeintlich Unzeitgemäßen: Bekannt ist Döblins Deklaration der Mann'schen Texte als »Bügelfaltenprosa«.[26] Mann selbst charakterisiert er als »Musterbeispiel einer großbürgerlichen Degeneration« (womit *Buddenbrooks* wörtlich genommen und auf den Autor angewandt wird).[27]

Im Hinblick auf die Frage der Selbstmitteilung durch das Schreiben ist der Roman jedoch anders zu perspektivieren. *Buddenbrooks* steht durchaus als Kontrapunkt zu jenen um neue Formen ringenden Texten der Avantgarden seiner Zeit. Damit positioniert Mann sich als Autor derart, dass er solche ›modernen‹ Experimente nicht mitzumachen gewillt ist, sondern zumindest scheinbar bewährte Erzählformen fortführt. Dies ist für ihn jedoch keine Rückneigung ins 19. Jahrhundert. Vielmehr versteht er sich als jemand, der die Avantgarde überwunden hat, ohne je an ihr beteiligt gewesen zu sein. In anderen Texten des Frühwerks artikuliert er das auch offen: etwa durch die Figur Detlev Spinell in der Novelle *Tristan* als Parodie eines modernen Schriftstellers (vgl. 2.1, 319–371).

Dass ihm die formalen Möglichkeiten modernen Schreibens ebenso wie die Stoffe, Themen und Motive der literarischen Moderne vertraut sind, wird deutlich, wenn man *Buddenbrooks* näher in den Blick nimmt. Nicht allein ist der Inhalt auf der Höhe der Zeit,[28] auch formal spiegeln sich stattgehabte Entwicklungen. So wie sich der Verfall der Familie ins Moderne hin bewegt, erfolgen auch bei der Erzählweise Änderungen. In Analogie zum erzählten Niedergang ist dabei ein Wandel feststellbar. Der Roman beginnt im dramatischen Modus, mit dialogischer Struktur und eher zurückgenommenem Erzähler. Im Laufe des Textes ändert sich das jedoch: Die Entwicklung geht hin zur Innen- bzw.

[26] Alfred Döblin: Von Leben und Tod, die es beide nicht gibt, in: Alfred Döblin. Schriften zu Leben und Werk, hg. von Erich Kleinschmid, Olten/Freiburg i. Br.: Walter 1986, S. 465–508, 499.

[27] Alfred Döblin: Brief an Hermann Kesten (30.07.1946), in: Alfred Döblin. Briefe, hg. von Heinz Graber, Olten/Freiburg i. Br.: Walter 1970, S. 352–354, 353.

[28] Erwähnt sei, dass die Vertreter der Familie Buddenbrook als modern angesehene Krankheiten des nervösen Formenkreises in all ihren Ausprägungen durchleben, und das, obwohl sie zeitlich im 19. Jahrhundert situiert sind, vgl. Max, Niedergangsdiagnostik (Anm. 16), S. 79–233.

Figurenperspektive, gehäuft sind erlebte Rede und innere Monologe anzutreffen.[29] Das geht so weit, dass auch der Erzähler involviert ist.

Der Erzähler selbst ist überdies keiner, der so in der Literatur des 19. Jahrhunderts anzutreffen wäre. Auch mit ihm wird deutlich, dass Mann durchaus souverän moderne Erzähltechniken anwendet. Der Erzähler selbst wird z. B. subjektiviert, indem seine Kompetenzen angezweifelt sind oder sein Wissen und seine Reichweite wiederholt auf dem Prüfstand stehen.[30] Er ist zudem topografisch gewissermaßen ›eingenordet‹, da im Roman immer wieder deutlich wird, dass sein Wirkungsradius auf Lübeck und Umgebung beschränkt ist.[31] Auch dies kann als Form der Autofiktion gelesen werden. Die Selbstironie im Hinblick auf die Notwendigkeit des Aufbrechens dieser räumlichen Fixierung wird anhand des Erzählers vorgeführt.

Die Bedeutsamkeit der Autorinstanz wird dadurch, dass sie all diese Textebenen souverän handhabt und sowohl einzelne Figuren als auch den Erzähler subjektiviert, nur noch hervorgehoben. Diese Autorinstanz stellt damit zugleich klar, sowohl die literarische Tradition als auch die Avantgarden der Zeit wahrgenommen zu haben und beides dem eigenen Werk dienstbar zu machen. So kommuniziert Thomas Mann den Willen, ein Autor zu sein, der Bestand haben wird – gerade auch wegen des Unzeitgemäßen, einen zweibändigen Roman geschrieben zu haben. Er stellt sich als ganz in der literarischen Tradition des 19. Jahrhunderts stehend dar, nimmt allerdings in seinem Roman zugleich eine Reflexion der literarischen Avantgarden vor, indem er sie ironisiert und zum Teil schon historisiert.

4. Hanno Buddenbrook: »Ich bin allein auf weiter Flur«

Bei diesem vierten Punkt geht es um das Selbstverständnis des Autors Thomas Mann, das er im Zusammenhang mit der Figur Hanno Buddenbrook artikuliert. Hanno greift im Roman wie sein Vater Thomas Buddenbrook biografische Aspekte des Autors auf, kommuniziert mithin etwas über den Autor.[32] Als Romanfigur ist Hanno in den Verfallsprozess der Buddenbrooks eingebunden und so als Vertreter der vierten und letzten Generation als kaum noch lebens-

[29] Vgl. Andreas Blödorn: Buddenbrooks, in: TM Hb (2015), S. 13–25, 18.

[30] Vgl. Max, Niedergangsdiagnostik (Anm. 16), S. 317–321.

[31] Vgl. Jens Ole Schneider: Bürgerlichkeit als semantische Konstruktion. Zur narrativen Inszenierung moderner Identitäten in Thomas Manns »Buddenbrooks« und Theodor Storms »Die Söhne des Senators«, in: TMS 52 (2016), S. 29–50, 38.

[32] Dass Hanno in der literarischen Erzählung ebenfalls Elemente der Biografie seines Autors nachlebt, ist beispielsweise durch das Puppentheater als Weihnachtsgeschenk für ihn (vgl. 1.1, 587–593) oder durch die Schulepisode (vgl. 1.1, 772–828) markiert.

tüchtig beschrieben. Das unterscheidet ihn in der Tat von seinem Autor (der sich keineswegs so sah). Ähnlichkeiten sind jedoch hinsichtlich der Sinnesempfänglichkeit und der reklamierten Sensibilitäten auszumachen.

So ist die Beschreibung, dass Hanno Buddenbrook dazu neigt, »[a]lle Dinge mit zu eindringlichen Augen anzusehen« (1.1, 510), auch auf seinen Autor zu beziehen. Das betrifft insbesondere den Umgang mit bzw. den Zugang zur Literatur, vor allem zu Texten der Romantik. Sehr einprägsam ist Hannos gescheiterter Gedichtvortrag beim hundertjährigen Firmenjubiläum geschildert. Er soll *Schäfers Sonntagslied* von Ludwig Uhland aufsagen:

›Ich bin allein auf weiter Flur‹, sagte er noch, und dann war es endgültig aus. Die Stimmung des Verses ging mit ihm durch. Ein übergewaltiges Mitleid mit sich selbst machte, daß die Stimme ihm ganz und gar versagte, und daß die Thränen unwiderstehlich unter den Lidern hervorquollen. [...] Er beugte sich seitwärts, legte den Kopf auf die Hand, mit der er sich an der Portière hielt und schluchzte. (1.1, 533 f.)

Das ist zunächst innerhalb der Romanhandlung als Darstellung der Unmöglichkeit einer Fortführung der Firma durch den sensiblen, von der Kunst im Höchstmaß berührten Hanno Buddenbrook zu lesen. Es kann aber darüber hinaus als Hinweis auf den Autor Thomas Mann verstanden werden, der sich ebenfalls als »allein auf weiter Flur« empfand – als Autor nämlich von einiger Größe, der weder ausschließlich auf tradierte Weise des 19. Jahrhunderts schrieb, noch sich den Avantgarden seiner eigenen Generation zugehörig fühlte. Thomas Mann inszeniert sich als Autor auf diese Weise als Solitär.[33] Dass er dies über den Rückgriff auf die Literatur der Romantik (als noch früherer Epoche) und mit Hilfe eines Gedichts der Spätromantik und mittels einer Romanfigur vollzieht, ist nicht ohne Ironie. Der Spätling Thomas Mann verzichtet auf klare Aussagen. Er deutet nur an.

[33] Darauf, dass es mit Hannos Literaturverständnis etwas Besonderes auf sich hat, wies bereits Eckhard Heftrich hin. Er sieht die Freundschaft zwischen Hanno und Kai Graf Mölln durch die Freundschaft Goethes und Schillers vorgeprägt. Hierfür führt er u.a. an, dass an jenen Stellen, wo von der Freundschaft berichtet wird, nicht von Hanno, sondern von Johann die Rede ist. Der Name und noch andere Indizien führten so dahin, dass auch hier eine Art literarische Tradierung erfolge. Auch wenn Heftrichs Ausführungen in diesem Punkt durchaus spekulativ erscheinen, sind sie gerade im Hinblick auf die Selbstinszenierungen des Autors Thomas Mann doch nicht ganz beiseite zu schieben. (Vgl. Eckhard Heftrich: Vom Verfall zur Apokalypse. Über Thomas Mann, Bd. II, Frankfurt/Main: Vittorio Klostermann 1982, S. 99–102d.)

Schlusswort

Zusammenfassend ist festzuhalten, dass bei Thomas Mann nicht nur das essayistische Werk einen Gutteil an Autoinszenierung und Selbstdarstellung beinhaltet, sondern auch das literarische Œuvre. Mit Hilfe des Modells Autofiktion zeigen die hier vorgestellten vier Punkte unterschiedliche Möglichkeiten auf, wie sich der Autor in seinen Text einschreiben kann, und zwar sowohl inhaltlich als auch formal. Inhaltlich kann gerade die Abweichung im literarischen Text Hinweise für die Interpretation geben (hier bezogen auf das Schema der vier Generationen). Außerdem sind Rückkoppelungseffekte zur historischen Vorlage denkbar (indem die Familie Mann neu ›gelesen‹ wird). In Kombination mit den Selbstaussagen lassen sich selbst nur behauptete autobiografische Erlebnisse des Autors als Formen seiner Kommunikation ermitteln – wie es etwa bei Thomas Buddenbrooks Schopenhauer-Lektüre der Fall ist. Aspekte der formalen Gestaltung, der Struktur und der Erzähltechnik können ebenfalls autobiografisch – diesmal bezogen auf den Autor als Autor – gelesen werden. Im Fall von *Buddenbrooks* kommuniziert Thomas Mann gerade dadurch, dass er sich keiner Avantgardegruppe seiner Zeit zugehörig fühlt und auch nicht so schreibt, dass er sich als modernen Autor sieht. Die mittels Hanno vermittelte Stimmung, sich »allein auf weiter Flur« zu befinden, kann sinngemäß an den empirischen Autor Thomas Mann zurückgebunden werden. In all diesen Fällen wird eine Nähe hergestellt und werden Verwandtschaften konstruiert, die sich bei genauerer Betrachtung als bloß angedeutete erweisen. Zweifelsfreie Identitätszuschreibungen sind nicht möglich. Der Text entzieht sich auch hier einer letzten Deutung.

Abschließend komme ich auf das Eingangszitat zurück, gemäß dem Thomas Mann niemals etwas erfunden haben wollte, sondern er die Deutung des Erlebnisses als zentral ansah: Diese Aussage lässt sich auch auf ihn als Person anwenden. Ob er hierbei je etwas erfunden hat, sei dahingestellt. Die Deutung seiner selbst als Schriftsteller hat er in jedem Fall ausgiebig vorgenommen und im literarischen Werk viele Spuren gelegt. Die »Erfindung des Schriftstellers Thomas Mann«[34] erfolgte somit nicht erst durch die Literaturkritik und Literaturwissenschaft, sondern wurde von ihm selbst bereits in frühen Jahren umsichtig und durchaus eifrig betrieben.

Die beiden weiter oben erwähnten Äußerungen »C'est moi est ce n'est pas moi«[35] und »Je n'ai jamais parlé d'autre chose que de moi«[36] könnten so gesehen

[34] Gemäß dem Titel des folgenden Sammelbandes: Die Erfindung des Schriftstellers Thomas Mann, hg. von Michael Ansel, Hans-Edwin Friedrich und Gerhard Lauer, Berlin/New York: de Gruyter 2009.

[35] Darrieussecq, L'autofiction (Anm. 10), S. 369.

[36] Robbe-Grillet, Le miroir (Anm. 11), S. 10.

auch Äußerungen des Autors Thomas Mann sein. Sie sind allerdings keine Mann-Zitate, sondern stammen von Marie Darrieussecq (1996, in Anlehnung an Genette) bzw. Alain Robbe-Grillet (1984) und werden im Kontext der aktuellen Autofiktionsdebatte angeführt.[37] Thomas Mann selbst würde sich, hätte er Kenntnis von jenem theoretischen Konstrukt der Autofiktion erlangt, möglicherweise auch hier als Vorreiter und Antizipator bezeichnet haben (so wie er es einst für Sombart tat). Die Ähnlichkeit zur folgenden Aussage aus *Bilse und ich* ist jedenfalls auffällig: »Nicht von Euch ist die Rede, gar niemals, seid des nun getröstet, sondern von mir, von mir ...« (14.1, 110). – Ob die Erörterung derzeit aktueller Begrifflichkeiten mit Hilfe solcher essayistischer Kommentare wünschenswert ist, darf zu Recht bezweifelt werden. Möglicherweise zeigt gerade die erweiterte Anwendung von Autofiktion (über die Gegenwartsliteratur hinaus) auch die problematischen Aspekte dieses Konzepts auf. Dessen ungeachtet ermöglicht es, den historischen Autor in seinen literarischen Texten als Größe wahrzunehmen und die ermittelbaren Inszenierungsstrategien und Kommunikationsformen sowohl an die Autorbiografie rückzubinden als auch bei der konkreten Textinterpretation zu berücksichtigen.

[37] Vgl. Zipfel, Autofiktion (Anm. 7), S. 305, 310.

Luca Crescenzi

Masken

Zu den Strategien der Selbstbiografik im *Doktor Faustus* und in der *Entstehung des Doktor Faustus*

In Thomas Manns Werk erfolgt die eigentliche ›Wende‹ erst sehr spät. Sie ist die Frucht einer Selbstüberwindung, deren deutliche Beschreibung sich in der Rede *Nietzsches Philosophie im Lichte unserer Erfahrung* (1947) widerspiegelt. Dort heißt es an einer sehr bekannten Stelle: »Zuletzt gehört der Ästhetizismus, in dessen Zeichen die freien Geister sich gegen die Bürger-Moral wandten, selbst dem bürgerlichen Zeitalter an, und dieses überschreiten heißt, heraustreten aus einer ästhetischen Epoche in eine moralische und soziale.« (19.1, 225) Das, was sich hier wie eine allgemeine Betrachtung über das Ende einer Epoche der Kulturgeschichte und die mögliche Entstehung einer anderen liest, ist eigentlich als poetologische Stellungnahme zu verstehen: als Absage auf eine Weltanschauung und auf eine Kunst, die Thomas Manns ureigenste Überzeugung *gewesen* ist. In den *Betrachtungen eines Unpolitischen* hatte er sich explizit zum Ästhetizismus bekannt und hat auch später dieses Bekenntnis nicht zurückgenommen. Während des Exils gelangte er jedoch zur Überzeugung, dass das kritische Potential des Ästhetizismus, seine unparteiische, außermoralische Weltbetrachtung, keineswegs genügende Antworten auf die tragischen Entwicklungen Europas geben können. Auch die Kunst des Ästhetizismus hat ihre Wirksamkeit verloren. Eine effektiv kritische Weltdarstellung kann nicht mehr von einer Kunst geleistet werden, die nur um die eigene ästhetische Perfektion besorgt ist. Die ästhetische Opposition gegen eine als unästhetisch empfundene Welt scheint definitiv sinnlos geworden zu sein.

Schon der Theologe Paul Tillich hatte 1926 in seinem Aufsatz über das *Dämonische* – die bei weitem wichtigste Lektüre zum *Doktor Faustus*, die in den letzten Jahrzehnten entdeckt wurde – den Ästhetizismus neben dem Intellektualismus und dem Kapitalismus als ausgesprochen dämonischen Ausdruck des modernen menschlichen Geistes gedeutet. Als dämonisch wird von Tillich jede kulturelle Erscheinung aufgefasst, die sich als Mischung aus Licht und Schatten, aus schöpferischer und destruktiver Kraft, aus göttlicher Kreativität und satanischer Vernichtung zeigt. Da es dem Menschen nicht gegeben ist, weder die ausschließliche Schöpfungsmacht Gottes noch die reine Vernichtungsgier des Satans zu teilen, so Tillich, ist jede menschliche geistige Schöpfung prinzipiell als zwielichtig, ambivalent, »dämonisch« anzusehen. Eine – in Nietzsche'schem Sinn – tragische Aura scheint der Kulturgeschichte des Menschen anzuhaften. Das Dämonische an ihr zeigt sich aber am deutlichsten da, wo hinter dem schöpferisch-kreativen Element ihrer Erscheinungen das verborgen Destruktive durchscheint, da, wo auch die unersetzlichsten Eroberungen des menschlichen Geistes ihre vernichtende Energie ausbreiten, da, wo – um ein Wort Tillichs zu gebrauchen – ihr Grund zum Abgrund wird.

Das Dämonische am gegenwärtigen Ästhetizismus zeigte sich, für Tillich, in der »universalen Einfühlungsfähigkeit des Ästheten«, welche diesem letzten »den Zugang zu allem Seienden« erlaubt. Diese ist aber gleichzeitig durch einen Willen zur ›ästhetischen‹ Beherrschung der Wirklichkeit gekennzeichnet, der das »echte Erosverhältnis« in eine »erotisch-herrschaftliche« Beziehung zu den Dingen verwandelt.[1]

Thomas Mann konnte diese Diagnose Tillichs natürlich nicht ignorieren. Denn die Kunst des Romans war für ihn eindeutig eine ästhetizistische. Im Ästhetizismus hatte er zur Zeit der *Betrachtungen eines Unpolitischen* sogar eine notwendige Ergänzung zur Politik gesehen. Das ästhetizistische Prinzip der Stereoskopie hatte er all seinen Romanen und Erzählungen zu Grunde gelegt, und er selbst hatte sich zu einer literarischen Familie bekannt, deren gemeinsamer Nenner die ästhetizistische Richtung ihrer Schöpfungen war. Die Überwindung des Ästhetizismus bedeutete also für Thomas Mann nichts anderes als die Überwindung seiner schöpferischen Vergangenheit und seiner früheren künstlerischen, weltanschaulichen und sogar politischen Überzeugungen. Er selbst war ein eminenter Vertreter genau jener künstlerischen Richtung gewesen, die es nun zu überwinden galt. Demnach konnte es ihm so gut wie selbstverständlich erscheinen, dass er selbst im *Doktor Faustus* – in dem Roman, der eine Phänomenologie der modernen Dämonie enthalten sollte – eine Rolle spielen musste. Es gehört im Grunde zur Größe der Kunst Thomas Manns, dass sie ständig über die eigene geschichtliche und intellektuelle Stellung gnadenlos reflektiert. Die Form, welche diese Reflexion im *Doktor Faustus* und in der späteren *Entstehung* annimmt, lässt sich aber nur aufgrund einer Analyse der Affinitäten und Widersprüche erfassen, welche die zwei Werke im Spiel ihrer Widerspiegelungen betrachtet.

Strukturell gesehen besteht Thomas Manns *Doktor Faustus* aus einer Biografie des Komponisten Adrian Leverkühn, die Elemente der Autobiografie Thomas Manns integriert und durch autobiografische Interventionen des Erzählers Serenus Zeitblom immer wieder unterbrochen wird. Die Biografie des

[1] Vgl.: Paul Tillich: Das Dämonische, in: Tillich-Auswahl, 3 Bde, hg. von Manfred Baumotte, Gütersloh: GTB 1980, Bd. 3, S. 123.

Protagonisten erzählt im Grunde nur eines: wie ein genialischer Komponist während eines einsamen und leiderfüllten Lebens einige bedeutende musikalische Werke schafft, deren letztes ein Oratorium ist, in dem Leben und Sterben des Doktor Faustus dargestellt werden – parallel, könnte man hinzufügen, zum Leben Thomas Manns, der mit dem Roman seinen *Doktor Faustus* kreiert, und parallel zum Leben von Serenus Zeitblom, der mit seiner Biografie des Freundes ebenfalls seinen eigenen *Faustus* schafft. Es handelt sich hierbei um (auto)biografische Widerspiegelungen, in deren Zentrum die Reflexion über das Faustische als Quintessenz des Dämonischen steht. Thomas Mann hat seinen Roman als autobiografische Lebenserzählung eines Anderen gestaltet – als maskierte Autobiografie, sozusagen, oder als »indirekte Autobiografie«[2]. Darüber hinaus hat er dem Roman ein Tagebuch oder besser eine tagebuchartige Narration der eigenen Lebensereignisse beigegeben, die das Entstehen des Romans begleitet haben. Hier spricht Thomas Mann von sich selbst, ohne die Ereignisse des eigenen Lebens einem anderen zuzuschreiben. Warum?

Man könnte leicht zu dem Schluss kommen, dass der Unterschied zwischen dem *Doktor Faustus* und der Geschichte seiner Entstehung lediglich mit den differenten Gattungsregeln zu tun hat, die Roman und Essay bestimmen. Lassen sich aber innerhalb der so ausgesprochen essayistischen Erzählproduktion Thomas Manns autobiografische Erzählung und autobiografische Reflexion unterscheiden? Und lässt sich nicht die *Entstehung des Doktor Faustus* als eine kommentierende *Fortsetzung* des Romans lesen, die darüber hinaus einen autonomen, literarischen Wert besitzt?

Das Wesen des Ästhetizismus liegt für Thomas Mann nicht im Kult der Schönheit, sondern im freien Experimentieren mit Gedanken, Einstellungen, Ansichten, das den Einseitigkeiten der sonst dominierenden politischen Weltanschauung diametral entgegengesetzt ist. Im Kapitel »Politik« der *Betrachtungen eines Unpolitischen* findet sich diese Auffassung des Ästhetizismus am besten erklärt und dargelegt. »Als Dichter« – zitiert Thomas Mann zustimmend aus Strindbergs Roman *Schwarze Fahnen* – »hast du ein Recht, mit Gedanken zu spielen, mit Standpunkten Versuche anzustellen, aber ohne dich an etwas zu binden, denn Freiheit ist die Lebensluft des Dichters.« (13.1, 249) Ästhetische Opposition ist also Reaktion der künstlerischen Freiheit auf die ideologischen Instanzen der Politik. Man kann mit Thomas Mann *diese* Reaktion als eine *moralische* Reaktion ansehen. Denn die Ablehnung der politischen Optik soll am Ende zum Sich-Behaupten der Freiheit führen. Nicht zufällig verteidigt

[2] Vgl. Eckhard Heftrich: Vom Verfall zur Apokalypse. Über Thomas Mann II, Frankfurt/Main: Klostermann 1982 (= Das Abendland, Neue Folge 14. Forschungen zur Geschichte europäischen Geisteslebens), S. 184ff.

er in den *Betrachtungen* (und bekanntlich wiederholt auch später) den Primat der moralischen Perspektive: »[N]ie habe ich mich im Wortsinn als ›Ästheten‹, sondern immer als Moralisten gefühlt« (13.1, 117). Das kann aber auch anders gesehen werden. Denn die pure Inanspruchnahme der künstlerischen Freiheit gegen die Verengungen der Politik impliziert den ästhetischen Verzicht auf die moralische Verantwortung. Die »köstliche Überlegenheit der Kunst über das bloß Intellektuelle« setzt eine »tiefe Unverbindlichkeit« (13.1, 250) voraus, die es dem Dichter erlaubt, alle möglichen Ansichten und Weltanschauungen unverbindlich zu vertreten:

> Man muß durchaus verstehen, daß jemand, der nicht gewohnt ist, *direkt und auf eigene Verantwortung zu reden* [Hervorhebung von LC], sondern gewohnt, die Menschen, die Dinge reden zu lassen, – daß jemand, der *Kunst* zu machen gewohnt ist, das Geistige, das Intellektuelle *niemals ganz ernst nimmt*, da seine Sache vielmehr von jeher war, es als Material und Spielzeug zu behandeln, Standpunkte zu vertreten, Dialektik zu treiben, den, der gerade spricht, immer recht haben zu lassen ... (13.1, 250)

Man sieht es gleich: In Thomas Manns Auffassung des Ästhetizismus klingt noch eindeutig Schillers Utopie der Freiheit als moralisches Ziel des ästhetischen Wirkens nach. Die in der Nietzsche-Rede von 1947 als notwendig betrachtete Überwindung des Ästhetizismus bedeutet also auch den Verzicht auf die ethische Anschauung der deutschen Klassik und bedingt eine drastische Veränderung in Thomas Manns Moral-Begriff.

Findet sich aber im *Doktor Faustus* auch nur eine Spur dieser fundamentalen Reflexion? Kaum. Thomas Mann konstruiert seinen Roman ganz wie alle seine früheren Werke. In der Narration werden die verschiedensten Ansichten vertreten und gegeneinander ausgespielt; die ästhetizistische Perspektive bestimmt die Form des Ganzen und der Erzähler steht über den erzählten Ereignissen, indem er die Souveranität seiner verantwortungslos-unverbindlichen, unbeteiligten Perspektive unterstreicht. Natürlich ist der Erzähler nicht Thomas Mann selbst, sondern Serenus Zeitblom – und darin kann man schon ein erstes Zeichen der Distanz erkennen, die Thomas Mann zur Form des ästhetizistischen Romans einnimmt. Im gesamten polyphonen Konstrukt des *Doktor Faustus* scheint aber keine moralische Optik die Dialektik der entgegengesetzten Perspektiven zu neutralisieren. Mehr noch: Keine Perspektive besteht für sich, keine besitzt wahre Autonomie. Leverkühns Ansichten werden von Zeitblom mitgeteilt, so dass sie am Ende kaum von den Ansichten Zeitbloms selbst zu unterscheiden sind. Man denke beispielsweise an die Metapher des »Durchbruchs«, die sowohl das Ziel von Leverkühns kosmopolitischer Kunst bedeutet[3]

[3] Vgl. etwa 10.1, 723.

als auch das von Zeitblom und den deutschen Nationalisten erwünschte Resultat des Ersten Weltkriegs[4]. Ist das eine Metapher Leverkühns oder Zeitbloms? Wer übernimmt die Metapher in eine Sphäre, die sie zweideutig erscheinen lässt? Wer spricht eigentlich, wenn es um »Durchbruch« geht? Zeitblom oder Leverkühn? Und wer ist für eine so ambivalente Wortwahl verantwortlich?

Das lässt sich nicht entscheiden, denn jeder Biografierte ist im Grunde auch immer eine Kreation seines Biografen. Und wer ist nun eigentlich der Biograf Adrian Leverkühns? Der fiktive Erzähler Serenus Zeitblom oder der Autor des Romans, Thomas Mann? Auch das lässt sich nicht entscheiden, denn das Spiel mit der Maske des Erzählers bewirkt, dass Thomas Mann nie die ganze Verantwortung für das Erzählte übernimmt. Und gleichzeitig ist der Leser ständig versucht, die Ansichten des fiktiven Erzählers dem Autor zuzuschreiben. Auch Thomas Mann selbst wird somit, paradox genug, zur Schöpfung von Serenus Zeitblom.

Die Frage ist nun: Warum besteht Thomas Mann im Roman auf einem Spiel, das er in der Nietzsche-Rede für veraltet und wirkungslos erklärt? Wie ist ein so eklatanter Widerspruch möglich? Gewiss: Der Roman lässt sich als eine Darstellung des ästhetizistischen Zeitalters lesen. Als eine solche könnte er die Erzählstrategien des Ästhetizismus mimetisch aufnehmen; seine Form wäre demnach der ins Extreme geführte Versuch, die Kunst des ästhetizistischen Zeitalters zu repräsentieren und gleichzeitig zu ironisieren. Das wäre aber in sich widersprüchlich, denn die Ironie ist auch eine eminente Ausdrucksform des Ästhetizismus. Sie war schon bei Nietzsche das Instrument gewesen, mit dem die Basis der Bürger-Moral kritisiert werden konnte. Man sollte glauben, im *Doktor Faustus* wende Thomas Mann die Ironie gegen den ironischen Ästhetizismus. Dann könnte man sich aber fragen, wie die Differenz zwischen der ästhetizistischen und der neuen moralischen Ironie zu bestimmen wäre und wie diese letzte im Roman zur Geltung kommt. Diese Frage zu beantworten, wäre aber unmöglich; umso mehr, weil Thomas Manns Verabschiedung des Ästhetizismus keineswegs ironisch erfolgt. Sie ist das Resultat einer komplexeren Strategie, deren Analyse im Folgenden versucht wird.

Nicht nur die Perspektiven des Autors, des Erzählers und des Protagonisten vermischen sich im *Doktor Faustus.* Selbst die Identitäten von Thomas Mann, Serenus Zeitblom und Adrian Leverkühn lassen sich nicht deutlich unterscheiden. Das ist die Folge eines präzisen Kalküls: Thomas Mann führt die Logik der ästhetizistischen Narration bis zum Extrem der kompletten Austauschbarkeit der Erzählperspektiven und der totalen Unbestimmbarkeit des Verantwortungsträgers. Nicht zufällig – wie Thomas Mann in der *Enststehung des*

[4] Vgl. 10.1, 438, 447ff.

Doktor Faustus erzählt – beginnt Serenus Zeitblom seine Biografie am selben Tag, an dem er selbst die Arbeit am Roman begonnen hat. Autor und Erzähler, Biografie und Roman, Fiktion und Wirklichkeit werden auf dieser Basis zu perfekt austauschbaren Realitäten. Wenn Thomas Mann in der *Entstehung des Doktor Faustus* auch noch behauptet, dass seine Narration unmöglich eine Beschreibung des Aussehens Leverkühns hatte enthalten können, weil der Roman mit seinem Schweigen zu diesem Punkt, das »Geheimnis« der »Identität« des Protagonisten und des Erzählers hatte verbergen wollen (19.1, 474), so hat er die für den Roman charakteristische strukturelle Komplexität auf eine Formel reduziert. Die Identität des Protagonisten steht zur Identität des Erzählers, wie die des Erzählers selbst zu der des Autors[5]: Sie sind nicht zu trennen, denn eine Trennung würde das Ende der nach den Regeln der ästhetizistischen Kunstschöpfung hervorgerufenen Illusion bedeuten. Sie würde am Ende eine Stimme, eine Perspektive isolieren und somit der unbedingten Offenheit des ästhetischen Spiels ein Ende setzen.

Dass dieses Spiel aber das Wesentliche am *Doktor Faustus* ist, zeigen die autobiografischen Motive des Romans. Sie sind bekanntlich vielfach eingestreut und lassen den *Doktor Faustus* als eine verborgene und »radikale Autobiografie« erscheinen, um eine oft zitierte, eindrucksvolle Formulierung Eckhard Heftrichs zu gebrauchen. Es sei mir aber erlaubt auszuführen, dass an dem autobiografischen Hintergrund der Narration nicht primär die Darstellungsstrategie wichtig ist, welche die indirekte und radikale Erzählung des eigenen Lebens ermöglicht,[6] sondern die Tatsache, dass dieses Leben nun einer Pluralität von Individuen gehört, von denen der Roman erzählt oder, anders ausgedrückt, dass das Leben des Autors nicht das Leben Thomas Manns, nichts Wirkliches mehr ist, sondern der Gegenstand eines Romans, in dem es nur eine Funktion der Erzählung darstellt. Das Autobiografische am *Doktor Faustus* ist deswegen bedeutend, weil es nicht mehr auf das Leben Thomas Manns reduzierbar ist: Es ist dieses Leben noch einmal und in der ästhetischen Verklärung. Es ist gleichzeitig das Leben des Autors und das Leben seiner Romanfiguren: eine Widerspiegelung von Wahrheit und Kunst, das nur als Spiel seine Funktion erfüllt.

Thomas Manns Leben findet sich im Roman verschiedentlich verwandelt und verwendet. Manches erkennt man ohne Weiteres und auch einigen der ersten Leser des *Doktor Faustus* hätte es als Anspielung an ein schon oft erzähltes Leben erscheinen können. So z. B., um nur den bekanntesten Fall zu erwähnen,

[5] Zu ähnlichen Ergebnissen kommen die kritischen Reflexionen von Jürgen Petersen: Faustus lesen. Eine Streitschrift. Über Thomas Manns späten Roman, Würzburg: Königshausen und Neumann 2007, S. 110ff.

[6] Vgl. Heftrich, Vom Verfall zur Apokalypse (Anm. 2), S. 190.

die Geschichte vom Selbstmord der Schwester Carla, an die Thomas Mann schon 1930 im *Lebensabriß* erinnert hatte (XI, 119–122). Oder die Erlebnisse Leverkühns und Schildknapps in Rom und Palestrina, deren Ähnlichkeit mit den wirklichen Erlebnissen der Brüder Thomas und Heinrich Mann manchen Lesern der *Buddenbrooks* und der späteren Stellungnahmen Thomas Manns zu seinem Erstling nicht entgehen konnte. Weitere bekannte Beispiele für die Verwendung autobiografischer Elemente im *Doktor Faustus* sind das Leben der Mutter in München und Polling/Pfeiffering oder die Diskussionsrunden im Haus von Emil Preetorius alias Sixtus Kridwiß. Doch nicht nur Erlebtes und Erfahrenes finden im Roman Anwendung. Weit bedeutender – und persönlicher – sind die Anspielungen an Gedachtes und Geschöpftes. Als Leverkühn die Naivität von Zeitbloms Barberei-Begriff widerlegen will, entwickelt er eine kurze Betrachtung, die bekannt anmutet: »Die Barbarei ist das Gegenteil der Kultur doch nur innerhalb der Gedankenordnung, die diese uns an die Hand gibt. Außer dieser Gedankenordnung mag das Gegenteil ganz etwas anderes oder überhaupt kein Gegenteil sein.« (10.1, 91) Ähnliches hatte Thomas Mann in den *Betrachtungen eines Unpolitischen* geschrieben:

> Die Zivilisation ist das Gute, die Barbarei das Böse; die Freiheit ist das Gute, die Unfreiheit das Böse. [...] Wer kann definieren, was Freiheit, was Despotismus, was Zivilisation und was Barbarei ist? Wo sind die Grenzen zwischen diesen Begriffen? Wer hat in seiner Seele einen so unfehlbaren Maßstab für Gut und Böse, daß er mit ihm alle die flüchtigen und verworrenen Tatsachen zu messen vermöchte? (13.1, 248)

Auch hier kann man sich fragen: Wer spricht da? Kritisiert hier der alte Thomas Mann die Stellungnahme Zeitbloms, indem er seine früheren Ansichten Leverkühn in den Mund legt oder entwickelt er mittels Zeitblom eine späte Selbstkritik? Das Spiel mit den eigenen Gedanken zeigt, dass im Roman nicht nur das Leben, sondern auch die intellektuelle Identität Thomas Manns eine Funktion des narrativen Konstrukts geworden ist und als solche keineswegs maßstäblichen bzw. regulativen Wert besitzt.

Wenn aber alles relativ ist, wenn im Roman – der sich somit als Darstellung und Produkt des ästhetizistischen Zeitalters zeigt – niemand die Verantwortung für die vertretenen Ansichten und Einstellungen trägt: Bedeutet dies nun, dass der Roman als Gattung für die moralische und soziale Epoche, die nach dem Ende des Ästhetizismus eintreten soll, keine gültige literarische Form mehr sein wird?

Das ließe sich sagen, wenn es keine *Entstehung des Doktor Faustus*, keinen *Roman eines Romans* gäbe. Der Untertitel ist schon deutlich genug. Er weist auf jenes Geflecht von Widerspiegelungen hin, mit dem der Roman seine komplexe Dramaturgie konstituiert und das die *Entstehung* verschärft und steigert. Die *Entstehung* ist zugleich Chronik und Spiegelbild des Romans, dessen Geschichte sie erzählt und zugleich wiederholt. Denn worum geht es in der *Entstehung*? Es geht um einen kranken Künstler, der als letztes Werk seines langen kreativen Lebens einen *Doktor Faustus* schafft. Die implizite Korrespondenz zwischen der Schreibsituation des Autors und der im Roman erzählten Geschichte wird in der *Entstehung* zu einer expliziten Selbstdarstellung als Pseudo-Leverkühn. Und da Leverkühn ohne Zeitblom nicht existieren würde, schreibt Thomas Mann von seinem Leben und Werk – genau wie Zeitblom selbst – auf Grund von Dokumenten, auf Grund von hinterlassenen Schriften. Es sind seine Tagebücher. Thomas Mann ist also zu Leverkühn geworden oder, wenn man so will: Er tritt in der *Entstehung des Doktor Faustus* als der Zeitblom von sich selbst auf.

In diesem Rahmen lassen sich natürlich auch andere Aspekte der *Entstehung* als Parallelen zum *Doktor Faustus* lesen. So etwa die Darstellungen der musikalischen Abende in Los Angeles, die an die musikalischen Unterhaltungen im Haus von Adrian Leverkühns Onkel erinnern, oder die Konversationen in der amerikanischen Gesellschaft, die *bei offensichtlich diametral entgegengesetzter Orientierung* an die berüchtigten Gespräche in den Münchner Diskussionskreisen erinnern. Das alles kann als Zufall erscheinen. Dieser Eindruck verflüchtigt sich aber dann, wenn man einige in der *Entstehung des Doktor Faustus* kunstvoll verarbeitete Übereinstimmungen mit dem Roman näher betrachtet.

Man denke etwa an die Bedeutung, welche die Krankheitsgeschichten in der selbstbiografischen Erzählung einnehmen. Zuerst wird an die Ischialgie erinnert, die mehr als sechs Monate dauerte, während deren die »besten Kapitel« von *Lotte in Weimar* geschrieben worden waren. Thomas Manns Kommentar dazu ist deutlich genug: »Durchaus nicht müssen die Zeiten körperlicher Wohlfahrt und gesundheitlichen Hochstandes [...] auch die produktiv gesegneten sein.« (XI, 146 f.) Gleich danach beginnt die Erzählung der »Periode wirklichen, langsam fortschreitenden Niederganges meiner Lebenskräfte, einer unverkennbaren biologischen ›Abnahme‹« (XI, 147), während der der *Doktor Faustus* entsteht. Natürlich maskiert und verbirgt Thomas Mann die intentionale Widerspiegelung der Romanhandlung im eigenen Leben hinter skeptischen Behauptungen: »Es wäre doktrinär, in der vitalen Minderung Ursache und Bedingung einer Hervorbringung sehen zu wollen, die den Stoff eines ganzen Lebens in sich aufnahm, ein ganzes Leben, halb ungewollt, halb in bewußter Anstrengung, synthetisiert und zur Einheit zusammenrafft [...].« (XI, 147) Doch ist die Parallele klar: Wie Adrian Leverkühn durch die Krankheit zu seinen genialen Schöpfungen kommt, so Thomas Mann zu seinen Romanen. Und wie die Magie des Teufels Leverkühn Zeit schenkt, die für die Realisierung seiner Meisterwerke gebraucht wird, so bekommt Thomas Mann zur

Vollendung des *Doktor Faustus* die Verlängerung seiner Lebensfrist durch die Ärzte geschenkt, die ihn operieren. Nicht zufällig taucht er die Beschreibung der Operation in ein magisches Licht, das sie auch als »dämonische« Hilfe erscheinen lässt. Narkotika und Schlafmittel werden wie magische Filter dargestellt; und sogar ein Zitat aus *Tristan und Isolde* findet sich in diesem Kontext: »Wohl kenn' ich Irlands Königin«, sagt Tristan in Anspielung auf Isoldes magische Künste. Denselben Satz wendet Thomas Mann auf das Können der Anästhesistin, Frau Dr. Livingstone an (XI, 261). Auf weitere »diabolische« Anspielungen auf die Handlung des Romans wird der Leser der *Entstehung* von Thomas Mann selbst ausdrücklich hingewiesen. Dies gilt etwa für den Brand des Medical Building in Beverly Hills, der explizit an »Adrians fehlschlagende Doktor-Besuche in Leipzig« (XI, 285) erinnern soll. Auch die gleich daran anschließende Beschreibung von Thomas Manns Suche nach einer tüchtigen jüdisch-russischen Ärztin »im tiefsten Los Angeles« (XI, 285) erinnert an die Leipziger Arzt-Besuche. Und die Beispiele könnte man beliebig fortsetzen.

Es sind aber die nicht evidenten Anspielungen auf die Romanhandlung und die Romanfiguren, welche die Neugier und die Aufmerksamkeit des Lesers erwecken. Man kann hier zum Beispiel auf die diabolischen Züge des gelegentlich erwähnten Geigers Bronislaw Hubermann hinweisen. Ein von ihm gegebener Konzertabend in der Los Angeles Philharmonia wird wie folgt kommentiert: »Wir [...] hörten von dem häßlichen kleinen Hexenmeister, der soviel von der Faszinationskraft des dämonischen Fiedlers besaß, Beethoven, Bach [...].« (XI, 252) Hier wird, unter ganz anderen Voraussetzungen natürlich, die gleichfalls diabolische Faszinationskraft eines anderen Geigers, nämlich Rudi Schwerdtfegers evoziert, der nicht nur der »Incubus« von Ines Institoris ist, sondern auch die kuriose und bekanntlich diabolische Fähigkeit besitzt, hochkünstlerisch pfeifen zu können. Zudem kann man die fast perfekte Simultaneität zwischen dem Auftreten von Cynthia Sperry in der *Entstehung* beobachten (XI, 230f.) – die sechzehnjährige Amerikanerin, die Thomas Mann am Lake Mohonk trifft und die faszinierende dunkle Augen besitzt – und der ebenso in der *Entstehung* festgehaltenen ersten Konzeption von Ines Roddes und Rudi Schwerdtfegers Schicksal: Dass im Roman dieses Schicksal mit dem plötzlichen Erscheinen einer dunkeläugigen Schönheit zu tun hat, scheint im Licht der Erinnerung an Cynthia Sperry kaum zufällig.

Beobachtungen wie diese zeigen, dass zwischen Autobiografie und Romanwelt eine Kontinuität besteht, die weit über die von Thomas Mann selbst hervorgehobenen Korrespondenzen hinausgeht. Das soll noch einmal betont werden: Die *Entstehung des Doktor Faustus* enthält genau das, was man ein Selbstportrait des Künstlers als Adrian Leverkühn nennen könnte. *Wird im* Doktor Faustus *die Autobiografie zum Roman, so wird in der* Entstehung *der Roman zur Autobiografie.* In diesem Sinne steht die ganze *Entstehung* im

Zeichen der Umkehrung: Der Autor wird zum Gegenstand der Erzählung, das Erfundene wird zum Erlebten. In diesem Kontext ist es nur konsequent, dass Thomas Mann sich für die Charakterisierung Echos von seinem Enkel Frido inspirieren lässt. Man kann sich aber fragen: Was hat dieses Spiel des Lebens mit dem Roman zu bedeuten?

Im ersten Moment könnte man glauben, dass sich das Ganze leicht erklären ließe. Soll die *Entstehung* die Inspirationsgründe des Romans ausleuchten, will sie die Rolle Adornos in der Komposition des Romans offiziell anerkennen (wie eine immer noch verbreitete Interpretation behauptet), so muss Thomas Mann in seiner Chronik zeigen, wie die Wirklichkeit seiner Fiktion entscheidende Impulse geben konnte. Kann sein. Aber das würde heißen, den *Doktor Faustus* auf die Dimension eines Schlüsselromans zu reduzieren. Das alles aber verliert an Bedeutung angesichts der schon gemachten Beobachtung, dass Thomas Mann in der *Entstehung* das Leben Leverkühns als das eigene Leben noch einmal erzählt und zwar nicht in der künstlerischen Verklärung und Verstellung, sondern in der ersten Person und in der Form einer authentischen Chronik. So wird endlich wahrnehmbar, was im Roman nicht zu sehen war: die Perspektive des Autors, die ordnende Optik, die sich nicht den Regeln des ästhetizistischen Romans unterstellt, sondern sich selbst als die eigentliche darstellt. Der Autor übernimmt endlich Verantwortung für das, was er erzählt. Ist das wenig? Auch das kann sein. Mit der *Entstehung* aber ist es Thomas Mann gelungen, die ästhetizistische Form des Romans mit der angestrebten moralischen Optik zu koppeln. Man darf nicht vergessen, was in der Nietzsche-Rede betont wurde: Das große Problem, das sich einem Autor stellt, der den Tragödien seiner Zeit gewachsen sein will, besteht darin, einen neuen Roman für eine nicht mehr ästhetizistisch erfassbare Epoche zu schaffen.

Ist dem aber so, dann ahnt man das präzise Kalkül, das von Anfang an hinter Thomas Manns Erzählstrategie steht. Im *Doktor Faustus* waren die Biografie Leverkühns, die selbstbiografischen Interludien von Serenus Zeitblom und die Anspielungen an das Leben des Autors durch die Fiktion des Erzählers künstlerisch kombiniert; in der *Entstehung* dagegen ergreift der Autor das Wort. Befreit von der ästhetizistischen Sorge um unparteiische Betrachtung und Darstellung unterschiedlicher Meinungen und Fakten, kann Thomas Mann hier, in der *Entstehung*, seine Maske abwerfen. Mit seiner Autobiografie war er ein verborgener Protagonist des Romans; jetzt, in der *Entstehung*, wird er unverdeckt zur Hauptfigur der Erzählung. Er wird, wie gesagt, zum Zeitblom von sich selbst. Konnte dieser letzte im Roman von sich selbst sprechen, weil er sein Buch – wie er auch oft wiederholt – nicht als Roman ansieht, sondern als biografischen Essay, der die ästhetizistische Erzählstrategie nicht anzuwenden braucht, so kann Thomas Mann in der *Entstehung* als Thomas Mann auftreten, weil er sein Erzählwerk hinter sich hat. Und doch: Entgegen Serenus

Zeitbloms oft wiederholter Behauptung, keinen Roman zu schreiben, ist seine Biografie *auch* ein Roman. Dasselbe gilt auch für die *Entstehung*: Sie trägt nicht zufällig den Untertitel *Roman eines Romans.* Auch hier sind Essay und Erzählung miteinander kombiniert; auch hier geht die Biografie eines Künstlers mit der Erzählung der historischen Ereignisse, die sie begleiten, einher; auch hier handelt es sich um die Kreation eines *Doktor Faustus.* Der Erzähler des Romans verschwindet aber zugunsten des Autors und dieser letzte ergreift das Wort, um die historische und moralische Position des Romans zu erklären. Nur deswegen – könnte man sagen – wurden die autobiografischen Elemente aus Thomas Manns eigenem Leben im Roman einmontiert, um das eigentliche Leben in der *Entstehung* besser erscheinen zu lassen. So kann Thomas Mann den Unterschied zeigen zwischen dem Roman, der die Individualität des Autors nicht zur Geltung kommen lässt und dem Roman eines Romans, der diese Individualität zum Wesentlichen seiner neuen Kunst erklärt. Der Roman des Lebens ergänzt den autobiografischen Roman des Ästhetizismus und erweitert ihn um die ihm fehlende Dimension des Verantwortung übernehmenden Individuums.

Die Literaturgeschichte kennt viele Beispiele von kommentierenden Entstehungsgeschichten bedeutender Werke. Nicht zufällig geht der *Entstehung* ein Goethe-Zitat voran: Auch in *Dichtung und Wahrheit* wird bekanntlich u. a. die Entstehung von Goethes Jugendwerken erzählt. Und schon Dante Alighieri hatte in seiner *Vita nova* die Entstehungsgeschichte seiner frühen Verse erzählt. *Die Entstehung des Doktor Faustus* steht zweifellos in dieser Tradition. Auch das 20. Jahrhundert kennt wichtige Beispiele von tagebuchartigen Fortsetzungen und Kommentaren zu bedeutenden Romanen. August Strindberg hat seinem schon erwähnten Roman *Schwarze Fahnen* ein dreibändiges Tagebuch beigegeben, das *Blaue Buch*, das die ›ästhetizistische‹ Logik des Romans in Form einer Reihe enzyklopädistischer Reflexionen fortentwickelte.[7] Und André Gide hat 1927, kurz nach dem Erscheinen des von Thomas Mann bewunderten Romans *Les Faux-Monnayeurs*, das Tagebuch seiner Entstehung veröffentlicht: einen Dialog des Autors mit seinen Figuren, aus dem erst erkennbar wird, dass die komplexen Abenteuer der Protagonisten nichts anderes verbergen als eine Phänomenologie des Teufels.[8] Auch das spielt natürlich in Thomas Manns Entscheidung, dem *Doktor Faustus* die Geschichte seiner

[7] Vgl. August Strindberg: Das blaue Buch. Übergeben an die Zuständigen und zugleich ein Kommentar zu »Schwarze Fahnen«, ausgewählt, aus dem Schwedischen übersetzt und ediert von Angelika Gundlach, Frankfurt/Main: Eichborn 2005.

[8] Vgl. André Gide: Tagebuch der Falschmünzer, in: André Gide. Gesammelte Werke, Bd. IX, 3, hg. von Raimund Theis, aus dem Französischen übertragen von Christine Stemmermann, Stuttgart: DVA 1993, S. 367–424.

Genese beizugeben, eine Rolle. Auch er deckt in der *Entstehung* etwas auf, was im Roman verborgen bleiben musste. Dieses Verborgene ist aber natürlich nicht der Teufel, sondern der Autor selbst, der jetzt das Recht gewinnt, die eigene Ansicht über das Erzählte sagen zu können, das Wort ›Ich‹ mit einer moralisch-politischen Perspektive zu koppeln, für die er die volle Verantwortung trägt. Wieso aber erst jetzt, in der *Entstehung*? Warum nicht direkt im *Doktor Faustus*? Aus welchem Grund erfindet Thomas Mann die Figur von Serenus Zeitblom, anstatt gleich selbst seine Version der Geschichte Adrian Leverkühns zu erzählen? Und was soll dieses Spiel mit der indirekten, mehrmals verdoppelten Perspektive?

Man kann eine Antwort versuchen: Die einfache Wiederaufwertung der Moral im Roman hätte das Risiko impliziert, die ganze Tradition des Ästhetizismus und seine Kritik an der »Bürger-Moral« zu dementieren. Der neue Roman wäre dann aber nichts anderes gewesen als eine Restauration der alten bürgerlichen Romanform. Erst durch die widerspiegelnde Verdoppelung des *Doktor Faustus* im *Roman eines Romans* entgeht Thomas Mann diesem Risiko, denn der Doppelroman entwickelt seine ästhetizistische Strategie im ersten Teil und überwindet sie im zweiten, in der tagebuchartigen Erzählung seiner Entstehung. Und die Überwindung erscheint erst dann möglich, wenn der Autor ›Ich‹ sagen kann, wenn er die ästhetizistische Entpersönlichung mit der Chronik- und Tagebuchform des *Romans eines Romans* ergänzen kann, wenn er auf die Dämonie des ironisch-kritischen Romans des antibürgerlichen Zeitalters durch die Macht der individuellen Verantwortung kritisch reagieren kann.

Claudio Steiger

»Den Schriftsteller vor die Geschichte zitieren«

Überlegungen zu einer nicht-essentialistischen Thomas-Mann-Biografik

Seit dem Moment, da die Thomas-Mann-Biografik anhebt, scheint sie auch schon ihrer Daseinsberechtigung unsicher. So schreibt der bedeutende jüdische Berliner Kritiker Arthur Eloesser, der zu Manns fünfzigstem Geburtstag 1925 die erste Biografie des Schriftstellers liefert, zu Beginn seines Werks: »Braucht Thomas Mann überhaupt einen Biographen? Meine Freunde oder seine, die mich zu meinem Unternehmen beglückwünschten, hatten es nicht nötig, über diese Frage bedenklich zu werden, die mich bald beunruhigte.«[1]

Eloessers Beunruhigung ist schnell erklärt: Er argwöhnt, wie viele nach ihm, ob Thomas Mann nicht bereits selbst sein bester Biograf sei. Thomas Mann habe, so Eloesser, »dem Kritiker, dem Literarhistoriker vieles vorweggenommen, weil er wie wenige geneigt und geübt ist, sich selbst historisch zu nehmen und seine Ursprünge zu ergründen, die ihm Ziel und Wirkung gaben.« (Eloesser, 18 f.) Und an anderer Stelle heisst es, Manns Dichtung sei »schon Autobiographie« und »fortlaufendes persönliches Bekenntnis« – denn der Autor habe »nie mit etwas andrem als mit dem Eigensten gewirtschaftet [...].« (Ebd., 14)

So also findet sich eine bis heute einschlägige Auffassung schon in der ersten Biografie über Thomas Mann formuliert! Gewiss – es ist eine gut begründete Ansicht, wie wir auch an dieser Tagung wieder schön sehen. Die autobiografische und autofiktionale Neigung Manns wird hier erneut von vielen Seiten gewinnbringend beleuchtet. Und wer wollte auch bestreiten, dass Thomas Mann ein souveräner und sehr ertragreicher Selbstdeuter seines Lebens und Werks gewesen ist? Und doch ist es auch so, dass der durch Thomas Mann schon früh in bestimmte Bahnen gelenkte Blick *on himself* eine kritische historiografische Nachprüfung von außen, etwa in Fällen zeitgeschichtlicher Kontroversen, oft erschwert hat. Dadurch fanden in der Forschung lange Zeit andere als die in den Selbstdeutungen der Essays, Briefe und des Tagebuchs bereits vorgespurten Perspektiven kaum Platz. Um dieses Spannungsfeld soll es im Folgenden gehen.

Thomas Mann segnet 1925 jene frühe biografische Unternehmung gerne ab; die Familie liefert für Eloessers Buch gar Bildmaterial aus Privatbesitz. Eloesser

[1] Arthur Eloesser: Thomas Mann. Sein Leben und sein Werk, Berlin: S. Fischer 1925, S. 11. (= Eloesser, 11)

ist ein besonderer Verehrer des jüngst republikanisch geläuterten Autors Mann. In seiner *Zauberberg*-Kritik in der *Neuen Rundschau*, kurz vor der Biografie publiziert, heißt es: »Nietzsche marschiert mit der Demokratie. Wir danken Thomas Mann ein [...] männliches und fröhliches Werk.«[2] So mag der Kritiker vielleicht auch ein wenig beunruhigt sein, ob sich seine Bewunderung des im mehrfachen Wortsinn *großen Mannes* mit dem kritisch-biografischen Ansinnen verträgt. Eloesser nimmt sich deshalb eine »kalte Leidenschaftlichkeit« (Eloesser, 19) des Blickes vor.

Wenigstens eine Problematik ist noch nicht zu beachten: Jene des Nachgeborenseins. Denn man hat Thomas Mann, der bei guter Gesundheit und im Lichte öffentlicher Erfahrung nun seinen fünfzigsten Geburtstag begehen kann, 1925 ja noch keineswegs überlebt. »[E]s gibt noch keine Generation«, so Eloesser, »die nach ihm gekommen wäre, die ihn zu etwas Vergangenem, zu etwas Marmornem machen und auf einem Postament isolieren könnte.« (Ebd., 12) Gerade daher glaubt der Biograf es auch vermeiden zu können, sein Werk zu einem »Denkmal« (ebd.) Manns zu machen. Freilich zeigt sich hier erstmals die Verworrenheit der ganzen Angelegenheit. Denn Thomas Mann ist 1925 schon längst dabei, zu seinem eigenen Denkmal zu *werden*. Und deshalb kommt sein kluger erster Biograf denn an Sätzen wie den folgenden doch nicht vorbei: »Thomas Mann ist zu einer repräsentativen Figur geworden; er weiß es und er darf es sagen.« (Ebd., 19) Und: »Der Dichter wird zur Legende.« (ebd., 18)

So zeigt sich schon zu ihrem Beginn die spezifische Krux der Thomas-Mann-Biografik. Zwar will sie keineswegs puren Geniekult betreiben und die Fehler der Goethe-Hagiografie wiederholen. Gleichwohl kann sie den erstaunlichen, von Mann symbolträchtig immer schon im Werk verhandelten Glanz seines Künstler-Bürger-Lebens nicht missachten – und läuft so Gefahr, in der biografischen Darstellung abwechselnd von den Strahlen des öffentlichen Ruhms und jenen der literarischen Selbstdeutung geblendet zu werden.

Die Sachlage hat sich bis heute nicht eigentlich entschärft. Vielmehr erhält Eloessers damals sinnfällige Wendung im Konjunktiv – Thomas Mann zu etwas »Marmornem machen« und »auf einem Postament isolieren *könnte*« – für heutige Leser leicht einen ironischen Beiklang. Wir wissen gut, wie Thomas Manns Leben und Werk in den neunzig Jahren seit Erscheinen dieser ersten ihm gewidmeten Biografie annähernd, im Guten wie im Schlechten, zu etwas Klassisch-Marmornem und auf einem literarhistorischen Postament Isoliertem geworden *ist*. Gewiss – was sind dabei nicht längst auch Thomas Manns Schattenseiten ausgeleuchtet worden! So haben bekanntlich die seit 1975 publizierten *Tagebücher* vieles in einem recht anderen Licht erscheinen lassen. Doch hat das Denkmal ›Mann‹ trotz partieller Selbstdemontage durch den Autor keineswegs

2 Arthur Eloesser: Thomas Manns »Zauberberg«, in: Neue Rundschau 36 (1925), H. 1, S. 64.

echten Schaden genommen. Vielmehr erscheint es für viele noch erhöht. Thomas Mann wird seine Offenheit meist als biografische Wahrhaftigkeit ausgelegt. Interessant sind dabei die Rückbezüge. Schon in den *Betrachtungen* hatte Mann postuliert, nie habe er sich

> besser gemacht, als ich bin, und [ich] will dies weder durch Reden noch auch durch kluges Schweigen tun. Nie fürchtete ich, mich zu zeigen. Der Wille, den Rousseau im ersten Satz seiner Bekenntnisse ausdrückt, und der zu jener Zeit neu und unerhört schien: ›einen Menschen und zwar sich selbst in seiner ganzen Naturwahrheit zu zeigen‹, dieser Wille [...] ist zur eingefleischten Selbstverständlichkeit, zum geistig-künstlerischen Grund-Ethos des Jahrhunderts geworden, dem ich wesentlich angehöre, des neunzehnten; und auch über meinem Leben, wie über dem so vieler Söhne dieser Bekenner-Epoche, stehen die Verse Platens: ›Noch bin ich nicht so bleich, daß ich der Schminke brauchte; Es kenne mich die Welt, auf daß sie mir verzeihe!‹ (13.1, 21)

Und so hat Mann jenes aus dem *49. Ghasel* August von Platens erborgte »Es kenne mich die Welt, auf daß sie mir verzeihe« noch manches Mal zitiert. Fürs *Tagebuch* dann freilich – angesichts des für die Zeitgenossen doch noch unbekömmlichen Inhalts – um den Zusatz »aber erst wenn alles tot ist« ergänzt.[3] Indem Mann nun aber den Mut bewies, die Notate und damit seine (augenscheinlich) größten Schwächen wenigstens den *Nachgeborenen* offenzulegen, hat er wiederum vielen imponiert – worauf zuerst Marcel Reich-Ranicki hingewiesen hat.[4]

Nicht zuletzt also in einer autobiografischen Neigung, die auch vor den eigenen Abgründen nicht halt zu machen scheint, steht Thomas Mann doch recht singulär für sich. Dazu kommt, dass er weder historischen Strömungen subsumiert werden kann, da er keiner recht zugehört hat, noch einer lebendigen Entwicklungslinie zugerechnet, da er kaum Nachfolger gefunden hat. Als Solitär, »einsam Ragende[r]«[5], erscheint dieser große Schriftsteller perspektivisch noch umso stärker, je tiefer seine Epoche absinkt. Dass er für seine ebenfalls zahlreichen Verächter bis heute nur der *Großschriftsteller* geblieben ist, tut dem keinen Abbruch. Denn bewundert viel oder viel gescholten, in einer Hinsicht spielt es eben keine Rolle: Thomas Mann steht, was die Singularität

[3] Vgl. Tb, 13. 10. 1950: »[...] diese Tagebücher, seit 1933, die versiegelt und erst 20 Jahre oder 25 nach meinem Tode der ›Forschung‹ zugänglich würden. Heitere Entdeckungen dann, in Gottes Namen. Es kenne mich die Welt, aber erst, wenn alles tot ist.« – Vgl. auch Inge Jens: »Es kenne mich die Welt, auf dass sie mir verzeihe«. Thomas Mann in seinen Tagebüchern, Frankfurt/Main: Fischer 1989.

[4] Vgl. Marcel Reich-Ranicki: Thomas Mann. Zu den Tagebüchern aus den Jahren 1933 und 1934, in: Nachprüfung. Aufsätze über deutsche Schriftsteller von gestern, hg. von dems., München: DVA 1980, S. 110–128, 128 (Erstdruck: FAZ, 11. 3. 1978).

[5] Vgl. Tb, 31. 1. 1935: »Moralisch und kulturell gewinnt meinesgleichen bei zunehmender Applanierung etwas einsam Ragendes [...].«

seines Wahrgenommenseins betrifft – vom ganz anders gelagerten Fall Kafka einmal abgesehen – da wie kein deutscher Schriftsteller des 20. Jahrhunderts.

Wenn ich nun sage, dass sich die Problematik, die sich aus dem (Welt-)Ruhm Thomas Manns einerseits, seinem Talent zur Selbstdeutung andererseits ergibt, nicht entschärft habe, so muss doch eines festgehalten werden: dass die Forschung seit einer Reihe von Jahren Strategien entwickelt, der Gemengelage zu begegnen. Die ertragreichste Reperspektivierung stellt die seit der Jahrtausendwende verstärkte Inblicknahme von Manns Repräsentanz als einer von früh an bewusst gestalteten *Autorschaft* dar.[6] Tatsächlich darf der Autorschafts-Begriff als eine verschiedene Forschungszugriffe bündelnde Kategorie verstanden werden. Mit ihr gelingt es, produktionsästhetische und mediale Aspekte gemeinsam mit dem sozial ›Gemachten‹ der erstaunlichen Karriere Thomas Manns in den Blick zu bekommen. So muss Thomas Manns Kraft der Selbstdarstellung nicht mehr genieästhetisch vereigentlicht werden, sondern das »Self-Fashioning«[7] kann auch relativ zu den gesellschaftlichen Feldern rekonstruiert werden. Ohne die Spitzenstellung seiner *Texte* zu verkennen, erweist sich der Lebens-Erfolg Thomas Manns damit auch als ein Produkt konstanter Interventionen in Literaturbetrieb und (Literatur-)Politik. Der Schriftsteller mag sich »weit eher zum Repräsentanten *geboren*« gefühlt haben »als zum Märtyrer« (XII, 787, Herv. CS) – so die berühmte Stelle aus dem *Briefwechsel mit der Universität Bonn,* gleichwohl ist er zum ›Nationalschriftsteller‹ eben erst durch unzählige soziale Kommunikationen, aber auch durch nicht planbare Rezeptionseffekte *geworden.*

Ein kursorischer Blick zeigt den langsamen Paradigmenwechsel in Richtung einer ›kritischen‹ Untersuchung von Autorschaft auch in Texten der Mann-Biografik im engeren Sinn. So formulierte etwa Peter de Mendelssohn, dessen großes Werk unvollendet geblieben ist, in den 1970er Jahren noch im Tone schlichter Feststellung:

> Dieses Leben, das von 1875 bis 1955 reichte, war zugleich ungewöhnlich einzelgängerisch und exemplarisch repräsentativ. [...] Das hat keiner vorgelebt, keiner nachgelebt, und deshalb ist es ungewöhnlich. Das haben aber viele mitgelebt, ohne es exemplarisch zu verkörpern, und deshalb ist es repräsentativ.[8]

[6] Vgl. grundsätzlich den Band zum DFG-Symposion von 2001: Heinrich Detering (Hg.): Autorschaft. Positionen und Revisionen, Stuttgart/Weimar: Metzler 2002.

[7] Friedhelm Marx hat das Konzept Stephen Greenblatts für Thomas Mann fruchtbar gemacht. – Vgl. zur Einführung: Friedhelm Marx: Heilige Autorschaft? *Self-Fashioning*-Strategien in der Literatur der Moderne, in: Detering, Autorschaft (Anm. 6), S. 107–120.

[8] Peter de Mendelssohn: Unterwegs zu Thomas Mann. Lebensbeschreibungen des Schriftstellers, in: Von deutscher Repräsentanz, hg. von dems., München: Prestel 1972, S. 48–94, 73 f.

Demgegenüber ist heute nun eben in die Aufmerksamkeit gerückt, wie sich die autorschaftliche Repräsentationslogik Strategien der Erfolgsverwaltung verdankte. Dabei musste nicht zuletzt auch die alte Frage nach dem Verhältnis von ›Leben‹ und ›Werk‹ mehrfach reformuliert werden. Ein veränderter Forschungsakzent lässt sich in dieser Hinsicht schon an Titeln von Studien ablesen. So hieß beispielsweise die 1947 erschienene Biografie Ferdinand Lions noch *Thomas Mann. Leben und Werk*[9], womit zumindest äußerlich noch an die positivistisch-historistische Tradition des 19. Jahrhunderts angeknüpft war. Demgegenüber ist schon seit Rolf Günter Renners Studie *Lebens-Werk*[10] von 1985 betont worden, wie Thomas Mann Leben und Werk in einem koreferentiellen Symbol- und Imaginationsraum anzusiedeln verstand. Manns »Lebens-Werk« erscheint dabei als buchstäbliches *Kompositum*, welches nicht nur in dem allgemeinen Sinn auf Goethes Konzeption des Lebens als des größten Kunstwerkes verweist, sondern – im Besonderen – auch Manns eigene Strategien – etwa autofiktionalen Schreibens unter den Bedingungen der Hochmoderne – zu betrachten erlaubt. Hermann Kurzkes Mann-Biografie von 1999 schloss mit ihrem sprechenden Titel *Thomas Mann. Das Leben als Kunstwerk*[11] daran an. In diesem Sinn hat die trotz apologetischer Tendenzen *in politicis* sehr positiv aufgenommene Studie den weiteren Ton mitgeprägt. Insgesamt sind zuletzt indes weniger von Biografien oder Einzelstudien, sondern von Tagungen, etwa der wichtigen zu Manns 50. Todestag 2005 in Lübeck,[12] sowie Sammelbänden entscheidende Impulse ausgegangen. Stellvertretend sei hier der 2009 erschienene Band *Die Erfindung des Schriftstellers Thomas Mann*[13] genannt – gleichsam ein neuerer Klassiker der Forschung.

Wie aber hängen nun Autorschaftsdiskussion und Biografik eigentlich wirklich zusammen? Teilen sie am Ende alle Ziele?

Wie mir scheint, nicht ganz. Zwar wird durch Nachzeichnung von Autorschaft die Beschreibung des Schriftstellerdaseins möglich, ohne dass nur auf Selbstdeutungen rekurriert würde. Andererseits ist eine *umfassende* Biografik als Deutung und Tiefenerzählung des Wirkens einer historischen Figur wie Thomas Mann gewiss nicht einfach mit der Analyse öffentlicher Selbstdarstellung

[9] Ferdinand Lion: Thomas Mann. Leben und Werk, Zürich: Oprecht 1947.

[10] Rolf Günter Renner: Lebens-Werk. Zum inneren Zusammenhang der Texte von Thomas Mann, München: Fink 1985.

[11] Hermann Kurzke: Thomas Mann. Das Leben als Kunstwerk [1999], München: Beck 2006.

[12] Dokumentiert in: Hans Wißkirchen/Ruprecht Wimmer (Hg.): Vom Nachruhm. Beiträge zur Lübecker Festwoche 2005 aus Anlass des 50. Todesjahres von Thomas, Frankfurt/Main: Klostermann 2007 (= TMS, Bd. 37).

[13] Michael Ansel/Hans-Edwin Friedrich/Gerhard Lauer (Hg.): Die Erfindung des Schriftstellers Thomas Mann, Berlin: de Gruyter 2009.

geleistet. Umfassende Biografik wird immer auch eine bewertende Deutung des *ganzen Menschen*, seiner Beziehungen und Handlungen sein wollen. Hinsichtlich jener umfassenden Biografik stellt sich daher erneut die Frage nach dem weiteren Einsatz der vielfältigen Mannschen *Eigendeutungen*.

Offensichtlich ist jeder Eigenperspektive und mehr noch der Mann'schen hochliterarischen Schreibweise ein grundsätzlich selbstapologetischer und in Bezug auf die Realität antinaturalistischer Zug eigen. Manns Selbstfiguralisierung im brieflichen, diaristischen, essayistischen und literarischen Werk taugt schon dem Begriff nach nicht zur Grundlage einer historischen *Außenperspektive* auf seine sozialen und politischen Entscheidungen. Gemeint sind damit beispielsweise so wichtige und zugleich biografische Fragen wie jene nach Manns Handeln im Ersten Weltkrieg, seinem »Bekenntnis« zur Weimarer Demokratie, der Qualität seiner Akte im Exil gegen das Dritte Reich usw. Hier bräuchte es offensichtlich Blicke nicht nur von Thomas Mann und seinen Texten *hin* zur Zeit, sondern von der Zeit und den Zeitgenossen auf Thomas Mann *zu*. D.h. Blicke auch auf die *tatsächliche Wirkung* seiner Interventionen und nicht nur auf seine literarisch dokumentierten Absichten. Dies gesagt, ist zugleich klar, dass der Mann'sche Selbstkommentar, das autobiografische Hintergrundrauschen im Werk, höchste Faszinationskraft besitzt. Die autobiografische Grundlage vieler Texte ist als Konfession so prekär wie ästhetisch erst einnehmend. Anders gesagt, bestticht uns das Faktuale von jeher in seiner narrativ-symbolischen Zurichtung – als Teil des *Werks* von Thomas Mann.

Damit noch einmal zu Arthur Eloesser. Denn vielleicht vermochte der Kritiker, gerade weil er sich der literarischen Macht von Manns Eigendeutungen bewusst war, in seinem frühen Text eine später literaturtheoretisch virulent gewordene Skepsis an der *Biografik an sich* zu antizipieren. Fast scheint es, als handle es sich bei Eloesser um einen Vorboten des späteren kulturwissenschaftlichen Zweifels an der Wirklichkeitsreferenz des Biografischen. (Ein Zweifel, den in der späteren Mann-Biografik selbst nur wenige empfinden würden.) So schreibt er:

> Das Schicksal eines Dichters wird von allein wieder *zum Gedicht*, weil die sich ablösenden Generationen nach ihrer Sehnsucht, nach ihrem Wissen, nach ihrem Vermögen, nach ihrem Rechtfertigungsbedürfnis an ihm raten, an ihm bilden, weil sie sein Monument immer nur aus dem eigenen seelischen Material aufrichten können. (Eloesser, 12; Herv. CS)

Der Kritiker erkennt, dass Mann nicht dargestellt werden kann, ›wie er eigentlich gewesen ist‹. Eloesser erfasst somit die historische Bedingtheit jedes Blicks, aber auch den Konstruktionscharakter des Narrativen an sich, seine Tendenz zur Fiktionalität. In Zweifel steht, ob es möglich ist, das Leben Manns zu erfassen, ohne nur eine Komplementär-*Dichtung* zu generieren – worauf sich fragt, wo eigentlich die *Wahrheit* Platz findet.

Die Kritik der späteren Kulturwissenschaften ist natürlich noch schärfer. Sie entzündet sich etwa am Anspruch, ein Einzelleben überhaupt als ›Geschichte‹ erzählen zu wollen. Oder am ›Zentralismus‹, d.h. der Tendenz, von der fokussierten Person hin zur Geschichte zu denken, als wäre diese Kulisse – statt vielmehr die Geschichte erst als Möglichkeitshorizont des Einzellebens zu erkennen. Beide Kritikpunkte sollen im Folgenden kurz betrachtet werden.

Die traditionelle Biografik lebt(e) vom Topos, sie vermöge es, aus den Spuren, die ein Mensch hinterlassen hat, sein Leben zu rekonstruieren und annähernd vollständig zu erfassen.[14] Das Leben wird als eine Art intelligible Totalität vorausgesetzt, die dem Verständnis und der Wiederaufrichtung aus seiner Asche zugänglich ist. In puncto Thomas Mann sollen seine signifikanten Prägungen und Denkweisen sowie relevanten Lebensmomente – eventuell auch jene der ganzen *amazing family* – in Erfahrung gebracht und in einer sinnvollen Geschichte berichtet werden können. Eine solche Biografik sucht letztlich nach dem, was Thomas Mann ›ausmacht‹: die narrative *Essenz* seines Schriftstellerlebens. Sie kann entsprechend als eine essentialistische bezeichnet werden.

Demgegenüber verweisen anti-essentialistische Sichtweisen seit den 1970er Jahren u.a. darauf,[15] dass (1) ein Subjekt im Verlauf seines Daseins nicht identisch und kohärent bleiben muss, (2) eine Lebensrekonstruktion selektiv-fragmentarisch ist und als solche kenntlich gemacht werden muss, (3) ein Leben nur in multiperspektivischen (Außen-)Darstellungen sinnvoll angegangen werden kann, (4) dass gewissermassen (noch) gilt: *individuum est ineffabile.*

Am schärfsten hat Pierre Bourdieu in *Die biographische Illusion* (1986)[16] jene in den westlichen Gesellschaften entstandene »Neigung, sich zum Ideologen des eigenen Lebens zu machen« (Bourdieu, 304) kritisiert. Indem man in Abhängigkeit von einer Globalintention bestimmte signifikante Ereignisse auswähle und Verknüpfungen zwischen ihnen herstelle, erschaffe man erst Kohärenz. Dieser Neigung, so Bourdieu weiter, komme dann »die natürliche Komplizenschaft des Biographen entgegen, der in jeder Hinsicht, angefangen

[14] Vgl. Caitríona Ní Dhúill: Widerstand gegen die Biographie. Sigrid Weigels Ingeborg-Bachmann-Studie, in: Die Biographie. Beiträge zu ihrer Geschichte, hg. von Wilhelm Hemecker, Berlin: de Gruyter 2009, S. 43–68, 43.

[15] Vgl. dazu Cornelia Nalepka: Postmoderne Biographik. Dieter Kühns »N« und Hans Magnus Enzensbergers »Der kurze Sommer der Anarchie«, in: Hemecker (Anm. 14), S. 393–421, 394.

[16] Pierre Bourdieu: Die biographische Illusion [1986], in: Ders.: Praktische Vernunft. Zur Theorie des Handelns, aus dem Frz. übers. von Hella Beister, Frankfurt/Main: Suhrkamp 1998, S. 75–82. Hier zitiert nach: Bernhard Fetz / Wilhelm Hemecker (Hg.): Theorie der Biographie. Grundlagentexte und Kommentar, Berlin: de Gruyter 2011, S. 303–310 (= Bourdieu, 303–310).

bei seinen Dispositionen des Berufsinterpreten, geneigt ist, diese künstliche Sinnschöpfung zu akzeptieren.« (Ebd., 305)

Wie immer man zu dieser harschen Kritik stehen mag, so sind die Parallelen zur Situation in der Mann-Forschung doch augenfällig. Sie hat ja lange Zeit gewissermassen als Kron-Komplizin der Mann'schen Eigendeutungen deren biografische Master-Erzählung noch einmal parallel neu erzählt. Doch was genau ist daran falsch? Wichtig scheint hier zu betonen, dass *in aestheticis* Thomas Mann natürlich immer die Lizenz oder gar Pflicht zur (Auto-)Fiktion hatte. Und natürlich macht es umgekehrt jede Hermeneutik aus, sinnfällige Verknüpfungen erzählend erst herzustellen. Problematisch ist hingegen, was mit dieser Narrativik passiert, wenn sie den Rahmen der Autobiografik und Autofiktion verlässt und in eine *historische Dimension* übergeht, die auch andere Menschen betrifft, wie es bei Thomas Manns Belangen nun allerdings bekanntlich fast immer der Fall war. Wird man mit einer solchen Binnenperspektive den Menschen einer Epoche und ihren Entscheidungen gerecht? Und genereller: Kommt man mit einer solchen Erzählhaltung dem metaphysisch entzauberten Leben unter den Bedingungen der Hochmoderne bei?

Pierre Bourdieu äußert sich in dieser Hinsicht zum Verhältnis von Roman und Lebenswelt in der Moderne. Er schreibt:

> Bezeichnenderweise fiel die Abkehr von der linearen Erzählstruktur des Romans mit dem Fragwürdigwerden einer Auffassung vom Leben als einer sinnvollen Existenz zusammen. [...] Vielleicht huldigt man überhaupt nur einer rhetorischen Illusion, einer gemeinsamen Vorstellung von der Existenz, die von einer ganzen literarischen Tradition unablässig verstärkt wurde und wird, wenn man [...] das Leben als eine Geschichte behandelt, das heißt als kohärente Erzählung einer signifikanten und auf etwas zulaufenden Folge von Ereignissen. (Ebd., 305)

Nun war Thomas Mann bekanntlich keiner, den die Nicht-Mehr-Zeitgemässheit des linear erzählten Romans beschäftigt hätte. Wenn er auch zu intelligent war, um die Diskontinuität des modernen Lebens zu verkennen, so hat er dies doch nie auf seine *Form* des Erzählens übertragen wollen. Thomas Mann wollte, man weiß es, in traditionellem, aber qualitativ unerreichtem Stil erzählen. Und er hat es bis zum Ende getan, d.h. bis just 1955, als in Frankreich gerade der anti-narrative *nouveau roman* en vogue war. (Der seinen Lesern gewiss weniger ästhetische Freude bereitet als Manns Texte!)

Eine Frage drängt sich gleichwohl auf: Ob die Mann-Biografik, man denke stellvertretend an de Mendelssohn und Kurzke, deshalb immer so gekonnt synthetisierend erzählt hat – und zwar gegen alle Widerstände, welche Zeitgeschichte und Persönlichkeit Manns dagegen eigentlich aufbieten –, weil es eben schon dem Autor stets gelungen war, aus seiner wechselhaften Lebensrealität Erzählkohärenz auszupressen. Denn wenn auch aus kulturwissenschaftlicher

Sicht die Idee vom Leben als einer Einheit und Totalität eher selbst als Fiktion erscheinen muss – Thomas Mann hat es ein Leben lang geschafft, narrative Sinnfälligkeit mit dem Anspruch auf *historische Realität* zu verknüpfen.

Wie aber sollten Biografien anders funktionieren als durch die Erzeugung von Kohärenz und Totalität? Idealtypisch wenigstens, indem »eine kritische Biographik im Sinne Bourdieus [...] das Individuum als Summe seiner einzelnen Konstituenten betrachten« würde, d.h. also, »ohne zwischen ihnen einen zwingenden Zusammenhang zu behaupten«.[17] Es ginge, mit Bourdieu gesprochen, auch darum, die »objektiven Relationen« zu rekonstruieren, welche den Akteur – hier Thomas Mann – »mit der Gesamtheit der im selben Feld tätigen und mit demselben Raum des Möglichen konfrontierten anderen Akteuren« (Bourdieu, 310) verbanden. Dies müsste für unterschiedliche Lebenskonstellationen *zu unterschiedlichen Zeitpunkten* einzeln gemacht werden, statt sich nur auf die eigene Lebenserzählung des Autors zu stützen, die ihren eigenen erzählerischen Gesetzen folgt.

Dazu weist Bourdieu selbst mit einem *literarischen* Beispiel in eine Richtung. Und zwar damit, wie Proust in der *Recherche* Eigennamen mit dem bestimmten Artikel verbinde; so etwa »le Swann de Buckingham Palace« oder »l'Albertine d'alors«, zu Deutsch also in etwa: »der Swann des Buckingham Palace« oder »jene Albertine von damals« (ebd., 307). Mit diesen Aufspreizungen werde es Proust möglich, so Bourdieu, der Diskontinuität und Polyidentität des Individuums in der Zeit gerecht zu werden.

Zwar kann nun im Ernst niemand fordern, für die verschiedenen Lebensphasen Manns verschiedene Bezeichnungen oder Eigennamen zu verwenden. Klar wird mit dem Gedankenexperiment indes, dass Thomas Mann nicht mit sich selbst überall identisch zu sein braucht, nur damit wir ihn beschreiben können. Ein solcher biografischer *Anti-Essentialismus* als Akzeptanz eines Nicht-Ganz-Habhaft-Werden-Könnens bewährte sich etwa beim Blick auf das Verhältnis Manns zum ›Jüdischen‹. Es ist bekanntlich kaum möglich, die disparaten Kommunikate Manns gegenüber dem Judentum zu einem schlüssigen Gesamtbild zu vermitteln. Da ist der von Mann früh essayistisch in Anschlag gebrachte Philosemitismus, der bei näherem Hinsehen nur einer gegenüber dem assimilierten Judentum ist und sich keineswegs auf die Ostjuden erstreckt.[18] In seiner Heirat mit Katia Pringsheim findet der halbe Philosemitismus die biografisch deutlichste Entsprechung. Später sind da gewiss die beträchtlichen Hilfeleistungen für die Juden im amerikanischen Exil. Und natürlich ist da

[17] Tobias Heinrich: Die montierte Biographie. Alexander Kluges »Lebensläufe« als Modell ›offener‹ Biographik, in: Hemecker (Anm. 14), S. 367–392, 370.

[18] Vgl. dazu insbesondere den als Antwort auf eine Rundfrage erschienenen Text [*Die Lösung der Judenfrage*] von 1907 – 14.1, 174–178.

auch der *Joseph*. Andererseits gibt es vereinzelte antisemitische Äußerungen und einen subkutanen Antisemitismus im Werk, der etwa von Ruth Klüger[19] oder Yahya Elsaghe[20] noch für den *Doktor Faustus* aufgezeigt wurde. Im September 2016 wurde die so widersprüchliche Lage an einer Tagung des Thomas-Mann-Archivs in Zürich erneut deutlich. Biografisch, d. h. *in toto* gesehen, scheint mithin keiner der bisherigen Zugriffe beanspruchen zu können, das *wirkliche Zentrum* von Manns Einstellung zum Judentum abzubilden. Wenn eine Lektüre aber nur Disparität, teilweise noch innerhalb der gleichen Phase, aufweisen kann, dann wird sie sich als eine anti-essentialistische, nicht-harmonisierende und nicht-teleologische Gesamtdeutung, letztlich als eine Darstellung des lebendigen Widerspruchs begreifen müssen.

Was aber hieße das konkreter für die Mann-Biografik? Natürlich kann und soll man sich in der Lebensgeschichte Manns auskennen. Aber man muss gleichwohl nicht der Ansicht sein, diese widersprüchliche Existenz sinnfällig von Anfang bis Ende, in ihrer *einen* Dynamik letztgültig fassen zu können. Die Vielschichtigkeit und Widersprüchlichkeit des menschlichen Lebens, das noch nie einfach so ›erzählbar‹ war, sieht sich bei Thomas Mann als dem Altmeister nicht nur des erzählpolitisch-ironischen, sondern auch des *lebensgeschichtlichen* Sowohl-Als-Auch gewiss noch potenziert. Deshalb sollte das Leben Thomas Manns auch nicht allein anhand der von Mann schon selbst bereit gestellten Achsen rekonstruiert und das Leben aus dem Werk und das Werk aus dem Leben zirkulär erklärt werden. Damit kann zwar zweifellos die besondere, symbolisch geweitete Autorschaft Thomas Manns erhellt werden. Aber es wird auch eine unkritische Biografik möglich, in der ein großer Charakter und die Zeitgeschichte am Ende einfach zur ›gelungenen Biografie‹ amalgamiert wirken.

Dabei wird ein »tout comprendre c'est tout pardonner«, wir kennen es aus dem Frühwerk Manns (vgl. etwa 2.1, 513), nun auf ihn als historische Person selbst angewandt, potentiell zu einer Gefahr: so etwa als Verstehenwollen der kaum bestreitbaren politischen Fehlgriffe der ersten Lebenshälfte Manns, indem nämlich dieselben nur nach ihrem Platz in einer organischen Entwicklungslogik aufgeschlüsselt werden. So wird der Bruderzwist mit Heinrich, unbestreitbare Mit-Ursache der *Betrachtungen*, zu deren ganzer Entschuldigung; so wird die initial von Mann selbst vor allem als persönlicher Stil- und Schicksalsfehler wahrgenommene Exilierung, die sein politisches Handeln

[19] Vgl. ihren bedeutenden Essay: Thomas Manns jüdische Gestalten [1990], wiederabgedruckt in: Thomas Mann. Neue Wege der Forschung, hg. von Heinrich Detering und Stephan Stachorski, Darmstadt: Wissenschaftliche Buchgesellschaft 2008, S. 118–131.

[20] Vgl. insbes. Yahya Elsaghe: Apokryphe Juden und apokryphe Antisemitismen in Thomas Manns späterem und spätestem Erzählwerk, in: Apokrypher Avantgardismus, hg. von Stefan Börnchen und Claudia Liebrand, Paderborn: Fink 2008, S. 225–242.

1933–1936 zum Stillstand brachte, im Sinne der Mann'schen Eigenperspektive restlos verteidigt.

In manchen Lesarten treten historische Ereignisse schließlich nur als ›Drumherum‹ um das stabile Zentrum des Mann'schen Charakters (Narzissmus, camouflierte Homosexualität, Schopenhauer-Nietzsche usw.) auf. Geschichte bedeutet äußeres »Gebeuteltsein« Manns in einem ansonsten wohl »jahrzehntelang unverändert[en]« Leben – wie etwa Hermann Kurzke im (hervorragenden) neuen *Thomas Mann Handbuch* postuliert.[21] Thomas Mann soll, so der bekannte Subtext, im Kern ein konservativ gebliebener Künstler-Bürger sein, dessen Gedanken sich zwar geändert, dessen ästhetischer Sinn sich aber im Grunde nie verändert habe.[22] Scheinbar autonome Persona, tritt Thomas Mann in solchen Erzählungen seiner Epoche nur gleichsam entgegen, um von ihm überlegen anverwandelt in sein Werk eingearbeitet zu werden.

Demgegenüber hat schon Roland Barthes in *Literatur oder Geschichte* (1960) skizziert, wie eine andere Perspektive aussehen könnte. Barthes kritisiert das ›zentralisierende‹ Privileg, das dem beschriebenen Autor eingeräumt werde, am Beispiel der Racine-Biografik:

> Immer lässt Racine die Geschichte vor oder neben sich auftreten, niemals aber wird er vor die Geschichte zitiert. [...] indem man den Blick ganz auf den Autor konzentriert, indem man das literarische ›Genie‹ zum zentralen Punkt der Beobachtung macht, verweist man die eigentlich historischen Gegenstände in ferne, nebulöse Zonen.[23]

Was Barthes hier kritisch beschreibt, ist zweifellos lange eine Tendenz gerade der Thomas Mann-Forschung gewesen. Immer stand Thomas Mann als der große Autor im Zentrum. Die Zeitläufte, die ihn umgaben und von deren Strukturen und Relationen er nur einen Teil darstellt, traten oft in den Hintergrund. Vor Barthes hat schon Arthur Eloessers Fast-Zeitgenosse Siegfried Kracauer das Problematische einer solchen ›Zentralisierung‹ oder ›Vordergründigkeit‹ des biografierten Subjekts auf das präzise Bild gebracht, in derlei Zugriffen erscheine wie in manchen fotografischen Porträts die »portraitierte Gestalt [...] vor einem verschwimmenden Hintergrund«.[24] Wie Kracauer es in

[21] Vgl. Hermann Kurzke: Biographische Skizze, in: TM Hb (2015), S. 1–6, 1.

[22] Vgl. Manns berühmten Kommentar zu *Von deutscher Republik*: »Ich weiß von keiner Sinnesänderung. Ich habe vielleicht meine Gedanken geändert – nicht meinen Sinn.« (15.1, 583)

[23] Roland Barthes: Literatur oder Geschichte [1960], in: Literatur oder Geschichte, hg. von dems., aus dem Frz. übers. von Helmut Scheffel, Frankfurt/Main: Suhrkamp 1969, S. 11–35, 18f.

[24] Siegfried Kracauer: Jacques Offenbach und das Paris seiner Zeit [1937], in: Siegfried Kracauer. Werke. Bd. 8, hg. von Ingrid Belke unter Mitarb. v. Mirjam Wenzel, Frankfurt/Main: Fischer 2005, S. 11. – Die *Offenbach*-Biografie ist zu unterscheiden von Kracauers heute eher obsolet anmutenden Essay *Die Biographie als neubürgerliche Kunstform* (1930), in welchem die Biografik zur Kunstform des »Bürgertums« vereindeutigt und aus marxistischer Warte abgelehnt wird.

seiner *Gesellschaftsbiographie*[25] Jacques Offenbachs (1937) dann wenigstens versuchte, sollte in einer vermehrt *kritischen* Mann-Biografik zunehmend auch versucht werden, den *Hintergrund* der Geschichte, der in Wahrheit immer schon *zentral* war, angemessen zur Darstellung zu bringen. Genau in diesem Sinne deutet Barthes an, dass man nicht den Schriftsteller die »Geschichte [...] neben sich auftreten« lassen, sondern denselben »vor die Geschichte zitieren« müsse. Und selbst der große Geschichtenerzähler Stefan Zweig betont in *Die Welt von Gestern*, viel habe sich ereignen müssen, ehe er den Mut gefunden habe, ein Buch zu beginnen, das scheinbar sein Ich »zum Mittelpunkt« habe. Und er ergänzt sogleich: »Nichts liegt mir ferner, als mich damit *voranzustellen* [...], *die Zeit gibt die Bilder*, ich spreche nur die Worte dazu [...].«[26]

Eine kritische Mann-Biografik müsste künftig wohl versuchen, *situationistischer* zu denken und zu werten. Thomas Mann, wo nötig, zugleich aus seiner Sicht verstehen *und* aus einer Außenperspektive neu in den Blick zu nehmen. Die Lebensbeschreibung zur Apologie Thomas Manns zu gestalten, ist ebenso unnötig, wie jene Tendenz der Mann-Feinde, alle Lebensfehler einem bürgerlichen Großschriftstellertum anzulasten. Es gälte biografisch, einzelne Handlungen und Texthandlungen relational zu ihren historisch-kontextuellen Möglichkeitsräumen zu ermessen und sie mit den Interventionen anderer intellektueller Akteure zu vergleichen. Gewiss: In vielen Einzelaufsätzen und Beiträgen geschieht dies natürlich bereits auf hohem Niveau – insofern trage ich heute auch die eine oder andere Eule nach Athen, wobei ich aber auf Thomas Manns Verständnis hoffen darf.[27]

So oder so verbleibt m. E. das Problem der *großen Darstellungen*, jener Versuche, des ganzen Lebens von Thomas Mann habhaft zu werden. Sie wollen innere Kohärenz und organische Totalität auch dort stiften, wo sie kaum zu holen ist. Denn diesseits seines Realität gewordenen Selbstbildes als repräsentativer Schriftsteller wird Thomas Mann als Mensch, den wir biografisch betrachten, als politisch Handelnder, dessen Handlungen wir moralisch beschreiben wollen, im Grunde desto unfassbarer, je näher wir ihn anblicken. Dass dieses so besondere Leben zwar erzählt werden kann, und in seinem Spannungsreichtum wünscht, erzählt zu werden, dass man es aber auf völlig verschiedenen Ebenen erzählen kann, die gleichermaßen Wahrheitsgehalt für sich beanspruchen können, muss als gesichert gelten. Nur ein *wirklicher Multiperspektivismus* erweist sich für Thomas Mann als angemessen. Wie dieser aber

[25] Ebd.

[26] Stefan Zweig: Die Welt von Gestern. Erinnerungen eines Europäers [1944], Frankfurt/Main: Fischer Taschenbuch Verlag 2003, S. 7; Herv. CS. – Ich danke Robert Steiger für den Hinweis auf *Die Welt von Gestern* sowie ihren ursprünglich vorgesehenen Titel »Drei Leben«.

[27] Thomas Mann nennt die Wendung in *Vom zukünftigen Sieg der Demokratie* einen »humanistische[n] Eigenbesitz der deutschen Sprache« (XI, 910).

in die Narration und Explikation einer einzelnen großen Biografie zu übersetzen sei – das ist die gewiss für uns alle schwer zu lösende Frage.

Natürlich gilt dabei für Thomas Manns *Werk*, dass es nicht über Gebühr verkontextualisiert werden sollte, dass seine ästhetische Selbstorganisation, sein werkgeschichtlich-organischer Zusammenhang beachtet werden muss. Wo es aber um das Historisch-Faktuale geht, das, sobald es *erzählt* wird, nicht nur mit Arthur Eloesser zu denken, sowieso schon intrinsisch in Richtung einer Komplementär-Dichtung geht – da kann es nicht genug der Kontrastierung durch *andere* historische ›Stimmen‹ als allein der Mann'schen geben. Es braucht vermehrt Umwege der Betrachtung, die Manns epistolare und diaristische Sichten erst einmal bewusst außen vor lassen, und erst am Ende wieder vergleichend einbinden.

Gut möglich, dass damit eine Vielfalt an Einzelbetrachtungen *diskontinuierlicher Konstellationen* im Leben Thomas Manns zur wichtigen Ergänzung der großen (Auto-)Biografie werden könnte. Umbruchphasen sind sicher ereignishaft sich wandelnde lebensweltliche Horizonte – etwa München 1918/1919, die Schweiz nach 1933, Frankfurt/Weimar 1949 usw. Den ersten beiden hat schon Peter de Mendelssohn als »Jahre[n] der Schwebe« bzw. als Phasen, in den Mann »[z]wischen den Stühlen« stand, besonderen Rang zuerkannt.[28] Solche besonderen Horizonte der Geschichtlichkeit sollten dabei, was ihren Widerhalt in den *Texten* betrifft, nicht allein auf Manns direkte (Selbst-)Einschätzungen reduziert und auch nicht einfach mit einer organischen Gesamtnarration ›in Richtung Endpunkt 1955‹ verrechnet werden. Diskontinuität der verschiedenen Phasen soll nicht einfach als Gebeuteltsein durch die Zeitläufte wegeskamotiert werden. Denn damit wird ein Bild erzeugt, wie eine stabile Subjekt-Instanz auf die historischen Umbrüche in Akten der Souveränität nur zu reagieren hatte. Die hohe Widersprüchlichkeit der Handlungen Thomas Manns kann aber gerade als historisches Produkt der in sich paradoxalen radikalen Zäsuren der Epoche aufgefasst werden. Wenn Stefan Zweig seine *Welt von Gestern* ursprünglich »Drei Leben« nennen wollte, hat er ohne Zweifel in eine ähnliche Richtung gewiesen.[29]

Gewiss gilt, mit Max Frisch gesprochen: »Jeder Mensch erfindet sich früher oder später eine Geschichte, die er für sein Leben hält«.[30] In Manns Fall war dabei ein erstaunliches Korrelat aus *Self-Fashioning* und Fremd-Zuschreibung

28 Vgl. Peter de Mendelssohn: Der Zauberer. Das Leben des deutschen Schriftstellers Thomas Mann. Jahre der Schwebe: 1919 und 1933. Nachgelassene Kapitel, hg. von Albert von Schirnding, Frankfurt/Main: Fischer 1992. – Vgl. dort Schirndings Nachwort, S. 274.

29 Vgl. Oliver Matuschek: Stefan Zweig. Drei Leben. Eine Biographie, Frankfurt/Main: Fischer 2006, S. 10.

30 Vgl. nicht erst den *Gantenbein*, sondern schon Frischs Gespräch mit Horst Bienek: Horst Bienek: Werkstattgespräche mit Schriftstellern, München: Hanser 1962, S. 21–32, 24f.

der Fall – was in die Ikonik des totalrepräsentativen Nationalschriftstellers mündete. Dieses Bild ist rezeptionshistorische Realität. Gleichwohl kann die Forschung, diesseits der spannenden Betrachtung der autorschaftlichen Leben-Werk-Synthese Thomas Manns, vermehrt auch nach dem suchen, was im biografischen Blick auf Mann und seine Texte bisher etwas zu kurz kam. So wären vermehrt auch die wirklichen *Ränder* des Mann'schen Werkes, die unbekannteren und biografisch scheinbar wenig ›offenherzigen‹ Stellen auf Reflexe realer Geschichtlichkeit zu prüfen. Es ginge mithin *weniger* um das, was Thomas Mann immer schon selbstreflexiv ins Bild hineinerzählt hat – sondern um das, was gleichsam nur als Spur einmaliger Historizität seinen schwachen Abdruck hinterließ. Es ginge kurzum um die abgründige, verworrene Geschichte des 20. Jahrhunderts, die nicht einfach (auto-)biografisch zu bändigen ist, und die in Wahrheit gerade von Thomas Mann mit oft wechselnder Optik erlebt wurde.

Thomas Mann selbst – auch dies ein Eigenkommentar – bezeichnet sich einmal als »Melde-Instrument, Seismograph, Medium der Empfindlichkeit, *ohne klares Wissen* von dieser seiner organischen Funktion« (XI, 240; Hervorh. CS). Und spricht ein andermal vom »Irrtum, zu glauben, der Autor selbst sei der beste Kenner und Kommentator seines eigenen Werkes.« (XI, 614) Daran gilt es noch vermehrt anzuknüpfen. Thomas Manns großartige Texte haben bis jetzt noch jeder Reperspektivierung standgehalten.

Johannes Endres

Mikrokosmische Autobiografie: Thomas Mann und die Zeitkapsel

Am 5. August 1938 notiert sich Thomas Mann in sein Tagebuch: »Danach eine Botschaft für die ›Time capsule‹ geschrieben, die anläßlich der New Yorker Ausstellung vergraben werden soll.« (Tb, 5.8.1938) Die Eintragung bleibt die einzige ihrer Art. Weder das genannte Zeitkapsel-Projekt noch seine für das Projekt verfasste Botschaft erwähnt Mann im Tagebuch wieder. Erhalten hat sich jedoch die Botschaft selbst: Sie ist unter anderem in den *Gesammelten Werken* wie auch in der von Hermann Kurzke und Stephan Stachorski herausgegebenen Ausgabe der Thomas Mann'schen Essays wieder abgedruckt worden (X, 920; Ess IV, 304). Der Wortlaut beider Ausgaben ist jedoch abweichend – ein Umstand, der bereits wichtige Besonderheiten des Unternehmens und der Entstehungsgeschichte der Botschaft anzeigt.[1] Tatsächlich liegen wesentliche Einzelheiten der Genese des kleinen Textes wie seines werkbiografischen Hintergrunds noch weitgehend im Dunkeln.[2] Auch ist Thomas Manns Botschaft für die Zeitkapsel nie Gegenstand wissenschaftlicher Beschäftigung geworden.

Dabei liegt ihre Bedeutung für ein Verständnis der Lebensgeschichte ihres Verfassers im bewussten Zeitraum auf der Hand. So handelt es sich um die erste offizielle Äußerung Manns nach der lebensgeschichtlichen Zäsur der Übersiedlung in die USA. Zwar wurde die Botschaft noch in der Schweiz

[1] Die Abweichungen erklären sich aus der Tatsache, dass die *Gesammelten Werke* das deutsche Typoskript wiedergeben, das sich zusammen mit einem zweiseitigen Manuskript Thomas Manns im TMA (A-I-Mp I 8 grün/A-I-Mp I 8A grün) erhalten hat, während die Ausgabe der Essays eine deutsche Rückübersetzung aus dem Englischen aus dem *Deutschen Volksecho* vom 24.9.1938 nachdruckt, einer von Stefan Heym in New York herausgegebenen deutschen Emigrantenzeitung (der Urheber dieser Übersetzung ist unbekannt). Die Ausgabe von Kurzke/Stachorski übernimmt zudem die Überschrift des Artikels im *Volksecho*, die im Fall der Zeitungsnachricht durch den gemeinschaftlichen Abdruck der *Time Capsule*-Briefe Manns und Einsteins (der beiden am Projekt beteiligten »Deutschamerikaner«) motiviert ist, im Kontext der Essay-Ausgabe aber suggeriert, Einstein sei Mitverfasser der Mann'schen Botschaft (»Albert Einstein und Thomas Mann senden Botschaft an das Jahr 6939«). Manns Text wurde außer im *Volksecho* auch in der *New York Times* vom 16.9.1938 (in englischer Sprache) und (wiederum in deutscher Rückübersetzung) in *Das Neue-Tagebuch* vom 8.10.1938 veröffentlicht, einer in Paris erscheinenden Exilzeitschrift – sowie im *Book of Record* (vgl. dazu weiter unten). Vgl. auch Georg Potempa: Thomas Mann-Bibliographie. Bd. 1: Das Werk, Morsum/Sylt: Cicero Presse 1992, Nr. 683. Es bleibt aber festzuhalten, dass keiner der deutschen Texte im eigentlichen Sinne autorisiert ist, da auch das Typoskript lediglich eine Übersetzungsvorlage darstellt.

[2] Deren Klärung bleibt einer in Arbeit befindlichen Publikation des Verfassers vorbehalten.

verfasst, erweist sich aber als auf die künftige Heimat hin konzipiert und zitiert – in ihrer maßgeblichen publizistischen Erscheinungsform im Rahmen der New Yorker Zeitkapsel – die Emigration (die rund anderthalb Monate *nach* der Niederschrift der Botschaft erfolgen sollte) als bereits vollzogenes Faktum. Der Text nimmt, mit anderen Worten, die Ankunft des Autors in den USA in demselben Maße vorweg, in dem die amerikanische Emigration der Grund seiner Entstehung ist.

Auf einer solchen Folie unternehmen die folgenden Überlegungen nun dreierlei: Sie wollen (1) Näheres zum Charakter des Zeitkapsel-Projekts, seines Programms und seiner Ausführung sagen; (2) soll Thomas Manns Botschaft für die Zeitkapsel einer genaueren Lektüre unterzogen und ihr werkgeschichtlicher Kontext rekonstruiert werden; und (3) soll die Bedeutung der Zeitkapsel als organisatorisches und gattungsgeschichtliches Modell der autobiografischen Selbstreflexion und darüber hinaus der Mann'schen Werkpolitik erkennbar werden.

I.

Die von Thomas Mann zitierte *Time Capsule* wurde aus Anlass der New Yorker Weltausstellung im Jahr 1939 von der *Westinghouse Electric Company* angefertigt und am 23. September 1938 – einen Tag vor der endgültigen Ankunft Thomas Manns in den Staaten – auf dem Geländekomplex der *World Fair* in Flushing Meadows vergraben.[3] Die *Time Capsule* geht offenbar auf eine Idee des damaligen Vizepräsidenten der *Westinghouse Company*, George Edward Pendray (1901–1987), zurück, der der *Time Capsule* auch ihren Namen gegeben hat – womit er den bis heute üblichen Gattungsbegriff für eine solche Überlieferungstechnik kreierte.[4] Bei der *Westinghouse Time Capsule* handelt es sich um einen rund 2.30 Meter hohen und knapp 30 Zentimeter breiten Metallbehälter, der aus einer eigens für diesen Zweck entwickelten Kupferlegierung besteht [Abb. 1]. Im Inneren der Kapsel befinden sich Objekte und Dokumente, die sich in fünf Gruppen einteilen lassen: Kleine Gegenstände des alltäglichen Gebrauchs; Textil- und Materialproben; Vermischtes (darunter Samen,

[3] Zu weiterführenden Hinweisen vgl. William E. Jarvis: Time Capsules: A Cultural History, Jefferson/North Carolina: McFarland & Company, Inc., Publishers 2003, *passim*; die Website: http://www.1939nyworldsfair.com/worlds_fair/wf_tour/zone-5/timecapsule.htm (12. 12. 2016); Johannes Endres: Zeitkapsel und Paratext, in: Verborgen, unsichtbar, unlesbar – Zur Problematik restringierter Schriftpräsenz, hg. von Tobias Frese u. a., Berlin/Boston: de Gruyter 2014, S. 215–232.

[4] Vgl. auch Jens Ruchatz: Zeitkapsel, in: Gedächtnis und Erinnerung. Ein interdisziplinäres Lexikon, hg. von Nicolas Pethes und Jens Ruchatz, Reinbek bei Hamburg: Rowohlt 2001, S. 663 f.

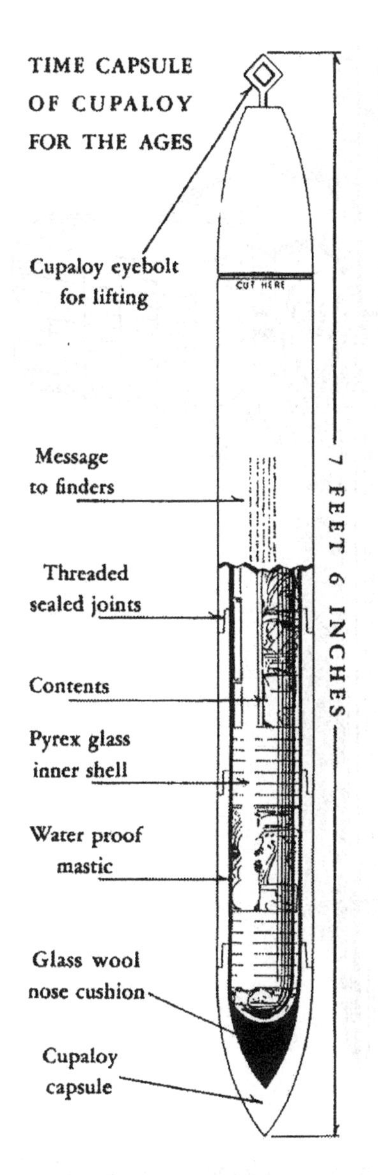

Abb. 1: Time Capsule of Cupaloy, graphischer Längsschnitt (George E. Pendray: The Story of the Westinghouse Time Capsule, East Pittsburgh/Pennsylvania: Westinghouse Electric & Manufacturing Company 1939)

Bücher und Geld); Mikrofilme mit über 22.000 Seiten Text; und zeitgenössische Wochenschau-Mitschnitte auf Tonfilm.[5] Der Inhalt der Zeitkapsel versteht sich als ein ebenso zufälliger wie repräsentativer Querschnitt (*segment*) durch die Alltagskultur ihrer Entstehungszeit, als dinglich konkretisierte Momentaufnahme, die dazu bestimmt ist, die »enorme Vielfalt und Vitalität« (*enormous variety and vigor*) sowie die »universellen Errungenschaften« (*universal achievements*) einer im Moment ihrer Wiederauffindung historisch gewordenen Gegenwart an die Zukunft zu übermitteln.[6] Die scheinbare Beiläufigkeit des Zeitkapsel-Inventars, in dem sich v.a. vermeintlich ephemere Gegenstände finden (Glühbirne, Rasierapparat, Baseball, Damenhut usw.) steht in auffallendem Kontrast zum ehrgeizigen *target date* der Kapsel, dem projektierten Zeitpunkt ihrer Wiederausgrabung und Öffnung. Letztere soll nämlich nach dem Willen ihrer Urheber erst im Jahr 6939 nach Christi Geburt, also genau 5000 Jahre nach der offiziellen Versenkung der Kapsel erfolgen. Bis dahin

[5] Vgl. George E. Pendray: The Story of the Westinghouse Time Capsule, East Pittsburgh/Pennsylvania: Westinghouse Electric & Manufacturing Company 1939, S. [24] (das Original ist ohne Seitenzählung).

[6] The Book of Record of the Time Capsule of Cupaloy, Deemed Capable of Resisting the Effects of Time for Five Thousand Years, Preserving an Account of Universal Achievements, Embedded in the Grounds of the New York World's Fair 1939, New York: Westinghouse Electric & Manufacturing Company 1938, S. 13 und Titel.

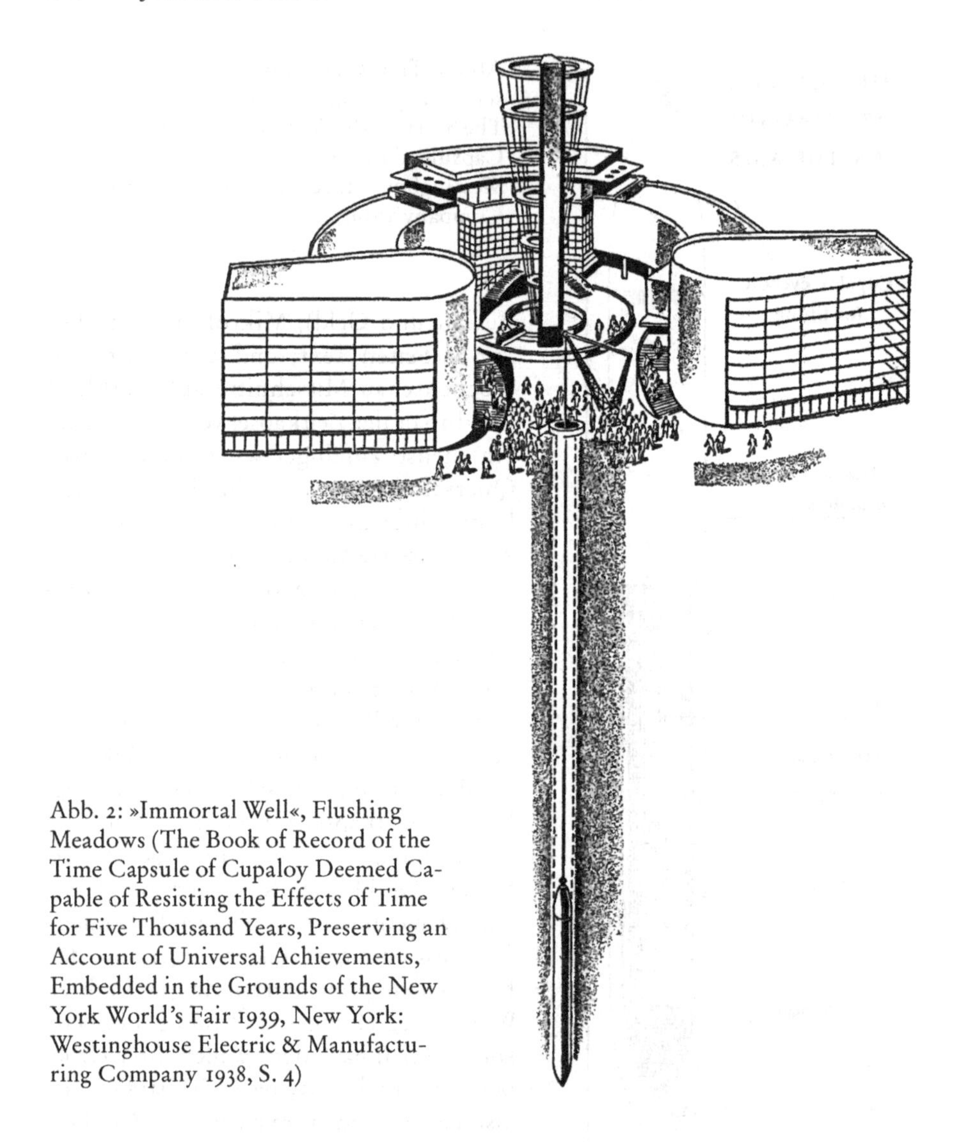

Abb. 2: »Immortal Well«, Flushing Meadows (The Book of Record of the Time Capsule of Cupaloy Deemed Capable of Resisting the Effects of Time for Five Thousand Years, Preserving an Account of Universal Achievements, Embedded in the Grounds of the New York World's Fair 1939, New York: Westinghouse Electric & Manufacturing Company 1938, S. 4)

hat diese ungestört in ihrer derzeitigen Position zu verbleiben: präzise 50 Fuß, also rund 15 Meter, unterhalb der Erdoberfläche [Abb. 2].

Damit sieht sich die *Westinghouse Time Capsule* aber nicht zuletzt mit beträchtlichen technischen und logistischen Schwierigkeiten konfrontiert. So muss die Hülle aus Kupferlegierung ihren Schatz korrosions- und beschädigungsfrei erhalten und möglichen Naturkatastrophen ebenso wie historischen Katastrophen trotzen können. Gleichzeitig darf sie in ihrem unterirdischen

Refugium nicht vergessen werden. Wie aber schreibt man dem kollektiven Gedächtnis eine Nachricht ein, deren Bestimmung es andererseits ist, für eine sehr lange Zeit im Verborgenen zu bleiben? Und selbst wenn die Erinnerung an die Kapsel wirklich 5000 Jahre überdauern sollte, wer wäre im Jahre 6939 wohl noch in der Lage, den Inhalt einer Zeitkapsel des Jahres 1938 zu entziffern und ihre mutmaßliche kulturelle und historische Bedeutung erkennen und verstehen zu können?

Die Erfinder der *Time Capsule* haben solche Fragen durch ein ausgeklügeltes Kommunikationssystem zu beantworten gesucht, das sowohl innerhalb als auch außerhalb der Kapsel eine möglichst rauscharme Übertragung ihrer Botschaft gewährleisten soll. Zum einen gibt es in der Kapsel mehrere Dekodierhilfen, die es ihrem Finder erlauben sollen, sich eine im Verlauf der Überlieferungsgeschichte verloren gegangene Kenntnis der englischen Sprache wieder erwerben zu können. So enthält die Kapsel eine sogenannte *mouth map*, die in einer Art Sagittalschnitt eine Ansicht der menschlichen Mundhöhle bietet, in der sämtliche Phoneme des Englischen nach dem Ort ihrer Erzeugung lokalisiert sind – so dass ein Finder der Kapsel mithilfe jener Abbildung ihre Artikulation nachstellen kann [Abb. 3].[7] Einem ähnlichen Zweck – der Selbsteinschreibung der englischen Sprache ins historische Gedächtnis – dient auch eine Vorrichtung, auf die die Autoren der Kapsel als *Rosetta stone* rekurrieren:[8] eine terminologische Reminiszenz, die deutlich auf die Inspiration der *Time*

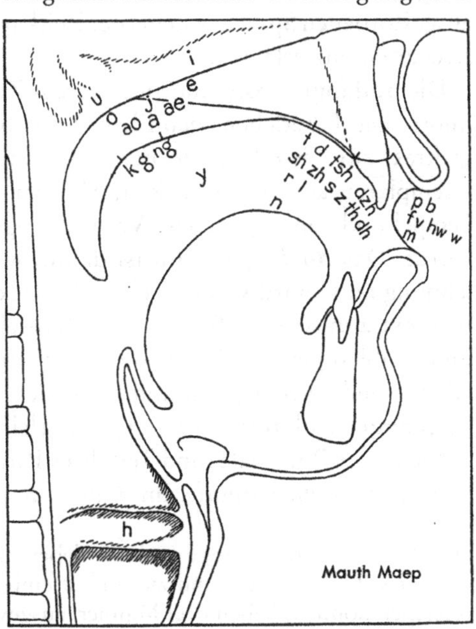

Abb. 3: Mouth Map (The Book of Record of the Time Capsule of Cupaloy Deemed Capable of Resisting the Effects of Time for Five Thousand Years, Preserving an Account of Universal Achievements, Embedded in the Grounds of the New York World's Fair 1939, New York: Westinghouse Electric & Manufacturing Company 1938, S. 22)

[7] Vgl. Book of Record (Anm. 6), S. 22.

[8] Ebd., S. 17 und 20. Im Unterschied zum historischen Vorbild ist der *Rosetta stone* der *Time Capsule* jedoch als Sprachschlüssel *intendiert* (was der von Champollion und anderen entschlüsselte Stein von Rosette bekanntlich nicht war).

Capsule durch Sensationsfunde der (mehr oder weniger) zeitgenössischen Ägyptologie hinweist – wie denn die im ersten Drittel des 20. Jahrhunderts v.a. in den Vereinigten Staaten prosperierende Zeitkapsel-Idee unverkennbar von einer zeittypischen Kultur des ›Ägyptizismus‹ befeuert ist, zu deren europäischen Zeugnissen sich andererseits auch Thomas Manns *Joseph*-Projekt zählen lässt.[9] Als *Rosetta stone* bezeichnen die Urheber der *Time Capsule* die zahlreichen – interlingualen und intersemiotischen – Übersetzungen ihres Inhalts, die in Übersetzungen des *Vaterunser* in 300 Sprachen und der äsopischen *Fabel vom Nordwind und der Sonne* in 25 Sprachen gipfeln. Diese Übersetzungen sollen, wie ein ›Stein von Rosette‹, die Rekonstruktion des dereinst ausgestorbenen Sprachsystems der Zeitkapsel aus anderen Sprachsystemen per Kreuzreferenz erlauben.

Die umfangreichste und in unserem Zusammenhang wichtigste dieser semiotischen Überlebenstechniken stellt aber das *Book of Record* dar, ein Begleittext zur *Time Capsule*, der in der Kapsel deponiert und in 3649 weiteren Exemplaren auf »Bibliotheken, Museen, Klöster, Konvente, Lama-Klöster, Tempel und sonstige sichere Verwahrungsorte in der ganzen Welt«[10] verteilt wurde. Das *Book of Record* ist damit, was ich an anderer Stelle und in Anlehnung an Gérard Genette einen Paratext der Zeitkapsel genannt habe: ein Bei-Text zum Haupt-Text, der die Kapsel selbst ist, der an deren Peripherie und unabhängig von dieser mittradiert die Kenntnis der letzteren durch die Jahrtausende weitergeben und die Ankunft ihrer Botschaft in einem vorherbestimmten Zukunftszeitraum gewährleisten soll.[11]

Teil dieser Botschaft (und Teil ihres Paratexts) ist nun auch Thomas Manns Beitrag zur *Time Capsule*. Im *Book of Record* heißt es dazu einleitungsweise:

Damit die Völker, die lange nach uns leben, unsere Welt ungefähr so sehen können, wie wir selbst sie sehen, und zumindest einige unserer Ansichten von unserer Welt verstehen können, haben drei Männer, ausgewählt aufgrund ihres hohen Ansehens unter uns, die Stärken und Schwächen unseres Zeitalters in ihren eigenen Worten zusammengefasst, erkennbare Tendenzen der Menschheitsgeschichte aufgezeigt, und sich etwas für die Zukunft vorgestellt.[12]

Bei den solchermaßen angekündigten »messages for the future from noted men of our time« handelt es sich um drei kurze Briefe von Dr. Robert Millikan, seines Zeichens amerikanischer Nobelpreisträger für Physik, Dr. Albert

[9] Zu den archäologischen und ›ägyptologischen‹ Reminiszenzen der Zeitkapsel-Mode um die Jahrtausendwende vgl. ausführlicher Endres: Zeitkapsel und Paratext (Anm. 3).

[10] Pendray: Story of the Westinghouse Time Capsule (Anm. 5), S. [11 f.].

[11] Vgl. Endres: Zeitkapsel und Paratext (Anm. 3).

[12] Book of Record (Anm. 6), S. 45. Alle Übersetzungen aus dem Englischen stammen vom Verfasser.

THE MESSAGE OF DR. THOMAS MANN

WE know now that the idea of the future as a "better world" was a fallacy of the doctrine of progress. The hopes we center on you, citizens of the future, are in no way exaggerated. In broad outline, you will actually resemble us very much as we resemble those who lived a thousand, or five thousand, years ago. Among you too the spirit will fare badly—it should never fare too well on this earth, otherwise men would need it no longer. That optimistic conception of the future is a projection into time of an endeavor which does not belong to the temporal world, the endeavor on the part of man to approximate to his idea of himself, the humanization of man. What we, in this year of Our Lord 1938, understand by the term "culture"—a notion held in small esteem today by certain nations of the western world—is simply this endeavor. What we call the spirit is identical with it, too. Brothers of the future, united with us in the spirit and in this endeavor, we send our greetings.

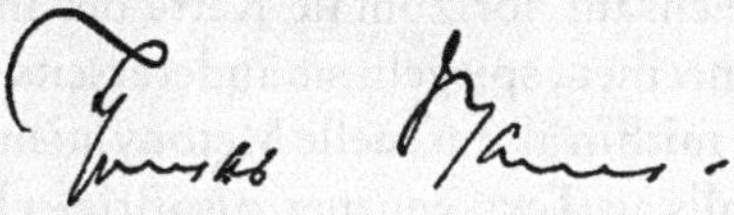

Thomas Mann

THOMAS MANN [1875-], German novelist & essayist; awarded Nobel Prize in literature, 1929. Now living in the United States.

[47]

Abb. 4: Thomas Manns englischer Brief für die Time Capsule (The Book of Record of the Time Capsule of Cupaloy Deemed Capable of Resisting the Effects of Time for Five Thousand Years, Preserving an Account of Universal Achievements, Embedded in the Grounds of the New York World's Fair 1939, New York: Westinghouse Electric & Manufacturing Company 1938, S. 47)

Einstein, Entdecker der Relativitätstheorie, und Dr. Thomas Mann, der dem zukünftigen Leser der Zeitkapsel folgendermaßen vorgestellt wird: »German novelist & essayist; awarded Nobel Prize in literature, 1929. Now living in the United States« (wobei der letzte Satz, wie oben angedeutet, vom zeitlichen Gesichtspunkt der Einweihung der Kapsel am 23.9.1939 aus gesprochen ist). Thomas Manns Brief, der in der Reihe der Briefe der zweite ist, lautet im deutschen Typoskript wie folgt [Abb. 4]:

Die Zukunft als ›bessere Welt‹ war wohl ein Mißverständnis des Fortschrittsglaubens. Wir setzen keine übertriebenen Hoffnungen in Euch, Erdenbürger der Zukunft. Im wesentlichen, schlecht und recht, werdet Ihr uns gleichen, wie wir denen gleichen von vor tausend und fünftausend Jahren. Auch unter Euch wird der Geist es schlecht haben – er soll es wohl nie zu gut haben auf Erden, sonst würde er überflüssig. Jene optimistische Auffassung der Zukunft ist die Projektion einer Bemühung ins Zeitliche, die nicht dem Zeitlichen angehört: der Bemühung um die Annäherung des Menschen an seine Idee, um die Vermenschlichung des Menschen. Was wir vom Jahre 1938 post Christum unter dem zu unserer Zeit von einigen Nationen des Westens geringgeschätzten Begriff ›Kultur‹ verstehen, deckt sich mit dieser Bemühung. Was wir ›Geist‹ nennen, ist gleichfalls identisch mit ihr. Im Geiste und in der Bemühung grüßen wir Euch, Brüder der Zukunft.[13]

Zunächst mögen einige knappe Bemerkungen zum systematischen Ort der drei Briefe Manns, Einsteins und Millikans im Rahmen der Zeitkapsel sowie des von ihr konstituierten Nachrichtentyps angezeigt sein. Während sich die Briefe einerseits in die gleichsam horizontale Kette der in der Kapsel deponierten Memorialobjekte einreihen, spiegeln sie andererseits die Zeitkapsel als Ganzes wider. Sie fungieren mithin als textuelle Metonymien der Kapsel, die von ihren Zeitgenossen ebenfalls als Text, genauer: als ›Brief‹ charakterisiert wird.[14] Umgekehrt wird auch die Kapsel von ihren Urhebern – nach dem Vorbild der in sie eingelegten brieflichen *messages* – als ›Botschaft‹ apostrophiert.[15] Folglich sind wesentliche Eigenschaften der Kapsel zugleich Eigenschaften der Briefe und umgekehrt. Auch Manns Brief ist damit nicht nur Teil der Zeitkapsel, sondern selbst Zeitkapsel *en miniature*. Seine Einordnung in die Reihe der Essays des Verfassers, wie sie die Ausgabe von Kurzke/Stachorski unternimmt, verkürzt den Gattungscharakter des Texts daher um einen wesentlichen Gesichtspunkt: dessen Status als *halb-öffentliche* Selbstmitteilung, die gerade zwischen öffentlichem Text und geheimer Nachricht oszilliert. Auf eine solche Unterscheidung

[13] X, 920. Zu den wichtigsten Unterschieden zwischen deutschem Text und englischer Übersetzung zählt die (faksimilierte) Unterschrift Thomas Manns, die im Typoskript naturgemäß fehlt, den Text aber – neben anderen Merkmalen – eindeutig als Brief ausweist. Vgl. dazu weiter unten. Wer Manns Brief übersetzt hat, ist nicht bekannt.

[14] Vgl. dazu Jarvis: Time Capsules (Anm. 3), S. 150.

[15] Vgl. z.B. Book of Record (Anm. 6), S. 6, *et passim*.

und ihre interpretatorischen Konsequenzen wird im Folgenden noch zurückzukommen sein.

II.

Anders als andere geheime und halb-öffentliche Mitteilungsformen ist aber weder die New Yorker *Time Capsule* noch Thomas Manns Brief privat im eigentlichen Sinne. So weist der Zeitkapsel-Brief charakteristische Merkmale eines ›offenen Briefs‹ auf, als einer zwischen Öffentlichkeit und Privatheit moderierenden Mitteilungsform, mit der er auch das Prinzip der Mehrfachadressierung teilt – insofern er an die Empfänger der Zeitkapsel im Jahr 6939 und zugleich an die mitlesenden Zwischenglieder der Überlieferungskette gerichtet ist.[16] Gleiches gilt aber auch für die *Time Capsule* und ihre von Manns Brief exemplifizierte Kommunikationsstruktur. Denn im Sinne der Zeitkapsel-Forschung ist die *Westinghouse Time Capsule* dem Typus der offiziellen, innovativen und mikrokosmischen Zeitkapsel zuzuordnen: da sie von einer großen Firma unter Beteiligung einer großen Zahl von Wissenschaftlern und Experten hergestellt und unter Anteilnahme der Weltöffentlichkeit aus Anlass einer Weltausstellung versiegelt und vergraben wurde und folglich in keiner Hinsicht als privates Unternehmen zu bezeichnen ist; da sie sich ferner höchst innovativer Materialien und technischer Mittel bedient, um ihren Kommunikationserfolg abzusichern; und da sowohl ihr ambitioniertes *target date* als auch ihr Anspruch, ein Porträt der westlichen Zivilisation in konzentrierter Form festzuhalten, ihren mikrokosmischen Charakter unterstreichen.[17]

Aufgrund des wechselseitigen metonymischen Bezugs von Zeitkapsel und Brief übertragen sich diese Eigenschaften wiederum auf Thomas Manns kleine Botschaft, die – ähnlich wie andere politische und publizistische Botschaften Manns während seiner amerikanischen Exilzeit – unverkennbar institutionelle Züge trägt: Nicht nur redet der Verfasser in beiden Fällen ein kollektives Gegenüber an, er tut dies auch in einer ›über-privaten‹ Autorrolle, die sowohl persönliche wie gleichsam kommissarische Aussagen unterstützt. Insofern ist auch Manns Botschaft für die Zeitkapsel, wie diese selbst, öffentlich *und* ge-

[16] Vgl. Rolf-Bernhard Essig: Der offene Brief. Geschichte und Funktion einer publizistischen Form von Isokrates bis Günter Grass, Würzburg: Königshausen und Neumann 2000; Endres: Zeitkapsel und Paratext (Anm. 3), S. 226. ›Offene Briefe‹ sind in Manns Œuvre auch keine Seltenheit, wie etwa der sog. ›Korrodi-Brief‹ in der *Neuen Zürcher Zeitung* (3.2.1936) oder der *Briefwechsel mit Bonn* (19.12.1936 und 1.1.1937, erschienen am 15.1.1937) zeigen.

[17] Zur Terminologie und Klassifikation von Zeitkapseln vgl. Brian Durrans: Posterity and Paradox: Some Uses of Time Capsules, in: Contemporary Futures: Perspectives from Social Anthropology, hg. von Sandra Wallman, London/New York: Routledge 1992, S. 51–67, besonders S. 57f.

heim sowie politisch *und* autobiografisch zugleich. Damit wiederholt sie charakteristische Doppel-Referenzen der Mann'schen Selbstgeschichtsschreibung, die ihrerseits durch ein Zugleich von autobiografischer und überpersönlicher, lebensgeschichtlicher und weltzeitlicher Reflexion gekennzeichnet ist. Auch Thomas Manns Autobiografik ist damit umgekehrt *mikrokosmisch* im Sinne der Zeitkapsel.

Manns Brief organisiert eine solche Konvergenz von persönlicher und geschichtlicher Redeweise von der ersten bis zur letzten Zeile, die sich auf die ›Zukunft‹ jeweils in einem die einzelmenschliche Lebenszeit transzendierenden Sinne beziehen und das welthistorische und kosmische Zeitmoment im individualgeschichtlichen Augenblick des Hier und Jetzt spiegeln. Solcherart überlagern sich in der Botschaft an die »Brüder der Zukunft« mindestens drei Zeit- und Geschichtsebenen: (1) der historisch-politischen Gegenwart des Jahres 1938/39, mitsamt ihren den europäischen und nordamerikanischen Kontinent umspannenden weltgeschichtlichen Implikationen zwischen Münchner Abkommen und Zweitem Weltkrieg; (2) der Lebenszeit Thomas Manns an der Schwelle zur amerikanischen Emigration; und schließlich (3) der Welt-Zeit in einer die Weltgeschichte übersteigenden kosmischen Größenordnung. Dem makrokosmischen Zeithorizont der Kapsel kommt damit im Brief – der einen solchen Bezug aufnimmt und noch verstärkt, indem er eine Zeitspanne von zweimal 5000 Jahren imaginiert – dieselbe Funktion zu, die in Manns Denken ansonsten dem Mythos zukommt. Denn Mythos und Zeitkapsel entwerfen beide eine aktuell noch undenkbare Zukunftswelt nach dem – umgekehrten – Modell einer geschichtlichen Maßstäben ebenfalls entrückten Vergangenheit, nutzen also den ominösen »Doppelsinn« des Wortes »Einst«, das einen vergangenen wie künftigen Zeitpunkt bezeichnet, um die Positionen von »Überlieferung und Prophezeiung« (IV, 32) zu vertauschen. Mythos und Zeitkapsel referieren dergestalt auf eine mögliche Welt – eine imaginäre Zukunft – unter inverser Bezugnahme auf eine als fremd vorgestellte tatsächliche Welt – eine vom Standpunkt des Jahres 6939 aus gesehen »entwirklichte« Gegenwart.[18] Weitere Parallelen vor allem zum Vorspiel des ersten *Joseph*-Romans könnten eine solche nicht nur motivische, sondern auch strukturelle und poetologische Nähe von Zeitkapsel-Logik und Mythos weiter erhärten – wie jener »Brunnen der Vergangenheit«, in den Manns Erzählung ebenso wie die *Time Capsule* eingesenkt ist, deren unterirdische Aufbewahrungsstelle sinnigerweise *Immortal Well* (ewiger Brunnen) getauft wurde[19] (vgl. Abb. 2).

[18] Vgl. Nelson Goodman: Ways of Worldmaking, Indianapolis/Chicago: Hackett Publishing Company 1978.

[19] Jarvis: Time Capsules (Anm. 3), S. 153. Wahlweise wurde die Beisetzungsstelle der *Time Capsule* auch als »Well of the Future« bezeichnet (vgl. ebd.).

Allerdings scheint Manns Botschaft jeglichem Geschichtsoptimismus einen empfindlichen Dämpfer aufzusetzen: »Die Zukunft als ›bessere Welt‹ war wohl ein Mißverständnis des Fortschrittsglaubens«. Der Formulierung liegen komplizierte intertextuelle Referenzen zu Thomas Manns Werk wie auch zum Paratext der *Time Capsule* sowie zum Brief von Millikan zugrunde. Dieser hatte in seiner Nachricht für die Kapsel der Menschheit günstigenfalls ein »Goldenes Zeitalter« vorausgesagt.[20] Und auch die Verfasser des *Book of Record* bekennen sich – Hitler-Deutschland und der Weltlage am Vorabend des Zweiten Weltkriegs zum Trotz – zu einem vorsichtigen, aber dezidierten Zukunftsoptimismus: »Wir ziehen es vor zu glauben, dass der Mensch die Probleme der Welt lösen, dass die Menschheit über ihre Grenzen und Missgeschicke triumphieren und dass die Zukunft glorreich sein wird«.[21] Solche hoffnungsvollen Töne stehen der *Time Capsule* gut zu Gesicht: Zeitkapseln sind in demselben Maße in hypothetische Untergangsvisionen verliebt, in dem sie an einer prinzipiellen Zukunftsfähigkeit der Welt und des Menschen festhalten – wozu bräuchte es sonst auch Zeitkapseln? Manns Botschaft aber nimmt sich demgegenüber merklich skeptischer aus – und zugleich weitaus differenzierter. Sie verneint den Glauben an die Zukunft als eine bessere Welt: ein solcher wäre, wie gehört, nur die »Projektion einer Bemühung ins Zeitliche, die nicht dem Zeitlichen angehört«. Stattdessen appelliert sie an die approximative »Idee« einer »Vermenschlichung des Menschen« und verlegt damit den Fortschrittsgedanken aus der Außenwelt der Geschichte in die Innenwelt des Einzelmenschen. Damit internalisiert sie jenen nicht nur, sondern relativiert ihn auch, wie ein Vergleich mit thematisch und sprachlich verwandten Äußerungen Manns *vor* der Übersiedlung in die USA und *nach* seiner dortigen Ankunft zeigt. Dabei können die folgenden Ausführungen nur die Umrisse einen solchen Dialogs zwischen Zeitkapsel-Botschaft und Mann'scher (Exil-)Publizistik nachzeichnen.[22]

Thomas Manns Beteiligung an der *World Fair* von 1939 beschränkt sich nicht auf seinen Brief für die *Westinghouse Time Capsule*. Mann regte auch die Errichtung eines *Freiheitspavillons* für die Weltausstellung an, der als »intellek-

[20] »Wenn die rationalen, wissenschaftlichen, fortschrittlichen Prinzipien in diesem Streit [zwischen den gewählten Regierungen der freien Welt und den »Prinzipien des Despotismus«] obsiegen, dann besteht die Möglichkeit eines kommenden unkriegerischen, goldenen Zeitalters für die Menschheit« (Book of Record [Anm. 6], S. 46).

[21] Ebd., S. 18.

[22] In der *Time Capsule* befinden sich übrigens noch weitere Texte Thomas Manns, und zwar in Gestalt der 1937 bei Alfred A. Knopf in New York erschienenen englischen Ausgabe der drei Essays *Freud und die Zukunft*, *Goethes Laufbahn als Schriftsteller* und *Leiden und Größe Richard Wagners* – vgl. Pendray: Story of the Westinghouse Time Capsule (Anm. 5), S. [30]; Potempa, Thomas Mann-Bibliographie. Bd. 2: Übersetzungen, Interviews (Anm. 1), Nr. 312. Damit ist Thomas Mann der am besten repräsentierte Dichter in der Zeitkapsel (wobei nur zeitgenössische Künstler und Kunstwerke aufgenommen wurden).

tuelle Dokumentationsstelle der wahren deutschen Kultur« und als Leistungsschau der deutschen Exilkunst in den USA sowie der deutschen Vor-Nazizeit-Kunst und -Wissenschaft dienen sollte.[23] Allerdings kam das Unternehmen wegen offizieller Bedenken von amerikanischer Seite nicht zustande, eine solche Ausstellung könne von den Nazis als Provokation empfunden werden.[24] Außerdem wirkte Mann an der Eröffnung des sowjetischen Pavillons sowie an der Grundsteinlegung und Eröffnung des Palästina-Pavillons der *World Fair* mit, wobei er für die beiden letzteren Anlässe Ansprachen verfasste und hielt, die im Fall der Grundsteinrede des Palästina-Pavillons in Auszügen erhalten ist.[25] Außerdem sprach Mann vor dem *Weltkongress der Schriftsteller*, der vom 8.–10. 5. 1939 ebenfalls aus Anlass und auf dem Gelände der Weltausstellung stattfand.[26] In dieser Rede wiederholt er zentrale Gedanken seines 1928 veröffentlichten Aufsatzes *Kultur und Sozialismus*, der für eine Versöhnung der deutschen »konservativen Kulturidee mit dem revolutionären Gesellschaftsgedanken« (Ess III, 63) plädierte. Zur Erinnerung: In *Kultur und Sozialismus* hatte Mann versucht, die deutsche Idee einer Kultur »mit großem K« – als Summe alles »Großen und Schönen«, wie es in der späteren Kongressrede heißen wird – auf einen westlichen Begriff der Zivilisation hin zu öffnen (Ess III, 58; Tb 1937–1939, S. 896). »Zivilisation« definiert Mann dabei nicht mehr – wie noch in den *Betrachtungen eines Unpolitischen*, auf die sich der Aufsatz auch bezieht – in einem notwendigen Gegenbezug zur Idee »Kultur«, sondern als deren äußeren Ausdruck. Vor dem institutionellen Hintergrund der New Yorker Weltausstellung erneuert Thomas Mann nun ein solches Bekenntnis, das im Kern ein »Bekenntnis zum demokratischen Ideal« (Tb 1937–1939, S. 897) ist, und zwar in doppelter Absicht: um der Weltöffentlichkeit ein Beispiel des »besseren Deutschland« zu geben und um sein Gastgeberland, die USA, zu einer entschiedeneren Politik gegen Hitler zu bewegen. Die Rede zur Eröffnung des sowjetischen Pavillons nimmt damit Positionen auf, die Mann seit seinem Essay *Von deutscher Republik* (1922) und den verschiedenen Fassungen von *Goethe und Tolstoi* (1921/25/32) entwickelt hatte und die er jetzt, auf der Bühne der Weltausstellung sowie in Reden an das amerikanische Publikum – wie der Rede *Vom zukünftigen [kommenden] Sieg der Demokratie* (1938) – weiter in die tagespolitische Wirklichkeit hinein vorschiebt.

23 Vgl. New York Times, 12. 5. 1938, 15. 5. 1938 und 13. 1. 1939.

24 Vgl. dazu die verschiedentlichen Einträge im Tagebuch (Tb, 24. 12. 1938, 23.–24. 1. 1939, 30. 1. 1939, 12. 2. 1939, 18. 2. 1939). Das Scheitern des Planes kommentiert Thomas Mann in Worten, die nicht zuletzt das Ausmaß seiner eigenen Beteiligung zum Ausdruck bringen.

25 Vgl. Tb, 17. 5. 1939 (zum russischen Pavillon); Tb, 18.–19. 5. 1939, 21. 10. 1939, 23. 10. 1939, 26.–28. 10. 1939, 31. 10. 1939; New York Times, 19.–20. 5. 1939; Reg, 39/450 (zum Palästina-Pavillon).

26 Vgl. Tb, 9. 5. 1939; der Wortlaut der Rede vgl. ebd., S. 896–898.

Solchen weitgehend eindeutigen – gewissermaßen ›politisch korrekten‹ – *öffentlichen* Äußerungen gegenüber vertritt der apokryphe Text der Zeitkapsel-Botschaft eine verhaltenere Position. Den Fortschrittsglauben ein »Missverständnis« zu nennen, käme dem »politischen Sonntagsredner« der Exiljahre nicht in den Sinn.[27] Schon im Vortrag *Von deutscher Republik*, also fünfzehn Jahre *vor* der Versenkung der Zeitkapsel, hatte sich Thomas Mann vielmehr zustimmend auf die Idee einer »Apotheose der Zukunft« berufen, welche in der Republik-Rede über Novalis herbeizitiert wird (15.1, 545). Unter Rekurs auf letzteren verquickt Mann den Gedanken der Demokratie unmittelbar und explizit mit den Prinzipien des »Fortschritt[s]« und des »Fortschrittsoptimismus« (15.1, 545 f.). Auf eine solche Formulierung – die noch ganz unter dem Eindruck der *Betrachtungen* steht, aber zugleich Ausdruck der sogenannten ›republikanischen Wende‹ des Autors ist – kommt die erste Zeile des Zeitkapsel-Briefs zurück.[28] Nur dass sie der früheren Wortwahl in der Sache widerspricht: »Die Zukunft als ›bessere Welt‹ war wohl ein Mißverständnis des Fortschrittsglaubens«. Stattdessen zieht sich der Zeitkapsel-Text auf eine subjektiv-innerliche Position zurück – auf die »Idee« einer »Vermenschlichung des Menschen« und einen humanistisch anmutenden Kulturbegriff. Beide finden sich in der Rede *Von deutscher Republik* bzw. in der Exil-Rede *Vom zukünftigen [kommenden] Sieg der Demokratie* aus dem Entstehungsjahr des Zeitkapsel-Briefs (1938) zwar auch, sie werden dort aber mit einem geschichtlich-politischen Fortschrittsnarrativ verknüpft. In *Vom zukünftigen [kommenden] Sieg der Demokratie* ist vom »Endsieg der Demokratie« (wenn auch in einem ›sehr weiten Sinn‹) die Rede (Ess IV, 219). Die Zeitkapsel-Botschaft entkoppelt dagegen die Idee einer Perfektibilität der Menschheit von einer Rhetorik des geschichtlich-politischen Fortschritts und greift darin auf die Vortrags-Fassung von *Goethe und Tolstoi* (1921) zurück, in der die Begriffe ebenfalls *dichotomisch* aufeinander bezogen werden. Eine Gegenbildlichkeit von (innerlichem) Perfektibilitäts- und (äußerlichem) Fortschrittsprinzip hatte Mann dort noch mit einer zutiefst anti-westlichen, anti-fortschrittlichen und anti-demokratischen Position identifiziert (derjenigen des Tolstoi'schen »*Asiatismus*«[29]):

[27] Vgl. Hermann Kurzke: Thomas Mann. Das Leben als Kunstwerk, 4. Aufl., München: C. H. Beck 2005, S. 448.

[28] Darauf haben schon Kurzke/Stachorski hingewiesen (vgl. Ess IV, 432). Zur umstrittenen ›republikanischen Wende‹ vgl. zuletzt kritisch Tim Lörke: Thomas Manns republikanische Wende?, in: TM Jb 29, 2016, 71–86. Dabei hat es eine solche Wende in der Exilzeit wohl schon gegeben, auch wenn sie sich nicht bis auf den Aufsatz von 1922 zurückdatieren lässt. Im vorliegenden Zusammenhang geht es aber auch nicht um Manns politische Überzeugungen, sondern um die Frage, wie bestimmte Publikationsbedingungen deren Formulierung konditionierten.

[29] 15.1, 406. Auf die ideengeschichtlichen Grundlagen einer solchen Vorstellung kann hier nicht weiter eingegangen werden. Dabei wäre u. a. an die frühromantische Revision (etwa Fried-

Tolstoi glaubt nicht an die europäische Idee des Fortschritts, er leugnet sie in Wort und Werk. [...] Der gewöhnliche Menschenverstand könnte uns jedoch sagen, daß, wenn die Geschichte des größeren Teiles der Menschheit, der ganze sogenannte *Osten*, das Gesetz des Fortschritts nicht bestätigt, dieses Gesetz nicht für die ganze Menschheit bestehe, sondern höchstens einen Glaubensartikel für einen bestimmten Teil der Menschheit bilde. Tolstoi bekennt, daß er im Leben der Menschheit überhaupt kein gemeinsames Gesetz zu finden vermag, und daß man ebensogut die Geschichte jeder beliebigen anderen Idee oder historischen Phantasie unterordnen könne, wie der Fortschrittsidee. [...] Das gemeinsame ewige Gesetz, sagt er, stehe in der Seele eines jeden einzelnen Menschen geschrieben, und nur durch Irrtum werde es auf die Geschichte übertragen. Solange es ein persönliches bleibe, sei dieses Gesetz fruchtbar und allen zugänglich; auf die Geschichte übertragen, müßiges, leeres Geschwätz. (15.1, 404 f.)

Wie der Zeitkapsel-Brief so plädiert also schon Manns Tolstoi dafür, »die menschliche Vervollkommnung in das Innere des Einzelnen« (15.1, 405) zu verlegen – eine Idee, die aber gerade *keine* humanistische Idee, sondern im Kern antihumanistisch (sowie »antiliterarisch[...]« und »antirhetorisch[...]«[30]) ist. Das hat der Thomas Mann der Zeitkapsel-Botschaft natürlich nicht vergessen. Man kommt deshalb nicht umhin, in der Verinnerlichung und »Verpersönlichung« der Fortschrittsidee, die in der Botschaft als Idee der »Vermenschlichung des Menschen« zitiert wird, eine *anti*-westliche und *anti*-humanistische Mitgift zu sehen, die sich dem ganz anders gearteten westlichen Zivilisationsmythos der *Time Capsule* als Gegennarrativ einschreibt. Das getraut sich Mann aber nur, *weil* seine Botschaft durch den technologischen und linguistischen Geheimnisapparat der Zeitkapsel als geheime bzw. halb-öffentliche geschützt ist und deshalb nicht auf die (unverdächtige) Argumentationslinie der öffentlichen Meinungsäußerungen der Exilzeit einschwenken muss.

Man erkennt eine solche Differenz – von (tendenziell) geheimer und öffentlicher Rede – deutlich im direkten Vergleich der ersten Botschaft für die *Time Capsule* mit Manns 1943 aus Anlass des fünften Jahrestags der Zeitkapsel verfasstem Postskriptum. Letzteres wurde, anders als der Brief von 1938 und um die physikalische und intellektuelle Integrität der Zeitkapsel nicht zu verletzten, nicht in dieser selbst deponiert, sondern in der Ausgabe der *New York Times* vom 23. 9. 1943 veröffentlicht.[31] Obwohl Mann darin an seine erste Bot-

rich Schlegels) des aufklärerischen Perfektibilitätsaxioms Condorcets und ihrer Rezeptionsgeschichte zu denken.

[30] 15.1, 413.

[31] Mann verfasste auch noch ein zweites Postskriptum zum zehnjährigen Jubiläum der *Time Capsule* im Jahr 1948, das sich aber scheinbar nicht erhalten hat (vgl. Tb, 20. 8. 1948). Im TMA (B-II-CLEV-1) findet sich noch der Einladungsbrief der *Westinghouse Corporation* vom 13. 8. 1948. Für freundliche Unterstützung bei meinen Recherchen danke ich Herrn Rolf Bolt vom TMA. – 1964 wurde neben der *Time Capsule (I)* von 1939 noch eine zweite *Time Capsule II*

schaft anknüpft und sein »Nachwort« (wie es im Tagebuch genannt wird) als gedankliche und logische Fortsetzung der ersteren ausgibt, lassen sich grundsätzliche Unterschiede zwischen beiden Texten doch nicht verkennen. Während der Brief von 1938 der Aussicht auf eine konkrete Fortentwicklung der Menschheit in eine ironisch-skeptische Reserve zurücknimmt und gleichsam geschichtlich »entmaterialisiert«, stellt die Nachschrift einen ebenso direkten wie positiven Bezug zwischen dem Auftrag zur Selbstverbesserung des Menschen und der Faktizität der Zeitgeschichte her:[32]

When I wrote my little contribution to the Time Capsule, in 1938, many among us could already clearly see the ordeal that was inevitably approaching this country, and that it would have to participate in the war for the rights of man that has been forced upon the free peoples by the fascist criminals. Generally speaking, this war is exactly about what I gave in my contribution its proper name: The right of man to strive for the most exalted image of himself, for the idea of the humanization of man. In hoping for victory our hope is identical with that to get perhaps one step nearer to the goal. We ought not to forget our epoch, in spite of all the suffering and terror, contains at the same time great hopes. It is altogether possible that humanity, through this terrible war, will make a decisive step forward in its social wisdom and maturity.

This seems to me to be what I would add to the words which I entrusted, five years ago, to the Time Capsule.[33]

Dabei gehen die propositionalen Unterschiede beider Texte mit einem veränderten Adressatenbezug einher. Die Botschaft von 1938 richtete sich an die »Erdenbürger der Zukunft«, d. h. an die Empfänger der *Time Capsule*, wohingegen das Postskriptum von 1943 die tendenziell hermetische Kommunikationssituation der Zeitkapsel durchbricht und ein zeitgenössisches, vorwiegend amerikanisches Publikum anspricht. Es sind also nicht so sehr die unterschiedlichen historisch-politischen Umstände von Kriegs- und Vorkriegszeit, sondern die unterschiedlichen Kommunikationsbedingungen von Zeitungsaufsatz und Zeitkapsel-Botschaft, die die Mitteilungsabsichten der Nachrichten regulieren.

Im Vergleich zum Postskriptum und der offiziellen publizistischen Rhetorik Manns sympathisiert die Zeitkapsel-Botschaft von 1938 mit einer Introversion des pädagogischen Auftrags in die Innerlichkeit des Individualgeschichtlichen

vergraben, in der neueste technische Errungenschaften deponiert wurden. Auch dabei wurde das Siegel der ersten Zeitkapsel nicht angetastet.

[32] In einem Antwortbrief an die Westinghouse Company vom 23. 8. 1948 (erhalten im TMA unter B-I-CLEVE-1) kommentiert Mann seine Botschaft von 1938 rückblickend und unverkennbar ironisch als eine, die der Menschheit des 69. Jahrhunderts gegenüber »nicht zu viel Optimismus« geäußert habe (vgl. Reg, 48/456). Im Vergleich zum »geistigen und moralischen Tiefstand« der Gegenwart und ihrer »boshaften Dummheit« (*vicious stupidity*) dürften kommende Generationen aber durchaus »smarter« sein – sofern es dann noch »Nachfahren« gebe.

[33] New York Times, 23. 11. 1943 (der Text ist mit kleinen Fehlern wieder abgedruckt in Tb 7, S. 932 f.).

und Einzelmenschlichen, die – nicht nur in *Goethe und Tolstoi* – von Mann auch als autobiografische Tendenz problematisiert wird. Denn dem »Autobiographischen« ist das »Element der Erziehung« zwar inhärent, aber es ist (wie bei *Goethe und Tolstoi*) »nicht demokratisch-politisch«, sondern individualistisch und fortschrittsskeptisch.[34] So wird Goethes »Verhältnis zum Menschen« unter »dem Gesichtspunkt des Geistes« als »zynisch«, d. h. als »radikal ungläubig« charakterisiert.[35] Andererseits äußere sich ein solcher humanistischer Pessimismus in einem »bekennerisch-autobiographische[n]« Bildungsimpuls, einer »›Liebe zu sich selbst [...]‹«, die der »Anfang aller Autobiographie« sei (15.1, 382 f.). Dieselben Tendenzen erkennt Thomas Mann in den autobiografischen Neigungen seines eigenen Schriftstellertums vor der doppelten Epochen-Zäsur von 1933 und der Verbrennung seiner Tagebücher aus der Vor-Exilzeit wieder.[36] Indem die Zeitkapsel-Botschaft also zu einem fortschrittskritischen, idealisierten und internalisierten Kulturbegriff zurückkehrt, wird sie zu einem autobiografischen Text in doppelter Hinsicht: der die pessimistischen, solipsistischen und alles konstruktiv Politische ironisierenden Tendenzen autobiografischen Schreibens nicht nur weiterführt, sondern auch thematisiert.

Stellt Manns Botschaft das Zeitkapsel-Projekt damit von innen heraus in Frage? Im Gegenteil. Wenngleich sie dem technologischen Selbstvertrauen der Zeitkapsel-Erfinder heimlich misstraut, schließt sie sich deren Absage an eine pessimistische Geschichtsauffassung doch zugleich an. Ja, Manns Text geht, genau besehen, sogar über das Zukunftsvertrauen der Zeitkapsel hinaus. Um dies zu erkennen, muss man sich den in der *Time Capsule* wie in Manns Brief geführten Dialog mit Oswald Spenglers berühmt-berüchtigter Prognose eines *Untergangs des Abendlandes* vor Augen halten. Schon in der Rede *Von deutscher Republik* hatte sich Mann kritisch mit dessen Geschichtsdefätismus auseinandergesetzt. Dabei kann es hier nur um *einen* Aspekt der im Übrigen komplizierten und wechselvollen Rezeptionsgeschichte des zwischen 1918 und 1922 erschienenen Spengler'schen Hauptwerks in Manns Denken gehen.[37] So hält die Republik-Rede Spengler vor, »die Idee der Menschheit zu leugnen«:

[34] 15.1, 393 und 418. Vgl. auch XIII, 149 f. (*On Myself*) sowie Herbert Lehnert und Eva Wessel: Nihilismus der Menschenfreundlichkeit. Thomas Manns »Wandlung« und sein Essay »Goethe und Tolstoi«, Frankfurt/Main: Vittorio Klostermann 1991.

[35] 15.1, 892. In der Essay-Fassung von *Goethe und Tolstoi* von 1925.

[36] Das berühmte »Autobiographie aber ist alles« (XI, 695), das seinerseits verkapptes Goethe-Zitat ist (vgl. Kurzke: Thomas Mann [Anm. 27], S. 464), bringt nicht zuletzt die Unvermeidlichkeit wie Fragwürdigkeit einer autobiografischen Disposition zum Ausdruck.

[37] Vgl. dazu besonders Helmut Koopmann: Der Untergang des Abendlandes und der Aufgang des Morgenlandes. Thomas Mann, die Josephsromane und Spengler, in: Der schwierige Deutsche. Studien zum Werk Thomas Manns, hg. von dems., Tübingen: Max Niemeyer 1988, S. 38–64, 170–177; Barbara Beßlich: Faszination des Verfalls. Thomas Mann und Oswald Spengler, Berlin: Akademie Verlag 2002.

Für seine [Spenglers] Wissenschaftlichkeit ist der Menschheitstraum nur etwas Dagewesenes und nach mechanisch-außermenschlichem Gesetz immer Wiederkehrendes, ein geistiges Phänomen, fatal und banal in seiner Regelmäßigkeit, ein Traum, auf den die Völker, die ihn eben träumen, sich ja nichts einbilden sollen, denn *alle* haben ihn geträumt. (15.1, 548)

Die Zeitkapsel-Botschaft verteidigt besagte »Idee« jedoch entschieden und schreibt sie, wie gesehen, der Menschheit der Zukunft ins Stammbuch: als Residualbegriff, in dem sich die »Bemühung« um eine menschlicheres Menschentum angesichts der aktuellen wie der generellen Enttäuschungen ihrer äußeren Verwirklichung konzentriert hat.[38] Bei allem Widerspruch gegen das Prinzip des »Fortschrittsoptimismus« widersetzt sich die Zeitkapsel-Botschaft also der von Spengler ausgelösten Erschütterung, »nach welcher ›Menschheit‹ wieder einmal nur ein leeres Wort und ein Ungedanke, die Geschichte aber nichts als der restlos-außermenschlich vorbestimmte, nach ehernen Gesetzen sich vollziehende Lebenslauf biologischer Einheiten« ist.[39] Zugleich weist sie Spenglers »Theorie von der radikalen Fremdheit, die zwischen den Kulturen herrsche«, zurück, wie es im *Brief aus Deutschland* heißt.[40] Dort hatte Mann Spenglers Auffassung wie folgt resümiert:

Seine Lehre, für alle Fälle kurz zusammengefasst, ist diese. Die Geschichte besteht in dem Lebenslauf vegetativer und strukturgleicher Organismen von individueller Physiognomie und begrenzter Lebensdauer, die man ›Kulturen‹ nennt. [...] Obwohl aber gleich nach ihrer allgemeinen Struktur und ihrem allgemeinen Schicksal, sind die Kulturen streng in sich geschlossene Lebewesen, unverbrüchlich gebunden eine jede an die ihr eigenen Stilgesetze des Denkens, Schauens, Empfindens, Erlebens, und eine versteht nicht ein Wort von dem, was die andere sagt und meint. Nur Herr Spengler versteht sie samt und sonders und weiß von einer jeden zu sagen und zu singen, daß es eine Lust ist. Im Übrigen, wie gesagt, herrscht tiefe Verständnislosigkeit. Lächerlich, von einem Zusammenhange des Lebens, von letzter geistiger Einheit, von jenem Menschentum zu reden, das, nach Novalis, der höhere Sinn unseres Planeten [...] ist [...].[41]

Spengler erschiene es darum abwegig (so wieder die Republik-Rede), »alle Nationen, alle Menschen noch so verschiedener und entfernter Länder zu *einer* Bruderschaft, einer Familie«[42] vereinen zu können. Schon ein flüchtiger Blick

[38] Im übrigen kann man Thomas Manns Verfahrensweise in der Zeitkapsel-Botschaft mit einem aus seiner Spengler-Kritik stammenden Begriff auch als eine Form »geistiger Beschwörung« verstehen, d.h. als kritische Prophezeiung, »nicht damit sie kommt, sondern damit sie *nicht* kommt« (ebd., 547).

[39] Ebd., 546.

[40] Ebd., 570.

[41] Ebd., 569f.

[42] Ebd., 548.

genügt, um festzustellen, dass der Text für die *Time Capsule* ein solches Spengler'sches Gedankenmaterial dementiert. So werden die mutmaßlichen Empfänger der Kapsel-Nachricht unmissverständlich als »Brüder der Zukunft« angeredet, und zwar in einem Idiom, das – unterstützt von den eingangs dargelegten logistischen Maßnahmen der Zeitkapsel-Infrastruktur – interkulturelle Fremdheit überwindbar zu machen verspricht: der *englischen* Sprache. Nicht nur Manns Botschaft, auch ihr sprachgestützter Inhalt wird überdauern und die »Erdenbürger der Zukunft« mit ihren Vorfahren von vor fünf- und zehntausend Jahren in einem historisch-genealogischen sowie sprachlichen Überlieferungskontinuum vereinigen.

Der Paratext der *Time Capsule* ist in dieser Frage deutlich zurückhaltender. Auch die Zeitkapsel-Autoren lassen sich zu einer Referenz zu Spenglers Thesen hinreißen. Diese fällt aber gerade nicht kritisch, sondern durchaus zustimmend aus, so als formuliere Spenglers Buch eine gültige Gesetzmäßigkeit der Geschichte. Im *Book of Record* liest man nämlich:

> Heutigentags fällt es schwer, sich eine weniger glückliche, weniger zivilisierte Zukunft als unsere eigene [sic] vorzustellen. Aber die Geschichte lehrt uns, dass jede Kultur einen genau festgelegten Zyklus von Entwicklung, Klimax und Untergang [*decay*] durchläuft.[43]

Manns Zeitkapsel-Text ist also gar nicht weniger zuversichtlich, sondern deutlich zuversichtlicher, als es die Urheber der *Time Capsule* sind. Damit verteidigt Manns Zeitkapsel-Beitrag nicht zuletzt seinen Autor gegen alles Sympathisieren mit dem Untergang.

III.

Natürlich geschieht das alles im Zeitkapsel-Brief nicht ohne den üblichen Schuss Thomas Mann'scher Ironie. Der Tenor des Textes ist denn auch ein leise ironischer. Das heißt jedoch nicht, dass es dem Verfasser mit seinem Zeitkapsel-Engagement nicht ernst gewesen ist. Schon die Tatsache, dass er zwei Nachträge zu seiner ursprünglichen Botschaft verfasst hat (von denen einer erhalten ist), entkräftet eine solche Annahme hinlänglich. Nicht zuletzt aber hat das Prinzip der Zeitkapsel Thomas Mann als Modell seiner eigenen autobiografischen Werkpolitik gedient.

Große Teile seiner Tagebücher hat Thomas Mann bekanntlich in mindestens zwei Verbrennungsaktionen vernichtet. Von einem solchen Autodafé ausgenommen wurden die Tagebücher der Exil-Zeit. Sie dokumentieren – sowohl

[43] Book of Record (Anm. 6), S. 5.

inhaltlich wie durch ihre Existenz – den Entschluss des Autors, der Nachwelt einen Bericht seines sinnlichen und geistigen Lebens zu hinterlassen. In einer vielzitierten Tagebuch-Notiz vom 25. 8. 1950 aus den USA heißt es: »Warum schreibe ich dies alles? Um es noch rechtzeitig vor meinem Tode zu vernichten? Oder wünsche [ich], daß die Welt mich *kenne*?[44] Für die Erhaltung und Überlieferung der Tagebücher ist der ›Tod des Autors‹ jedoch unerlässliche Vorbedingung – so wie für die New Yorker *Time Capsule* die historische Zeitigung der Gegenwart des Jahres 1938/39. Auch die Tagebücher sollen einem zukünftigen Publikum erst *posthum* zum Auskunftsmittel gereichen. Ihr *target date* wird allerdings nicht auf 5000, sondern nur auf »20 Jahre oder 25« angesetzt: »Heitere Entdeckungen dann, in Gottes Namen« (Tb, 13. 10. 1950). Gleichwohl macht sich Thomas Mann die Vorstellung eines gleichsam eschatologischen Zeitumbruchs mit Blick auf seine Exil-Tagebücher und deren aufgeschobene Veröffentlichung zu Eigen: »Es kenne mich die Welt, aber erst, wenn alles tot ist.« (Tb, 13. 10. 1950) Unter Betonung der literarischen Ephemeralität der Tagebücher, die wie der im Grunde wertlose Inhalt einer Zeitkapsel erst durch den Akt ihrer Sekretion sowie durch ihren ›autobiografischen‹ Zeugnischarakter wertvoll *werden*, arbeitet Mann die Aufzeichnungen seiner Exil-Zeit seinerseits in eine Zeitkapsel um. Er tut dies – bezeichnenderweise – unter Verwendung der englischen Sprache und ihres in der *Time Capsule* erprobten Haltbarkeitsversprechens: »Daily notes from 1933–1951. Without any literary value, but not to be opened by anybody before 20 years after my death.« (Tb 1933–1934, S. XIII–XIV) Mit rotem Lack versiegelt, hat das Paket seinen Empfänger pünktlich am 12. August 1975 erreicht.

[44] Zur Signifikanz einer solchen Äußerung im Zusammenhang der Tagebücher vgl. besonders Peter de Mendelssohn: Vorbemerkungen des Herausgebers, in: Tb 1933–1934, S. V–XXII; Inge Jens / Walter Jens: Die Tagebücher, in: TM Hb (2005), 721–741; Georg Guntermann: Tagebücher, in: TM Hb (2015), S. 223–230.

Katrin Bedenig

60 Jahre Thomas Mann Gesellschaft Zürich[1]

2016 dürfen wir auf 60 Jahre Geschichte unserer Gesellschaft zurückblicken. Von den heute noch existierenden Thomas Mann-Gesellschaften ist die Thomas Mann Gesellschaft Zürich die älteste. Thomas Mann selbst hatte allerdings Kenntnis von mindestens zwei Vorläuferinstitutionen: in den Dreißigerjahren von der *Prager Thomas Mann-Gesellschaft* und Ende der Vierzigerjahre von der *Thomas-Mann-Gesellschaft Nürnberg*. Diese Vorgängergesellschaften haben zwar leider nicht überlebt, doch sind Thomas Manns Stellungnahmen dazu aufschlussreich.

Thomas Mann wurde 1936 tschechoslowakischer Staatsbürger. Im selben Jahr engagierte er sich für einen *Aufruf [zugunsten eines Thomas Mann-Fonds zur Unterstützung emigrierter deutscher Schriftsteller in der Tschechoslowakei]*,[2] der von der *Thomas Mann-Gesellschaft Prag*[3] unterstützt und verbreitet wurde. Nachdem im Oktober 1938 die sudetendeutschen Gebiete der Tschechoslowakei dem Deutschen Reich angegliedert worden waren, berichtete Thomas Mann jedoch bereits in der Vergangenheitsform über die Prager Gesellschaft[4] und bat den Staatssekretär der Vereinigten Staaten, Cordell Hull,

[1] Dieser Vortrag wurde zum 60-Jahr-Jubiläum an der Jahrestagung der Thomas Mann Gesellschaft Zürich am 11. Juni 2016 im Literaturhaus Zürich gehalten.

[2] Das Manuskript befindet sich im Thomas-Mann-Archiv (TMA), A-I-Mp VI 78 Nr. 2 grün. (Siehe: Georg Potempa: Thomas Mann. Beteiligung an politischen Aufrufen und anderen kollektiven Publikationen. Eine Bibliographie, Morsum/Sylt: Cicero Presse 1988, Aufruf Nr. 69.) Zur Entstehung des *Aufrufs* siehe Heinrich Mann an Thomas Mann, 26.4.1936 (BrHM, 269f.). Thomas Mann verband mit diesem *Aufruf* die Hoffnung: »Er kann zu einem Erfolg für die Emigration werden« (Tb, 2.10.1936) und nahm im Januar 1937 in Prag auch an einer »Sitzung des Comités des Th. M.-Fonds« teil (Tb, 12.1.1937).

[3] Über den Gründungszeitpunkt der Thomas Mann-Gesellschaft Prag kursieren unterschiedliche Angaben. So werden die Jahre 1937 oder 1938 als Gründungsjahre genannt (vgl. Joseph Walk: Kurzbiographien zur Geschichte der Juden: 1918–1945, hg. vom Leo Baeck Institute, München et al: Saur 1988, S. 356; Internationales Germanistenlexikon 1800–1950, Bd. 1, hg. von Christoph König, Berlin/New York: de Gruyter 2003, S. 1649). Ein Brief des Vorsitzenden der Thomas Mann-Gesellschaft Prag, Jan B. Kozák, an Walter A. Berendsohn vom 28.6.1938 hingegen verweist auf ein bereits seit »über anderthalb Jahren« bestehendes Engagement der Gesellschaft, was eine Gründung Ende 1936 wahrscheinlich macht (Original TMA, B-V-KOZA-1). Als Beilage ist der von 38 Autoren gezeichnete *Aufruf der Prager Thomas Mann-Gesellschaft* erhalten, die sich als »eine unter dem Patronat des Dichters stehende Organisation zur Förderung des humanistisch und demokratisch gesinnten deutschen Schrifttums« bezeichnet (Beilage zu B-V-KOZA-1).

[4] »In Prag gab es eine auf meinen Namen getaufte Gesellschaft, die der Unterstützung emigrierter deutscher Intellektueller diente und Förderung durch oberste Staatstellen des Lan-

um Hilfe bei der Emigration nun gefährdeter Mitglieder: »Es ist klar, daß eine Gesellschaft dieser Gesinnung nach der politischen Wendung in Europa und in der Tschechoslowakei nicht nur nicht fortbestehen konnte, sondern daß ihre führenden Mitglieder durch die neue Situation sogar unmittelbar gefährdet sind [...].« (Br II, 60) Ein ehemaliges Mitglied der Prager Gesellschaft könnte der jüdische Journalist Alfred Joachim Fischer gewesen sein, der nach Prag geflohen war und später in England und Australien interniert wurde.[5] Thomas Mann wurde während seines Exils in den USA 1941 von der amerikanischen Einwanderungsbehörde um Auskunft über Fischer gebeten, der als politischer Flüchtling ein *Emergency Visa* für die USA beantragt habe und auf der Liste der Thomas Mann-Gesellschaft stehe.[6] In seinem Antwortschreiben an die amerikanische Einwanderungsbehörde argumentierte Thomas Mann, die Tat-

des erfuhr.« (Thomas Mann an Cordell Hull, 25.10.1938, Br II, 60, Durchschlagskopie TMA, B-I-HULL-1.)

5 Biografische Angaben in: Joseph Walk, Kurzbiographien (Anm. 3), S. 91. In seiner Autobiografie (In der Nähe der Ereignisse. Als jüdischer Journalist in diesem Jahrhundert, Berlin: Transit 1991, S. 167) erwähnt Fischer zwar keine Mitgliedschaft der Thomas Mann-Gesellschaft Prag, dafür aber eine der Thomas Mann-Gruppe in London 1939. Tatsächlich hatte sich aus der Prager Gesellschaft 1939/40 die Thomas Mann-Gruppe London formiert: »Wie Ihnen bekannt ist, fand nach dem Münchener Abkommen vom September 1938 eine grössere Gruppe der bis dahin in der Tschechoslowakei lebenden deutschen Schriftsteller gastliche Aufnahme in England. Darunter befanden sich auch die meisten Mitglieder der Prager Thomas Mann-Gesellschaft. Im Czech Trust Fund, der eine unter staatlicher Aufsicht stehende englische Institution ist, vereinigten sich diese Schriftsteller mit anderen zur Thomas Mann-Gruppe und wurden als solche von der Leitung des Funds anerkannt. Die Gruppe umfasst heute, einschliesslich der Familienangehörigen 195 Personen der allerverschiedensten religiösen und politischen Bekenntnisse.« (Thomas Mann-Gruppe im Czech Refugee Trust Fund, Bernhard Menne und Wilhelm Sternfeld an Thomas Mann, 2.7.1940, Original Deutsche Nationalbibliothek, Deutsches Exilarchiv 1933–1945, Frankfurt/Main.) Siehe dazu auch den Fragebogen der Thomas Mann-Gruppe sowie die Vollmachtserklärung, Fischer in Verhandlungen mit dem Czech Refugee Trust Fund zu vertreten (Original Deutsche Nationalbibliothek, Deutsches Exilarchiv 1933–1945, Frankfurt/Main). Die Thomas Mann-Gruppe blieb bis mindestens 1948 bestehen und unterstützte weiterhin bedürftige Schriftsteller: »Statt nachzulassen, hat die Arbeit zugenommen. Durch Einstellung der gut dotierten Vertraege in den Kriegsgefangenenlagern sind zahlreiche Intellektuelle brotlos geworden und wissen heute nicht, wovon sie sich erhalten werden, wenn die geringen Ersparnisse aufgebraucht sind.« (Wilhelm Sternfeld an Thomas Mann, 19.6.1948, Original Deutsche Nationalbibliothek, Deutsches Exilarchiv 1933–1945, Frankfurt/Main.)

6 »He has informed us that he is on the list of the Thomas Mann Society for a preference visa as a political refugee.« A. L. Harris, Director Emigre Service Bureau, an Thomas Mann, 13.6.1941, Original TMA, B-II-HARRB-2. Thomas Mann war von Fischer bereits 1940 um Hilfe gebeten worden, da er in England interniert und in ein australisches Lager abgeschoben worden war – vermutlich hatte ihn sein deutscher Name verdächtig gemacht. Siehe dazu Thomas Mann an Alfred Joachim Fischer, 8.11.1940, Reg 40/556, Original privat, Durchschlag TMA, B-I-FISCHA-1. Aus dem australischen Internierungslager kam Fischer schließlich aber nicht mit Hilfe Thomas Manns, sondern mit Hilfe des britischen Ministers und späteren Nobelpreisträgers Philip J. Noel-Baker frei. Siehe Alfred Joachim Fischer: In der Nähe der Ereignisse. Als jüdischer Journalist in diesem Jahrhundert, Berlin: Transit 1991, S. 176f. u. 191.

sache, dass sich Alfred Joachim Fischer auf der Liste der Thomas Mann-Gesellschaft befinde, spräche für seine politische Integrität.[7]

Ebenfalls interessant ist der Umstand, dass Thomas Mann in der frühen Nachkriegszeit, 1949, brieflich der Gründung einer Thomas-Mann-Gesellschaft in Nürnberg zustimmte, zu einer Zeit, als er in den westdeutschen Medien harsch angegriffen wurde.[8] Einige der Gründer der Nürnberger Thomas-Mann-Gesellschaft waren jedoch nach Angaben des Initiators Heinz Stroh während des Dritten Reichs interniert gewesen und wollten es sich konkret zum Ziel setzen, Thomas Mann nach dem Krieg der deutschen Öffentlichkeit, jungen Autoren und der Wissenschaft bekannt zu machen.[9] Es sind mehrere Pressemeldungen erhalten, die von der Gründung der Nürnberger Gesellschaft berichten und teilweise wörtlich aus Thomas Manns zustimmender Antwort an Heinz Stroh zitieren: »Es muß mich ja von Herzen freuen, daß es in Deutschland immer noch oder wieder Menschen gibt, die so genaue und sympathievolle Kenner meiner Schriften sind.«[10] Bleibend durchsetzen konnte sich die Nürnberger Gesellschaft zwar leider nicht,[11] doch bleibt diese frühe westdeutsche Initiative ein wichtiges Faktum.[12]

[7] Thomas Mann an A. L. Harris, Director Emigre Service Bureau, 20. 6. 1941, Reg 41/223, Original privat, Durchschlag TMA, B-I-HARRA-2.

[8] Thomas Mann an Heinz Stroh, 2. 1. 1949, Reg 49/13, Original privat, Durchschlag TMA, B-I-STROH-11. Siehe dazu auch Thomas Sprecher: Die Thomas Mann Gesellschaft Zürich 1956–2006, BlTMG 31, 5.

[9] Heinz Stroh an Thomas Mann, 17. 12. 1948, Original TMA, B-II-STROH-5. – Heinz Stroh war überdies ebenfalls Mitglied der Thomas Mann-Gruppe London. Siehe den Fragebogen der Thomas Mann-Gruppe, Original Deutsche Nationalbibliothek, Deutsches Exilarchiv 1933–1945, Frankfurt/Main.

[10] Die Neue Zeitung, Jg. 5, Nr. 11, [Jan.] 1949; Frankfurter Neue Presse, Frankfurt/Main, Nr. 21, 26. 1. 1949; Neue Zeit, Berlin, Nr. 23, 28. 1. 1949.

[11] Sie existierte bis mindestens 1954. Siehe dazu Thomas-Mann-Gesellschaft Nürnberg an Anna Steuerwald-Landmann, 20. 4. 1954, Original Deutsche Nationalbibliothek, Deutsches Exilarchiv 1933–1945, Frankfurt/Main; sowie Anna Steuerwald-Landmann (im Auftrag der Thomas-Mann-Gesellschaft Nürnberg) an Walter A. Berendsohn, 7. 4. 1954 / 15. 4. 1954 u. 28. 4. 1954, Original TMA, B-V-STEU-1 u. B-V-STEU-2.

[12] Zu einer ostdeutschen Thomas Mann-Gesellschaft scheint es als Institution nicht gekommen zu sein. Allerdings wurde am 26. 10. 1954 in Potsdam ein Thomas Mann-Arbeitskreis gegründet, der ursprünglich für die Organisation diverser Festveranstaltungen im Jubiläumsjahr von Thomas Manns 80. Geburtstag 1955 vorgesehen war. Der Vorsitzende Georg Wenzel informierte Thomas Mann über die Tätigkeiten des Kreises (Brief vom 22. 2. 1955, in: Thomas Mann zum Gedenken, hg. vom Thomas Mann-Arbeitskreis des Kulturbundes zur demokratischen Erneuerung Deutschlands, Bezirk Potsdam, Potsdam: VEB Buch- und Offsetdruckerei 1956, S. 40–43; Thomas Manns Antwort vom 31. 3. 1955, ebd., S. 44). Nach Thomas Manns Tod wirkte der Kreis fort und erzielte bald internationale Ausstrahlung. Aufgrund seiner Veranstaltungen und Veröffentlichungen geriet der Kreis zunehmend in Konflikt mit dem sozialistischen Staatsapparat der DDR. Die Umwandlung des Kreises in eine »Thomas-Mann-Gesellschaft der DRR« gelang nicht. 1971 musste der Kreis aufgelöst werden. (Georg Wenzel: Gab es das überhaupt? Thomas Mann in der Kultur der DDR, Gransee: Edition Schwarzdruck 2011, S. 152–156).

Wie aber kam es zur Gründung einer Schweizer Thomas Mann Gesellschaft, und weshalb ist gerade sie die heutige Stammhalterin unter den Mann-Gesellschaften?

Die Schweiz lag Thomas Mann an seinem Lebensende am nächsten – und dies nicht nur räumlich gesehen, im Sinne seines letzten Aufenthaltsorts, sondern rational und emotional bewusst gewählt. Sein ehemaliges Heimatland Deutschland wandte sich im Westen von ihm ab und im Osten einer neuen Diktatur zu. Das Land seiner aktuellen Staatszugehörigkeit, die USA, zeigte im Kalten Krieg in einem übersteigerten Anti-Kommunismus ebenfalls extremistische Züge. Politisch im wahrsten Sinn neutraler und menschlich gesehen über vielerlei freundschaftliche Kontakte gewogener musste ihm da die Schweiz erscheinen. Ganz offensichtlich sah sich Thomas Mann in einem freundschaftlichen Verhältnis mit der Schweiz – »Die Schweiz? Aber ich liebe sie!« schrieb er schon 1923 in seinem *Brief über die Schweiz* (XIII, 49–55, 49); nach der Rückkehr aus dem amerikanischen Exil des Zweiten Weltkriegs begrüßte er die Schweizer mit den Worten: »Aber wir haben überlebt, die Schweiz und ich [...]«[13]; und an seinem Lebensende hielt er rückblickend über seine amerikanischen Jahre fest: »Wenn ich aber ›Europa‹ dachte und sagte, so meinte ich immer die Schweiz, genauer: [...] Ich meinte Zürich [...].« (X, 817f.)

Die Schweiz definierte sich für Thomas Mann aber auch über viele persönliche Freundschaften. Hermann Hesse, Emil und Emmie Oprecht, Robert Faesi, Richard Schweizer, Carl Helbling, Elsi Attenhofer, Annemarie Schwarzenbach, um nur einige wenige zu nennen. Freunde in der Schweiz hatten den Manns in den prekären 1930er Jahren beigestanden, und Schweizer Freunde nahmen die Manns in den Fünfzigerjahren wieder freundlich auf. Exemplarisch für die Gründung der Thomas Mann Gesellschaft Zürich sind ebenfalls die Schweizer Freunde zu nennen, und dieses Charakteristikum mag unsere Gesellschaft sowohl in ihren Stärken wie in ihren Schwächen geprägt haben.

So empfahl die Familie Mann bereits kurz nach dem Tod Thomas Manns einem dieser Schweizer Freunde, Max Rychner, die Gründung einer Thomas Mann Gesellschaft zur Unterstützung des gerade zwischen den Erben und der Schweizerischen Eidgenossenschaft in Entstehung begriffenen Thomas-Mann-Archivs.[14] Tatsächlich wurde die Thomas Mann Gesellschaft Zürich schon ein Dreivierteljahr nach dem Tod des Autors aus der Taufe gehoben. Sieht man sich die Namen an, die bei der Gründungsversammlung am

[13] 19.1, 269–273, 270; Wiedersehen mit der Schweiz, 1947.

[14] BlTMG 31, 2004/2005, 5. Erhalten ist Max Rychners Antwort an Katia Mann vom 16. März 1956, worin er ihr vom positiven Verlauf der Gründungsvorbereitungen berichtet (Original TMA, B-IV-RYCM-1). Außerdem ist ein Durchschlag von Max Rychners Einladung an die Gründungsmitglieder vom 15. Mai 1956 erhalten, worin er die Gründung der Thomas Mann Gesellschaft Zürich ausdrücklich »auf Wunsch der Familie Thomas Mann« festhält (Beilage zu B-IV-RYCM-1).

29. Mai 1956 in den Vorstand und ins Gründungskomitee eingetragen wurden, so finden sich neben Würdenträgern der Zürcher Regierung fast ausschließlich Freunde und enge Kontakte Thomas Manns. Neben den bereits genannten Faesi, Helbling, Hesse, Oprecht, Rychner und Schweizer finden sich dort auch Otto Basler, Gottfried Bermann Fischer, Martin Bodmer, Martin Howald, Ferdinand Lion und Werner Weber. Als offizieller Gründungstag wurde mit dem 12. August 1956 der erste Jahrestag von Thomas Manns Tod im Zürcher Kantonsspital festgelegt (BlTMG 31, 2004/2005, 6–9). Wir dürfen also festhalten, dass die Zürcher Thomas Mann Gesellschaft mit viel Elan, äußerst rasch und auf Wunsch der Familie Mann gegründet wurde.

1958 erschien auch bereits die erste Nummer der eigenen Publikationsreihe *Blätter der Thomas Mann Gesellschaft Zürich*. Darin hielten der erste Präsident, Max Rychner, und der Sekretär, Martin Howald, die Ziele und Aufgaben der neuen Gesellschaft fest. Da es sich zum damaligen Zeitpunkt um die einzige amtierende Thomas Mann Gesellschaft handelte, setzte sich die Thomas Mann Gesellschaft Zürich zum Ziel, Menschen »*in aller Welt*« (BlTMG 1, 1958, 13) anzusprechen. Um die räumliche Distanz zu den Mitgliedern zu überwinden, wurde der schriftliche Kontakt gewählt: »Es sind keine Mitgliederversammlungen vorgesehen. An ihre Stelle tritt dieses Blatt, das neben den Vereinsnachrichten Aufsätze in zwangloser Erscheinungsfolge vermittelt.« (BlTMG 1, 1958, 13) Außerdem setzte sich die neugegründete Gesellschaft als Hauptanliegen die »*Förderung dieses Thomas Mann-Archives*, dessen Bestände durch weitere Ankäufe und Schenkungen vermehrt werden sollen« (BlTMG 1, 1958, 13). Tatsächlich konnte auch bereits der Ankauf eines Thomas-Mann-Briefs an Paul Orlowski für das Thomas-Mann-Archiv gemeldet werden.[15] Leider war es DDR-Bürgern nicht erlaubt, Mitglied einer westlichen Organisation zu werden. Offensichtlich waren jedoch zahlreiche Anmeldungen aus der DDR in Zürich eingegangen, denn Max Rychner sprach in der ersten Nummer der neuen Publikationsreihe sein Bedauern darüber aus, Interessierte aus der DDR aus Gründen ihrer eigenen Sicherheit nicht öffentlich verzeichnen zu dürfen (BlTMG 1, 1958, 12). Der Vorstand versprach jedoch: »Wir haben deren Anmeldungen entgegengenommen, führen sie in unseren Registern und werden sie als Mitglieder willkommen heißen, sobald ihnen die Mitgliedschaft erlaubt ist.« (BlTMG 1, 1958, 15)

Von nun an erschienen die *Blätter der Thomas Mann Gesellschaft Zürich* in schöner Regelmäßigkeit und veröffentlichten bisher unpublizierte Thomas-Mann-Texte und kurze Forschungsberichte. Die Gesellschaft rief ihre

[15] Howald, BlTMG 1, 1958, 13. Der Erwerb kostete über 800 Schweizer Franken und ist in der Jahresrechnung ausgewiesen: BlTMG 1, 1958, 14. Der vierseitige handschriftliche Brief vom 19. Januar 1954 ist im Thomas-Mann-Archiv unter der Signatur B-I-ORLOW-1 ausgewiesen.

Mitglieder wiederholt in den *Blättern* zu Schenkungen von und Spenden für Thomas-Mann-Autografen auf, und tatsächlich konnten dem Thomas-Mann-Archiv mit Hilfe der Thomas Mann Gesellschaft Zürich über die Jahre hinweg nicht nur Bücher, Broschüren und Zeitungsartikel zum Aufbau seiner Sammlungen überreicht werden, sondern es wurden »Hunderte von Briefen (Originale und Kopien)« geschenkt, und die Thomas Mann Gesellschaft Zürich wirkte als Bindeglied, Vermittler und Drehscheibe zwischen Erbengemeinschaft, Mitgliedern und Archiv.[16] Mit der damals außerordentlich hohen Summe von 7.000 Schweizer Franken unterstützte die Gesellschaft das Archiv sogar beim Ankauf des Manuskripts *Freud und die Zukunft*[17] und wandte 4.000 Schweizer Franken für den Erwerb der Briefe Thomas Manns an Paul Eisner auf (BlTMG 10, 1970, 3; 67). Außerdem legten die frühen Jahrgänge der *Blätter der Thomas Mann Gesellschaft Zürich* Erstveröffentlichungen zahlreicher Briefwechsel vor, insbesondere von Thomas-Mann-Freunden aus dem Vorstand: So stellte Robert Faesi in Heft 3 die an ihn gerichteten Korrespondenzstücke Thomas Manns zur Verfügung (BlTMG 3, 1962), in Heft 5 legte Otto Basler die an ihn gerichteten Thomas-Mann-Briefe vor (BlTMG 5, 1965), und in Heft 7 erschien der Briefwechsel mit Max Rychner (BlTMG 7, 1967). Es folgten die Briefwechsel mit Hans Reisiger, Bruno Walter und Erich Kahler in den Heften 8 bis 10.[18] Im folgenden Heft dankte Golo Mann der Thomas Mann Gesellschaft Zürich »im Namen von Thomas Manns Familie herzlich«: »Die Organisation hat Gutes in Fülle hervorgebracht [...]. [...] möge sie nicht aufhören, ihre bewahrende, erhellende Tätigkeit zu üben.« (BlTMG 11, 1971, 3–4)

Das war im Jahr 1971. Einige der Schweizer Freunde Thomas Manns, die den Vorstand bildeten, waren bereits betagt. 1965, neun Jahre nach der Gründung, verstarben der Präsident Max Rychner und das Vorstandsmitglied Richard

16 »Die Thomas Mann Gesellschaft erhielt als Vermächtnis ihres Mitglieds Frau Marie Liefmann, durch Vermittlung von Herrn E. Printz, Frankfurt am Main, den gesamten Schriftwechsel zwischen Thomas Mann und Dr. Emil Liefmann. Die Briefe wurden dem Thomas Mann-Archiv übergeben. Dem Thomas Mann-Archiv haben die Familie Mann und der Verlag S. Fischer Hunderte von Briefen (Originale und Kopien) überlassen. Von Herrn Kurt Dyckerhoff, Bonn, erhielt das Archiv die Briefe an Carl Ehrenberg und von Herrn Wolfgang Ehrenberg, München, die Briefe von Thomas Mann an Paul Ehrenberg.« (BlTMG 5, 1965, 53) »Frau Lotte Walter-Lindt hat uns Thomas Manns Briefe an Bruno Walter übergeben. Lavinia Mazzucchetti (†1965) hatte ihre Thomas Mann Briefe dem Archiv vermacht; die Sammlung ist uns von Frau Dr. Dora Mitzky, Mailand, überreicht worden.« (BlTMG 7, 1967, 43)

17 »Der Vorstand der Thomas Mann Gesellschaft hat beschlossen, dem Thomas Mann Archiv in Würdigung seiner regen und ergiebigen Tätigkeit 1969, den Ankauf eines wertvollen Manuskripts durch die Zuwendung eines Betrages von Fr. 7000.– an den Verkaufspreis zu ermöglichen. Es handelt sich um das mit vielen handschriftlichen Korrekturen versehene Manuskript des Festvortrags von Thomas Mann zu Sigmund Freuds 80. Geburtstag: ›Freud und die Zukunft‹.« (BlTMG 9, 1969, 3)

18 BlTMG 8, 1968; BlTMG 9, 1969; BlTMG 10, 1970.

Schweizer. Robert Faesi trat 1966 in die Lücke des Präsidiums, verstarb aber sechs Jahre später im 90. Lebensjahr. Danach wurde das Präsidium nicht mehr neu besetzt.

Dies hätte bereits ein Jahrzehnt nach der Gründung auch schon das Ende unserer Gesellschaft bedeuten können. Doch ein Umstand, der bei der Gründung eine wesentliche Rolle gespielt haben mag, scheint auch eine große Stärke der jungen Gesellschaft gewesen zu sein: Da sie zumeist von persönlichen Freunden Thomas Manns gegründet worden war, ließen diese Freunde trotz aller Schwierigkeiten nicht vom neuen Unternehmen ab. Es war in erster Linie eine *Freundin*, die die Schweizer Gesellschaft nicht einknicken ließ und sie über dreißig Jahre lang oft im Alleingang am Leben erhielt: Emmie Oprecht. Sie führte nach dem frühen Tod ihres Mannes Emil nicht nur den Oprecht-Verlag und die Oprecht-Buchhandlung selbständig weiter, sondern auch die Thomas Mann Gesellschaft Zürich. Bis zu ihrem Tod im Jahr 1990 bildete sie allein die Geschäftsstelle unserer Gesellschaft.[19] In über zwei Jahrzehnten hörten die Mitglieder nur dann von ihrer Gesellschaft, wenn es die Kraft Emmie Oprechts erlaubte. Über all die Jahre bestand nur schriftlicher Kontakt mit den Mitgliedern, dieser allerdings wurde von zahlreichen editorischen Kostbarkeiten der kontinuierlich erscheinenden neuen Ausgaben der *Blätter der Thomas Mann Gesellschaft Zürich* bereichert.

Dieser Teil unserer Gesellschaftsgeschichte ist ein interessantes Kapitel. Es zeigt, wieviel das Engagement einer einzelnen Persönlichkeit bewirken kann und wieviel das Mittragen durch eine Gemeinschaft. So liebevoll durchhaltend Emmie Oprecht die Thomas Mann Gesellschaft Zürich nicht aufgab, so großzügig trugen offenbar auch die Mitglieder die unorthodoxe Gesellschaftsführung mit. Hätten von den 1970er bis in die 1990er Jahre die Mitglieder ihrer Gesellschaft nicht die Treue gehalten, hätte auch die *Grande Dame* in der Brandung, Emmie Oprecht, die Auflösung der Gesellschaft nicht verhindern können. »Die Verpflichtung, zur Bewahrung des geistigen Erbes von Thomas Mann beizutragen« (BlTMG 23, 1989/1990, 3), haben also neben der inkognito die verwaiste Gesellschaft leitenden Emmie Oprecht auch die damaligen Mitglieder mitgetragen. Vor ihnen allen möchte ich den Hut ziehen.

Eine wichtige Etappe durfte allerdings bereits 1988 verbucht werden: In diesem Jahr setzten der Präsident der seit 1965 bestehenden Deutschen Thomas Mann-Gesellschaft Lübeck, Eckhard Heftrich, der Leiter des Thomas-Mann-Archivs Zürich, Hans Wysling, und der Vittorio Klostermann Verlag ein entscheidendes und weitreichendes Zeichen, indem sie gemeinsam das

[19] Die Thomas Mann Gesellschaft Zürich würdigte Emmie Oprechts Verdienste 1990 in der aktuellen Ausgabe ihrer Blätter: BlTMG 23, 1989/1990, 3.

Thomas Mann Jahrbuch gründeten und die Anliegen der Thomas Mann-Gesellschaften fortan mit einer Publikation begleiteten. Damit einher ging eine internationale Öffnung der Thomas Mann-Gesellschaften, die Initiierung von Thomas Mann-Tagungen und die Stimulation der Thomas Mann-Forschung. 1994 wurde das Präsidium der Zürcher Thomas Mann Gesellschaft erstmals seit 1972 wieder besetzt: Thomas Sprecher führte nun als neuer Präsident zum ersten Mal Kernaufgaben einer literarischen Gesellschaft ein und veranstaltete von nun an regelmäßige Mitgliederversammlungen, Jahrestagungen und Kongresse.[20] Unsere gegenwärtige Aktuarin, Susanne Bernasconi-Aeppli, und unser gegenwärtiger Revisor, Werner Wilhelm, wirken beide schon seit der Neukonstituierung 1995 in unserer Gesellschaft mit. Im gleichen Jahr 1995 wurde eine weit ausstrahlende Institution geschaffen, indem Gert Westphal damit begann, zur Feier von Thomas Manns Geburtstag am 6. Juni für die Mitglieder der Thomas Mann Gesellschaft Zürich aus dem Werk Thomas Manns vorzutragen. Diese Lesungen setzten Zürich alljährlich ein Glanzlicht. Gert Westphal las bis in sein Todesjahr 2002 ohne Unterbrechung und mit schönster Resonanz. Im Folgejahr übernahm Manfred Papst das Präsidium der Zürcher Thomas Mann Gesellschaft und führte durch seine besondere Kenntnis sowohl Thomas Manns als auch der Gegenwartsliteratur den Einbezug heutiger Schriftsteller in die Thomas-Mann-Forschungsveranstaltungen ein. Seit 2011 stehe ich selbst gemeinsam mit unserem engagierten Vorstand und Sekretariat für eine weitere Modernisierung unserer Strukturen und eine Erweiterung unseres Angebots ein, indem wir auch außerhalb der Jahrestagungen zusätzliche Veranstaltungen durchführen, interdisziplinäre Referenten und vermehrt auch die jüngere Forschergeneration einbeziehen und weiterführende Informationen über einen Newsletter versenden. Wir befinden uns heute in einem anregenden Umfeld internationaler Schwestergesellschaften in Lübeck, München, Düsseldorf, Bonn/Köln, Berlin, Hamburg, Nidden, Dänemark und Italien[21] und können unser Engagement für Thomas Mann gemeinsam verstärken.

[20] Zum 125. Geburtstag Thomas Manns führten Thomas-Mann-Archiv und Thomas Mann Gesellschaft Zürich gemeinsam vom 7. bis 9. Juni 2000 im Zürcher Kongresshaus den Kongress *Das Unbewusste in Zürich* durch. Die Referate wurden veröffentlicht in: Das Unbewusste in Zürich. Literatur und Tiefenpsychologie um 1900, hg. von Thomas Sprecher, Zürich: Verlag Neue Zürcher Zeitung 2000. Im Jahr 2006 feierten das Thomas-Mann-Archiv und die Thomas Mann Gesellschaft Zürich ihr 50-Jahr-Jubiläum im Kunsthaus Zürich vom 8. bis 10. Juni mit dem gemeinsamen Kongress *Thomas Mann in der Weltliteratur*. Die Vorträge wurden publiziert in: Vom weltläufigen Erzählen. Die Vorträge des Kongresses in Zürich 2006, hg. von Manfred Papst und Thomas Sprecher, Frankfurt/Main: Klostermann 2008 (= TMS XXXVIII).

[21] Deutsche Thomas Mann-Gesellschaft, Sitz Lübeck e.V. (http://www.thomas-mann-gesellschaft.de); Thomas-Mann-Forum München e.V. (http://www.tmfm.de); Thomas Mann Gesellschaft Düsseldorf e.V. (http://www.thomasmann-duesseldorf.de); Ortsverein BonnKöln der Deutschen Thomas Mann-Gesellschaft e.V. (http://www.thomasmann-bonnkoeln.de); Thomas-Mann-Kreis Berlin in der Deutschen Thomas Mann-Gesellschaft e.V. (http://www.thomas

Zugleich aber stehen wir einmal mehr an einer Zeitenwende unserer Gesellschaft. Die älteste und besonders treue Mitgliedergeneration, die meist noch persönlichen Kontakt zum Autor und seinem Umfeld hatte, ist in den letzten Jahren verstorben oder kann uns altersbedingt nicht weiter begleiten. Wir sind dringend angewiesen auf die heute mittlere und jüngere Generation, um unsere Gesellschaft zu verstärken, finden uns aber mit einem Zeitgeist konfrontiert, der literarische Gesellschaften nicht begünstigt. Das kulturelle und virtuelle Angebot ist heute dermaßen groß, dass sich der Einzelne nicht mehr unbedingt verpflichtet fühlt, sich für einen bereits verstorbenen Autor konstant und mit einem wiederkehrenden finanziellen Beitrag zu engagieren. Dass Sie, verehrte Mitglieder, dies für Thomas Mann trotzdem tun, weist Sie als ein »Fähnlein der Aufrechten« aus. Ohne Sie ist die Weiterentwicklung unserer Gesellschaft nicht möglich, und ich danke Ihnen dafür, dass Sie uns aktiv dabei unterstützen, unseren Kreis für die Zukunft zu erweitern, damit wir die lebendige sechzigjährige Geschichte, auf die wir in der Thomas Mann Gesellschaft Zürich zurückblicken dürfen, auch in Zukunft gemeinsam weiterschreiben können. Vor Ihnen allen, die Sie bereit sind, sich auch 2016 als Mitglied einer literarischen Gesellschaft für Thomas Mann zu engagieren, möchte ich ebenfalls den Hut ziehen. Ich bin mir sicher, dass der Autor selbst, würde er im 21. Jahrhundert zu Ihnen befragt werden, antworten würde, allein die Tatsache, dass sich Ihr Name auf der Mitgliederliste einer Thomas Mann-Gesellschaft befinde, spräche für Ihre kulturpolitische Integrität.

mannberlin.de); Thomas Mann-Gesellschaft Hamburg e.V. (http://www.thomas-mann-gesellschaft.de/ortsvereine/thomas-mann-gesellschaft-hamburg-e-v); Förderverein Thomas-Mann-Haus e.V., Nidden (http://www.thomas-mann-haus.de); Det Danske Thomas Mann Selskab, Kopenhagen (http://thomasmann.dk); L'Associazione Italiana di Studi Manniani, Rom (http://www.studigermanici.it/associazioni-convenzionate/199-l-associazione-italiana-di-studi-manniani). Ein besonders wichtiger Zuwachs innerhalb dieser geografisch und thematisch sich immer weiter ausdehnenden Gemeinschaft stellt die eigenständige Formation der *Jungen Thomas-Forscher* dar (http://www.thomas-mann-gesellschaft.de/junge-thomas-mann-forscher/was-wir-tun/).

Julia Schöll

»Weit klüger ist's, dem Vaterland entsagen«

Konstruktionen von Heimat in den Schweizer Exiltexten Thomas Manns[1]

Nachdem sich im Zuge der *postcolonial studies* und der Migrationsforschung die Kulturwissenschaften lange auf Fremde und Alterität fokussierten, erlebte in jüngerer Zeit der Begriff der Heimat in diesen Forschungszweigen eine Renaissance.[2] Im Gegensatz zur Fremde, die explizit als Topos der Differenz kodiert ist, steht Heimat für einen Ort der Identität. Sie scheint das Selbstverständliche, das Verfügbare zu sein – und wird doch vielfach erst im Moment des Verlusts und der Differenzerfahrung Gegenstand der Betrachtung.

Wenn im Folgenden den Konstruktionen von Heimat in den Texten Thomas Manns aus dem Schweizer Exil nachgegangen wird, so zeigt sich gerade an diesen Texten, dass zunächst einmal zu klären ist, was *Heimat* eigentlich meint. Die literarischen wie theoretischen Texte Manns vor und während des Exils zeichnen durchaus kein einheitliches Bild dessen, was Heimat bedeutet, vielmehr handelt es sich um ein reales wie symbolisches topografisches Konstrukt, das wie die Fremde nur als Differenz existiert. Für den Exilanten Thomas Mann ist Heimat keine fixierbare, substantielle Entität, sondern verhandelbares, diskursives Material; als solches soll es im Folgenden verstanden werden. So stellt sich mit dem Blick auf Thomas Manns Exiltexte auch die Frage, welchen Beitrag Literatur an sich für die Konstruktion von Heimat (und Fremde) zu leisten imstande ist. Zur Beantwortung dieser Frage soll hier zu-

[1] Vortrag gehalten auf der Jahresversammlung der Thomas Mann Gesellschaft Zürich am 11. Juni 2016.

[2] Davon zeugen eine ganze Reihe von Sammelbänden und Studien aus der jüngeren Zeit, von denen hier nur eine Auswahl genannt sei: Edoardo Costadura / Klaus Ries (Hg.): Heimat gestern und heute. Interdiziplinäre Perspektiven, Bielefeld: trancript 2016; Friederike Eigler: Heimat, Space, Narrative. Toward a Transnational Approach to Flight and Expulsion, Rochester/NY: Camden House 2014; Ilse Nagelschmidt / Carme Bescansa (Hg.): Heimat als Chance und Herausforderung. Repräsentationen der verlorenen Heimat, Berlin: Frank & Timme 2014; Friederike Eigler / Jens Kugele (Hg.): Heimat: At the Intersection of Memory and Space, Berlin: De Gruyter 2012; Andrea Lobensommer: Die Suche nach »Heimat«. Heimatkonzeptionsversuche in Prosatexten zwischen 1989 und 2001, Frankfurt/Main: Lang 2010; Gunther Gebhard / Oliver Geisler / Steffen Schröter (Hg.): Heimat. Konturen und Konjunkturen eines umstrittenen Konzepts, Bielefeld: transcript 2007; Peter Blickle: Heimat: A Critical Theory of the German Idea of Homeland, Rochester/NY: Camden House 2004; Elizabeth Boa / Rachel Palfreyman (Hg.): Heimat – A German Dream: Regional Loyalties and National Identity in German Culture 1890–1990, Oxford: Oxford University Press 2000.

nächst dem Konstruktionscharakter des Heimatlichen nachgegangen werden, bevor im Anschluss eine Auswahl der Schweizer Exiltexte Manns genauer in den Blick genommen wird.

Heimat als Konstrukt

Thomas Manns Texte, gerade die des Exils, sind immer wieder auch im Hinblick auf den Begriff der Heimat hin untersucht worden. In der Regel geschieht dies auf eine Weise, als wäre jeweils evident, was damit gemeint ist: Der Exilant muss in die Fremde gehen, verliert im Zuge dessen seine Heimat und leidet unter diesem Verlust – so die gängige Prämisse. Doch welche Grenze überschreitet der Exilant tatsächlich, wenn er von der Heimat in die Fremde migriert, vom ›Drinnen‹ ins ›Draußen‹ (so Thomas Manns binäre Codierung im Exil)? Geht ihm seine Heimat tatsächlich verloren, und wenn ja, welche ihrer Manifestationen? ›Besaß‹ er zuvor Heimat? Und wenn ja, in welcher Form? Viele dieser Fragen wurden in den vergangenen Jahren im Rahmen einer post-nationalen Heimat-Forschung sowie der Theorien der Inter- und Transkulturalität diskutiert.[3] Interessant ist dabei der Blick auf die Begriffsgeschichte, die hier nur knapp rekapituliert werden soll.

Seit der Sattelzeit um 1800 hat der Begriff Heimat im Deutschen Konjunktur, er korreliert sowohl mit der Herausbildung der deutschen Nationalstaatsidee als auch mit dem Aufbruch der Deutschen in ein Zeitalter geistiger Moderne. Der Begriff kommt in Mode, als sich mit der Entwicklung einer bürgerlichen Gesellschaft das Subjekt seiner Neudefinition zu stellen hat und dieser Prozess auch den Verlust des traditionellen ›Eingebettetseins‹ in Heimat impliziert. Erst als das Subjekt sich mit dem transzendentalen Zustand der eigenen Unbehaustheit auseinandersetzen muss, besinnt es sich auf die Heimat.

Betrachtet man die verschiedenen Definitionen von Heimat, welche die Begriffsgeschichte des 19. und dann noch intensiver die des 20. Jahrhunderts prägen,[4] so erweist sich, dass der Begriff trotz intensivierter definitorischer Bemühungen eher verschwimmt denn präzisiert wird. Das Grimm'sche Wörterbuch von 1877 definiert Heimat zum einen als Konkretum, als das Land oder den Landstrich, in dem man geboren wurde oder »bleibenden aufent-

[3] Siehe Anm. 2.

[4] Zur Begriffsgeschichte siehe in jüngerer Zeit u. a. Edoardo Costadura / Klaus Ries: Heimat – ein Problemaufriss, in: Costadura / Ries (Anm. 2), S. 7–23; Andreas Schumann: Heimat denken. Regionales Bewußtsein in der deutschsprachigen Literatur zwischen 1815 und 1914, Köln: Böhlau 2002; außerdem Blickle (Anm. 2) und Lobensommer (Anm. 2; vor allem S. 63 ff.); zur ikonologischen Geschichte der *Heimat* zudem die Studie von Simone Egger: Heimat. Wie wir unseren Sehnsuchtsort immer wieder neu erfinden, München: Riemann 2014.

halt« hat, somit auch als »Heimatland« oder noch enger verstanden als das elterliche Haus oder das elterliche Besitztum.[5] Zum anderen wird Heimat als Abstraktum apostrophiert, etwa in Form des Himmelreichs als ewiger und eigentlicher Heimat der Christenheit, im Gegensatz zur Erde, auf der man nur vorübergehend zu Gast ist.

Andreas Schumann verzeichnet in seiner Studie zum Heimatbegriff eine auffallende Zunahme der Länge und Ausführlichkeit der entsprechenden Lexikoneinträge im späten 19. und frühen 20. Jahrhundert.[6] Erst im 20. Jahrhundert wird in den Enzyklopädien der Versuch unternommen, die zuvor meist synonym gebrauchten Begriffe *Heimat* und *Vaterland* zu differenzieren sowie die Begriffe *Heimat* und *Fremde* als dualistisches Gegensatzpaar zu etablieren. Im frühen 20. Jahrhundert wird der Begriff in immer weitere Bedeutungssegmente aufgespalten: Der Begriff meint nun einen Raum des Handelns wie des affektiven Erlebens, er bezeichnet einen Ort, zu dem der Mensch eine enge Beziehung hat, und korreliert – über das nostalgisch geprägte Zurückblicken oder die Sehnsucht nach der verlorenen Heimat – mit Konzepten der Zeit. Er bezieht sich auf ein Territorium oder ein Gefühl, meint etwas Konkretes oder Abstraktes, bezeichnet individuelle wie überindividuelle Heimat, also etwa auch das Heimatland. Der Begriff Heimat rekurriert zudem auf die Kindheit: zum einen in seiner Funktion als Bezeichnung des Ortes der Herkunft, des Ursprungs, des Geburtsortes, zum anderen aber auch in seiner Funktion zur Bezeichnung eines Schutzraumes, eines Ortes der Geborgenheit. Andreas Schumann gelangt nach der Zusammenschau der diversen Begriffsbildungen zu der Definition, Heimat meine zumeist »etwas Kleinräumiges, das bestimmte Bedürfnisse wie Schutz und Geborgenheit befriedigt, auf die emotional und affekthaft reagiert wird.«[7]

Der Terminus Heimat, so lässt sich resümierend feststellen, bezeichnet ein topografisches und chronografisches, ein soziologisches, politisches und psychologisches Phänomen, vor allem aber dies: ein Konstrukt, das in und durch Texte hergestellt wird, somit auch ein literarisches Phänomen. Die britische Kulturwissenschaftlerin Elizabeth Boa – die aufgrund der vermeintlichen Unübersetzbarkeit stets auf den deutschen Begriff zurückgreift[8] – beschreibt Heimat, wie sie in Literatur entworfen wird, als ein »arsenal of images that wander

[5] Zitiert nach Costadura/Ries (Anm. 2), S. 9.

[6] Schumann, Heimat denken (Anm. 2), S. 5 ff.

[7] Ebd., S. 10.

[8] Auch Costadura und Ries verweisen darauf, dass in den romanischen Sprachen keine Entsprechung des Begriffs existiere. Vgl. Costadura/Ries (Anm. 2), S. 9. Blickle hingegen betont, dass der Begriff *Heimat* keineswegs unübersetzbar sei. Vgl. Blickle (Anm. 2), S. 2 f.

from text to text«.[9] Literatur greift indes Bilder der Heimatlichkeit nicht nur auf, sie schöpft nicht nur aus dem ikonografischen Reservoir des kulturellen Gedächtnisses, sondern ist eine der genuinen Urheberinnen dieser Bilder.[10]

Diese Bildkonstruktionen bedürfen indes eines Inzentivs. Rüdiger Görner betont die Tatsache, dass es Autoren vornehmlich dann zum Schreiben über die Heimat dränge, wenn ihr Verhältnis zu ihr prekär geworden sei: »Erst der Verlust schärft das Bewußtsein dafür, was das Verlorene einem wert gewesen ist.«[11] Für Friedrich Kittler birgt der Heimatverlust das eigentliche Motiv der Literatur über Heimat: »Um über Heimat zu schreiben, muß sie schon verloren sein«.[12] Dabei kann der Autor seiner Heimat sowohl im realen wie ideellen Sinne verlustig gehen – er kann etwa tatsächlich exiliert sein oder aber auch seine Illusion der Heimat verlieren, jene Idee einer existentiellen Geborgenheit, wie sie Novalis in *Heinrich von Ofterdingen* apostrophiert: »›Wo gehen wir denn hin?‹ ›Immer nach Hause.‹«[13]

Solange man Heimat ›hat‹, sich selbstverständlich in ihr bewegt, sich ihrer gewiss ist, besteht keine Notwendigkeit, über sie zu reflektieren. Erst die Distanz zur Heimat, etwa durch Migration und Exil, schafft den Raum und das Bedürfnis, sich literarisch mit ihr auseinanderzusetzen. Gleichzeitig erweist sich dieser differentielle Raum als ein Standort, von dem aus sich wenig sachlich über Heimat räsonieren lässt. Ein von Verlust, Sehnsucht, Nostalgie und Rückschau geprägter Zustand verführt zur Verklärung, wie die Exilantin Herta Müller anmerkt:

> Ohne Verklärung läßt sich das Wort ›Heimat‹ gar nicht gebrauchen. Es tut immer einen unsäglichen Schritt, um schön zu sein: der jetzige Augenblick ist gleichzeitig Vergangenes. Das Vergangene ist jetziger Augenblick. So werden beide Realitäten verzerrt. Die ›Heimat‹ ersetzt jedes Schuldgefühl durch Selbstmitleid. Sie ist ein unauffälliges, weil zugelassenes Mittel der ›guten Menschen‹ zur Verdrängung und Verfälschung.[14]

[9] Elizabeth Boa: Some versions of *Heimat*, Goethe and Hölderlin around 1800, Frenssen and Mann around 1900, in: Eigler/Kugele (Anm. 2), S. 34–52, 37.

[10] Zum Zusammenhang von Heimat und kulturellem Gedächtnis siehe etwa die Beiträge im Sammelband von Friederike Eigler und Jens Kugele (Anm. 2).

[11] Rüdiger Görner: Heimat und Toleranz, in: Denkfalle Zeitgeist. Eine Ermutigung zu Maß und Mitte in 40 Essays, hg. von Bernhard C. Wintzek, Asendorf: Mut-Verlag 2004, S. 217–226, 220. Siehe hierzu auch Rüdiger Görner: Einführendes. Oder: Verständigung über Heimat, in: Heimat im Wort. Die Problematik eines Begriffs im 19. und 20. Jahrhundert, hg. von dems., München: Iudicium 1992, S. 11–14.

[12] Friedrich Kittler: »De Nostalgia«, in: Literatur und Provinz. Das Konzept »Heimat« in der neueren Literatur, hg. von Hans-Georg Pott, Paderborn u. a.: Schöningh 1986, S. 153–168, 153.

[13] Novalis: Heinrich von Ofterdingen. Aus Novalis Schriften herausgegeben von L. Tieck und Fr. Schlegel, Wien: Chr. Fr. Schade 1827, S. 209.

[14] Herta Müller: Heimat oder der Betrug der Dinge, in: Kein Land in Sicht. Heimat – weiblich?, hg. von Gisela Ecker, München: Fink 1997, S. 213–219, 214.

Für Herta Müller bedeutet der Begriff Heimat vornehmlich eine Einladung zu seiner Dekonstruktion. Etwas weniger drastisch beschrieb Ernst Bloch im US-amerikanischen Exil diesen illusionären Charakter der Heimat in *Das Prinzip Hoffnung* als »etwas, das allen als Kindheit erscheint und worin noch niemand war«.[15] Die Apostrophierung der Heimat als Raum, in dem noch niemand war (Bloch) oder zu dem wir alle erst streben (Novalis) verweist auf den imaginären Charakter der Heimat als Ort nicht der Mimesis, sondern der Poiesis, der im eigentlichen Sinne erst in und durch Literatur im Moment des Verlustes oder der unbestimmten Sehnsucht entsteht.

Reale und imaginäre Topografien – Thomas Manns Nord/Süd-Konstruktionen

Literatur konstruiert Heimat topografisch, sozial, politisch und ästhetisch. Sie ist Teil einer individuellen wie kollektiven Identitätsfindung, für die Heimat und Herkunft von zentraler Bedeutung sind, und befeuert zugleich jenen romantisierenden, realitätsverzerrenden Verklärungsprozess, den etwa Herta Müller beschreibt. Literarische Texte entgehen dieser ideellen Korrumpierung, wenn sie sich reflexiv dagegen wappnen, wenn sie sich den Prozess, an dem sie teilhaben, bewusst machen und sich selbst bei der Konstruktion von Heimat beobachten – eine Haltung, welche die Texte Thomas Manns ebenso auszeichnet wie die Herta Müllers und vieler anderer Exilliteraten.

»Es kennzeichnet die Deutschen«, schreibt Nietzsche in *Jenseits von Gut und Böse* (1886), »dass bei ihnen die Frage ›was ist deutsch?‹ niemals ausstirbt.«[16] Diese Frage, verstanden als die Frage nach der politischen Konstruktion von Heimat, beschäftigt Thomas Mann bereits lange vor seiner Migration ins politische Exil 1933. Es ist auffallend, wie eng die von Nietzsche aufgeworfene Frage nach der kollektiven, politischen Identität der Deutschen in den Texten Thomas Manns mit der Frage nach der Identität des Individuums verknüpft wird, und wie diese wiederum rückgebunden wird an den Begriff des Heimatlichen.[17] In den *Betrachtungen eines Unpolitischen* (1918) etwa reflektiert er über die eigene Abstammung und verbindet diese Überlegungen mit einer Metareflexion: »Wer bin ich, woher komme ich, daß ich bin, wie ich bin, und mich anders nicht machen noch wünschen kann? Danach forscht

[15] Ernst Bloch: Das Prinzip Hoffnung, in: Ernst Bloch. Gesamtausgabe, Bd 5, Frankfurt/Main: Suhrkamp 1989, S. 1628.

[16] Friedrich Nietzsche: Jenseits von Gut und Böse (= Kritische Studienausgabe in fünfzehn Bänden, Bd. 5), München: dtv 2007, S. 184.

[17] Blickle bringt diesen Zusammenhang auf den Punkt: »Heimat is based in a spatial conception of identity.« (Blickle [Anm. 2], S. 15)

man in Zeiten seelischer Bedrängnis.« (13.1, 126) Die Frage nach der eigenen Identität stellt sich, wenn diese zur Disposition steht, zur Verhandlungssache geworden ist, und erst dann sucht das Subjekt Halt in jener Konstruktion von Heimat, die Thomas Mann in den *Betrachtungen* als Antwort auf die Frage »Wer bin ich?« präsentiert:

> Ich bin Städter, Bürger, ein Kind und Urenkelkind deutsch-bürgerlicher Kultur. Das mütterlich-exotische Blut mochte als Ferment, mochte entfremdend und abwandelnd wirken, das Wesen, die Grundlagen veränderte es nicht, die seelischen Hauptüberlieferungen setzte es nicht außer Kraft. Waren meine Ahnen nicht Nürnberger Handwerker von jenem Schlage, den Deutschland in alle Welt und bis in den fernen Osten entsandte, zum Zeichen, es sei das Land der Städte? (13.1, 126f.)

Die Frage nach der eigenen Identität wird hier ganz selbstverständlich mit dem Verweis auf die heimatliche Herkunft der eigenen Person beantwortet. Thomas Mann nennt indes nicht Lübeck – die sonst so vielfach apostrophierte Heimat –, sondern Nürnberg, die Stadt der *Meistersinger* Wagners als seinen Ursprungsort. Gleichwohl ist es natürlich die Stadt Lübeck, die ihn zum »Städter« werden ließ, nicht etwa die Wahlheimat München, in die er 1894 umzieht. Für eine Assoziation mit der Stadtkultur erscheint München in den Texten Thomas Manns stets als zu bajuwarisch, urtümlich und gemütlich.[18] Kurt Sontheimer betont, Thomas Mann sei nie ein »Münchner Schriftsteller« gewesen, sondern stets ein »*deutscher* Schriftsteller, der in München lebte«.[19]

Die heimatliche Identifikation ist in den *Betrachtungen* Teil eines großen Selbststilisierungsprojekts Thomas Manns. Im Prozess des essayistischen *self fashioning* wird dem Heimatlichen, dem sich Thomas Mann zugehörig erklärt, mit dem Verweis auf die fremde Herkunft der Mutter stets ein Schuss Exotismus beigemischt, der das Bürgerliche – das man keinesfalls missen möchte und das bei Thomas Mann immer einen wesentlichen Bestandteil der Heimatkonstruktionen ausmacht – vor der Gewöhnlichkeit bewahrt. Wie die Figuren seines Frühwerks stilisiert Thomas Mann hier auch die eigene Person im Sinne jenes hybriden Gepräges aus Heimat und Fremdheit, das dem erschriebenen Subjekt Zugehörigkeit und elitäre Außenseiterrolle zugleich garantiert. Dies wird sich fortsetzen bei den Figuren der Exiltexte, bei Joseph etwa, dem Auserwählten und topografisch »Abgesonderten«, oder bei Goethe, der sich in *Lotte in Weimar* von der nationalen Euphorie der Befreiungskriege seiner Heimat distanziert und weiterhin auf den Europäer Napoleon setzt.

[18] Zu Thomas Manns Verhältnis zu München siehe ausführlich u.a. Dirk Heißerer: Im Zaubergarten. Thomas Mann in Bayern, München: C.H. Beck 2005.

[19] Kurt Sontheimer: Die Emanzipation aus der Sphäre des Unpolitischen, in: Thomas Mann und München, hg. von Reinhard Baumgart u.a., Frankfurt/Main: Fischer 1989, S. 51–77, 52.

Thomas Manns Auseinandersetzung mit den Topoi Heimat und Fremde beginnt somit lange vor dem Exil, wie auch sein Dasein und Status als Migrant früher beginnt. Der Umzug von Lübeck nach München, aus der protestantischen Hanse ins katholische Bayern, stellt in mancherlei Hinsicht einen weit größeren Kulturschock dar als der Wechsel 1933 von München in die von vielen Reisen her vertraute und zudem protestantisch geprägte Schweiz. Aus der Münchner Perspektive erscheinen Lübeck und der Norden als Heimatliches vielfach in verklärter Perspektive – »es ist unglaublich«, so gesteht er im März 1909 in einem Brief seiner Lübecker Freundin Ida Boy-Ed, »wie sehr es mir um Lübeck zu thun ist.« (BrGr, 163) Doch auch später noch, etwa im Storm-Essay von 1930, wird der Norden zum Raum der Dichtung *par excellence* stilisiert, indem Storms nordisch geprägte Texte fast überpointiert auf dessen »Heimatliebe, Heimatbefangenheit, Heimatsmanie« (IX, 252) bezogen werden.[20] Der norddeutsche Storm – auch er ein Exilant – wird in Thomas Manns Konstruktion eines literarischen Olymps zeitlebens eine wesentliche Rolle spielen.[21]

Dieser in vielerlei Hinsicht simplifizierende und idealisierende topografische Dualismus bleibt in Thomas Manns Texten lange wirksam: hier der kühle, rationale, bürgerliche Norden, dort der (mit Bachtin gesprochen) karnevaleske Süden als Ort der Freiheit von der bürgerlichen Enge, dem Ort der »Lizenzen«, wie es der *Joseph*-Roman für Josephs Exil in Ägypten formulieren wird. Yahya Elsaghe spricht gar von einer »Stilisierung Bayerns zum eigentlichen Ausland«.[22] Wie sehr diese Topografie eine imaginäre ist, zeigt sich spätestens dort, wo Lübeck zu einer *geistigen Lebensform* stilisiert wird, wie in Thomas Manns gleichnamigem Vortrag aus dem Jahr 1926.

[20] Zum Kontext von Heimat und Storm-Rezeption siehe auch Heinrich Detering: »Heimweh als Transzendenz«. Herkunft und Heimat im Werk Thomas Manns und Theodor Storms. In: Bürger auf Abwegen. Thomas Mann und Theodor Storm, hg. von Christian Demandt, Maren Ermisch und Birte Lipinski, Göttingen: Wallstein 2015, S. 188–197.

[21] Dass Thomas Manns Verhältnis zu seiner nordischen Heimat, speziell zu Lübeck, ein wenig romantisches, sondern vielmehr bereits seit der Publikation der *Buddenbrooks* ein grundsätzlich angespanntes ist, zeigt etwa Heinrich Detering: Thomas Mann oder Lübeck und die letzten Dinge. »Buddenbrooks«, Stadtklatsch, »Bilse und ich«, in: Herkunftsorte. Literarische Verwandlungen im Werk Storms, Hebbels, Groths, Thomas und Heinrich Manns, hg. von dems., Heide: Boyens & Co. 2001, S. 166–193.

[22] Yahya Elsaghe: Die imaginäre Nation. Thomas Mann und das ›Deutsche‹, München: Fink 2000, S. 157.

1933 bis 1936: Ankunft im Exil und Joseph in Ägypten

Thomas Mann kommt im Frühjahr 1933 noch nicht als Exilant in der Schweiz an – als solcher wird er sich erst in einem langwierigen und widerständigen Prozess zu definieren lernen –, sondern als Urlaubsgast in kulturell wie topografisch durchaus vertrauter Umgebung.[23] Thomas Mann landet durchaus sanft im Exil, nicht wie viele andere in letzter Minute und bereits von Verhaftung bedroht. Zwar bestand offenbar bereits 1933 ein Schutzhaftbefehl für Thomas Mann in Deutschland und er wäre wohl verhaftet worden, wäre er zurückgereist.[24] In der Schweiz wird Thomas Mann indes in Ruhe gelassen, und auch die Gestapo, die andere Exilanten durchaus bis in ihre Zufluchtsländer verfolgt, setzt ihm nicht zu. Sein Ruhm schützt ihn und seine wirtschaftliche Situation ist trotz beträchtlicher Einbußen keineswegs besorgniserregend: Er ist in der Lage, seiner Familie in Küsnacht ein Haus zu kaufen, das allmählich ein Zuhause wird,[25] und sein Exilland ist ihm weder fremd noch feindlich gesonnen.

Gleichwohl wird Thomas Mann im Rückblick vom »Herzasthma des Exils« (19.1, 73) sprechen, von einer Zeit schweren Leidens. Am 15. März 1933 beginnt er in Arosa die persönlichen Aufzeichnungen, die eines Tages als sein Exiltagebuch berühmt werden sollen. Sie sind Zeugnis jenes Leidens, das daraus resultiert, dass mit Heimat für Thomas Mann eben nicht nur eine topografische Gewissheit und – mit dem Verlust von Haus und Kapital – ein materielles Gut verloren ging, sondern eine affektive Zugehörigkeit. Was er verliert, war wesentlicher Bestandteil seiner Identität, sowohl auf persönlicher Ebene als auch in seiner Rolle als Autor. Als solcher hat Thomas Mann einen wichtigen Teil seines symbolischen Kapitals (im Sinne Bourdieus) verloren, das im kulturellen ›Besitz‹ der Heimat bestand und dem für sein Selbstverständnis als Schriftsteller zentrale Bedeutung zukam. Am 10. März 1933 schreibt Thomas Mann aus Arosa an seine Briefpartnerin Ida Herz:

> Es ist zwar herrliches Wetter, und man könnte genießen; aber ich bin halb krank, kann nicht recht essen und nicht recht schlafen, und der Gedanke einer vollständigen

[23] Zur biografischen Situation siehe u. a. grundlegend Hermann Kurzke: Thomas Mann. Das Leben als Kunstwerk, München: C.H. Beck 2006; sowie Thomas Sprecher: Thomas Mann in Zürich, Zürich: Verlag Neue Zürcher Zeitung 1992.

[24] Kurzke (Anm. 23), S. 392.

[25] Über die diversen Häuser der Familie Mann im Exil informiert detailliert der Beitrag von Dirk Heißerer: »Nach Haus?« Die Exil-Orte Thomas Manns, in: Thomas Mann und das »Herzasthma des Exils«. (Über-)Lebensformen in der Fremde. Die Davoser Literaturtage 2008, hg. von Thomas Sprecher, Frankfurt/Main: Klostermann 2010, S. 153–169. Zur symbolischen Bedeutung der ›Unbehaustheit‹ in Texten Thomas Manns siehe Sybille Schneider-Philipp: Überall heimisch und nirgends. Thomas Mann – Spätwerk und Exil, Bonn: Bouvier 2001, S. 52 ff.

Umkehrung meiner Existenz, die Vorstellung ins Exil gehen zu müssen, ein Siebenundfünfzigjähriger, der mit der Kulturüberlieferung und der Sprache seines Landes so verbunden, so sehr auf sie angewiesen ist, hält mich in ununterbrochener Erregung und Erschütterung.[26]

Der Verweis auf Sprache und Kulturüberlieferung wirkt irritierend: Weder ist das kulturelle Leben in der Schweiz grundlegend verschieden von dem in Deutschland noch gibt es eine gravierende Sprachbarriere zu überwinden. Selbst Teile seines symbolischen Kapitals konnte Thomas Mann retten, ist er doch zum Zeitpunkt der Emigration auch in der Schweiz ein berühmter Autor. Was er indes verloren hat, ist ein anderer wesentlicher Bestandteil seines Heimat-Konzepts: seinen Status als deutscher ›Nationalschriftsteller‹, als eine kulturelle Instanz der Nation. Nicht zufällig wird sich Thomas Mann mit Goethe im Exilroman *Lotte in Weimar* einem Autor zuwenden, der wie kein anderer mit diesem Status identifiziert wird, um auf diesem Weg das Label des nationalen Schriftstellers auch für die eigene Autorschaft zurückzufordern und auktoriales Selbst- und Fremdbild wieder entsprechend zu inszenieren.[27]

Es dauert drei Jahre, bis Thomas Mann bereit ist, die Wandlung seiner zufälligen und zunächst bedeutungslosen Abwesenheit aus Deutschland in den Zustand des Exils und seine Zugehörigkeit zur Gruppe der deutschen Exilanten vollständig zu akzeptieren. Dies bedeutet zunächst die Akzeptanz der damit einhergehenden realen Verluste: den Verlust topografischer Heimat, von Besitz, Haus und Geld. Thomas Sprecher gibt in seiner Studie zur Zeit Thomas Manns in Zürich die Schätzung ab, die Familie Mann habe durch die Emigration drei Viertel ihres Vermögens verloren.[28] Die Hoffnung, diese materiellen Werte doch noch zu retten, trägt in den ersten drei Jahren des Exils nicht unwesentlich zu Thomas Manns Entscheidung bei, sich nicht öffentlich gegen den Nationalsozialismus zu positionieren.[29] Noch stärker als das materielle Kapital wog jedoch offenbar die Sorge um das symbolische, den Verlust jener Rolle

[26] Brief vom 10. März 1933 an Ida Herz im Bestand des Thomas-Mann-Archivs der ETH Zürich (B-I-HERZ-126). Zitiert nach Julia Schöll: Joseph im Exil. Zur Identitätskonstruktion in Thomas Manns Exil-Tagebüchern und -Briefen sowie im Roman »Joseph und seine Brüder«, Würzburg: Königshausen & Neumann 2004 (= Studien zur Literatur- und Kulturgeschichte, Bd. 18, hg. von Eckhard Heftrich und Hermann Kurzke), S. 154f.

[27] Wie sehr Thomas Mann bereits zu Beginn seiner Karriere auf die Inszenierung der eigenen Person als Autor bedacht war, zeigt der Beitrag von Katrin Bedenig: »Es kommt darauf an, den Leuten sein Profil einzuprägen …«. Thomas Mann als Dichterdarsteller, in: Dichterdarsteller. Fallstudien zur biographischen Legende des Autors im 20. und 21. Jahrhundert, hg. von Robert Leucht und Magnus Wieland, Göttingen: Wallstein 2016, S. 63–90.

[28] Zusammen mit dem verlorenen umfangreichen Erbe von Katia Mann, wie Thomas Sprecher errechnet. Vgl. Sprecher (Anm. 23), S. 45ff.

[29] Zu den Gründen für Thomas Manns anfängliches Schweigen im Exil siehe ausführlich Julia Schöll, Joseph im Exil (Anm. 26), S. 43–48.

als ›Nationalautor‹, der wesentlich an den Erhalt des deutschen Publikums für seine Texte gebunden war.

Wie eng reale und symbolische Ebene des Exils interferieren, erweist sich an einzelnen Situationen im Alltag des Exils, etwa an Thomas Manns im Tagebuch geäußertem Ärger über die teilweise Konfiszierung des Nobel-Preisgeldes durch die Nationalsozialisten, jener Summe also, die wie keine andere symbolische Bedeutung trägt.[30] Wie sehr Status, Besitz und auktoriale Rolle miteinander verbunden sind, lässt sich beispielhaft an einer Tagebuchstelle zeigen, in welcher Thomas Mann die Rückgewinnung von Teilen seines Münchner Mobiliars und deren Lieferung nach Zürich im November 1933 ausführlich beschreibt. Im Zeichen des *Joseph*-Romans, an dem Thomas Mann zu diesem Zeitpunkt wieder arbeitet, wird der Akt zum heiligen »Fest« stilisiert:

> Der sonderbare Tag ist gekommen, die Münchener Sachen sind vor der Tür. Ich stand um 8 Uhr auf, badete, begrüßte K. und frühstückte und hatte zu alldem reichlich Zeit, ehe das Fest begann. Es ist 9 1/4 Uhr und regnet weißlich. Der Lastwagen ist da; man packt aus und schleppt. Mein bisheriger Schreibtisch ist bei Seite gerückt, man entfernt die unnötige Chaiselongue, meine Stühle, der Hamburger Empire-Fauteuil und der mit dem Tabouret, wurden ins Zimmer getragen. Es ist träumerisch, sie zu sehen. […] Das Aufstellen und Räumen, das Auspacken der kleinen Gebrauchs- u. Ziergegenstände aus den Schubladen des Schreibtisches nahm fast den ganzen Vormittag in Anspruch. Dies sind die ersten Zeilen, die ich wieder an dem schönen Möbel, in dem dazugehörigen Stuhle schreibe. Nach Tische las ich die Zeitungen in dem Empire-Fauteuil. Die Plaketten-Sammlung, die gewohnten Einzelheiten des Schreibtisches sind wie vordem geordnet. Der Abreiß-Kalender war dick – er war am 11ten Februar stehen geblieben. Ich entfernte mit sonderbaren Empfindungen den ganzen Packen von Tagesblättern bis heute. (Tb, 25. 11. 1933)

Die ersten drei der Schweizer Jahre Thomas Manns lassen sich als Phase der Transgression verstehen. Der Kulturwissenschaftler, Alteritätsforscher und Exilant Edward Said beschreibt diesen Zustand des Übergangs wie folgt:

> Der Exilierte lebt […] in einem Übergangszustand, weder wirklich angekommen in der neuen Welt noch völlig abgelöst von der alten, halb beteiligt und halb distanziert, nostalgisch und sentimental auf der einen Seite, ein sich anpassender Neuankömmling oder heimlicher Ausgestoßener auf der anderen.[31]

[30] Siehe etwa Tb, 5. 5. 1933. Laut Hermann Kurzke war jedoch die Hälfte des Nobelpreisgeldes, etwa 100.000 Reichsmark, ohnehin in der Schweiz deponiert; zudem konnte Golo Mann noch einmal 60.000 Reichsmark retten. Vgl. Kurzke (Anm. 23), S. 401.

[31] Edward Said: Götter, die keine sind. Der Ort des Intellektuellen, Berlin: Berlin-Verl. 1997, S. 55.

In dieser Transgressionsphase mischt sich in Manns Tagebucheinträgen die Frustration über das Ausgestoßensein mit einer ästhetischen Ungehaltenheit:

Daß ich aus dieser Existenz hinausgedrängt worden, ist ein schwerer Stil- und Schicksalsfehler meines Lebens, mit dem ich, wie es scheint, umsonst fertig zu werden suche, und die Unmöglichkeit seiner Berichtigung und Wiederherstellung, die sich immer wieder aufdrängt, das Ergebnis jeder Prüfung ist, frißt mir am Herzen. (Tb, 14.3.1934)

Der Verlust der Heimat wird hier nicht nur als biografische Störung, sondern auch als Stilfehler betrachtet, als eine Krise des *self-fashioning* und der Stilisierung des eigenen Lebens zum Kunstwerk.

»Wer keine Heimat mehr hat, dem wird wohl gar das Schreiben zum Wohnen«,[32] schreibt Theodor W. Adorno in seinen im Exil verfassten *Minima Moralia*. Wenn Literatur, wie eingangs angenommen, genuiner Bestandteil jenes Prozesses ist, in dessen Verlauf Heimat als solche erst konstituiert wird, wäre sie dann in der Lage, zumindest die symbolischen Verluste des Exilanten zu kompensieren? Adorno selbst äußert sich skeptisch: »Am Ende ist es dem Schriftsteller nicht einmal im Schreiben zu wohnen gestattet.«[33]

Am Beispiel Thomas Manns wird deutlich, dass auch das Schreiben ein Vorgang ist, der im Exil anders funktioniert als in vertrauter Umgebung: am heimischen Schreibtisch, die eigene Bibliothek zur Verfügung, der eigenen auktorialen Rolle und des grundsätzlichen Interesses des eigenen Publikums gewiss.[34] Im Exil kann selbst das Vertrauteste fremd und die Objekte der eigenen Einbildungskraft in neuem Licht erscheinen. Als Thomas Mann im Frühjahr 1933 die Arbeit an *Joseph in Ägypten* in der Schweiz wieder aufnimmt, tritt die folgenschwere, wenn auch rein zufällige Koinzidenz auf, dass der Autor zeitgleich mit seiner literarischen Figur ins Exil geht. Joseph kommt gleichsam nackt, aller finanziellen und ideellen Sicherheiten entkleidet, im Exil Ägypten und im Haus Potiphars an. Für den Exilanten Joseph entpuppt sich die Fremde indes als Ort materiellen und symbolischen Reichtums: Ihm gelingt in seiner neuen Umgebung eine glänzende Karriere, die zwar am Ende des dritten Bandes in einen zweiten symbolischen Brunnensturz mündet, der jedoch nur einen noch weit glänzenderen Aufstieg für Joseph im vierten Band vorbereitet.

Die gesellschaftlichen Rahmenbedingungen des Exillandes Ägypten werden dabei keineswegs als besonders fremdenfreundlich geschildert. Zwar schmückt die ägyptische Oberschicht ihre Wohnungen gerne mit Objekten aus fremden

32 Theodor W. Adorno: Minima Moralia. Reflexionen aus dem beschädigten Leben, Frankfurt/Main: Suhrkamp 2001, S. 152.

33 Ebd., S. 152.

34 Gleichwohl war Thomas Mann bereits zuvor, seit seinem Bekenntnis zur Republik 1922, auch in Deutschland zunehmenden Anfeindungen ausgesetzt gewesen, die diese Sicherheit erschüttert haben mögen.

Ländern und ihre Feste mit exotischen Tänzerinnen, die mächtigste politische Kaste des Landes ist jedoch streng auf Distinktion gegenüber allem Fremden bedacht. Dem Exilanten Joseph gelingt der Aufstieg nur, weil er zu einer fast vollständigen Akkulturation bereit ist: Er nimmt einen neuen Namen an, der sich in das mythologische Schema des Gastlandes fügt, perfektioniert seine Fertigkeiten in der fremden Sprache, übernimmt die ägyptische Kleidung und den ägyptischen Habitus. Joseph assimiliert sich so entschlossen, dass er am Ende ›ägyptischer‹ wirkt als seine Gastgeber, und seine Anpassung ist so vollkommen, dass sie sich sogar auf körperlicher Ebene manifestiert – Joseph wird im Exil, innerlich und äußerlich, körperlich und geistig, zu einem Ägypter:

> ... Joseph wurde zusehends zum Ägypter nach Physiognomie und Gebärde, und das ging rasch, leicht und unmerklich bei ihm, denn er war weltkindlich-schmiegsam von Geist und Stoff, auch sehr jung noch und weich, als er ins Land kam, und desto williger und bequemer vollzog sich die Einformung seiner Person in den Landesstil [...]. (V, 960)

Wenig später vermeldet die Erzählinstanz des Romans die Vollendung des Assimilationsprozesses:

> ... von dem Stoffe des Jaakobssohnes, worin der Vater ihn sorgend und segnend entlassen, war nun im Lebenswechsel wirklich gar nichts mehr übrig; er trug, sozusagen, einen ganz neuen Leibrock, mit dem Gott sein Leben überkleidet hatte und an dem keine Faser mehr von dem alten war, den der Siebzehnjährige getragen: einen aus ägyptischen Zutaten gewobenen, darin Jaakob ihn nur noch mit Unglauben erkannt hätte [...]. (V, 975)

Es ist müßig zu spekulieren, wie der Roman ausgesehen hätte, wäre er in München fertig geschrieben worden. Bemerkenswert ist jedoch, welch großen Wert der Text auf eben jenen Umgang Josephs mit dem Fremden legt und wie viel Raum er der Geschichte seiner Assimilation einräumt.

1936–1938: Exilstatus und Lotte in Weimar

In den ersten drei Jahren seines Schweizer Exils wächst Thomas Manns Distanz zu Deutschland zusehends,[35] gleichwohl positioniert er sich in dieser Zeit noch nicht öffentlich gegen die neuen deutschen Machthaber. Im berühmten

[35] Weihnachten 1935 notiert Thomas Mann im Tagebuch: »Weihnachtsabend, der dritte, den wir im ›Exil‹ verbringen – welches mich eigentlich völlig gleichgültig läßt, da ich nur meine Möbel, Lüster, Bücher entbehre, aber auch diese nicht sehr, und ich das Vaterland viel lieber nicht um mich habe. Im Übrigen fehlt mir nichts, was ich brauche, um mein Leben und Werk zu Ende zu führen. Im Grunde decken die Außengeschehnisse wieder meine Arbeit, wie der Krieg es tat, an den der Zustand von heute sehr erinnert.« (Tb, 24. 12. 1935)

offenen Brief, den er 1945 an Walter von Molo schreiben und in dem er der Forderung nach seiner Rückkehr nach Deutschland eine Absage erteilen wird,[36] beschreibt Thomas Mann diesen Umstand rückblickend diplomatisch:

> Die Schweiz, gastlich aus Tradition, aber unter dem Druck bedrohlich mächtiger Nachbarschaft lebend und zur Neutralität verpflichtet bis ins Moralische hinein, ließ verständlichster Weise doch immer eine leise Verlegenheit, Beklommenheit merken durch die Anwesenheit des Gastes ohne Papiere, der so schlecht mit seiner Regierung stand, und verlangte ›Takt‹. (19.1, 74 f.)

Thomas Mann lässt während der ersten drei Jahre des Exils in der Schweiz den geforderten »Takt« walten, verweigert ein eindeutiges Statement zu den politischen Vorgängen in Deutschland sowie eine klare öffentliche Positionierung der eigenen Person auf Seiten derjenigen, die sich ›draußen‹ befinden.

Zum Jahresbeginn 1936 hat sich seine Situation im Exil jedoch stabilisiert und die Akzeptanz der Entfernung von der Heimat ist so weit gereift, dass sich Thomas Mann endlich zu einem politischen Statement durchringt, auf das die Gemeinschaft der Exilanten und nicht zuletzt auch seine drei erwachsenen Kinder Erika, Klaus und Golo ungeduldig warten. Jenes ›Politikum‹, um das seine Gedanken in Tagebuch und Korrespondenz bereits geraume Zeit kreisen, wird am 3. Februar 1936 als offener Brief in der *Neuen Zürcher Zeitung* publiziert, mit dem Thomas Mann in eine Debatte zwischen dem exilierten deutschen Soziologen Leopold Schwarzschild und dem Schweizer Feuilleton-Chef der *NZZ*, Eduard Korrodi, eingreift, die sich ursprünglich um Thomas Manns Verleger Bermann Fischer drehte, sich im Verlauf jedoch zu einer grundsätzlichen Auseinandersetzung über das Exil ausweitet. Thomas Manns Tagebucheintrag vom 31. Januar 1936 verzeichnet den Abschluss seines politischen Statements:

> Vormittags und nachmittags der Brief an die Zeitung. In Bewegung abgeschlossen. Starke und entscheidende Worte. [...] Ich bin mir der Tragweite des heute getanen Schrittes bewußt. Ich habe nach 3 Jahren des Zögerns mein Gewissen und meine feste Überzeugung sprechen lassen. Mein Wort wird nicht ohne Eindruck bleiben. (Tb, 31. 1. 1936)

Thomas Mann schätzt die Situation richtig ein. Sein erstes öffentliches Bekenntnis zum Exil bleibt »nicht ohne Eindruck«, handelt es sich doch um eine Stellungnahme, die keinen Raum für Fehlinterpretationen lässt:

[36] Zu Thomas Manns Auseinandersetzung mit von Molo und deren Folgen siehe u. a. die umfangreiche Dokumentation von Jost Hermand und Wigand Lange (Hg.): »Wollt ihr Thomas Mann wiederhaben?« Deutschland und die Emigranten, Hamburg: Europäische Verlagsanstalt 1999.

Die tiefe, von tausend menschlichen und moralischen und ästhetischen Einzelbeobachtungen und -eindrücken täglich gestützte und genährte Überzeugung, daß aus der gegenwärtigen deutschen Herrschaft nichts Gutes kommen kann, für Deutschland nicht und für die Welt nicht, – diese Überzeugung hat mich das Land meiden lassen, in dessen geistiger Überlieferung ich tiefer wurzele als diejenigen, die seit drei Jahren schwanken, ob sie es wagen sollen, mir vor aller Welt mein Deutschtum abzusprechen. Und bis zum Grunde meines Gewissens bin ich dessen sicher, daß ich vor Mit- und Nachwelt recht getan, mich zu denen zu stellen, für welche die Worte eines wahrhaft adeligen deutschen Dichters gelten:
›Doch wer aus voller Seele haßt das Schlechte, / Auch aus der der Heimat wird es ihn verjagen. / Wenn dort verehrt es wird vom Volk der Knechte. / Weit klüger ist's, dem Vaterland entsagen, / Als unter einem kindischen Geschlechte / Das Joch des blinden Pöbelhasses tragen.‹ (Ess IV, 174)

Mit dem abschließenden Platen-Zitat, dem Rekurs auf das immer wieder auch von Emigranten geprägte kulturelle Erbe Deutschlands, ruft Thomas Mann hier erstmals öffentlich und selbstbewusst jenen Topos auf, der ihn in den kommenden Jahren des Exils begleiten wird: der Anspruch, dass das eigentlich Heimatliche in der deutschen Kultur besteht und dass diese Kultur nicht zuletzt durch die deutschen Autoren, durch Goethe und von Platen ebenso wie durch ihn selbst und die anderen deutschen Exilautoren verkörpert wird und die Nationalsozialisten keine Verfügungsgewalt über diese Kultur besitzen. 1938 wird er diesen Anspruch im Interview mit der *New York Times* in den berühmten Satz fassen, der an Heines Idee des »portativen Vaterlands« anknüpft: »Where I am, there is Germany. I carry my German culture in me. I have contact with the world and I do not consider myself fallen.«[37]

Für Thomas Mann scheint mit der Rückkehr 1936 in die politische Öffentlichkeit eine Art Bann gebrochen. Die mit der Veröffentlichung des Briefes unweigerlich verbundene Ausbürgerung aus der Heimat erscheint nun nicht mehr bedrohlich, wie ein Tagebucheintrag von Anfang Februar 1936 zeigt: »Das Bewußtsein, dem niederträchtigen Regime einen zweifellos empfindlichen Schlag versetzt zu haben, erfüllt mich mit Genugtuung. Es wird sich nach Kräften zu rächen suchen. Möge es.« (Tb, 3.2.1936)

Die Zugehörigkeit zu jener Gruppe ›draußen‹ bedeutet für Thomas Mann nun heimatliche Zugehörigkeit und Rückgewinn der eigenen Sicherheit. Sie geht einher mit der Konstruktion einer neuen öffentlichen Rolle, die bewusst als Opposition zum deutschen Regime und ganz speziell auch als persönliche Opposition zu Hitler entworfen ist und in der Thomas Mann weithin Berühmtheit erlangen wird: die Rolle des Repräsentanten des deutschen Exils, des

[37] New York Times vom 22. Februar 1938 (zitiert nach Volkmar Hansen: »Where I am is Germany«. Thomas Manns Interview vom 21. Februar 1938 in New York, in: Textkonstitution bei mündlicher und bei schriftlicher Überlieferung, hg. von Martin Stern, Tübingen: Niemeyer 1991, S. 176–188, 177).

Vertreters der ›wahren‹ deutschen Kultur, die mit den Exilanten Deutschland verlassen hat und in und durch diese im Exil das nationalsozialistische Regime überdauern wird.

Im Sinne Adornos Heimat im Schreiben zu finden, bedeutet für den Exilanten Thomas Mann im Jahr 1936 Anspruch auf jene kulturelle Heimat zu erheben, die nicht an geografischen Grenzen endet. Keine Figur eignet sich besser für die literarische Manifestation dieses Anspruchs als der deutsche Europäer Goethe, der zusammen mit Schiller in den *Xenien* unter der Überschrift *Das Deutsche Reich* fragte: »Deutschland? aber wo liegt es? Ich weiß das Land nicht zu finden. / Wo das gelehrte beginnt, hört das politische auf«[38] – ein Aperçu, das die Identifikation von Kulturraum und politischem Machtgebiet explizit negiert.

Wie viele Kolleginnen und Kollegen des Exils wählt Thomas Mann für sein Goethe-Projekt mit dem historischen Roman diejenige Gattung, in der nicht nur über den Weg der historischen Verkleidung und ohne Kollision mit den Zensurbehörden der Exilländer politische Aussagen über die Gegenwart getroffen werden, sondern auch zentrale Inhalte des deutschen kulturellen Gedächtnisses für das Exil beansprucht werden können.[39] Im November 1936 beginnt Thomas Mann in der Schweiz die Arbeit am Roman *Lotte in Weimar*, den er erst im Herbst 1939 in Princeton, nach seiner Übersiedlung in die USA abschließen wird. Das durch den tatsächlichen Besuch Charlotte Kestners in Weimar vorgegebene Jahr 1816 fügt sich in Thomas Manns Plan, aus dem literaturgeschichtlichen und kunstphilosophischen Konstrukt zugleich ein politisches Statement zu machen. Er benutzt die anti-napoleonischen Befreiungskriege als *master narrative* und Ur-Stunde der Konstitution eines deutschen Nationalmythos, um vor dieser Folie auf die Folgen jenes Mythos in der Gegenwart zu verweisen.[40] *Lotte in Weimar* entwirft das Bild einer politischen Romantik, die in einen engstirnigen Nationalismus abdriftet, weil ihrem Pathos die heitere Ironie Goethes fehlt. Was Thomas Mann der Vertreterin der Romantik im Roman, Adele Schopenhauer, in den Mund legt, trifft den Ton der politischen Gegenwart des »Dritten Reichs« eher als den sprachlichen Habitus des frühen 19. Jahrhunderts, wenn die junge Frau anachronistisch von Volk und Vaterland, dem vergossenen »Blut unserer Helden« und der »heroische[n] Reinigung« (9.1, 153) und »Stählung« des »Volkskörpers« (9.1, 174) schwärmt.

[38] Friedrich Schiller: Gedichte. Dramen I, hg. von Albert Meier (= Sämtliche Werke in 5 Bänden, Bd. I), München/Wien: Hanser 2004, S. 267.

[39] Zu diesem Prozess siehe u.a. ausführlich Gregor Streim: Konzeptionen von Heimatlosigkeit und Heimat in der deutschsprachigen Exilliteratur nach 1933, in: Costadura/Ries (Anm. 2), S. 219–241.

[40] Siehe hierzu ausführlich Julia Schöll: Goethe im Exil. Zur Dekonstruktion nationaler Mythen in Thomas Manns »Lotte in Weimar«, in: TM Jb 16, 2003, S. 141–158; außerdem Julia Schöll: Geschlecht und Politik in Thomas Manns Exilroman »Lotte in Weimar«, in: Gender – Exil – Schreiben, hg. von ders., Würzburg: Königshausen & Neumann 2002, S. 165–183.

Dem pathetisch-nationalistischen Mythos der Befreiungskriege stellt Thomas Mann mit Goethe, dem Weltbürger und Europäer, einen positiv besetzten deutschen Mythos gegenüber – Goethe als kosmopolitische Antithese zu Hitler. Als Kritiker des nationalen Pathos der Befreiungskriege verkörpert Goethe im Roman die mahnende Stimme, die vor den irrationalistischen Auswüchsen des deutschen Nationalismus und der Manipulierbarkeit der Massen warnt. Dass sich der Roman damit vorwiegend auf das Zeitgeschehen der Gegenwart Thomas Manns bezieht, wird insbesondere im siebten Kapitel des Romans deutlich, wenn Goethe über die Deutschen sinniert:

Daß sie den Reiz der Wahrheit nicht kennen, ist zu beklagen, – daß ihnen Dunst und Rausch und all berserkerisches Unmaß so teuer, ist widerwärtig, – daß sie sich jedem verzückten Schurken gläubig hingeben, der ihr Niedrigstes aufruft, sie in ihren Lastern bestärkt und sie lehrt, Nationalität als Isolierung und Roheit zu begreifen, – daß sie sich immer erst groß und herrlich vorkommen, wenn all ihre Würde gründlich verspielt, und mit so hämischer Galle auf Die blicken, in denen die Fremden Deutschland sehn und ehren, ist miserabel. (9.1, 327)

Den Kulminationspunkt dieses Projekts, den Mythos Goethe den Nationalsozialisten zu entziehen und ihn auf Seiten des Exils zu positionieren, bildet die berühmte Passage des inneren Monologs, in der Goethe den Deutschen ein bitteres Schicksal prophezeit:

Unseliges Volk, es wird nicht gut ausgehen mit ihm, denn es will sich selber nicht verstehen, und jedes Mißverstehen seiner selbst erregt nicht das Gelächter allein, erregt den Haß der Welt und bringt es in äußerste Gefahr. Was gilts, das Schicksal wird sie schlagen, weil sie sich selbst verrieten und nicht sein wollten, was sie sind; es wird sie über die Erde zerstreuen wie die Juden, – zu Recht, denn ihre Besten lebten immer bei ihnen im Exil, und im Exil erst, in der Zerstreuung werden sie die Masse des Guten, die in ihnen liegt, zum Heile der Nationen entwickeln [...].[41]

Die Passage lässt sich symbolisch im Sinne der These Adornos lesen, der Intellektuelle lebe prinzipiell in einem Zustand des Exils und sei immer Exilant gegenüber der Gesellschaft.[42] Sie lässt sich zugleich jedoch im zeitgeschichtlichen Kontext auch als konkreter Verweis auf das Schicksal der deutschen Juden und als Warnung an die Deutschen verstehen.

[41] 9.1, 335. Jochen Strobel merkt an, dass die Figur Goethe hier mit ihrem Vergleich von Deutschen und Juden den spezifisch jüdischen Exilbegriff ignoriert, der immer auf die Hoffnung auf den Messias verweist (Jochen Strobel: Entzauberung der Nation. Die Repräsentation Deutschlands im Werk Thomas Manns, Dresden: Thelem 2000, S. 195).

[42] So Edward Saids Deutung der *Minima Moralia* Adornos. Siehe Said (Anm. 31), S. 59f. sowie S. 64ff.

Resümee: Heimat im Exil

Die Worte, die Thomas Mann seiner Romanfigur Goethe in den Mund legt: »Sie meinen, sie sind Deutschland, aber ich bins, und gings zu Grunde mit Stumpf und Stiel, es dauerte in mir« (9.1, 327), sind nur als Zitat seiner eigenen Idee (»Where I am, there is Germany«) und im Zuge der Behauptung des eigenen Status im Exil verständlich. Der berühmte Satz aus Thomas Manns Interview in den USA ist also weniger als narzisstische Hybris, die ihm gelegentlich unterstellt wurde, sondern – wie die Worte der fiktiven Goethefigur – vielmehr als Teil der Inanspruchnahme des deutschen kulturellen Erbes für das Exil zu lesen. Symbolisch-fiktionale und real-historische Ebene des Rekurses auf *Heimat* sind in der Exilliteratur so eng aufeinander bezogen, dass sie auch in der Exilliteraturforschung kaum zu trennen sind. Die verschiedenen, sich ineinander spiegelnden Textsorten des Exils werden dabei immer deutlicher als selbstreferentielle Medien jenes Prozesses verstanden, in dem Heimat und Fremde/Exil erst als solche konstituiert werden.

»Doch wer aus voller Seele haßt das Schlechte, / Auch aus der Heimat wird es ihn verjagen. / Wenn dort verehrt es wird vom Volk der Knechte« – die pessimistischen Verse Platens, die Thomas Mann 1936 in seinem offenen Brief an Eduard Korrodi zitiert, werden für den Autor selbst erneut aktuell, als ihn im Herbst 1938 die immer deutlichere europäische Kriegsgefahr veranlasst, die Schweiz zu verlassen und in die USA zu emigrieren – und dabei auch jenen Selbstanspruch zu exportieren, der auf das ›wahre‹ Deutsche ebenso rekurriert wie auf ein literarisches Weltbürgertum, das wiederum Goethe im Roman proklamiert:

> So solltens die Deutschen halten, darin bin ich ihr Bild und Vorbild. Welt-empfangend und welt-beschenkend, die Herzen weit offen jeder fruchtbaren Bewunderung, groß durch Verstand und Liebe, durch Mittlertum, durch Geist – denn Mittlertum ist Geist – so sollten sie sein, und das ist ihre Bestimmung, nicht aber als Originalnation sich zu verstocken, in abgeschmackter Selbstbetrachtung und Selbstverherrlichung sich zu verdummen und gar in Dummheit, durch Dummheit zu herrschen über die Welt. (9.1, 334 f.)

Thomas Manns eigener Anspruch eines Wirkens und Vermittelns – nicht nur, aber auch durch literarische Texte – manifestiert sich bereits in den späteren Jahren seines Schweizer Exils, noch deutlicher allerdings in der nun folgenden Zeit in den USA, in der ihm immer deutlicher das Exil als Lebensform und Weltanschauung zur eigentlichen Heimat wird.

Thomas Ribi

»Dieses außerordentliche Stück Deutschland«

Drei Ansichten aus Thomas Manns erster Zürcher Zeit (1933–1938)[1]

Ankunft – Trommelnde Fronten

Am 23. September 1933 kam Thomas Mann in Zürich an. Es war ein Samstag. Der Zug von Genf fuhr am Nachmittag gegen vier Uhr im Hauptbahnhof ein. Thomas Mann war müde, abgespannt. Die Reise von Südfrankreich durch die Nacht im Schlafwagen hatte ihm einiges abverlangt. Er hatte, wie immer, schlecht geschlafen. Das Schlafmittel, das er gegen zwei Uhr morgens geschluckt hatte – diesmal war es Adalin – verschaffte ihm nur ein paar Stunden eines leichten, reizbaren Schlummers. Er spürte sein Alter oder meinte es wenigstens. Schließlich, das betont er im Tagebuch seit Monaten immer wieder, war er bereits 58 Jahre alt. Vor allem aber war er seit mehr als einem halben Jahr mehr oder weniger dauernd unterwegs gewesen und führte eine unstete Existenz – ausgerechnet er, der in behaglicher Sesshaftigkeit eine unabdingbare Bedingung für seine Arbeit sah.

Die vergangenen Monate waren unerfreulich gewesen. Am 11. Februar hatte Thomas Mann München verlassen und war mit Katia auf eine Vortragstournee aufgebrochen. Sie führte ihn über Holland und Belgien nach Frankreich. Im Gepäck trug er den Wagner-Vortrag *Leiden und Größe Richard Wagners* mit, den er unterwegs mehrmals hielt. Nach Abschluss der Reise erreichte man Ende Februar Arosa. Dort war ein Erholungsurlaub geplant. Nach ein paar Tagen wollte man wieder nach München zurückzukehren. Das aber wurde durch die politischen Ereignisse durchkreuzt. In Deutschland wendeten sich die Dinge schrittweise, aber unaufhaltsam zum Schlechten. Am 30. Januar war Hitler Reichskanzler geworden. Am 27. Februar brannte der Reichstag, und die Berichte aus der Heimat klangen zusehends bedrohlicher. Bei den Reichstagswahlen vom 5. März erreichten die Nationalsozialisten fast 44 Prozent der Stimmen. Erika und Klaus warnten die Eltern in Arosa telefonisch davor, nach München zurückzukehren. Das Wetter »sei miserabel«, meldeten sie. In der berechtigten Annahme, dass die Gespräche abgehört werden könnten, bediente man sich einer chiffrierten Redeweise.[2]

[1] Referat gehalten auf der Jahrestagung der Thomas Mann Gesellschaft Zürich am 11. Juni 2016.

[2] Klaus Mann: Der Wendepunkt. Ein Lebensbericht, Reinbek bei Hamburg: Rowohlt 2006, S. 391.

Thomas Mann hielt lange wider besseren Wissens am Plan fest, nach München zurückzukehren. Im März aber wurde ihm klar, dass an eine Rückkehr nicht zu denken war, wenigstens jetzt nicht. Man musste an ein festes Unterkommen außerhalb Deutschlands denken. Ab März/April wurden Möglichkeiten für einen neuen Wohnsitz erwogen: Seefeld, Innsbruck, Bozen, Locarno, Straßburg, Wien, Basel, Prag – und, von allem Anfang an und immer wieder: Zürich. »Ein Häuschen bei Zürich« (Tb, 30. 3. 1933), heißt es im Frühling 1933 im Tagebuch mehr als einmal, stand »im Vordergrund unserer Gedanken« (Tb, 9. 5. 1933). Thomas Mann kannte die Stadt aus früheren Besuchen. Die Hochzeitsreise hatte Katia und ihn 1905 auch nach Zürich geführt, und die Tage im *Baur au Lac* waren beiden in bester Erinnerung. Zu verschiedenen Gelegenheiten war man in den folgenden Jahren an die Limmat zurückgekehrt, etwa als Gast im Sanatorium Bircher-Benner an der Keltenstrasse oder zu Veranstaltungen im Lesezirkel Hottingen.

Ab Sommer 1933 wird die Umsiedlung konkret geplant, doch Meldungen über zunehmende antisemitische und nationalsozialistische Umtriebe in der Schweiz sorgen immer wieder für Verunsicherung. Vor allem die deutsche Schweiz scheine nicht mehr recht geheuer, schreibt Thomas Mann am 2. Juni an Hermann Hesse (BrHe, 37). Die Zweifel zerstreuten sich wieder. Im Lauf des Sommers festigte sich der Entschluss: »Zürich wurde allseitig als das Natürlichste empfunden, auch für die Kinder« (Tb, 4. 7. 1933), hält das Tagebuch Anfang Juli fest. Die Kinder, das waren Elisabeth (Medi) und Michael. Sie standen noch in der Ausbildung und sollten in Zürich die Matura beziehungsweise das Musikstudium abschließen. Nur, nach Zürich überzusiedeln, das war nicht ganz einfach. Katias Versuche, ein geeignetes Haus zu finden, endeten zunächst erfolglos. Das Angebot war nicht groß. Und die hohen Preise überforderten auch gut gestellte Mieter. Das machte die Wohnungssuche zu einem langwierigen und nervenaufreibenden Unternehmen. Erst Anfang September wurde eine Lösung gefunden. In Küsnacht, telegrafierte Erika nach Frankreich, habe sie ein passendes, schön gelegenes Haus gefunden. Mit Garage, geschmackvoll möbliert, mit vier Badezimmern. Etwas teurer, als man eigentlich kalkuliert habe, aber dafür »bildschön«[3].

Das Haus an der Schiedhaldenstrasse 33 sollte für knapp fünf Jahre das neue Zuhause der Manns werden. Ein Stück Sicherheit. Und das war umso willkommener, als sich die Verhältnisse in Deutschland weiter zum Schlechten wendeten. Ende August hatte die politische Polizei das Haus der Manns an der Poschingerstraße beschlagnahmt. »Sichergestellt« hieß das im bürokratisch-ge-

[3] Brief Erika Manns an Katia Mann vom 11. September 1933 – Erika Mann: Briefe und Antworten, hg. von Anna Zanco Prestel, 2 Bde., München: Edition Spangenberg (Ellermann) 1984/85, Bd. 1, S. 43.

waltsamen Jargon der braunen Machthaber. An eine Rückkehr war definitiv nicht mehr zu denken. Und man war froh, den Entschluss gefasst zu haben, in der Schweiz zu bleiben. Obwohl – als der Entschluss schon gefasst war, schlichen sich bei Thomas Mann wieder Zweifel ein. Erikas Briefe schilderten das Klima in der Stadt als unsicher. »Ein Drittel (höchstens) sind dort Schweizer, ein Drittel Flüchtlinge, ein Drittel Spitzel für das Reich«,[4] resümierte sie die Situation. Und die Haltung der Bevölkerung gegenüber Hitler-Deutschland sei zwiespältig. Mitunter ist in ihren Briefen sogar vom »Kotz-Zürich«[5] die Rede, mit einer pejorativen Vorsilbe, der sich Erika bei verschiedenen Gelegenheiten gern und ausgiebig bediente. Bei Thomas Mann klingt es, wen wundert das, um einiges gemessener: »[N]icht günstig« (Tb, 13.9.1933), fasste er Erikas Berichte zusammen. Aber eigentlich hatte er sich entschieden. Und von anderer Seite, etwa von Robert Faesi, dem damaligen Zürcher Ordinarius für deutsche Literatur, klangen die Berichte deutlich zuversichtlicher.

Zürich also. Es war ein warmer Spätsommertag, als Erika und Klaus die Eltern am Bahnhof abholten und mit Erikas Ford ins Hotel brachten. Für die ersten Tage logierten Thomas und Katia im Hotel *St. Peter*. Das Haus war keine schlechte Wahl. Zwischen den Stadtvierteln *St. Peter* und *In Gassen* gelegen, war das *St. Peter* damals eines der modernsten Hotels der Stadt. Nur ein Jahr vorher war es neu erbaut worden. Thomas Mann schätzte den Komfort. »Gut und billig«, notierte er unmittelbar nach der Ankunft – was »billig« heißt, wissen wir nicht. Was »gut« bedeutet, lässt uns Thomas Mann selber wissen: »Bequeme Zimmer mit Bad, eigenen Toiletten u. der nicht mehr gewohnten Annehmlichkeit des laufenden heißen Wassers.« (Tb, 23.9.1933) Nach dem Aufenthalt in Sanary-sur-Mer, das in Sachen Komfort zu wünschen übrig ließ, schätzte man das umso mehr. Im Hotel wurden die Manns von Willkommensgrüßen empfangen. Die Schriftstellerin Annemarie Schwarzenbach und Richard Tennenbaum, der sie in finanziellen Belangen beriet, hatten Blumen abgeben lassen. In einigen Tagen würde man ins Haus an der Schiedhaldenstrasse 33 in Küsnacht einziehen.

So weit, so gut. Doch die Erleichterung, wenigstens fürs Erste eine Bleibe gefunden zu haben, trübte Thomas Manns Blick nicht – den Blick für die feinen politischen Verwerfungen, die sich durch die Schweiz zogen. Bereits auf der Bahnfahrt war ihm »viel bepacktes Militär« aufgefallen. »[O]ffenbar zu Übungen reisend«, hatte er sich notiert (Tb, 23.9.1933). Vor allem aber nahm er in Zürich andere Zeichen wahr. Genau an dem Wochenende, an dem Thomas

[4] Erika Mann an Eva Hermann vom 18. April 1933 – Erika Mann, Briefe und Antworten (Anm. 3), S. 35.

[5] Erika Mann an Thomas Mann, 4. Juni 1933 – Erika Mann, Briefe und Antworten (Anm. 3), S. 40.

Mann ankam, fanden in der Stadt die Wahlen für den Gemeinderat und den Stadtrat statt. Und das hinterließ Spuren. »Es ist Wahlzeit«, hielt Mann fest, und fügte an: »Propaganda herrscht, trommelnde ›Fronten‹ ziehen vorüber.« (Tb, 23.9.1933)

Das klingt bedrohlich. Und tatsächlich, die Zürcher Wahlen vom 24. September 1933 waren keine ganz gewöhnlichen Wahlen. Seit Ende der Zwanzigerjahre waren die politischen Verhältnisse eigentlich klar. Man befand sich in der Zeit des ›Roten Zürich‹. Seit 1928 hatten die Sozialdemokraten fünf von neun Sitzen im Stadtrat inne, seit 1931 verfügten sie im Parlament über 63 von 125 Mandaten. Und seit 1928 stellten sie mit Emil Klöti den Stadtpräsidenten. Eine sichere Position. Doch diesen Wahlen blickten sie mit gemischten Gefühlen entgegen. Denn die Verhältnisse waren im Umbruch. Einerseits war Zürich größer geworden. Mit der Eingemeindung von acht bisherigen Vororten wurde die Stadt im kommenden Jahr flächenmäßig fast doppelt so groß und die Bevölkerung nahm um rund ein Drittel zu (auf 312.141 Einwohner). In Hinblick darauf wurden bereits im Herbst vorzeitig Wahlen abgehalten. Und es war alles andere als sicher, ob sich die bisherigen Mehrheitsverhältnisse bestätigen würden.

Auf linker wie auf bürgerlicher Seite war man nervös. Denn man hatte sich nicht nur gegen die bekannten Rivalen zu behaupten, sondern auch gegen zwei neue Parteien. Die Bauern- und Bürgerpartei und vor allem die Nationale Front. Von der ersten war kein bedeutsamer Einbruch ins bestehende Parteiengefüge zu erwarten. Die große Unbekannte war die Nationale Front. Oder besser, nicht sie war eigentlich die Unbekannte, sondern die Frage, ob sie in der Bevölkerung Gefolgschaft finden würde. Was von den Fröntlern zu erwarten war, das wusste man sehr genau. Sie standen stark unter dem Einfluss des Nationalsozialismus und hatten Kampfparolen ausgegeben. Einerseits gegen den Marxismus, anderseits gegen die parlamentarische Demokratie, der sie skeptisch bis feindselig gegenüberstanden. Sie empfanden sie als verrottet und reformbedürftig. Und wie die Reform aussehen müsste, dafür nahmen sie in Deutschland Maß, dessen Entwicklung sie mit Interesse und großer Sympathie beobachteten.

Thomas Mann hatte die politischen Verhältnisse in der Schweiz bisher kaum zur Kenntnis genommen. Doch in den Monaten vor der Übersiedlung hatte sich sein Fokus geschärft. Und nun, wo die Entscheidung für den neuen Wohnort gefallen war, betrachtete er die Ereignisse mit stiller Besorgnis. Noch wenige Tage vor der Reise nach Zürich hatte er über Zürcher Bekannte, die Seidenindustriellen und Kunstmäzene Hermann und Lily Reiff, einen beruhigenden Bericht vernommen. Die politische Atmosphäre in der Stadt werde »uns sehr gemäß sein«, fasste Thomas Mann ihn zusammen. Doch auch die anderen Stimmen waren ihm gegenwärtig: »Man hört auch Gegenteiliges; aber weiter als die N.Z.Z. kann man nicht gut gehen, die jüngst versicherte, die Ostschweiz werde lieber die deutsche Sprache aufgeben als sich mit Hitler-Deutschland vereinigen«. »[A]ller Voraussicht nach«, schloss er die Betrachtung, »erwartet uns eine würdige und der früheren sehr verwandte Existenz [...] und die Atmosphäre einer weltverbundenen und geistigen, wenn auch bürgerlichen Stadt.« (Tb, 17.9.1933)

Weltverbunden, geistig, wenn auch bürgerlich. Es klingt sonderbar, wie der Begriff »bürgerlich« hier ins Negative gewendet wird. Allerdings bot die Entwicklung in Deutschland für Thomas Mann das beste Beispiel dafür, wie sich Vertreter der bürgerlichen Kultur mit blindem Eifer einer Bewegung an den Hals werfen konnten, die ihren Werten fundamental widersprach. Dass es auch in Zürichs bürgerlichen Kreisen ähnliche Bestrebungen gab, vermerkte er einige Monate später selbst explizit. Therese Giehse erzählte ihm wütend von einem Besuch beim Textilindustriellen Alfred Schwarzenbach. Sie hatte mit Schwarzenbach über Politik diskutiert, und dieser hatte Giehse zu verstehen gegeben, man dürfe die Exzesse der Hitlerbewegung nicht überbewerten. Denn das, so sein Urteil, wäre »kleinlich«. Die »Exzesse« – und dazu wird man auch die Haltung gegenüber dem Judentum zählen müssen – seien zwar »überflüssig«, aber letztlich unbedeutend. Man dürfe darüber bei ihnen nicht das »Große, Reinigende, Aufbauende, Notwendige der prächtigen Sache vergessen.«[6] Die »prächtige Sache«, das war der Nationalsozialismus. Thomas Mann konnte nicht mehr an sich halten und sprach bitterböse von einer »entarteten und bösartigen Bürgerei«, die imstande sei, »einen von der Zukunft des Kommunismus zu überzeugen.« (Tb, 24.6.1934) Die Manns selbst waren zeit ihres Zürcher Aufenthalts nie bei Schwarzenbach auf dem Landgut Bocken bei Horgen zu Gast, im Gegensatz zu Gerhard Hauptmann und Richard Strauss, die mehrmals dort empfangen wurden.

In der Endphase des Wahlkampfs, in die er bei seiner Anreise hineingeriet, mag Thomas Manns Vertrauen in die politische Vertrauenswürdigkeit der Zürcher Bürgerschaft ins Wanken geraten sein. Die »entartete Bürgerei« zeigte ihr Fratzengesicht. »Die deutsche Misere«, vertraute er dem Tagebuch an,

> scheint sich in dem kleinen Lande zu wiederholen: ein, im Grunde kraftlos, die Faust zeigender Kommunismus, eine schwache und von Gott verlassene Sozialdemokratie, die jenem feindlicher ist als irgend jemandem sonst, und ein aggressiver, seiner geschichtlichen Stunde sicherer Fascismus. (Tb, 23.9.1933)

Seine Bedenken hatten einen konkreten Anhaltspunkt. Er kannte das bürgerliche Zürcher Milieu ein wenig. Und grundsätzlich vertraute er ihm. Umso

6 Erika Mann an Thomas Mann, 4. Juni 1933 – Erika Mann, Briefe und Antworten (Anm. 3), S. 39.

irritierter nahm er zur Kenntnis, dass ein nicht unwesentlicher Teil davon mit Kräften sympathisierte, die dem Nationalsozialismus nahestanden. »Kulturbürger wie Reiffs in der Mythenstraße«, notiert er am Tag der Ankunft in Zürich, »gehören zur Partei der Freisinnigen, die aber Listengemeinschaft mit der Nationalen Front hat« (Tb, 23. 9. 1933). Da war es: Der Nationalsozialismus war drauf und dran, sich im Bürgerlichen festzusetzen. Tatsächlich hatte sich die FDP für die Wahl, die sie als Schicksalswahl empfand, mit den Fröntlern zu einer Listengemeinschaft verbunden. Sie hatte lange gezögert, den Entscheid schließlich aber mit einer klaren Mehrheit gefällt. Sie opferte ihre liberalen Grundsätze dem Versuch, die verlorene Mehrheit zurückzugewinnen – egal mit wem und zu welchem Preis. Thomas Mann vermerkte es nicht nur, sondern nahm es mit Besorgnis auf. »Ich habe mir vorgenommen, mir dies alles möglichst wenig nahe gehen zu lassen und der politischen Leidenschaft tunlichst abzusagen.« (Tb, 23. 9. 1933)

Nur: den Vorsatz zu fassen, war das eine, ihn durchzuhalten das andere. In der kurzen Notiz klingt die Resignation unverhohlen durch. Die Ankunft in Zürich hatte sich gut angelassen – sogar die Niederlassungsbewilligung war schon mehr oder minder zugesichert. Doch war man wirklich sicher? Oder schwappte die ›braune Sauce‹ auch in die Schweiz über? Die Bedenken waren nicht auszuräumen. Und sie verließen Thomas Mann während der ganzen Zürcher Zeit nie vollständig. Dankbar registriert er in der Bevölkerung die kleinen Zeichen des Widerstands gegen den Nationalsozialismus. Dass im Kino Gelächter aufbrandete, wenn in der Wochenschau Bilder aus Berlin gezeigt wurden und der Führer zu sehen sah, nahm er befriedigt zur Kenntnis. Doch immer wieder flackerte die Kritik am Schweizer Bürgertum auf, das seiner Ansicht nach den Kampf gegen den Marxismus über den Kampf gegen den Nationalsozialismus stellte. »[B]lind und unbelehrt« (Tb, 5. 5. 1934), urteilte er im Mai 1934, schließe das Schweizer Bürgertum die Reihen lieber nach rechts als nach links, zur Sozialdemokratie, wenn es gegen die »angeblichen Todfeinde des Bolschewismus« gehe. (XI, 975)

Was die Städtischen Wahlen 1933 betrifft, erwiesen sich die Bedenken als unbegründet. Am Montag, den 25. September, stand das Resultat fest: Sozialdemokraten siegten auf der ganzen Linie. Sie gingen so stark aus den Wahlen hervor wie noch nie. Bei einer Wahlbeteiligung von 85 Prozent wählte 47 Prozent der Bevölkerung sozialdemokratisch. Die Freisinnigen dagegen verloren, und zwar massiv – von rund 25 Prozent im alten Stadtgebiet auf knapp 17 Prozent. Und die Nationale Front? Sie erreichte immerhin rund 7 Prozent der Stimmen. Die Fröntler wurden drittstärkste Kraft auf der rechten Seite des Parteienspektrums – nicht zuletzt dank der Unterstützung durch den Freisinn, die noch heute ein unerfreuliches Kapitel in der Geschichte der Partei bildet.

Thomas Mann nahm die Ergebnisse erleichtert auf, nahm allerdings auch die neun Sitze für die Nationale Front aufmerksam zur Kenntnis. Der Wahlausgang war schließlich auch und ganz konkret für Erika entscheidend, das notiert Thomas Mann am Abend des 25. September: »Der Ausgang der Wahlen ist günstig für Erikas Kabaret, gegen das schon hakenkreuzlerische Drohungen laut geworden waren.« (Tb, 25.9.1933) Nur wenige Tage nach der Wahl nahm die von Erika und Klaus gemeinsam mit Therese Giehse gegründete *Pfeffermühle* ihren Exilbetrieb auf, und zwar im Hotel *Hirschen* am Hirschenplatz. Mit großem Erfolg, wie der Vater stolz vermerkte.

Aufatmen also, doch schon am Tag nach der Entscheidung waren die Manns wieder ganz von praktischen Problemen in Beschlag genommen: Das Haus in Küsnacht musste bezogen werden. Und vor allem kamen aus Deutschland wieder ungünstige Nachrichten. Das Haus in München wurde trotz allen Versuchen des dortigen Anwalts nicht freigegeben, die fahrbare Habe war blockiert, und es zeigte sich, dass man um jedes Stück aus der Heimat würde kämpfen müssen. Man wurde bald mehr oder weniger heimisch in Küsnacht. Das Haus bot trotz anfänglichen Bedenken den Komfort, den man sich wünschte. Dass zumindest ein Teil des Münchner Hausrats wenige Wochen nach der Ankunft eintraf, war angenehm. Es machte aber auch deutlich, dass der Aufenthalt kein vorübergehender und der Abschied von Deutschland definitiv sein würde. Und die große Unsicherheit blieb. Wie würden sich die Dinge weiter entwickeln? Wie lange würde man hier leben? Wie lange war man in der Schweiz sicher? Und war es möglich, das literarische Werk unter diesen Umständen wie geplant fortzuführen? Die Fragen beherrschen Thomas Manns private Äußerungen in den nächsten Jahren. Sie bilden die Grundstimmung seines Lebens in Zürich, ziehen sich durch die Tagebuchnotizen und Briefe und brechen immer wieder auf, im Kontakt mit Freunden und sooft Nachrichten aus Deutschland eintreffen.

Tribschen – Bruder Wagner

Der 17. Juli 1936 war ein Freitag. Einer der Tage in Thomas Manns Leben, die man fast lückenlos rekonstruieren kann. Es war heiß: »Endlich ein wirklich schöner, sehr warmer, aber im Kern gesunder Sommertag«, hält er im Tagebuch fest (Tb, 17.7.1936). An der Schiedhaldenstrasse ging alles seinen gewohnten Gang. Die Kinder Michael und Elisabeth besuchten in Zürich das Freie Gymnasium beziehungsweise das Konservatorium. Thomas Mann arbeitete am *Joseph*-Roman, soweit ihn Gelegenheitsarbeiten nicht davon abhielten, die man laufend von ihm verlangte, und die er meist annahm – nicht zuletzt aus finanziellen Gründen. Man nutzte das kulturelle Angebot der Stadt intensiv.

Man ging ins Schauspielhaus, ins Konzert, in die Oper und ins Kino – für das *Capitol* hatte er Dauerkarten geschenkt bekommen. Man freute sich am Erfolg der *Pfeffermühle*, pflegte Kontakt mit einem Kreis von Bekannten, empfing durchreisende Freunde bei sich zu Hause – Thomas Manns Meinung nach eher zu oft. Und man machte immer wieder Ausflüge mit dem komfortablen Fiat, den man schon bald nach der Ankunft angeschafft hatte.

Am 17. Juli also stand ein Ausflug auf dem Programm. Allerdings, man war nicht allein. Seit zwei Wochen waren Katias Eltern zu Besuch, was Thomas Manns Laune nicht wirklich verbesserte. Am Morgen hatte er am »Hündin«-Kapitel des *Joseph*-Romans geschrieben. Am Mittag ging's mit Katia zur Post, dann unternahmen die beiden einen Spaziergang im Küsnachter Tobel. Nach dem Mittagessen las man Zeitung und begab sich zur Ruhe. Gegen vier Uhr nachmittags kam Bewegung in die Gesellschaft. Man brach auf, fuhr mit dem Auto durch das Sihltal über Cham nach Luzern und trank dort im Garten des Kunsthauses eine Tasse Tee.

Ob der Plan erst beim Tee gefasst wurde, ganz spontan? Oder ob die Fahrtrichtung von Anfang an mit Blick darauf gewählt worden war? Man fuhr jedenfalls weiter nach Tribschen, zum Wagner-Haus. Doch man kam zu spät. Das Museum war bereits geschlossen, und man musste sich damit begnügen, durch die Fenster einen Blick ins Innere zu erhaschen. Das tat man ausgiebig und genoss zwischendurch den Blick auf die Landschaft am Vierwaldstättersee – die »Landschaft der Nietzsche-Freundschaft« (Tb, 17.7.1936). Besonders angetan aber war Thomas Mann von der Gedenktafel am Haus. Sie vermerkte – und vermerkt noch heute – den Zeitraum von Wagners Aufenthalt (April 1866 bis April 1872) und weist auf die Werke hin, die an diesem Ort vollendet wurden – in erster Linie die *Meistersinger*, der *Siegfried*, die *Götterdämmerung* und das *Siegfried-Idyll*.

Thomas Mann stand lange stumm davor. »Bewegung«, notierte er abends ins Tagebuch. Man war spät nach Hause gekommen und hatte um halb neun auf der Terrasse zu Abend gegessen. Nach Tisch hatte man gemeinsam Schallplatten gehört – *Götterdämmerung* – und, wie das die Schwiegereltern von den gastgebenden Jungen selbstverständlich erwarteten, geplaudert. »Kontakt und belebte Sympathie«, heißt das in Thomas Manns Diktion, und man weiß nicht so genau, was man sich darunter vorstellen soll. Vielleicht war der Abend nicht ganz so bemühend, wie Mann erwartet hatte. Vielleicht hatte er sich unter den Eindrücken des Nachmittags aber auch auf eine unverbindliche Form von Konversation zurückgezogen und war allen Themen ausgewichen, die zu Meinungsverschiedenheiten Anlass geben könnten – und das waren einige.

»Bewegung.« – Die Gedenktafel in Tribschen ging Thomas Mann nicht mehr aus dem Sinn. Auf der Rückfahrt nach Küsnacht hatte er Katia gefragt, ob sie meine, dass dereinst auch am Haus an der Schiedhaldenstrasse eine Inschrift die Vollendung des *Joseph*-Romans, des Aufsatzes über Freud und vielleicht des Essays über Nietzsche melden werde? Von *Lotte in Weimar* ist da noch gar nicht die Rede. Erst vier Monate später meldet Thomas Mann den Beginn der Arbeit an der Erzählung, die sich schließlich zu einem Roman auswachsen sollte. Eine Gedenktafel an der Schiedhaldenstrasse 33 also? Über Katias Antwort auf die Frage ist nichts bekannt. Thomas Mann verschweigt sie. War sie ihm nicht so wichtig? Kaum. Aber sie dürfte so ausgefallen sein, wie er es erwartet hatte. Offen, ausweichend und sanft beschwichtigend. In dem Sinn wohl, dass angesichts der unsicheren Zeiten vieles, wenn nicht alles offen sei – und dass man sich damit bescheiden müsse, Antworten auf die Fragen zu finden, die hier und jetzt nach einer Lösung verlangen. Ganz so, wie es in Katias aufs Praktische gerichtetem Sinn lag.

Doch wie immer die Antwort ausgefallen sein mag, die Frage war für Thomas Mann nicht abgetan. Um die Tafel ging es ihm wohl ja letztlich auch nicht. Obwohl eine Gedenktafel zu den Ehrenbezeugungen gehörte, die er sich ganz sicher gern hätte gefallen lassen. Aber es ging um mehr als das. »Bewegung.« In dem einen Wort steckt mehr als ein momentaner Affekt. Natürlich, es wäre leicht, sich über die Szene zu mokieren: Der seiner selbst und seiner Aufgabe nur zu bewusste Schriftsteller steht einem seiner »Hausheiligen« gegenüber. Er sieht sich mit einer Gestalt konfrontiert, die seinen geistigen Kosmos prägt und um die sein Denken immer wieder kreist. Wagner steht sinnbildlich für die Kultur, in deren Traditionslinie Thomas Mann sein eigenes Schaffen aufgehoben sieht. Und diese Beziehung wird in den Dreißigerjahren immer wichtiger – in dem Maß, wie sich die Verbindung zu Deutschland lockert. In der erzwungenen Entfernung von seinem Land, in einer Situation, in der ihm die Zugehörigkeit zur deutschen Kultur von denen abgesprochen wird, die im Namen der deutschen Kultur das Unrecht zur *Raison d'être* des Staats erheben, wird es für ihn umso wichtiger, sich seiner eigenen Grundlagen zu versichern. In den Notizen der Dreißigerjahre wird die biografische Bezugnahme auf die Überväter der deutschen Kultur immer wichtiger. Auffallend oft vergleicht sich Thomas Mann in dieser Zeit mit Goethe. Und es wäre zu einfach, darin nicht mehr zu sehen als den Ausdruck eines zu Übersteigerung neigenden Selbstbilds.

Die stumme Rührung vor der Wagner-Gedenktafel rührt tiefer. Und vielleicht lässt sich in ihr sogar die ganze Befindlichkeit der Exiljahre bündeln. Die Ergriffenheit in Tribschen wirft ein Licht auf die Art, wie Thomas Mann seine eigene Situation reflektierte – eine Situation, die er in Wagners Exil exemplarisch gespiegelt sah. Deutlich scheint das im Zürcher Wagner-Vortrag durch, den er im November 1937 im Stadttheater hielt. Die Zeilen, die sich auf Wagners Zürcher Exil beziehen, zeigen mehr als deutlich, dass Wagner beim Schreiben auch an sich selbst dachte. Und zwar in mehr als einem Sinn. Da heißt es:

Diesen außerordentlichen Menschen so lange umhegt und bei sich zu Gast gehabt zu haben, muß der Schweiz höchst denkwürdig sein, und eine Gesamtaufführung des ›Nibelungenringes‹, wie jetzt das Stadttheater von Zürich sie zu bieten hat, ist ein lebendiger Anlaß, der Beziehungen des Werkes zu dieser Stadt zu gedenken, Beziehungen, wie ihrer keine andere sich rühmen kann. Wenn das Zufall ist, so ist es ein sinnreicher und beifallswürdiger Zufall. Ja, es ist recht und schicklich, daß dies kühne Werk deutschen Geistes, das sich die Welt erobern sollte, in der freien und zuträglichen Atmosphäre dieser Stadt entstand, einer Weltstadt, nicht dem Format, aber der Situation und Aufgabe nach, die allem europäisch-avantgardehaften Wagen immer freundlich war und hoffentlich bleiben wird. (IX, 515)

Das war einerseits als Hommage an Zürich gemeint. Noch deutlicher wird Thomas Mann, wenn er im gleichen Vortrag schreibt: »Nirgends, auch zu Hause nicht, hätte sein Lebenswerk sich wundervoller entfalten können als hier, und es fehlt nicht an Dokumenten dafür, daß er sich dessen dankbar bewußt war.« (IX, 514) Dankbar dafür, in der Schweiz leben und arbeiten zu können, das war auch Thomas Mann. Und es gibt genügend Dokumente, die das zeigen. Allen Unwägbarkeiten zum Trotz war ihm die Schweiz ein Aufenthaltsort, an dem er auch emotional hing. In dieser Hinsicht passen seine Worte über Wagner auf ihn selber. Dass sich das Werk auch zu Hause nicht besser hätte entfalten können – das schrieb sich nicht leicht dahin, war aber eine leidvolle Tatsache.

Anderseits konfrontierte ihn die Begegnung mit Wagner in Tribschen über die Zeiten hinweg mit dem selbst gesetzten Anspruch, mit seiner Person und seinem Werk für das gute Deutschland zu stehen. Das Deutschland Goethes, Schillers und Kants, das hinter der fratzenhaften Maske des Nationalsozialismus verschwand. Dieses Deutschland zu repräsentieren und zu bewahren, betrachtete Mann als zentrale Aufgabe der exilierten deutschen Künstler, Schriftsteller und Gelehrten. Und er betrachtete es ganz besonders als seine Aufgabe. Der Besuch in Tribschen konfrontierte Thomas Mann also auch mit diesem Anspruch. Und mit der Frage, ob er dieser Aufgabe würde gerecht werden können. Dass uns der Anspruch heute überzogen anmutet, dass uns die selbstquälerische Stilisierung der eigenen Person eher abstößt, darf nicht darüber hinwegtäuschen, dass sie von Thomas Mann als verpflichtend empfunden wurde. Anderthalb Jahre später wird er den berühmt gewordenen Satz sprechen: »Wo ich bin, ist Deutschland«.[7] Ein Satz, der so eindringlich wie missverständlich ist und jedenfalls deutlich erträglicher wird, wenn man sich vergegenwärtigt, dass er auf Englisch ausgesprochen wurde. Gleichwohl, die

[7] »Where I am, there is Germany. I carry my German culture in me. I have contact with the world and I do not consider myself fallen«. Interview in der *New York Times* vom 22. Februar 1938, zitiert nach: Volkmar Hansen: »Where I am, there is Germany«. Thomas Manns Interview vom 21. 2. 1938 in New York, in: Textkonstitution bei mündlicher und schriftlicher Überlieferung, hg. von Martin Stern, Berlin/New York: de Gruyter 1991 (= Editio, Beiheft 1), S. 177.

Verpflichtung, die hinter dem Satz steht, bestimmte Thomas Manns Denken und Handeln in der ganzen Zeit des Exils.

Doch kehren wir noch einmal zur Gedenktafel zurück. Die Frage an Katia lässt sich ja auch anders verstehen als dahingehend, ob sein Aufenthalt bei den Zürchern dereinst die Wertschätzung finden werde, die man Richard Wagner in Tribschen entgegenbringt. Er fragt ja ausdrücklich nach dem Werk, dem *Joseph* und den essayistischen Arbeiten, die anstanden. Und dahinter steht die ganze Unsicherheit, die ihn in dieser Zeit quälte: Ob es ihm vergönnt sein werde, das Werk zu Ende zu bringen – und zwar zu dem Ende zu bringen, das er sich vorgenommen hatte. Das Werk, das er als das Zentrum seines Lebens sah. Die Arbeit daran fiel ihm in diesen Jahren immer wieder schwer. Er klagt über Verstimmung, über Müdigkeit, spricht von einer Unlust, deren Ursache er selber oft nicht benennt, die sich aber auch an der Sorge um die politischen Zustände festmachen lässt. Und die politischen Zustände, die Ereignisse und Entwicklungen, bezieht er immer wieder sehr direkt auf sein Werk. Die Einschätzung eines politischen Kommentators, Europa stehe nur ein paar Jahre vor einem neuen Krieg, quittiert er im Juli 1935 zustimmend, um sie sogleich zum eigenen Schaffen in Beziehung zu setzen: »Immerhin glaube auch ich an diese Jahre, die mir für den Joseph Zeit lassen.« (Tb, 27. 7. 1935)

Pointiert gesagt: Wenn der Friede nur so lange anhält, bis das nächste Buch unter Dach und Fach ist. Man erschauert, wie Thomas Mann die schicksalhaften Weltereignisse konsequent aus dem Blickwinkel des eigenen Schaffens betrachtet. Die Sorge um sein Werk und um die Publikationsmöglichkeiten dafür war ja auch ein wichtiger Grund, dass Thomas Mann so lange zögerte mit einer öffentlichen Kritik am Naziregime. Dass die aus Deutschland vertriebenen Schriftsteller und Künstler genau das seit 1933 von ihm erwarteten, war ihm bewusst. Seit der Übersiedlung in die Schweiz ließen zudem auch Erika und Klaus kaum eine Gelegenheit aus, ihn zu einer Stellungnahme zu drängen. Ein Bruch mit Deutschland hätte ihm aber verunmöglicht, seine Bücher weiterhin in Deutschland zu veröffentlichen, und dazu konnte er sich nicht durchringen. Drei Jahre lang trug Thomas Mann die Entscheidung mit sich herum, bis er sich Anfang 1936 entschloss, den Schritt zu tun.

Die Entscheidung – Dr. Korrodis Geburtstag

Es gibt Feste, bei denen man gern dabei gewesen wäre. Es gibt Feste, bei denen man froh ist, nicht dabei gewesen zu sein. Und es gibt Feste, bei denen man nur deshalb gern dabei gewesen wäre, weil man sie sich beim besten Willen nicht recht vorstellen kann. Die Feier, die am 19. November 1935 im *Zunfthaus zur Zimmerleuten* in Zürich stattfand, gehört zu dieser Art von Festen. Eingeladen hatte Eduard Korrodi, und der Anlass war sein 50. Geburtstag. Ihn wollte er feierlich begehen, in kleinem Rahmen, aber durchaus repräsentativ. Das war er sich schuldig. Korrodi war eine Instanz. Seit 1915 war er Feuilletonredakteur der *NZZ*, und er hatte sich über die Schweiz hinaus einen Namen gemacht als Literaturpapst. Korrodi war umstritten – wer wäre das nicht in einer solchen Position. Er war gefürchtet. Er förderte Karrieren und brachte Karrieren zu einem vorzeitigen Ende. An seinen Rezensionen kam man nicht vorbei, wenn man in der deutschsprachigen Schweizer Literatur zu etwas kommen wollte. Sein Urteil war entscheidend – und es war unberechenbar. Max Frisch nannte Korrodi »das literarische Bundesgericht«[8] und schrieb, der Kritiker schätze einen Dichter erst dann wirklich, wenn er tot sei; er unterstellte Korrodi ein eigentliches System: Zuerst lasse er einen Autor eines natürlichen Todes verhungern – indem er ihn ignorierte oder verriss – und dann schreibe er einen Nachruf, der vor Einfühlung nur so triefe.

Eine streitbare Persönlichkeit also. Und eine, aus der man manchmal tatsächlich nicht schlau wurde. Thomas Mann war 1913 mit Korrodi bekannt geworden. Korrodi plante damals, eine Monografie über Thomas Mann zu schreiben und hatte deshalb mit ihm Kontakt aufgenommen. Der Plan wurde mit Pauken und Trompeten publik gemacht. Den Leserinnen und Lesern der *NZZ* wurde für das kommende Jahr eine große Studie angekündigt – eine Studie, die allerdings nie erschien. Eine Antrittsvorlesung Korrodis über Thomas Mann, die im gleichen Zusammenhang hätte stehen sollen, wurde ebenfalls nie gehalten, weil die Habilitation nicht zustande kam. Mann und Korrodi blieben trotzdem in Kontakt. Korrodi besprach alle Werke Manns in der *NZZ* und übernahm immer wieder Texte von ihm als Vorabdruck für die Zeitung. Das Verhältnis blieb allerdings distanziert. Korrodi sei »[s]ympathisch«, hält Thomas Mann nach einer frühen Begegnung so flüchtig wie unverbindlich fest (Tb, 2. 11. 1919). Was das heißen soll, bleibt offen, zumal er vom Literaturkritiker Korrodi bald nicht mehr viel oder doch wohl eher: so gut wie nichts hielt. Seine Urteile über ihn sind, gelinde gesagt, vernichtend. Korrodi äußerte sich im Ganzen zwar durchaus positiv über Manns Werke, doch das konnte diesen in seinem Urteil nicht beirren. Eine Auswahl aus Manns Urteilen zeigt eine konstante Geringschätzung: »[S]chwach wie immer«, heißt es beispielsweise im Tagebuch nach der Lektüre einer Besprechung von Korrodi (Tb, 22. 10. 1936). Und je mehr man sich durch Manns Statements zum Literaturpapst durchliest, umso deftiger werden sie: »stümperhaft« (Tb, 22. 10. 1936), notiert er, »mattköpfig« (Tb, 10. 11. 1937), »leicht gearbeitet« (Tb, 5. 12. 1933), »konfus« (Tb, 5. 12. 1947) – die Beispiele ließen sich leicht vermehren.

[8] Max Frisch: Partei ergreifen, in: Nationalzeitung (Beilage »NZ am Wochenende«) vom 11. November 1972.

Nun also eine Feier zum 50. Geburtstag, dazu noch mit quasi öffentlichem Charakter. Und Thomas Mann war eingeladen, als Ehrengast, neben Conrad Ferdinand Meyers Tochter Camilla, der Schriftstellerin Maria Waser, dem Literaturwissenschaftler Fritz Ernst und dem Journalisten Max Rychner. Man kann sich gut vorstellen, dass Thomas Mann am liebsten nicht zugesagt hätte. Und man hätte es ihm nicht verargen können. Sein Pflichtbewusstsein bewegte ihn zur Teilnahme – und das Wissen darum, dass ein Fehlen übel vermerkt worden wäre. Aber es kam noch schlimmer. Wenige Tage vor dem Fest meldete sich der Literaturhistoriker Robert Faesi und bat Thomas Mann, am Bankett eine Ansprache zu halten. Was konnte er tun außer Haltung zu bewahren? Die Aufgabe fiel Thomas Mann offensichtlich nicht ganz leicht. »Allzu gewissenhafte Vorbereitung auf die abends zu haltende Rede«, vermerkt er (Tb, 19. 11. 1935). Tatsächlich, da war Diplomatie gefragt.

Denn nicht nur Thomas Mann hatte seine liebe Mühe mit dem Jubilar. Auch Erika und Klaus hatten beim Vater schon lange darauf gedrängt, mit Korrodi zu brechen. Dieser Mensch sei eine »elende[...] Institution[...]«, notierte Erika[9]. Und Klaus hatte schon 1933 festgehalten, mit Korrodi sei er »fertig«[10]. Dies nicht nur wegen seiner Haltung in literarischen Belangen, die sich an einer rückwärtsgewandten, idyllischen Vorstellung von Literatur orientierte, sondern vor allem auch seiner politischen Position wegen. Sie war ambivalent, und für Thomas Mann wurde sie zusehends unerträglich. Nicht, dass Korrodi wirklich dem Nationalsozialismus zugetan gewesen wäre. Er war konservativ, aber kein Nazi. Doch seine Langmut gegenüber den braunen Machthabern ging sehr weit. In seiner Verehrung für die deutsche Kultur wollte er sich zu lange Zeit nicht eingestehen, dass das Deutschland, dem er sich geistig verbunden fühlte, das Deutschland Goethes, Schillers und Kants, nichts mehr zu tun hatte mit dem Deutschland, das das Unrecht an die Stelle des Rechts setzte und im Namen einer so kruden wie verderblichen Ideologie vor nichts, aber auch gar nichts mehr zurückschreckte.

Korrodi war überzeugt, die Schweiz müsse sich mit dem NS-Regime arrangieren und dürfe sich ein künftiges Einvernehmen mit ihm auf keinen Fall verbauen. Emigration war seiner Ansicht nach deshalb der falsche Weg. Man dürfe sich, so seine naive Position, nicht abwenden, sondern müsse jetzt die Fahne umso mehr hochhalten. Von Deutschland und vom deutschen Publikum durfte man sich auf keinen Fall trennen, auch wenn die Zeichen ungünstig stünden. Mit dieser Haltung sprach Korrodi einen Zwiespalt an, den Thomas Mann

[9] Erika Mann an Thomas Mann, 29. Januar 1936 – Erika Mann, Briefe und Antworten (Anm. 3), S. 90.

[10] Klaus Mann: Tagebücher 1931–1933, hg. von Joachim Heimannsberg, Peter Laemmle und Wilfried F. Schoeller, München: Edition Spangenberg (Ellermann) 1989, S. 137 (Eintrag vom 20. Mai 1933).

auch an sich selber empfand. Sein langes Zögern, trotz Druck von allen Seiten, den Bruch mit dem öffentlichen Deutschland zu vollziehen, ist zum einen mit der Zurückhaltung zu erklären, die er sich selbst mit Blick auf seinen Status als Gast auferlegte. Als Gast in einem Land, das in einem prekären Verhältnis zu Deutschland stand. »Vorsichtsschweigen« nannte er das (Tb, 6. 9. 1933). Im Rückblick schrieb er nach dem Krieg, er habe die Beziehung zur Schweiz nicht belasten wollen durch politische Äußerungen.[11]

Das ist sicher nicht falsch, aber es ging ihm auch um eigene Interessen. Bereits 1933 hegte er den Wunsch, Schweizer Bürger zu werden. Er hoffte, sein öffentlicher Status als prominentester deutscher Schriftsteller der Gegenwart erlaube eine Einbürgerung im abgekürzten Verfahren. Das wollte er nicht gefährden. Allerdings vergeblich. Auch die Vermittlung einflussreicher Bekannter richtete nichts aus. Im Januar 1934 sprach der damalige Tonhalle-Kapellmeister Volkmar Andreae bei Stadtpräsident Emil Klöti vor und verwendete sich dafür, der Familie Mann das Bürgerrecht zu verleihen. Ohne Erfolg. Als Thomas Mann im Dezember 1936 die deutsche Staatsangehörigkeit entzogen wurde, war er bereits tschechischer Staatsbürger, knapp zwei Wochen vorher hatte er das Verfahren dazu abgeschlossen. Natürlich, auch in diesem Punkt dachte er, vielleicht sogar zuerst, an das Werk: Der letzte Band des *Joseph* sollte noch in Deutschland erscheinen können. Seine Bücher sollten die deutschen Leser noch erreichen. Und es sollte sichtbar sein, dass es das andere Deutschland noch immer gab. Dass sich das gute Deutschland nicht per Dekret ausradieren ließ.

Der Abend im *Zimmerleuten* verlief so, wie Thomas Mann das erwartet hatte: »Viele Menschen, gutes Souper« (Tb, 19. 11. 1935). Bei Tisch unterhielt er sich gut. Offensichtlich auch mit Max Rychner, zu dem er ein ambivalentes Verhältnis hatte. Rychner berichtete für die *NZZ* aus Deutschland, und Thomas Mann ärgerte sich oft über seine allzu vorsichtige Haltung. In den Tagebuchnotizen zu Korrodis Geburtstagsfest notiert Mann: »Gespräche mit Rychner, der mir trotz seiner Nazi-Artikel wieder unwiderstehlich sympathisch erschien« (Tb, 19. 11. 1935) – ein Urteil, das Rychner Unrecht tut und wohl der Mischung zwischen Champagnerlaune und Missmut zuzuschreiben ist, die der unbefriedigende Abend bei Thomas Mann zurück ließ. Worüber man sich unterhielt, wird nicht gesagt. Aber auch Politisches wird zur Sprache gekommen sein. Alles in allem war die Soirée offenbar anstrengend. »Allzuviele Reden, an deren Ende die meine«, heißt es etwas enerviert (Tb, 19. 11. 1935). Manns Rede sei »taktvoll« gewesen, gab der Kunsthistoriker Heinrich Wölfflin zu Protokoll, der auch zu den Gästen gehörte (Tb, 19. 11. 1935). Über das, was die beiden trennte, die Haltung zu Deutschland, wird man nicht offen

[11] Vgl. Thomas Mann an Walter von Molo, 7. September 1945 (Br II, 442).

gesprochen haben. Doch nur kurze Zeit später brach der Dissens darüber auf. Und er führte dazu, dass Thomas Mann den Schritt tat, zu dem er sich über Jahre hin nicht hatte entschließen können.

Ausgelöst wurde das durch den Publizisten Leopold Schwarzschild. Er veröffentlichte im Januar 1936 in einer deutschen Exilzeitschrift einen Frontalangriff auf Gottfried Bermann Fischer, in dessen Verlag auch Thomas Manns Werke erschienen. Schwarzschild kritisierte den Umstand, dass Bermann, obwohl er Jude war, mitsamt seinem Verlag noch immer in Deutschland geduldet war, und verhöhnte ihn als »Schutzjuden des nationalsozialistischen Verlagsbuchhandels«[12]. Eine Ungeheuerlichkeit, die die deutschen Exilanten an ihrem wundesten Punkt traf: Ausgerechnet der Leuchtturm der deutschen Kultur, der trotz allen Unbilden nach wie vor sein Licht verbreitete, sollte ein Feigenblatt der braunen Machthaber sein!

Thomas Manns erste Reaktion auf den Text fällt erstaunlich knapp und gefasst aus: »Boshafter Artikel gegen Bermann«, schreibt er am 10. Januar (Tb, 10. 1. 1936). Erst vier Tage später entschließt er sich nach Rücksprache mit Freunden und einem Telefonat mit Bermann Fischer, gemeinsam mit Hermann Hesse und Annette Kolb eine öffentliche Erklärung zu verfassen, um für Bermann einzutreten und die sachlich völlig unhaltbaren Aussagen richtigzustellen. Der Fall zog bald weitere Kreise. Sogar Stadtpräsident Emil Klöti telefonierte Thomas Mann in die Ferien nach Arosa, um sich über die Hintergründe von Schwarzschilds Text ins Bild zu setzen. Manns Erklärung erschien am 18. Januar in der *NZZ* – zum großen Ärger von Erika und Klaus.[13] Sie hatten bis zuletzt versucht, den Vater von der Publikation abzubringen. Schon lange hatten sie darauf gedrängt, er solle seine Bücher in einem Exilverlag erscheinen lassen und sich so endlich offen zur Emigration bekennen. Dass die erste öffentliche politische Stellungnahme Manns gegen Deutschland nun ausgerechnet eine Verteidigung Bermanns war und sich noch dazu gegen eine der zentralen Persönlichkeiten der Emigration richtete, führte in der Familie Mann zu einem tiefen Zwist. Mit diesem Artikel, schrieb Erika in einem in seiner Schärfe auch für sie bemerkenswerten Brief, sei Thomas Mann »der ganzen Emigration in den Rücken gefallen«. »Traurig und schrecklich« sei das. Mit dem Protest habe er sich von allen abgewandt. Er wolle weder »zu uns«, also zu den Emigranten, gehören, noch zu jenen in Deutschland, sondern wolle »über den Wassern schweben« (Tb 3, 567). Es scheine ihr schwierig, dem Vater

[12] Das Neue Tage-Buch, hg. von Leopold Schwarzschild, Paris/Amsterdam, Jg. 4, 11. Januar 1936.

[13] Erika Mann an Thomas Mann, 19. Januar 1936 – Erika Mann, Briefe und Antworten (Anm. 3), S. 72ff.

»in näherer Zukunft überhaupt unter die Augen zu treten.«[14] Thomas Mann war gekränkt, Katia musste vermitteln.

Und als ob es das noch gebraucht hätte, trat nun Eduard Korrodi auf den Plan. In der *NZZ* vom 26. Januar veröffentlichte er unter dem Titel *Deutsche Literatur im Emigrantenspiegel* einen Rundumschlag gegen Schwarzschild.[15] Aus Deutschland ausgewandert, so lautete sein Vorwurf, sei nicht die deutsche Literatur, sondern vor allem die sogenannte »Romanindustrie« und höchstens einzelne wirklich bedeutende Schriftsteller. Damit zielte er klar auf Thomas Mann ab – und zwang ihn, Farbe zu bekennen. Ob das in seiner Absicht lag? Es ist schwer zu glauben, dass er sich nicht bewusst war, in welche Bredouille er Mann brachte. Anderseits hatte er eigentlich kein Interesse, ihn herauszufordern. Im Gegenteil. Genau das, wozu er Thomas Mann provozierte, der endgültige Bruch mit Deutschland, das verurteilte er ja aufs schärfste.

Interessant ist die erste Reaktion Thomas Manns auf Korrodis Text. Er ist dem Tagebuch gerade einen Satz wert. Einen Satz zudem, aus dem man fast eher Zustimmung als Ärger herauslesen würde: »Korrodi in der N. Z. Z. gegen Schwarzschilds unsinnige Behauptung, die ganze deutsche Literatur sei im Exil«, heißt es da (Tb, 26. 1. 1936). Ist das Selbstschutz oder schlicht flüchtige Lektüre? Erst einen Tag später scheint er sich der Tragweite des Textes bewusst geworden zu sein. Erst da ist von einem offenen Brief die Rede, der in Arbeit ist. Den Entwurf dazu verfasste allerdings nicht der Meister selbst, sondern Katia. Noch einen Tag später, man ist wieder in Küsnacht, beschleunigt ein Telegramm von Klaus die Angelegenheit. Er bittet inständigst um eine Replik auf den Artikel, den er als verhängnisvoll empfand. Erika setzte nach, Thomas Mann wand sich. Vier volle Tage arbeitete er an der Antwort, schloss die Arbeit »in Bewegung [über die] [s]tarke[n] und entscheidende[n] Worte« Ende des Monats ab und brachte das Manuskript sogar selber auf die Redaktion an die Falkenstrasse (Tb, 31. 1. 1936).

Am Montag, 3. Februar, erschien Manns Antwort an Korrodi in der Abendausgabe der *NZZ*. Mann wies Korrodis Vorwürfe gegen die Emigranten scharf zurück und schloss mit den Worten:

> Die tiefe, von tausend menschlichen, moralischen und ästhetischen Einzelbeobachtungen und -eindrücken täglich gestützte und genährte Überzeugung, daß aus der gegenwärtigen deutschen Herrschaft nichts Gutes kommen kann, für Deutschland nicht und für die Welt nicht, – diese Überzeugung hat mich das Land meiden lassen, in dessen geistiger Überlieferung ich tiefer wurzele als diejenigen, die seit drei Jahren schwanken, ob sie es wagen sollen, mir vor aller Welt mein Deutschtum abzusprechen.

[14] Erika Mann an Thomas Mann, 19. 1. 1936 – Erika Mann, Briefe und Antworten (Anm. 3), S. 72.

[15] Neue Zürcher Zeitung vom 26. Januar 1936.

Und bis zum Grunde meines Wissens bin ich dessen sicher, daß ich vor Mit- und Nachwelt recht getan, mich zu denen zu stellen, für welche die Worte eines wahrhaft adeligen deutschen Dichters gelten:

›Doch wer aus voller Seele haßt das Schlechte,
Auch aus der Heimat wird es ihn verjagen,
Wenn dort verehrt es wird vom Volk der Knechte.
Weit klüger ist's, dem Vaterland entsagen,
Als unter einem kindischen Geschlechte
Das Joch des blinden Pöbelhasses tragen.‹ (Ess IV, 174)

Die endgültige Ablösung von Deutschland erfolgte kurz darauf in einem Brief an den Dekan der Philosophischen Fakultät der Universität Bonn, die ihm das Ehrendoktorat entzogen hatte. Das Verhältnis zu Eduard Korrodi war nie herzlich gewesen. Mit den Ereignissen um den offenen Brief wurde es noch frostiger. Zu einem definitiven Bruch ließen es allerdings beide nie kommen. Nach dem Krieg gelang es Korrodi sogar, sich mit Thomas Mann wieder auf einigermaßen vertraulichem Fuße zu stellen. 1947 wandte er sich jedenfalls wieder an ihn mit der Bitte, ihn bei seinem nächsten Vorhaben zu unterstützen. Er plante, wieder einmal, ein Buch über Thomas Mann. Auch dieses Buch ist nie erschienen.

Epilog.
Thomas Mann, der Zürcher?

Am 1. September 1938 saß Thomas Mann auf den Stufen des Gartensitzplatzes an der Schiedhaldenstrasse. Um ihn herum wurden Möbel verladen, wurde Hausrat in Kisten verpackt. Die Abreise nach Amerika stand unmittelbar bevor. Der Entschluss, die Schweiz zu verlassen, war nach dem Anschluss Österreichs gefallen, im Bewusstsein darin, dass die schweizerische Neutralität keinen sicheren Schutz mehr bot gegen einen Diktator, der sich durch nichts binden ließ, auch nicht durch völkerrechtliche Garantien. Fort also. Mitte September verabschiedete sich Mann mit einer Lesung im Schauspielhaus vom Schweizer Publikum und von dem Land, das er einmal – in einer der etwas plakativen offiziellen Stellungnahmen – als »dieses außerordentliche Stück Deutschland« bezeichnet hatte (XI, 443). Ein Zürcher war er nicht geworden. Oder doch?

Zwei Monate vor der Emigration nach Amerika hatten Thomas und Katia Mann plötzlich begonnen, in der Umgebung von Zürich nach einem Grundstück zu suchen, um dereinst ein Haus darauf zu bauen (vgl. Tb, 17. 7. 1938). Der Entschluss, Europa zu verlassen, stand fest, die Schiffsbillette waren gebucht, und man hatte sich am rechten Zürichseeufer auf ausgedehnte Exkursionen gemacht, hatte Landparzellen in Augenschein genommen, mögliche Bauplätze inspiziert, Quadratmeterpreise verglichen. Und man war sogar fündig geworden. Ein Stück Land beim Golfplatz Zumikon hätte alle Anforderungen erfüllt. Doch es stand nicht zum Verkauf. Mehr als einmal bemühten die Manns sich später noch darum, das Land zu kaufen. Sogar von Amerika aus. Vergeblich.

Knut Elstermann

Laudatio auf Jenny Erpenbeck

Jenny Erpenbeck, die wir heute ehren dürfen, war 1999 mit einem Mal in der deutschen Literatur da, ganz plötzlich, ungeheuer präsent durch einen schmalen Band mit dem merkwürdigen Titel *Geschichte vom alten Kind*[1] und wie dieses Kind unvermittelt und rätselhaft auf der Straße auftauchte, stand auch sie nun sichtbar für alle in der literarischen Landschaft. Sie sah sich verwundert um und schien ihren jähen Durchbruch nicht recht fassen zu können. Ich erinnere mich an erste Interviews mit ihr, die man freundlich als ›spröde‹ bezeichnen könnte, weil aus jeder zögerlichen Antwort dieses Erstaunen darüber sprach, dass jemand ihr überhaupt Fragen stellte, dass es ein öffentliches Interesse an ihr und ihrer Arbeit gab. Diese Verwunderung hat sich ebenso gelegt wie die Wortkargheit ihrer damaligen Auskünfte, obschon man bei ihr immer noch den Eindruck hat, sie würde sehr viel lieber schreiben als reden. Doch inzwischen haben wir viele Interviews geführt, saßen auf vielen Podien, bei vielen Lesungen, auch bei einigen Gläsern Wein. Das gibt mir den Mut, zu diesem schönen Anlass vor Ihnen über die Autorin und ihr fesselndes Werk zu sprechen, das zu den gewichtigsten Beiträgen der deutschen Gegenwartsliteratur gehört. Wer mit ihr außerhalb offizieller oder medialer Anlässe spricht, wird eine wunderbar unprätentiöse, lebenslustige Frau kennenlernen, die Geselligkeit und Austausch liebt, gern und sehr ansteckend lacht und keinerlei Veranlassung sieht, ihre umfassende Bildung oder ihren Scharfsinn groß herauszustellen, obwohl sie über beides in beneidenswerter Weise verfügt.

Mit der *Geschichte vom alten Kind* trat sie als eine Schriftstellerin hervor, und das erstaunte uns Leser vielleicht am meisten, die vollendet war, die einen so reifen, makellosen Text vorlegte, als hätte sie das Schreiben im Geheimen jahrelang geübt. Zugleich war die große Erzählung ein in allen folgenden Werken eingelöstes Versprechen der sprachlichen Sorgfalt, der Fantasie, des überaus originellen Zugriffs auf ihre Stoffe. Das Eigentümliche an ihren Büchern ist, dass sie meist auf einem außergewöhnlichen Grundeinfall basieren, der sich sehr klar und einfach formulieren lässt. Filmproduzenten sprechen bekanntlich davon, einen Stoff zu *pitchen*, was bedeutet, dass sich die Tragfähigkeit einer Filmidee vor ungeduldigen Geldgebern in wenigen Sätzen erweisen muss. Bei Jenny Erpenbecks Büchern geht das hervorragend, umso merkwürdiger ist es, dass noch keines ihrer Bücher verfilmt wurde: Ein dickes Kind ohne Vergan-

[1] Jenny Erpenbeck: Geschichte vom alten Kind, Frankfurt/Main: Eichborn 1999.

genheit steht plötzlich mit einem leeren Eimer auf der Straße. Ein Mädchen begreift Schritt für Schritt und Wort für Wort, dass es in der Familie eines grausamen Folterers aufwächst. Das blutige 20. Jahrhundert spiegelt sich im Schicksal einer Jüdin, die mehrfach ihre eigenen Tode überlebt. Dasselbe Jahrhundert wird in den Räumen eines Hauses lebendig. Ein emeritierter Professor wagt sich in die für ihn völlig fremde Welt der Flüchtlinge.

Ist der Grundeinfall erst einmal gefunden, dann geht ihr das Schreiben übrigens schneller von der Hand als man bei diesem ausgefeilten, schnörkellosen, kristallklaren Stil vermuten würde. Das Denken, sagt sie mit schöner Untertreibung, sei das Schwerste, das Schreiben danach sei leicht. Vielleicht entsteht so dieser Eindruck vieler ihrer flüssigen Texte, dass sie aus sich selbst entstanden sind, dass sich diese Geschichten gewissermaßen selbst erzählen.

Lassen Sie mich bitte noch einen Augenblick beim *alten Kind* verweilen, jenem erzählerischen Wunderwerk, von dem auch beim Wiederlesen eine tiefe Beunruhigung ausgeht. Ich habe es getestet und mich dabei sehr bemüht, der naheliegenden Versuchung zu entgehen, gerade bei so einem bilanzierenden Lesen, jedes Detail autobiografisch zu interpretieren. Daran kann man nur scheitern. Warum zum Beispiel trägt dieses Kind, als man es aufgreift, einen leeren Eimer? Wenn das ein Symbol ist, bleibt es so rätselhaft wie das Mädchen selbst, das sich bemüht, ganz unauffällig zu sein. Wie alle große Kunst entzieht sich das Werk Jenny Erpenbecks der vollständigen Entschlüsselung, es bewahrt seinen unaufklärbaren, geheimnisvollen Kern, in den das eigene Erleben ganz sicher eingeflossen, aufgehoben und verwandelt ist. Wer die Folie ihres Lebens in ihrem Schreiben erkennt, was gar nicht sonderlich schwer ist, hat noch nicht viel gewonnen, aber doch immerhin schon einen Fuß in ihrem Haus.

Das namenlose, von weichen Fettschichten umhüllte Kind mit dem »Herz einer Dienstmagd« und ungewisser Herkunft, wird in einem Kinderheim untergebracht, wo es sich fortan auf eine Weise um Anpassung bemüht, die an die eigene Auslöschung grenzt. Es stellt sich selbst ganz unten in die Hierarchie des Heims hinein, es will nicht, was alle wollen, es will nicht auffallen, es will ganz in der vorgefundenen Struktur aufgehen. Einige Details im Text verweisen darauf, dass wir uns in der DDR befinden, genauer gesagt in Dresden, wo das fremde Kind eine große, befriedigende Freude dabei empfindet, die eigene Existenz zu verleugnen. In der Verfremdung, in dieser Geschichte eines Kindes, erkenne ich das Verhaltensmuster vieler Menschen in der DDR wieder, auch das eigene. Die Unterwerfung war auch von einer Unterwerfungslust begleitet. Wir, die wir dort lebten, müssen es uns eingestehen: Das Fehlen von Freiheit hat ein verlockendes Element, es bedeutet auch eine Freiheit von Verantwortung und damit von Schuld, es spricht uns grundsätzlich von allem frei, solange wir bedingungslos zu folgen bereit sind. Die DDR, in der die 1967 geborene Jenny Erpenbeck aufwuchs, war auch ein großer Kindergarten, in dem seine Bewohner einerseits infantilisiert und andererseits für Wohlverhalten belohnt wurden. Wer sich wie dieses »alte Kind« nicht regte, dem bescherte der absolute Stillstand in der bleiernen Diktatur einen scheinbaren Sieg über die Zeit. Sie schien innezuhalten. Diese tiefe und unbequeme Wahrheit gehört zum Klügsten, was je über diesen unwirklichen Schwebezustand in einer geschlossenen Gesellschaft geschrieben wurde. Eines ihrer großen Themen ist hier schon angeschlagen, das spannungsvolle Verhältnis von Individualität und Kollektivismus, das die beiden großen Weltsysteme so unterschiedlich definierten, mit so gegensätzlichen Prämissen in jenem vergangenen ideologischen Grabenkampf, der auch Jenny Erpenbecks Kindheit und Jugend prägte. Sie erzählte diese Geschichte vom alten Kind in jener genauen, fest umrissenen, gewissermaßen objektivierten Sprache, die auch das fantastische Element des Werkes vollkommen natürlich erscheinen ließ, jener Blick des Kindes durch die Wand aus dem Nirgendwo in unsere Welt hinein.

Vielleicht haben Sie gelesen, wie entzückt Thomas Mann vom *Peter Schlemihl* war, besonders die Stelle in Chamissos Märchen hatte es ihm angetan, wenn der Teufel, der Graue, wie er hier genannt wird, Schlemihls Schatten »leise vom Grase löst, aufhebt, zusammenrollt, faltet und in die Tasche steckt.« (14.1, 279) »Unbezahlbar« nannte Thomas Mann diesen Moment. Er dachte übrigens auch darüber nach, ob uns das Fehlen von Schatten tatsächlich so entsetzen würde, wie es Chamisso überzeugend behauptete. »[D]ie Unkontrollierbarkeit und Unentscheidbarkeit« machte für Thomas Mann den Witz des Buches aus. Wenn man die Voraussetzung als gegeben betrachtet, »so ergibt alles sich mit erschütternder Folgerichtigkeit«. (14.1, 280) Ich könnte mir ein Buch über Schattenwesen aus der Feder von Jenny Erpenbeck sehr gut vorstellen, auch wenn ich gar nicht weiß, ob ihr dieser Vergleich mit der deutschen Romantik gefällt. Doch es ist genau diese Normalität des Fantastischen, dieses spielerische Verkehren von Ursache und Wirkung, dieses entschiedene Setzen von erzählerischen Voraussetzungen, dieses Aufheben der unerbittlichen zeitlichen Logik unserer Alltagserfahrung, das mich an ihrem Schreiben so fasziniert. Im wunderbaren Märchen *Meister Floh* von E. T. A. Hoffmann, den Jenny Erpenbeck so schätzt wie Storm und Stifter, wandeln die längst gestorbenen, niederländischen Naturforscher Jan Swammerdam und Antoni van Leeuwenhoek aus dem 17. Jahrhundert unbekümmert und mit größter Selbstverständlichkeit durch das Frankfurt des 19. Jahrhunderts und fechten ihre alten Rivalitäten aus. In Jenny Erpenbecks großem Roman *Aller Tage Abend*[2] von 2012, der das ganze 20. Jahrhundert durchmisst, stirbt die jüdische Heldin viele der in dieser furchtbaren Epoche leider möglichen Tode, um im nächsten Kapitel wieder aufzutauchen. In furios geschriebenen Intermezzi schenkt

[2] Jenny Erpenbeck: Aller Tage Abend, München: Knaus 2012.

Jenny Erpenbeck ihrer Figur zweite, dritte und vierte Chancen, oft sind es nur geringe Veränderungen, die den Tod überwinden, ein aufgerissenes Fenster, eine Verspätung, eine Akte, die nach links statt nach rechts gelegt wird. Es ist das Spiel mit dem ›Was wäre wenn‹, ein sehr ernstes Spiel, denn als Preis winkt das Leben. Der Konjunktiv wird zum Indikativ, die Möglichkeit zur Wahrheit, und das Überleben erscheint in jener schrecklichen Zeit als das große Wunder, das es ohne Zweifel war.

Den in der DDR aufgewachsenen Lesern, auch mir, war der Name Erpenbeck sehr vertraut, Jenny gehört zu einer Autoren-Dynastie, die sie, anders als Thomas Mann, nicht begründet hat. Sie ist eine Hineingeborene, die das gewichtige Erbe der Familie nicht als Druck empfunden, sondern als einzigartigen Lebensstoff angenommen hat, als Vorrat an Geschichten und geschichtlichen Konflikten. Ihr Vater, John Erpenbeck, geboren im sowjetischen Exil der Eltern, ist ein international geachteter, glänzender und vielseitiger Physiker, Wissenschaftstheoretiker, Philosoph und fantasievoller Erzähler, Verfasser von Romanen, Gedichten und Erzählungen. Vielleicht ist diese vom Vater vorgelebte, ungewöhnliche Verbindung von Wissenschaft und Kunst mitverantwortlich für die Präzision, die Klarheit ihres Denkens und ihrer Sprache. Jenny Erpenbecks 2008 gestorbene Mutter, Doris Kilias, war eine gefragte literarische Übersetzerin aus dem Arabischen und lebte mit der Tochter eine Zeit lang in Italien, lange vor dem Mauerfall, nebenbei auch ein Stoff, den ich sehr gern in einem Roman lesen würde. Sie sehen, ich nutze die Gelegenheit hemmungslos für eine hoffentlich verpflichtende Wunschliste, obwohl ich eigentlich weiß, dass so etwas bei Autoren sinnlos ist.

Den Großvater, Fritz Erpenbeck, kannte man nicht nur als Kulturpolitiker, Schauspieler, Publizisten und als Dramaturgen, er war auch Autor beliebter Kriminalromane. Möglicherweise auch dies ein Erbe für Jenny, auch wenn es keine Ermittler und Kriminalfälle bei ihr gibt, der erfreuliche Wille ist immer zu spüren, den Leser dramaturgisch geschickt an das Buch zu binden, ihn gedanklich zu fesseln und im besten Sinne zu unterhalten, gemäß der unschlagbaren Formulierung von Brecht, den zu zitieren hier erlaubt sei: »Das Denken gehört zu den größten Vergnügungen der menschlichen Rasse.«[3]

Die deutlichsten Spuren im Werk von Jenny Erpenbeck hat aus diesem familiären kommunistischen Adel die einst sehr berühmte Großmutter väterlicherseits hinterlassen, Hedda Zinner, diese in der DDR hochgeehrte jüdische Dramatikerin, Lyrikerin, Erzählerin. Sie schrieb das vielgespielte Stück über den Reichstagsbrand *Der Teufelskreis*, die *Ravensbrücker Ballade*, und sie schuf mit *General Lundt* eine interessante linke Antwort auf Zuckmayers *Des Teufels General*. Mit ihrem Mann hatte sie im sowjetischen Exil überlebt, stets

[3] Vgl. etwa Bertolt Brecht: Leben des Galilei, in: Stücke VIII, Berlin: Aufbau 1961, S. 48.

bedroht vom unberechenbaren stalinistischen Terror, dessen blutigen, bürokratischen Irrsinn Jenny Erpenbeck in dem weltweit gelesenen Buch *Aller Tage Abend* beklemmend gestaltet hat. Der Roman mit seinen vielen Toden und dem bewegten Leben ist eine grandiose Variation des Lebens dieser Großmutter, von den Anfängen in Galizien, über Wien, Berlin, der Emigration, bis in die DDR und ihren Zusammenbruch. Über das schmerzliche historische Scheitern ihrer Mission legte die greise Hedda Zinner 1989 selbst aufrichtig in ihrem letzten Buch Rechenschaft ab – *Selbstbefragung*. Die Enkelin nutzte in ihrem Buch *Aller Tage Abend* das erzählerische Material der autobiografischen Trilogie der Großmutter, sichtete und formte es neu aus der Perspektive der Nachgeborenen, aus der Erfahrung des neuerlichen Epochenbruchs von 1989. Wenn wir Jenny Erpenbeck heute zu den wenigen politischen deutschen Autoren zählen können, dann liegt das nicht zuletzt an dieser Familie, in der kein Mittagessen ohne ernsthafte Diskussionen verging, in der das Politische nichts Abstraktes hatte, sondern das Leben jedes einzelnen Familienmitglieds bestimmte, so wie es Erpenbecks Figuren prägt, nie vordergründig, nie als Pamphlet oder Plakat, sondern als allgegenwärtige, alles durchdringende Macht, der sich niemand entziehen kann, schon gar nicht derjenige, der sie verleugnet.

Diese Familie mit ihren starken Frauen kam von weit her, sie brachte den festen, auch von Stalins Massenmorden nicht erschütterten Glauben an den Sozialismus in die neugeschaffene Heimat DDR mit, aber auch eine freiere Weltsicht und eine große Welterfahrung, die ich in Jenny Erpenbecks Werk wiederfinde. Geradezu großbürgerlich stelle ich mir den Haushalt der Großmutter vor, dieser Grande Dame der DDR-Literatur, die auch Schauspielerin und Rezitatorin war und bei Signierstunden gelegentlich weiße Handschuhe und eine weiße Mütze trug. In der Titelgeschichte des Erzählungsbandes *Tand*[4] von 2001 schildert ein Kind die Besuche in der gedämpften, kulturvollen Atmosphäre der offenbar stets etwas distanzierten Großmutter, die der Enkelin jedoch ein Gefühl für Sprache vermittelt, das schließlich zu einer Selbstermächtigung der Erzählerin wird:

> Nun bin ich in meinem Gaumen, meiner Kehle, meiner Mundhöhle zu Haus, ich habe die Wörter in meinen Besitz gebracht, sie wohnen auf meiner Zunge und zwischen meinen Lippen, ich atme durch die Nase bis tief in den Körper hinein, und füttre die Wörter mit Luft. Meine Großmutter lehrt mich jetzt mehrere Sätze hintereinander zu sprechen, so daß sie eine Landschaft ergeben, lehrt mich Pausen machen, und schweigen, und dann lehrt sie mich, daß man weinen kann, wenn man weinen will, und lachen, wenn man lachen will. Weinen oder lachen, so laut und solange man will. Und ganz zum Schluß lehrt sie mich, hinter meine Stimme zurückzutreten, als würde ich einfach nur jemandem, der sprechen will, meinen Körper leihen, damit er sich bemerkbar machen kann, und meine Gedanken, um zu denken, und meine Gefühle, um zu fühlen.

[4] Jenny Erpenbeck: Tand. Erzählungen, Frankfurt/Main: Eichborn 2001.

Diese Worte des jungen Mädchens lesen sich fast wie ein literarisches Programm der großen Erzählerin Erpenbeck, die mit ihrem Schreiben Landschaften entwirft, offene Räume, in denen wir uns frei bewegen können. Alles scheint gleichzeitig da zu sein, Vergangenheit und Gegenwart, die Schichtungen der Zeit werden sichtbar wie in einem geologischen Tiefenschnitt. Jenny Erpenbeck liebt das Plusquamperfekt, das Vorzeitliche grundiert bei ihr das Gegenwärtige. Das ist so ein typischer Satz von ihr, den sie als Beispiel gern zitiert, obwohl er in keinem ihrer Bücher wörtlich vorkommt: »Seine Großmutter hatte täglich gebetet, seine Mutter betete nur noch drei Mal in der Woche, er betet überhaupt nicht mehr.« Ein Satz, drei Generationen, drei Lebenshaltungen und ein tiefer Wandel im Denken und Glauben. Vielleicht wird der Roman zu diesem Satz noch geschrieben.

Diese Prosa ist ganz entschieden gestisch, fragend, abwägend und von der Haltung des jeweils Sprechenden bestimmt, dem sie ihre lebendige Stimme leiht, wie es das Kind vielleicht schon lernte. Verwunderlich ist das nicht bei dieser theatralischen Familientradition und ihren eigenen Erfahrungen, als Autorin zweier Stücke, als Studentin der Theaterwissenschaft an der Humboldt-Universität, als Lernende bei Regie-Legenden wie Ruth Berghaus und Heiner Müller und als Opern- und Theaterregisseurin. Autorin wollte sie als Kind nicht unbedingt werden, weil sie sich das Tageswerk am Schreibtisch, in Erinnerung an die eisern- disziplinierte Großmutter, sehr langweilig vorstellte. Geschrieben hat sie dennoch schon früh, zunächst sehr intensiv Tagebücher, diese persönlichste Ausdrucksform für die Erprobung ihrer Sprache, den Dialog mit sich selbst wählend, bis ihr dann der Eichborn Verlag dankenswerterweise die *Geschichte vom alten Kind* förmlich aus den Händen riss.

Wie sehr Sprache für sie ein Mittel der Erkenntnis ist, wird in ihrem zweiten großen Text, der Erzählung *Wörterbuch*[5] von 2004 deutlich. Sie liest sich wie eine Antwort auf das *Alte Kind*, auch hier gibt es eine Innenansicht der Diktatur, diesmal der argentinischen, oder zumindest »92 Prozent Argentinien« wie die Autorin mit der für sie so typischen Präzision sagt. Der Rest könnte stalinistisch sein oder jede andere Diktatur. Doch während sich das alte Kind den Erkenntnissen verweigert, während es sich unwissend stellt, laden sich für das Mädchen im *Wörterbuch* die zunächst unverstandenen Wörter mehr und mehr mit Bedeutung auf, bis zum bitteren Verstehen. Neben den ganz einfachen Dingen, Messer, Auge, Schnee wird auch das furchtbare, oft gehörte Mantra des Vaters »Diejenigen welche. Dann deren Freunde. [...] Und zum Schluß alle« für das Kind irgendwann begreifbar: als das Verfolgungs-Programm des gnadenlosen Folterers. Die vom Himmel fallenden Engel werden als ins Meer geworfene Regime-Gegner erkannt und schließlich erlangt sie Klarheit über

[5] Jenny Erpenbeck: Wörterbuch, Frankfurt/Main: Eichborn 2004.

das eigene Schicksal als das eines Opferkindes, adoptiert von den Tätern. Wie so oft bei Jenny Erpenbeck haben reale Vorgänge, hier eine Fernsehreportage über zwangsadoptierte, argentinische Kinder von Verschwundenen, das Buch inspiriert, in dem auch eine persönliche Erfahrung eingeflossen ist: das merkwürdige und schwer zu vermittelnde Auseinanderklaffen zwischen der Erinnerung an eine behütete, glückliche Kindheit und dem späteren Wissen um das wahre Wesen der absoluten Herrschaft.

Auch das beeindruckt mich am Werk Jenny Erpenbecks: Ihre Bücher sind keine Protokolle der eigenen Betroffenheit, keine Mit-Schriften des Lebens, aber sie speisen sich aus dem Erlebten, das verwandelt, überhöht und vertieft wird. Der vereinsamte, emeritierte Professor Richard aus ihrem 2015 erschienenen Roman *Gehen, ging, gegangen*[6] ist eine sehr glaubwürdige, sehr menschliche, erfundene Figur, doch vieles, was ihm widerfährt, hat sich so zugetragen. Als Jenny Erpenbeck dieses Buch zu schreiben begann, konnte sie noch nicht ahnen, wie sehr die Geflüchteten die deutsche Gesellschaft bewegen und spalten würden, wie notwendig und hilfreich der Roman sein würde. Ihr Professor, ein Altphilologe, also klassisch gebildet wie die Autorin, geht mit uns wie der wegweisende Vergil, wie ein Reisender am eigenen Ort, zu den protestierenden Flüchtlingen auf den Oranienplatz in Berlin und später in die Heime, erschrocken über sich und die eigene, lang andauernde Ignoranz. Richard wird zu einem Helfer für diese afrikanischen Männer, geht auf die Ämter, lehrt Deutsch, holt sie in sein Haus und lernt immer besser, eine selbstkritische Haltung einzunehmen, durch die Helfen vielleicht erst möglich wird, niemals gönnerhaft, die eigenen Motive stets reflektierend, auf Augenhöhe, sich auf den Bedürftigen zubewegend, nicht umgekehrt, den Flüchtling genauso sehend wie wir uns selbst betrachten. Auch helfen will gelernt sein, das habe ich durch diesen Roman verstanden. Nehmen Sie den Spendenaufruf im Buch bitte ernst, das dort angegebene Konto existiert wirklich und könnte neue Mittel, die sehr sorgsam verwendet werden, gut gebrauchen. Die Autorin selbst kümmert sich derzeit so intensiv um Geflüchtete, deren erschütternde Geschichte in das Buch eingingen, dass ich manchmal etwas um ihre literarische Produktion fürchte, aber sie handelt hier eben im Leben so zupackend und verantwortlich wie sie schreibt. Die brennende Aktualität des Buches sollte nicht vergessen lassen, wie sorgfältig, wie klug es literarisch durchgearbeitet ist, wie berührend Erpenbecks große Themen sich hier wiederfinden: ihr Hinterfragen der Sprache etwa, wenn einer der rechtlosen Geflüchteten darüber nachdenkt, dass er eigentlich auch keinen Körper mehr besitze – »No-Body«, ein »Toter auf Urlaub« – oder das große Thema Zeit, die für diese zur Untätigkeit Verdammten jede Bedeutung verliert.

[6] Jenny Erpenbeck: Gehen, ging, gegangen, München: Knaus 2015.

Mit Richard verstehen wir, dass der einzige Besitz dieser Geflüchteten etwas Immaterielles ist, etwas das nicht enteignet oder zerstört werden kann. Thomas Mann sagte von sich so treffend im Exil, wo er sei, da sei deutsche Kultur. Und so nehmen diese Menschen ihre Kultur als unsichtbaren Schatz mit, ihre Traditionen, Erinnerungen, ihre Geschichten, ihre Lieder und ja, auch ihre Kochrezepte.

Gehen, ging, gegangen – auch hier der sprachliche Dreiklang, der für eine Weltwanderung steht mit ungewissem Ausgang, doch anders als im großen Buch des Scheiterns, *Aller Tage Abend*, setzt dieser Roman ein unpathetisches Zeichen der Hoffnung. Die gewaltigen Weltentwürfe, an die auch Richard einst glaubte, sind zerronnen, nachdem sie so viele Menschen zerrieben haben. Im täglichen Helfen sieht er nun eine Antwort für sich, das ist Resignation und Aufbruch in einem Atemzug. Richard drückt es nüchtern aus: Vom Weltverbesserer zum Almosengeber, dabei tut er weitaus mehr, etwa in jener wundervollen Szene des Landkaufs in Afrika für einen Flüchtling, per Handy in einem Berliner Büro, in dem eine schwarze Pythia über einem Spalt sitzt und den juristisch einwandfreien, aber unkonventionellen Vorgang dirigiert. Etwas verbindet Richard, die Autorin und die Flüchtlinge, ohne die Erfahrung gleichzusetzen. Die Afrikaner mussten ihre Heimat verlassen. Aber auch eine ganze Generation Ostdeutscher hat erstaunt und erschüttert erlebt, dass ein Staatswesen, ob akzeptiert oder ungeliebt, fast über Nacht verschwindet, dass alle Gewissheiten wanken, dass das scheinbar Unumstößliche in Bewegung gerät und sich auflöst – Schock und Chance zugleich. Dieser unerhört schnelle Wandel hat in Jenny Erpenbeck ein starkes emotionales Bewusstsein für Vergänglichkeit geschaffen. Den großen und kleinen Verlusten widmete sie ein ganzes Buch, über verschwundene Wörter, Öfen, Kohle, Tropfenfänger und den Palast der Republik – *Dinge, die verschwinden*[7].

Als gelernte Buchbinderin kennt sie auch die materielle Seite der Buchproduktion, das Buch als Objekt also. Und als Requisiteurin – Sie sehen, es gibt selbst gegen Ende dieser Laudatio immer noch neue, biografische Details – weiß sie sehr genau um die Bedeutung der Dinge in der Erzählung. Sie kennt den Weg, den ein Requisit während der Handlung über die Bühne nehmen muss, sie hat eine besondere Aufmerksamkeit für Gegenstände. Ihr Werk ließe sich auch als eine großartige Phänomenologie der Dinge lesen, in der die Sachwelt ein Eigenleben entfaltet, am radikalsten sicher in ihrem Welterfolg *Heimsuchung*[8], der Roman eines Hauses, das in jedem Winkel, in jedem Umbau, in jedem Mauerstück als Bühne des Lebens erkundet wird. Die Dinge sind bei Jenny Erpenbeck nicht tot, sie sprechen zu uns, ihre Gebrauchsspuren

[7] Jenny Erpenbeck: Dinge, die verschwinden, Berlin: Galiani 2009.
[8] Jenny Erpenbeck: Heimsuchung, Frankfurt/Main: Eichborn 2008.

geben Geschichte preis. Im angefertigten Ding manifestiert sich, das wissen die Ökonomen, geronnene Arbeit, bei Jenny Erpenbeck aber auch geronnene Erfahrung. Ein ganzes Kapitel ist in *Aller Tage Abend* den Dingen gewidmet, eine Goethe-Gesamtausgabe wandert wie die Heldin durch den Roman und übersteht nur leicht beschädigt die schweren Zeiten.

Jenny Erpenbeck hat tatsächlich eine große Schwäche für vom Aussterben bedrohte Gegenstände. In ihrer Wohnung durfte ich ihre Sammlung von DDR-Einkaufstüten besichtigen, aus ökologischer Sicht übrigens begrüßenswerte, aus festem, bräunlichem Packpapier gefertigte Produkte, versehen mit schwungvollen Mitteilungen, die fast rührend einen Markt beschwören, den es im eigentlichen Sinne doch gar nicht gab: »Täglich frisch auf den Tisch«, »Waren des täglichen Bedarfs«, »Freude am Einkauf«, »Esst Obst« oder noch schöner »Gut gekauft – gern gekauft«. Joseph Beuys hätte seine helle Freude an dieser Tüten-Sammlung, diesen irgendwie nicht entfremdeten, naiven Produkten, deren Inschriften allerdings, welch symbolträchtiger und unaufhaltsamer Vorgang, mehr und mehr verblassen. Jenny Erpenbeck registriert das mit einer gewissen amüsierten Wehmut, die sie vielleicht auch inspiriert, denn selbst hier zeigt sich im Kleinen, wovon sie fest überzeugt ist: Nichts bleibt, wie es ist. Diese große deutsche Autorin der materiellen Alltagswelt weiß – ganz im Sinne Thomas Manns – um das Ende, um den Tod, und ist ganz dem Leben zugewandt. Ihr Schreiben hält das Verblassen und Verschwinden für die Länge der Erzählung auf.

Erlauben Sie mir bitte nach diesen hoffentlich nicht allzu erschöpfenden Ausführungen noch diese ganz persönlichen Worte. Liebe Jenny, ich muss es einfach sagen, ich freu mich riesig, dass Du heute diesen wunderbaren Preis erhältst, hier in Lübeck, benannt nach dem von uns so geliebten Thomas Mann. Du hast ihn verdient!

Jenny Erpenbeck

Dank für die Verleihung des Thomas-Mann-Preises

Sehr geehrte Damen und Herren, werte Jury, sehr geehrter Herr Bürgermeister, lieber Michael Krüger, lieber Knut Elstermann – und liebe Familie!

Diesen Preis zu bekommen, der nach dem von mir geliebten und hochverehrten Thomas Mann benannt ist, bedeutet mir sehr viel. Alle Welt hat mir gratuliert, ich bin glücklich über die Ehre, meinen Namen mit dem Namen dieses großen Schriftstellers auf diese Weise verbunden zu sehen, bin glücklich natürlich auch über das nicht unbeträchtliche Preisgeld.

Und wenn auch durch Zuneigung zu dem Werk Thomas Manns allein all dies kaum gerechtfertigt wäre, möchte ich hier dennoch den Versuch unternehmen, dieser Zuneigung Ausdruck zu verleihen und auf den einen oder anderen Punkt zu sprechen zu kommen, der mich mit dem Werk Thomas Manns verbindet.

Nachdem ich als Halbwüchsige meinen Vater Jahr um Jahr gefragt hatte, ob ich denn nicht endlich einmal den *Zauberberg* lesen dürfe, mir mein Vater aber Jahr um Jahr zwar Stifter oder Sterne zu lesen gab, bei dem Titel *Zauberberg* jedoch immer befand, das sei vielleicht doch noch »zu schwer«, gewann ich allmählich den Eindruck, es müsse sich hier um so etwas wie einen echten Zauberberg handeln, dessen Besteigung für eine Halbwüchsige zu anstrengend sei, oder um einen Sesam-öffne-dich, der sich nur der Erwachsenen auftun würde. Als ich das Buch dann endlich aufschlug, also in den vermeintlich schweren und ernsten *Zauberberg* eintrat, war ich zunächst verblüfft. Die bezaubernde Madame Chauchat warf die Tür scheppernd ins Schloss, und ich fand mich entzückt von ihr und – lachend bei der Lektüre. Es folgten die Erzählungen, leidenschaftlich diskutiert von meiner damals besten Freundin und mir, verbunden mit Betrachtungen zum Beispiel darüber, ob ich, mit meiner mir angeborenen Blond- und Gesundheit, etwa der rohen Welt des Tages, anstatt der so wunderbar nächtlichen einer Gabriele Eckhof zuzuordnen sei, und inwieweit nur aus einer, möglichst weithin erkennbaren, Konstitution des Leidens und der Melancholie sogenannte gute und wahre Kunst entstehen könne. Mich betrübende Ansichten, die Thomas Mann allerdings auf jeder Seite wieder beschwichtigte, indem er mit gerechter Distanz auf jegliche Techniken blickte, mit denen Menschen ihren Umgang mit anderen Menschen zu ordnen versuchen, und mit großer Weisheit auf das, was unter der Oberfläche der Eitelkeiten vonstattengeht.

Die ersten Spaziergänge durch das Werk Thomas Manns gingen meinem Studium der Opernregie also voraus, fanden statt, noch bevor ich die Wagner'sche Zerrissenheit des Universums in die Welt des Tages und die der Nacht kennenlernte. Bevor ich in Verkehrung der Reihenfolge in Wagners Technik der Leitmotivik die Leitmotivik Thomas Manns wiedererkannte, bevor ich den Delirien des *Parsifal* und des *Tristan* sozusagen nachträglich selbst verfiel. Thomas Manns Auseinandersetzung mit der Zeitstruktur der Musik gibt mir bis heute zu denken – und zu schreiben! – beispielsweise seine Frage nach dem komplexen Zusammenhang zwischen Weg und Zustand, die seinen Adrian Leverkühn so »beschäftigt[...], wie nichts anderes«: die »Umwandlung des Intervalls in den Akkord, [...], des Horizontalen also ins Vertikale, des Nacheinanders ins Gleichzeitige.« (10.1, 112)

Die immer wieder gestellte Frage nach den literarischen Vorbildern ist eine müßige Frage, die am Kern des Eigentlichen vorbeizielt, aber natürlich gibt es ein Wiedererkennen des Eigenen in der Sprache und im Denken eines Anderen, gibt es manchmal in glücklichen Momenten einer Lektüre ein Bewusstwerden dessen, was einem entspricht. Und selbst wenn man im Laufe der Jahre manches Einzelne wieder vergisst – den Handlungsfaden oder die oder jene Figur, und selbst wenn man sich an manches Einzelne erinnert: Das Wichtigste sinkt tiefer ein, als die Erinnerung geht, man verleibt es sich ein und es bleibt da, blind und stumm, so wie Herz, Nieren und Knochen, die uns am Leben halten. Zwischen *Zauberberg* und *Doktor Faustus* verschwand das Land, aus dem ich kam, die DDR. Einverleibt habe ich mir in dieser Zeit Thomas Manns Nachdenken über alles dem Untergang Geweihte, seine erbarmungslos genauen Schilderungen von Krankheits- und Zwischenzuständen und all dessen, womit wir in diesen Zwischenzuständen befasst sind. Hans Castorp liegt auf der Liege, professionell in Decken gewickelt, mehr und mehr seiner Krankheit hingegeben, während seine Zeit (aber das wissen nur wir als Leser) schon verrinnt, schon wie in einem Countdown auf den Ersten Weltkrieg zuläuft, schneller und schneller. Je langsamer das Leben zu werden scheint, desto näher kommt der Moment, in dem auf den Schlachtfeldern alles, was bis dahin war, unumkehrbar verloren sein wird. Thomas Mann gelingt das Kunststück, die Reihenfolge von Farce und Ernst zu vertauschen. Eben noch gibt es bürgerlichen Mittagstisch, dann kommt der Gaskrieg. Und dann folgt auf den Ersten Weltkrieg der Vertrag von Versailles, die Hungerzeit in Europa, die Inflation, die Zeit der Diktaturen: in Italien, Jugoslawien, Polen, der Sowjetunion, in Spanien und schließlich in Deutschland. Hitler antwortet auf Versailles, im Prinzip, nach einer Zwischenzeit. Mit ein paar Jahren dazwischen beantwortet Hitler den einen Krieg mit dem andern, und geht weit darüber hinaus, mit der systematischen Ermordung eines Teils der eigenen Zivilbevölkerung und Millionen von Menschen in anderen Ländern, jenseits der Fronten.

Wer verstehen könnte, wie aus einem Ende ein Anfang wird und aus einem Anfang irgendwann wieder ein Ende, verstünde wohl das Grundlegende, nämlich das Prinzip der Verwandlung, des Wachsens von etwas Unbekanntem aus dem, was wir zu kennen geglaubt haben, das Prinzip des Aufgehobenseins einer Sache in einer vollkommen anderen; die Verkehrungen, die Wendungen ins Ungeheure, nicht mehr Beherrschbare – oder aber auch, oft ebenso überraschend, nur wesentlich angenehmer, die Verwandlungen in Schönheit, neues Leben und neue Form. Wer das in aller Tiefe verstünde, der könnte leichter umgehen mit Hoffnungen, die fehlschlagen; oder auch mit der eigenen Entmachtung, sei es durch politische Willkür, durch Gegenspieler, durch Krankheit oder die nachfolgende Generation; könnte leichter annehmen, was so schwer anzunehmen ist: den Tod derer, die uns nahestehen – und unseren eigenen, der das Denken beendet, mit dem wir ihn, bis er uns endlich erwischt, zu denken versuchen.

Auch jetzt befinden wir uns in so einem Zwischenzustand – wir wissen, dass die Kriege und Krisen in den arabischen Ländern, auch in Afghanistan oder der Ukraine, in letzter Konsequenz auf den Zusammenbruch des Ostblocks zurückzuführen sind, der doch immerhin schon 25 Jahre zurückliegt, vielerorts tritt im Zusammenhang damit jetzt in Europa und an den Rändern Europas eine Radikalisierung ein, die der Radikalisierung in den Zwanzigerjahren des letzten Jahrhunderts nicht unverwandt zu sein scheint. Orban schert mit der Errichtung seiner Zäune aus der europäischen Politik aus, auch in anderen Ländern wird man ungeduldig, nicht zuletzt in unserem eigenen. In der Türkei ist die Diktatur schon installiert. So ähnlich ist Erdogans Vorgangsweise der Vorgangsweise von Hitler 1933 – im Tagebuch von Thomas Mann kann man es Tag für Tag nachlesen –, dass die Parallelität geradezu unheimlich anmutet: Im Februar 1933 wird Thomas Mann von Freunden nahegelegt, aus der Schweiz, wo er sich im Anschluss an eine Lesereise im Winterurlaub befindet, nicht mehr nach München zurückzukehren. Und dann geht es Schlag auf Schlag: Sein Pass wird, als er im April abgelaufen ist, von den deutschen Behörden nicht mehr verlängert, seine deutschen Konten, sein Münchner Haus und die Autos werden beschlagnahmt, der halbe Nobelpreis ist futsch!, und so findet sich binnen weniger Wochen der höchst ehrenwerte, quasi staatstragende Thomas Mann in einen Flüchtling verwandelt, der nicht weiß, wo er bleiben soll. Er schreibt:

> Ich vertrage sehr schlecht die Unsicherheit der Zukunft, das improvisierte Leben u. das Fehlen fester Grundlagen, die wenigstens subjektiv, für immer, bis zum Tode gelten. Eben dies habe ich verloren, und es ist gewiß kein Wunder, dass Ersatz nicht im Handumdrehen zu schaffen ist. [...] Wird mein Ende elend sein? (Tb, 25.9.1933)

Er schreibt auch: »Viel ängstliche, niedergeschlagene, trübe Stimmung. Muß feststellen, dass im Grunde keineswegs Gewöhnung sich ergibt an die Tatsache des Verlustes von festem Heim und sicherer Lebensgrundlage.« (Tb, 14. 11. 1933) Seit 1925, erfährt er später, sei über Äußerungen, die er gemacht hat, Buch geführt worden. In so einer Zwischenzeit, im Schatten also, ist das gewachsen, was dann plötzlich hervortritt und von einem Tag auf den andern sein Leben für immer aus der gewohnten Bahn wirft.

Ein Satz aus *Mario und der Zauberer* ist mir immer im Gedächtnis gewesen, über all die Jahre, seit ich ein junges Mädchen war. Er lautet:

> Wahrscheinlich kann man vom Nichtwollen seelisch nicht leben; eine Sache nicht tun wollen, das ist auf Dauer kein Lebensinhalt; etwas nicht wollen und überhaupt nicht mehr wollen, also das Geforderte dennoch tun, das liegt vielleicht zu benachbart, als daß nicht die Freiheitsidee dazwischen ins Gedränge geraten müßte [...]. (VIII, 702)

Das Wollen oder, wenn man so will, die Besetzung des Wunsches zu wollen, haben die Diktatoren den demokratisch Organisierten voraus. Wir in Europa sind uns einig über das, was wir, hier bei uns jedenfalls, nicht wollen: Krieg, Armut, Folter. Aber über das, was wir wollen, gilt es noch immer nachzudenken. Das sehr große, aber auch sehr weite Wort »Freiheit« ist da nicht genug. Zum einen, weil man danach fragen muss: Wessen Freiheit? Und auf wessen Kosten? Zum anderen, weil es bedeutet, an sich hinter das Wollen zurückzutreten, nämlich aus Gründen der Gleichberechtigung sich im Zweifelsfall selbst zurückzunehmen. An dieser Stelle trägt die vielbeschworene Freiheit die Potenz zu ihrer eigenen Abschaffung in sich. »Freiheit ist immer Freiheit der Andersdenkenden«, hat die kluge Rosa Luxemburg gesagt, und da liegt noch immer der Hund begraben, wenn wir ehrlich sind. Der Konsum ist eine statische Angelegenheit und macht die Seele auf Dauer nicht satt. Der Konsum ist auch eine räuberische Angelegenheit, also andernorts eine Frage auf Leben und Tod. Beides zusammen bedeutet, dass es so, wie es ist, nicht bleiben wird. Wir befinden uns in einem Zwischenzustand, und es wird wichtig sein, zu verstehen, was da wächst und in welche Richtung wir uns bewegen, und in welche Richtung wir uns bewegen wollen, bevor uns das Wollen abgeknöpft wird.

Bei all diesen Überlegungen sind wir ganz zentral mit dem Nachdenken über Grenzen konfrontiert. Und zwar nicht nur über die Grenzen zwischen dem einen Land und dem andern, oder die zwischen dem einen Kontinent und dem anderen, sondern vor allem über die Grenzen in uns selbst. Zwischen uns als egoistischen Einzelwesen und uns als Mitgliedern einer Gemeinschaft, in der einer auf den anderen angewiesen ist und die bei der heutigen ökonomischen und ökologischen Verbundenheit aller Kontinente sinnvoll nur als Weltgemeinschaft gedacht werden kann. Auch unsere Begehrlichkeiten weisen mitunter über die verabredete Ordnung oder über das Gesetz hinaus, und dann stellt sich die Frage: Sind wir Verbrecher? Oder müssen wir auf diesem Begehren beharren, damit Weiterentwicklung möglich wird? So ein Gesetz kann schließlich unangemessen sein, unangemessen geworden sein, oder auf einem Missverständnis beruhen, wie die Ehe zwischen Isolde und Marke, oft genug entspringt es auch bloßer Willkür, ist selbst verbrecherisch. Verlieren wir uns oder retten wir uns genau im Gegenteil gerade dadurch, dass wir eine Grenze einhalten, auf ihr beharren? Also: Ist eine Grenze Beschränkung oder Halt? Sicher, in verschiedenen Anteilen, immer beides ... Aber das Abwägen nimmt uns kein Gesetz ab. Damit sind wir immer wieder aufs Neue allein.

Thomas Manns Humor und die Erbarmungslosigkeit seiner Porträts wären undenkbar, wenn er nicht schon lange, bevor er 1933 aus ihr ausgestoßen wurde, aus ungeheuer großer Entfernung auf seine eigene Gesellschaft geblickt hätte. Er weiß sozusagen von Berufs wegen, was es heißt, »draußen« zu sein. Der ganze Handel, den Adrian Leverkühn abschließt, dreht sich darum. Um den Preis für die Kunst, der darin besteht, dass einen die Reflektion selbst in Momenten des Glücks zu einem Fremden macht. Und andererseits die Stärke eines Gefühls, das unbedingte Wollen, die Rücksichtslosigkeit, sich selbst und anderen gegenüber. Herumtreiber, Ausgestoßener, Heißläufer sein auf einem Niemandsland, einem unwirtlichen Streifen, immer im innigsten Dialog mit den Grenzen. Was für ein Mut, einen Aschenbach kurz vor dessen Tod in Venedig die Liebeserklärung an den Knaben flüstern zu lassen, ihn sich zu dem Gefühl, das nicht sein soll, aber dennoch da ist, bekennen zu lassen. Aschenbach ist bei seinem Geständnis ganz allein in seinem Zimmer, aber Thomas Mann setzt sich seiner schon damals tausendfachen Leserschaft und nicht zuletzt auch der seiner Frau Katia aus. Isolde bricht die Ehe. Aschenbachs Knabenliebe bleibt ungelebt. Aber das Fühlen und Wünschen hat beide über eine Grenze geführt. Und das Fühlen und Wünschen ist immerhin das Zeichen dafür, dass jemand lebendig ist. Nirgendwann lebendiger als unmittelbar vor dem Tod.

»Tod« – mit diesem Wort sollte man eine Rede aus einem so erfreulichen Anlass nicht beschließen. Und deshalb lassen Sie mich hier noch einmal kurz und bündig – auch wenn wir nicht bei der Oscar-Verleihung sind, denen danken, ohne deren Unterstützung ich heute nicht an diesem schönen Platz stehen würde. Zunächst danke ich der Jury nochmals sehr, dass sie mich, noch bevor ich alt und grau bin, in dieser anspruchsvollen Rolle besetzt hat, ich danke meinem Verleger, der inzwischen zwar den Knaus Verlag leitet, aber auch schon bei meinen ersten Büchern, damals bei Eichborn, mein Verleger war, und mir immer völlige Freiheit gegeben hat zu schreiben, worüber auch immer ich schreiben wollte. Ich danke meinem Vater für unzählige inspirierende, immer wieder überraschende Gespräche, ohne die mein Schreiben nicht denkbar wäre – wohl dem, der so einen klugen und warmherzigen »Zauberer« als Vater hat! –, ich danke auch meiner Mutter, die immer vorbehaltlos an mich geglaubt und mich in jeder Hinsicht unterstützt und bestärkt hat – und die nun leider diese Zeremonie nicht mehr erleben kann. Vor allem aber danke ich meinem Mann, der mir ein wunderbarer Lebensgefährte und mein erster und wichtigster Leser ist, und, last but not least, unserem Sohn, der mich von Grund auf glücklich macht.

Yvonne Nilges

Hanno, Hiob und das Heil

Neue Archivfunde zu Thomas Manns *Buddenbrooks*

Thomas Manns *Buddenbrooks* illustrieren nicht nur den »Verfall einer Familie«, sondern, religionssoziologisch exemplarisch, auch den Niedergang und die Auflösung traditioneller Glaubensstrukturen vor dem Hintergrund der Säkularisierung. Unter den Auspizien moderner Subjektivierung und einer zunehmenden Subjektkrise erodieren einstmalige Glaubensgewissheiten proportional zu der mit der Décadence einhergehenden Verfeinerung der Nerven wie des Intellekts, so dass wir hier zu Zeugen nicht nur einer virulent werdenden Lebensuntüchtigkeit und Desorientierung, sondern auch einer (damit verbundenen) Infragestellung alter Glaubensmuster werden. Kritik führt dabei notwendig zur Krise, weil die scheinbare Historizität des Themas – vgl. Nietzsches »Gott ist tot« – auf eine dialektische *Historisierung* hinweist, deren Folgen der Roman beschreibt. Demarkation bedeutet nicht Distanz, wohl aber Distanzierung und einen somit faktisch weiter aktuellen, fortbestehenden Prozess: Das Vergangene ist nur dem Anschein nach vergangen, indem es Gegenwärtiges auch weiterhin bestimmt. Was noch nicht wirklich historisch – d. h. abgeschlossen – ist, sondern sich erst selbst historisch *wird*, hinterlässt derweilen eine Leerstelle, die nach Auffüllung und neuer, sinnstiftender Identifikation verlangt. Die Folgen dieser Entwicklung werden in den *Buddenbrooks* eindrucksvoll geschildert, ohne dass Kompensation jedoch gelänge. Was das Eingebundensein in die Idee der Transzendenz betrifft, stellt sich die ›Suche nach dem verlorenen Gott‹ im Roman als nachgerade symptomatisch dar: Es ist, in allen dargestellten Manifestationen, ein Suchen und beständiges Nicht-Finden.

Die religiösen und theologischen Bezüge in Thomas Manns Romanerstling sind, zumal seit der Jahrtausendwende und dem Zentenarium der *Buddenbrooks*, in Einzelstudien verschiedentlich thematisiert worden. Manns religiöser Erziehung und Vorbildung freilich wurde dabei kaum Beachtung beigemessen. Gleichwohl scheinen genauere Kenntnisse darüber unabdingbar, wenn wir dem Thema ganzheitlich gerecht zu werden suchen und Manns Verhältnis zu Religion und Religiosität in seinen Prämissen ernst nehmen.

I.

Das Curriculum des Katharineums zu Lübeck, das von der Forschung bislang noch nicht wahrgenommen wurde, wirft ein ungewohntes Licht auf diesen Ausgangspunkt: auf die stupende Vertrautheit des noch jungen Autors nämlich mit sachgemäßen Fragestellungen, die man ihm bislang – in der zu zeigenden Profundität – durchaus nicht zugetraut hatte, und die als Fundament für Thomas Manns gesamtes Schaffen künftig immer mitzudenken sind.

Die Schuljahresberichte des Katharineums von 1889 bis 1894 – jener fünf Jahre also, in denen Thomas Mann (mit zwei Wiederholungen) die Untertertia bis Untersekunda im realgymnasialen Zweig als Schüler durchlief – sind für unseren Zusammenhang besonders instruktiv. Aus ihnen geht hervor, dass Manns schulische Religionskenntnisse weit gründlicher und ausgedehnter waren, als bis heute angenommen wurde.[1]

Die religiösen Lehrinhalte am Katharineum belegen, dass der junge Thomas Mann durchaus ein firmer Bibelkenner war. Während Manns Schulzeit waren nahezu sämtliche Inhalte des Alten wie des Neuen Testamentes nacheinander Bestandteil des Curriculums, und während zunächst das exegetische Studium bestimmend war, kam später ebenso das bibelwissenschaftliche im Hinblick auf die synoptischen Evangelien hinzu. Benutzt wurde, wie zu erwarten, die Heilige Schrift in Luthers Übersetzung; durchgängiges Hilfsmittel war dabei das »für den Gebrauch theologischer Studenten« [!] konzipierte Lehrbuch von Ludwig Noack über *Die biblische Theologie* (1853).[2] Bereits hieraus erhellt sich,

[1] Das Katharineum zu Lübeck – namentlich die Leiterin des Schularchivs, Frau Karin Saage – hat mir die Originale der Schuljahresberichte zur Verfügung gestellt, wofür an dieser Stelle herzlich gedankt sei.

Im Folgenden dienen als Quelle die religiösen Lehrinhalte des Katharineums, die in den jeweiligen Jahresberichten referiert werden: Einladung zu den auf den 27. und 28. März 1890 angeordneten öffentlichen Prüfungen und Redeübungen der Schüler des Katharineums zu Lübeck von Dr. Julius Schubring, Direktor und Professor, Lübeck: Gebrüder Borchers 1890, S. 76 (Thomas Manns erstes Jahr: Untertertia); Einladung zu den auf den 19. und 20. März 1891 angeordneten öffentlichen Prüfungen und Redeübungen der Schüler des Katharineums zu Lübeck von Dr. Julius Schubring, Direktor und Professor, Lübeck: Gebrüder Borchers 1891, S. 12 (Thomas Manns zweites Jahr: Wiederholung der Untertertia); Einladung zu den auf den 7. und 8. April 1892 angeordneten öffentlichen Prüfungen und Redeübungen der Schüler des Katharineums zu Lübeck von Dr. Julius Schubring, Direktor und Professor, Lübeck: Gebrüder Borchers 1892, S. 60 (Thomas Manns drittes Jahr: Obertertia); Einladung zu den auf den 23. und 24. März 1893 angeordneten öffentlichen Prüfungen und Redeübungen der Schüler des Katharineums zu Lübeck von Dr. Julius Schubring, Direktor und Professor, Lübeck: Gebrüder Borchers 1893, S. 73 (Thomas Manns viertes Jahr: Untersekunda); Einladung zu den auf den 15. und 16. März 1894 angeordneten öffentlichen Prüfungen und Redeübungen der Schüler des Katharineums zu Lübeck von Dr. Julius Schubring, Direktor und Professor, Lübeck: Gebrüder Borchers 1894, S. 55 (Thomas Manns fünftes Jahr: Wiederholung der Untersekunda).

[2] Ludwig Noack: Die biblische Theologie. Einleitung in's Alte und Neue Testament und

welch genaue, ja avancierte Kenntnisse wir schon beim Schüler Thomas Mann vorauszusetzen haben.

Der Religionsunterricht umfasste auch ausführlich liturgische Elemente. Als Grundlage hierfür diente das *Lübeckische evangelisch-lutherische Gesangbuch für den öffentlichen Gottesdienst und die häusliche Andacht*, von dem im fraglichen Zeitraum zwei Auflagen (der Jahre 1889 und 1890) existierten. Da die Nummerierung der Gesangbuchlieder in den Auflagen des 19. Jahrhunderts dieselbe blieb, erlauben die Schuljahresberichte für Thomas Mann eindeutige Aufschlüsse darüber, wann welche Lieder Gegenstand des religiösen Unterrichtes waren.[3]

Schließlich war auch der *Kleine Katechismus* Luthers ein umfassender Teil des schulischen Lehrplans: *Erklärung des kleinen Katechismus Luthers* (1837) in der fünften Auflage von 1886.[4] Zwar ist bekannt, dass Anfang und Ende des Romans von Beginn an als strukturell miteinander verbunden konzipiert wurden, indem der Romananfang mit seiner Katechismusfrage auf den ersten Artikel (»Von der Schöpfung«), der Romanschluss hingegen auf den dritten Artikel (»Von der Heiligung«) des zweiten Hauptstücks rekurriert;[5] erst durch das Archivmaterial des Katharineums wird es freilich möglich, eine zuverlässige biografische Datierung vorzunehmen. So behandelte Mann dieses zweite Hauptstück des Katechismus, welches dem christlichen Glauben gilt, eingehend in der Obertertia.

Bekannt ist durch die Veröffentlichung von Manns *Notizbüchern* inzwischen, dass für Hannos Religionslehrer Ballerstedt der Oberlehrer Chris-

Darstellung des Lehrgehaltes der biblischen Bücher. Nach ihrer Entstehung und ihrem geschichtlichen Verhältniss. Ein Handbuch zum Selbstunterricht, Halle: Pfeffer 1853, S. III (Vorwort).

[3] Vgl. z. B. auch die identischen Auflagen von 1859 und 1899. Im Folgenden kann daher ohne Weiteres die erste Auflage des Jahres 1859 herangezogen werden: Lübeckisches evangelisch-lutherisches Gesangbuch für den öffentlichen Gottesdienst und die häusliche Andacht, auf Verordnung eines hohen Senates ausgefertigt durch das Ministerium, Lübeck: Schmidt 1859.

[4] Vgl. dazu bereits Ada Kadelbach: »Was ist das?« Ein neuer Blick auf einen berühmten Romananfang und die Lübecker Katechismen, in: »Buddenbrooks«. Neue Blicke in ein altes Buch, hg. von Manfred Eickhölter und Hans Wißkirchen, Lübeck: Dräger 2000, S. 36–47, 41. Auf die Unterrichtsinhalte am Katharineum wird dort noch nicht Bezug genommen.

Kadelbach legt in ihrer Untersuchung dar, wie Mann zu Beginn der *Buddenbrooks* das Erscheinungsjahr des Katechismus von 1837 auf zwei Jahre vordatiert. Zudem »hätte er für das fiktive Erscheinungsjahr 1835 historisch korrekt in jedem Fall *Rat* statt *Senat* verwenden müssen.« (S. 41) Mit Recht vermutet daher Kadelbach, dass der Romananfang nicht nur auf den Lübeckischen Katechismus verweist, sondern – in Amalgamierung der Titel – auch eine Reminiszenz an das *Lübeckische Gesangbuch* (mit dem »Senat« im Titel, s. Anm. 3) ist.

[5] Siehe hierzu schon früh Eberhard Lämmert: Thomas Manns »Buddenbrooks«, in: Der deutsche Roman. Vom Barock bis zur Gegenwart, 2 Bde., hg. von Benno von Wiese, Düsseldorf: Bagel 1963, Bd. 2, S. 190–233.

Vgl. dazu auch Manns Romannotizen, in: Notb I, 67 und 74.

tian Mertens am Katharineum Pate stand.[6] Die Schuljahresberichte des Katharineums dokumentieren, wie sich der Religionsunterricht für den jungen Thomas Mann seinerseits gestaltete, was wiederum zu neuen Aussichten, die *Buddenbrooks* betreffend, führt. So fand der schulische Hiob-Unterricht im Roman für Mann selbst nicht in der Real-Untersekunda (wie bei Hanno), sondern ausschließlich früher: in der Real-*Untertertia*, statt – ein Lehrinhalt, den Mann besonders intensiv, mit Hilfe von Noacks Lehrbuch, durchnahm, da er diese Klasse wiederholte und der Lehrplan beim zweiten Mal derselbe blieb. In der Untertertia jedoch, die sich u. a. der biblischen Geschichte Hiobs zuwandte, ist Christian Mertens nicht Manns Religionslehrer gewesen; er wurde dies erst später – in den beiden Jahren, während derer Mann tatsächlich die Untersekunda besuchte.[7] Hiob gehörte dann jedoch nicht länger zum Curriculum. Hannos religiöse Unterweisung über Hiob bei Oberlehrer Ballerstedt, die in der Untersekunda erfolgt, bezieht sich also auf Manns eigenen Lehrinhalt zwei Schuljahre zuvor – *ohne* Oberlehrer Mertens. Das ist, was Thomas Manns dichterische Freiheit im Umgang mit Autobiografischem betrifft, zunächst einmal nichts Ungewöhnliches; fotografisch exakten Realismus täuscht die Sprache bei ihm ja oftmals nur vor, und doch sind gerade diese Modellierungen von großer Tragweite. Sie ermöglichen einen vertieften Zugang sowohl zu Manns religiösem Horizont im Allgemeinen als auch zu seiner literarischen Werkstatt im Besonderen, indem sie darlegen, wie leitmotivische Verknüpfungen erstellt, weitläufig gestaltet und aus der eigenen Biografie heraus im Roman neu kontextualisiert werden.

Tatsächlich ist der Hiob-Bezug für Manns Roman ähnlich zentral wie schon die Providenzthematik, auf die in der Forschung hingewiesen wurde und mit der dieser Bezug – wie auch mit dem zweiten Hauptstück von Luthers *Klei-*

[6] Notb I, 96: »*Mertens* in Unter Secunda« lautet hier der Eintrag zu Hanno in der Schule.

[7] Vgl. dazu die Unterrichtsverteilung an die Lehrer in den Schuljahresberichten: Einladung zu den auf den 27. und 28. März 1890 angeordneten öffentlichen Prüfungen und Redeübungen der Schüler des Katharineums zu Lübeck von Dr. Julius Schubring, Direktor und Professor, Lübeck: Gebrüder Borchers 1890, S. 66 (Thomas Manns erstes Jahr: Untertertia); Einladung zu den auf den 19. und 20. März 1891 angeordneten öffentlichen Prüfungen und Redeübungen der Schüler des Katharineums zu Lübeck von Dr. Julius Schubring, Direktor und Professor, Lübeck: Gebrüder Borchers 1891, S. 2 (Thomas Manns zweites Jahr: Wiederholung der Untertertia); Einladung zu den auf den 7. und 8. April 1892 angeordneten öffentlichen Prüfungen und Redeübungen der Schüler des Katharineums zu Lübeck von Dr. Julius Schubring, Direktor und Professor, Lübeck: Gebrüder Borchers 1892, S. 50 (Thomas Manns drittes Jahr: Obertertia); Einladung zu den auf den 23. und 24. März 1893 angeordneten öffentlichen Prüfungen und Redeübungen der Schüler des Katharineums zu Lübeck von Dr. Julius Schubring, Direktor und Professor, Lübeck: Gebrüder Borchers 1893, S. 72 (Thomas Manns viertes Jahr: Untersekunda); Einladung zu den auf den 15. und 16. März 1894 angeordneten öffentlichen Prüfungen und Redeübungen der Schüler des Katharineums zu Lübeck von Dr. Julius Schubring, Direktor und Professor, Lübeck: Gebrüder Borchers 1894, S. 46 (Thomas Manns fünftes Jahr: Wiederholung der Untersekunda).

nem Katechismus – eine makrokosmische Verwandtschaft aufweist, die sich wie ein Ariadnefaden durch die *Buddenbrooks* als Ganzes zieht.[8] Hier liegen bei genauerer Betrachtung Variationen *eines* Themas vor, welche die Romanstruktur bestimmen, eng miteinander verwoben sind und das Religionsthema grundieren.

Thomas Mann verlegt seinen eigenen Hiob-Unterricht der Untertertia in Hannos Untersekunda: Dass die Hiob-Episode zu eben diesem ausgewählten und vorsätzlich späten Punkt in der erzählten Zeit beschrieben wird – unmittelbar vor Hannos Typhus-Erkrankung und vor seinem Tod –, erfüllt dabei zunächst eine ganz offensichtliche Funktion, indem die ›Hiobs-Botschaft‹ buchstäblich auf den sich nun beschleunigenden Niedergang in der Romanhandlung verweist. Wie Hiob, so wird auch den Buddenbrooks bald alles genommen werden – mit dem signifikanten Unterschied jedoch, dass der Zustand *nach* dem ›Kreuz‹: Hiobs schließliche Erhöhung, im Roman analogielos bleibt – so, wie denn auch Hiobs Situation »*nach* vorbesagtem Jammer« in der Schilderung von Hannos Religionsstunde nicht mehr ausdrücklich referiert wird (1.1, 788). Zudem wird an dieser Stelle aber auch die Theodizee-Frage konstitutiv – ein theologisches Problem, das Oberlehrer Ballerstedt gar nicht behandelt (wir werden noch auf ihn zurückkommen), das der junge Schüler Thomas Mann hingegen in der von ihm wiederholten Untertertia gleich zweimal untersuchte. Beleg dafür ist Noacks Lehrbuch, das nach den Schuljahresberichten des Katharineums dem Religionsunterricht sekundierte; und hier stoßen wir denn wirklich auf eine gehaltliche Intensität, die mit der anspruchs- und beziehungslosen religiösen Unterweisung im Roman auffallend kontrastiert.

Bei Noack (1819–1885), einem heute unbekannten evangelischen Theologen – die *Theologische Realenzyklopädie* verzeichnet seinen Namen nicht –, werden wir zu der Geschichte Hiobs nicht allein, wie in den *Buddenbrooks*, auf eine bloße Inhaltsübersicht verwiesen. Vielmehr geht das Lehrbuch des jungen Thomas Mann unter summarischer Darstellung der theologischen Kritik, v. a. die Echtheit der Reden Elihus anbetreffend, auch auf sprachliche und inhaltliche Datierungsversuche ein, konzentriert sich aber zunächst und zumal auf

[8] Zur Providenz vgl. v. a. Jan Rohls: Thomas Mann und der Protestantismus. 100 Jahre »Buddenbrooks«, in: Zeitschrift für Theologie und Kirche, Jg. 99, Tübingen: Mohr Siebeck 2002, S. 351–378, 354f. Rohls macht auf die bereits in der Erklärung zum Schöpfungsartikel anklingende Providenzthematik aufmerksam, so dass – in ›verdeckter Schreibweise‹ – bereits der Romananfang mit der Einführung des Katechismusbezuges indirekt auf die Idee der Vorsehung verweist.

Daran anknüpfend vgl. Gunther Wenz, der zu der stringenten Folgerung gelangt, dass durch Manns Gestaltung des Romananfangs »[d]ie providentielle Theologie, die der christlichen Protologie traditionell eingezeichnet ist, […] prinzipiell« bereits bezweifelt werde. Gunther Wenz: Thomas Manns Protestantismus, in: Zwischen Himmel und Hölle. Thomas Mann und die Religion, hg. von Thomas Sprecher, Frankfurt/Main 2012, S. 203–226, 214.

eine ausführliche Exegese. Noack betont bei Hiob »die mit dem Zweifel kämpfende Teleologie der Hebräer« und fährt fort:

[S]o stellt sich das Ganze nach seinem didaktischen Zwecke als ein Versuch dar, sich über den zweifelerweckenden gewöhnlichen Vergeltungsglauben zu einer höhern Aussicht zu erheben, was [...] insofern gelungen ist, als gelehrt wird, dass auch der Unschuldige leiden könne und nicht murren, sondern in den Rathschluss des Höchsten mit Vertrauen sich ergeben müsse.[9]

Das eben ist die Providenzthematik! Theodizee bedeutet bei Hiob Prüfungsleiden als Bestandteil der göttlichen Vorsehung, so dass die Hiob-Episode in Hannos Religionsunterricht in direkter Beziehung zu dem »Spruch, der überm Eingang« des Buddenbrook-Hauses »in altertümlichen Lettern gemeißelt stand«, steht: »Dominus providebit« (1.1, 47). Der für die Geschichte Hiobs so wesentliche Konnex von Theodizee und Providenz, von Oberlehrer Ballerstedt zugunsten einer bloßen Inhaltsübersicht ganz übergangen, war dem Schüler Thomas Mann mithin nicht nur geläufig, sondern durch das Curriculum des Katharineums auch eingehend vertraut. Es ist bezeichnend, dass der Religionsunterricht, der dem jungen Hanno vermittelt wird, im Grunde hingegen ohne Substanz bleibt: Die Lehre offenbart sich hier als Leere – als eine Leerstelle, die Hanno als solche freilich nicht tangiert, obwohl das Leidensthema auch das seine (und das seiner Familie) wäre. Die subjektiv gestellte Frage nach Erlösung ist unterdes auch hier zentral; sie hatte sich in der Dekadenzlinie neupietistischer Selbstdisziplinierung und Bigotterie bei Hannos Großeltern schon angedeutet und in der metaphysischen Ersatzreligion eines Nirwana-Fluchtpunktes bei Hannos Vater kurz vor dessen Tod konkretisiert. Die Kulmination einer so verstandenen ›Gottessuche‹ finden wir nunmehr bei Hanno vor: Eine Gottessuche, die nun nicht länger eine (auch von kennzeichnenden Zweifeln begleitete) Suche nach dem Gotte Hiobs ist, sondern ganz und gar zu einer kunstreligiösen Suche nach dem ›Gott‹ des Gralsmotives, Wagner, wird. Erlösung – nicht von Sünden, wohl aber von Lebensqual: Hiob 19,25 (»ich weiß, dass mein Erlöser lebt«) – wird auf diese Weise völlig neu semantisiert. Es ist Wagner, der für Hanno die Stelle des Messias (vgl. dagegen noch Händels Oratorium) einnimmt.

Das zweite Hauptstück von Luthers *Kleinem Katechismus,* auf das schon verwiesen wurde, stellt das Glaubensbekenntnis dar, wobei der erste und dritte Artikel (Romananfang und -ende) in den *Buddenbrooks* von tiefem Skeptizismus durchdrungen sind. Schöpfung, Providenz bzw. Heiligung, Vergebung der Sünden, Auferstehung der Toten und das ewige Leben: All diesem wird der Glaube im Roman mit steigender Intensität entzogen, so dass denn der Bezug

[9] Ludwig Noack, Die biblische Theologie (Anm. 2), S. 92f.

zur Theodizee, hier gleichsam ›klassisch‹ manifest durch die Evokation des Buches Hiob, von immer größerer, verweltlichter Bedeutung wird. Wozu das Leiden, das beständig zunimmt? Damit verbunden ist das Thema der Erlösung: Bedeutsam, dass der zweite – in den *Buddenbrooks* ausgelassene – Artikel eben jenes zweiten Hauptstückes von Luthers *Kleinem Katechismus* die Überschrift »Von der Erlösung« trägt. Es ist dies der Christusartikel, doch während der erste und der dritte Artikel im Roman noch eine – relative und relativierte – Resonanz finden, fehlt der sie *verbindende* zweite Artikel (als ein fürwahr ›geistiges Band‹), fehlt der zentrale Erlösungs-Artikel als Zentrierung. Auch hier also Leere statt Lehre, ein intendiertes und ästhetisch kalkuliertes Vakuum, »welches das Gegenteil von Erfüllung zwar, aber doch [...] Indiz einer Sehnsucht nach ihr« ist.[10] Als solches kann und wird es freilich auch sich selbst verkehren: Das ursprüngliche Anliegen führt schließlich zur Abwehr – und die ›Suche nach dem verlorenen Gott‹ zu diversen Surrogaten, zu ›Abgöttern‹ vielfältiger Provenienz, wobei die Hoffnung auf Erlösung den Qualen subjektiver Wirklichkeitserfahrung nicht standzuhalten vermag, in welcher Form auch immer sich diese Hoffnung hypostasiert. Weder die Ersatzreligion Schopenhauers noch die Kunstreligion Wagners – als die offenkundigsten Versuche, die Leerstelle zu füllen – führen zu nicht-illusionärer, nicht-eskapistischer, d. h. stabiler und fortdauernder Erlösung. Innerhalb der theologisch-religiösen Leitmotivik kommt dem *Leiden* im Roman somit die tiefste Grundlage, die subtilste wie die offensichtlichste Dynamik zu: Eine Demonstration der »doppelten Optik« à la Nietzsche, die Thomas Mann in diesem Sinn hier literarisch übernimmt und in einen zunehmend säkularisierten Kontext des ursprünglichen Theodizee-Gedankens stellt. (Vor diesem Hintergrund kann auch das Leiden Christians als stilisierte und pervertierte *Imitatio passionis* angesehen werden:[11] Eine verfehlte *Imitatio Christi* in der Tat, die bei genauerer Betrachtung auf alle männlichen Buddenbrooks seit dem Konsul zutrifft – und sich dabei immer weiter von ihrem Ausgangspunkt entfernt –, die bei Christian jedoch, *nomen est omen*, besonders auffällig zutage tritt.)

Thomas Mann, so können wir vorderhand zusammenfassen, kannte die theologischen Hintergründe der Hiob-Geschichte also nachweislich besser als Hanno – und wusste sie für die leitmotivische Verdichtung der vielgliedrig zerstreuten religiösen Erscheinungswelt in seinem Roman gewissermaßen ›idealtypisch‹ für die Historisierung religiöser Glaubensmuster souverän zu nutzen. Dort, wo Hiob nicht selbst Teil der Handlung ist, sind es doch durch-

[10] Gunther Wenz, Thomas Manns Protestantismus (Anm. 8), S. 218.

[11] Vgl. dazu Andreas Urs Sommer: Der Bankrott »protestantischer Ethik«: Thomas Manns »Buddenbrooks«. Prolegomena einer religionsphilosophischen Romaninterpretation, in: Wirkendes Wort, Jg. 44, H. 1, Düsseldorf: Schwann 1994, S. 88–110, 99.

gehend die Hiobs-*Botschaften*, die sich im Romanverlauf akkumulieren, und mit ihnen stellt sich auch dringlicher die Frage der (ihres religiösen Ursprunges entbundenen) Leidens- und Erlösungsproblematik: die Frage, wie denn die Leere der religiösen Lehre, die sich auch, aber nicht nur in der providentiellen Theologie bekundet, neu zu füllen sei. »Der Herr hat's gegeben, der Herr hat's genommen; der Name des Herrn sei gelobt« (Hiob 1, 21) wird in den *Buddenbrooks* auf diese Weise nachgerade destruiert, während der damit verknüpfte Glaube an die Providenz seinerseits einen »Verfall« erlebt.

Als Tony an ihres Bruders Sterbebett ein Kirchenlied von Paul Gerhardt bemüht, lässt uns das aufhorchen:

> Um fünf Uhr ließ Frau Permaneder sich zu einer Unbedachtsamkeit hinreißen. Ihrer Schwägerin gegenüber am Bette sitzend, begann sie plötzlich, unter Anwendung ihrer Kehlkopfstimme sehr laut und mit gefalteten Händen, einen Gesang zu sprechen ... ›Mach' End', o Herr‹, sagte sie, und Alles hörte ihr regungslos zu – ›mach' Ende mit aller seiner Not; stärk' seine Füß' und Hände und laß bis in den Tod ...‹ Aber sie betete so sehr aus Herzensgrund, daß sie sich immer nur mit dem Worte beschäftigte, welches sie grade aussprach, und nicht erwog, daß sie die Strophe gar nicht zu Ende wisse und nach dem dritten Verse jämmerlich stecken bleiben müsse. Das that sie, brach mit erhobener Stimme ab und ersetzte den Schluß durch die erhöhte Würde ihrer Haltung. Jedermann im Zimmer wartete und zog sich zusammen vor Geniertheit. (1.1, 754 f.)

Es handelt sich hier um die zwölfte Strophe des Kirchenliedes *Befiehl du deine Wege* (1676), das Tony reflexartig beim Tode ihres Bruders anstimmt. Im schon erwähnten *Lübeckischen evangelisch-lutherischen Gesangbuch* steht dieses Lied unter der Rubrik »Vom Vertrauen und von der Ergebung in Gott« (Nr. 287). Providenz, Theodizee und Erlösung scheinen somit abermals hervor, indem sie die – mit Wagner zu sprechen – »Erinnerungsmotive« des Romans modifizieren. »Mach End, o Herr, mach Ende mit aller unsrer Noth, stärk unsre Füß und Hände, und laß bis in den Tod uns allzeit deiner Pflege und Treu empfohlen sein, so gehen unsre Wege gewiß zum Himmel ein.«[12] Aus den Schuljahresberichten des Katharineums lässt sich ableiten, dass Thomas Mann dieses Kirchenlied von Gerhardt in dem *Lübeckischen Gesangbuch* ausführlich – und wegen seiner Klassenwiederholung ebenfalls zweimal – in der Untertertia behandelte. Wie wichtig dieser Verweis, der sowohl Vorsehungs- als auch Leidens- und Heilsbezug umfasst und diese Aspekte subtil miteinander verbindet, dem jungen Thomas Mann in seiner Konzeption der *Buddenbrooks* gewesen ist, verdeutlicht auch die Aufzeichnung in seinem Notizbuch: Tonys »Gebet an Th<oma>'s Sterbelager: ›Mach End', o Herr, mach Ende ...‹« (Notb I, 115) wird so beispielhaft für die dem Roman zugrundeliegende Suggestivstruktur der religiösen Aufhebung.

[12] Lübeckisches evangelisch-lutherisches Gesangbuch (Anm. 3), S. 192.

Indessen, um wieder auf Hiob zurückzukommen: Noack unterstreicht – und problematisiert – in seinem Lehrbuch, dass es zur Auflösung des religiösen Zweifels und zum guten Ende der alttestamentarischen Geschichte eines *Deus ex machina* bedürfe. Dieser Aspekt ist für unseren Zusammenhang bedeutsam, geht Noack in seiner Hiob-Exegese doch von einer »beschränkten Gottesanschauung« aus:

Im Buch Hiob tritt die religiöse Skepsis noch in ihrer allgemeinsten und unentwickeltsten Gestalt auf [...]. Die Skepsis hat sich im Buch Hiob die Aufgabe gesetzt, den Streit wirklich zu schlichten, aber es kommt zu keiner Entscheidung [in den Streitgesprächen der Freunde], die Gegensätze treten mit gleicher Stärke einander gegenüber; indem aber auf dem Wege des eignen Denkens und Forschens die Wahrheit nicht gefunden wird, bedarf es des Hereintretens einer vom Selbstbewusstsein unabhängigen, es absolut bestimmenden Macht, um die Entscheidung herbeizuführen, die aber ebensowenig innere Versöhnung gewährt, den Gegensatz nicht wirklich im Bewusstsein auflöst, den Zweifel nicht befriedigt, sondern nur durch den Erweis einer von ihm unbegriffenen und unbegreifbaren Macht und Weisheit beschwichtigt zur Resignation und stillen Ergebung führt: der Herr erscheint, um durch das unmittelbare Zeugniss seiner unendlichen Macht und Weisheit in seinen Werken den Streit zu schlichten und das Selbstbewusstsein zu nöthigen, mit der Anerkennung der göttlichen Macht zugleich seine eigne Nichtigkeit und gänzliche Abhängigkeit einzugestehen [...]. Der [...] entstandene Zwiespalt ist also in seinem Grunde keineswegs aufgehoben, sondern der Zweifel ist nur zurückgedrängt [...]. Eine andere, tiefere Lösung des Problems konnte dem Hebraismus auf dem Boden seiner beschränkten Gottesanschauung nicht gelingen.[13]

Mit anderen Worten: Im Buch Hiob dokumentiert sich laut Noack unerachtet aller diskursiven Gelehrsamkeit eine atavistische Einstellung zu Gott – während Thomas Mann, dem dies am Katharineum vermittelt wurde, eine demgegenüber konträre, sich selbst historisch werdende Gottesbeziehung ausgestaltet. In beiden Fällen aber haben wir es mit einer kritischen Beleuchtung einer insofern »beschränkten Gottesvorstellung« zu tun: Hier wie dort ist Gott nach subjektiver Wahrnehmung »vom Selbstbewusstsein unabhängig«, d. h. vom Menschen losgelöst, so dass sein dezidiertes »Hereintreten« in Form einer Epiphanie notwendig wird. Gott hat, folgen wir Noack, im Buch Hiob also gleichsam keinen echten »Sitz im Leben« – so dass die religiöse Skepsis sich hier »unentwickelt« zeige, während sie in den *Buddenbrooks*, nach dem von Nietzsche diagnostizierten Tode Gottes, dazu diametral entgegengesetzt, d. h. in avancierten, infolge kultureller Überfeinerung sich selber *antiquierenden* Erscheinungsformen auftritt. Das Numinose bleibt, so Noack, im Buch Hiob vom menschlichen »Selbstbewusstsein« abgetrennt, und so wäre denn

13 Ludwig Noack, Die biblische Theologie (Anm. 2), S. 93 f.

auch in den *Buddenbrooks* eine veritable Gotteserscheinung vonnöten (welche, kunstreligiös, denn auch z. B. von Hanno in Wagner gesucht wird).

Noacks kritische Hiob-Exegese, die von einer »beschränkten Gottesanschauung« ausgeht, bezeichnet eine theologische Sonderposition, deren Vermittlung am Katharineum allerdings ebenso fesselnd wie wegweisend ist, wenn wir an Thomas Manns spätere Werke denken. Denn dass die Idee der Religion eins mit der Idee der Menschheit als freies Selbstbewusstsein in Gott sei, verweist auf Noacks Beeinflussung durch Hegel, nach dem das Wahre nicht das Abgeschiedene, sondern das Ganze und die Religion eine Verwirklichung des absoluten Geistes ist. Von dieser Nachwirkung zeugt auch Noacks Monografie, die Hegels Religionsphilosophie gewidmet ist und acht Jahre vor seinem Lehrbuch der *Biblischen Theologie* erschien: *Der Religionsbegriff Hegels* (1845).[14] Was angedeutet wird, ist letztlich der synthetische Gedanke einer prinzipiell nicht existenten Trennung zwischen Gott und Mensch, die der traditionellen Theologie entgegensteht, Thomas Mann jedoch zeitlebens fasziniert hat: Die partielle Identität von menschlichem und göttlichem Geist, die beständige Korrelation zwischen Gott und Mensch in der »rollenden Sphäre« wird noch die *Joseph*-Romane (1933–1943) essentiell bestimmen. Bei Noack, zu Thomas Manns Schulzeiten, finden wir im Hinblick auf das Buch Hiob erste Anzeichen für eine solche Deutung vor; und so, wie Mann auch später eine Vorliebe für theologische Außenseiterpositionen hegte, wundert es nicht, dass die durch Noacks Lehrbuch dargebotene sichtbaren Eindruck auf ihn machte. Der Umgang mit dem Leiden Hiobs wird auf diese Weise zum Zeugnis einer »beschränkten Gottesanschauung«, welche die Theodizee-Ausformung im Roman – als deren *Kontrafaktur* – geistvoll reflektiert. Nicht vom »unentwickeltsten«, sondern vom »entwickeltsten«, *modernen* Standpunkt aus betrachtet spiegelt die Hiob-Geschichte nach Thomas Manns Verständnis die Geschichte der Romanfamilie, wobei der *Deus ex machina* jedoch nie Probleme lösend in Erscheinung tritt – geschweige denn, dass hier die Providenz und wirkliche Erlösung noch in Reichweite gelangten.

Es ist denkwürdig, dass Mann an dieser Stelle, wie oben angemerkt, einen Lehrertausch vornahm. Sein eigener Hiob-Unterricht, der *nicht* unter der Anleitung von Oberlehrer Mertens stattfand, war, wie wir gesehen haben, intensiv, gründlich und offenkundig anregend; all dies konterkariert nun Hannos Lehrer Ballerstedt, in dem Thomas Mann das fiktive Pendant zu Christian Mertens erblickte, dessen Unterricht im Fache Religion er in der Tat erlebte – allerdings erst später, als Hiob nicht mehr Gegenstand des Lehrplans war. Der Umstand, dass in den *Buddenbrooks* ausgerechnet der Religionslehrer Mer-

[14] Ludwig Noack: Der Religionsbegriff Hegels. Ein Beitrag zur Kritik der Hegel'schen Religionsphilosophie, Darmstadt: C. W. Leske 1845.

tens porträtiert wird, der zum eigenen Hiob-Unterricht keinen Bezug hatte, entspricht dabei einer charakteristischen Verfasstheit, einem Unterrichtsstil und Habitus, den Thomas Mann anhand von Mertens darlegen und in die Leitmotivik religiöser Auflösung seines Romans mit integrieren konnte. Eine informative Beschreibung des Oberlehrers Mertens, die sich mit der Schilderung des Oberlehrers Ballerstedt in den *Buddenbrooks* bis in die Physiognomie hinein weitgehend deckt, liefert ein Schulfreund Heinrich Manns, Ludwig Ewers. Mertens ging unter den Schülern des Katharineums laut Ewers »ein Schreckensruf voraus«:

> Natürlich, daß auch ich [...] bleich und frierend saß, wie wenn ich in Travemünde zu lange im Wasser geblieben war, als der große, nach vorn gut gerundete Herr mit dem rotgelben Vollbart, dem immer schnell nachdunkelnden roten Gesicht und der langen, bis hinter den Hutrand in den Nacken sich rundenden Glatze erschien [...; wenn Mertens gegenüber den Schülern seine Contenance verlor,] schwoll die Purpurglut zur Waberlohe an [,][15]

so dass hier, wie in den *Buddenbrooks*, das Bild eines unberechenbaren, angsteinflößenden Lehrers und eines mit sich selbst im Konflikt stehenden, überreizten Menschen nachgezeichnet wird. Wesentlich hierfür ist bei Ewers wie bei Thomas Mann die Darstellung des An- und Abschwellens, weshalb Hannos Oberlehrer Ballerstedt von den Schülern denn auch »Kakadu« genannt wird (1.1, 797): Eine Anspielung auf die Federhaube dieser Papageienart, die je nach Erregungszustand flach angelegt oder aber weit gesträubt ist. Ballerstedt alias Mertens wird als entnervter, uninspirierter, papageienhaft repetitiver und unfähiger Religionslehrer psychologisch demontiert. Ihn kennzeichnet ein

> Mischausdruck von Salbung und behaglicher Sinnlichkeit um die feuchten Lippen. [...D]a aber die Ruhe in der Klasse Vieles zu wünschen übrig ließ, erhob er den Kopf, streckte den Arm auf der Pultplatte aus und bewegte, während sein Gesicht langsam so dunkelrot anschwoll, daß sein Bart hellgelb erschien, seine schwache und weiße Faust ein paar Mal kraftlos auf und nieder [...; schließlich] schwoll [er] ab und gab sich zufrieden. Dies war so Oberlehrer Ballerstedts Art und Weise.

Und wir lesen weiter:

> Er hatte ehemals Prediger werden wollen, war dann jedoch durch seine Neigung zum Stottern wie durch seinen Hang zu weltlichem Wohlleben bestimmt worden, sich lieber der Pädagogik zuzuwenden. Er war Junggeselle, besaß einiges Vermögen, trug einen

[15] Ludwig Ewers: Schattenbilder katharineischer Erinnerung, in: Festschrift zur Vierhundertjahrfeier des Katharineums zu Lübeck 1531–1931, hg. von Richard Schmidt, Lübeck, H. G. Rahtgens 1931, S. 123–130, 125. Die Einsichtnahme in die Festschrift verdanke ich abermals Frau Karin Saage vom Schularchiv des Katharineums.

kleinen Brillanten am Finger und war dem Essen und Trinken herzlich zugethan. Er war derjenige Oberlehrer, der nur dienstlich mit seinen Standesgenossen [...] verkehrte, täglich zweimal im ersten Gasthause speiste und Mitglied des ›Klubs‹ war. Begegnete er größeren Schülern nachts um zwei oder drei Uhr irgendwo in der Stadt, so schwoll er an, brachte einen ›Guten Morgen‹ zustande und ließ die Sache für beide Teile auf sich beruhen ... (1.1, 785 f.)

Auch hier dieselbe Dissoziation von Form und Inhalt, von Fassade und innerer (Schein-) Religiosität, die wir über die Generationen hinweg verstärkt auch bei den anderen religiösen Autoritäten, den Pastoren, finden.[16]

Die literarische Substitution und Anverwandlung, die wir an dieser Stelle nachverfolgen können, erfüllt den Zweck, die voranschreitende religiöse Veräußerlichung in den *Buddenbrooks* pointiert zu variieren: Auch der Hiob-Lehrer selber ist es so mithin, der die Hiobs-Botschaft im Roman als Ganzes unterstreicht. Es ist dies eine weitere stringente – und selektive – Einbettung in den Gesamtzusammenhang des religiösen Niedergangs, denn gerade die Archivfunde des Katharineums belegen ja, dass Thomas Mann, was die ›religiöse Frage‹ anbelangt, in seiner Schulzeit durchaus nicht nur litt und stupidem Memorieren ausgesetzt war, sondern auch geistig stimuliert wurde, woraus er späterhin kreativ schöpfen und wovon er literarisch profitieren konnte.[17] Manns Abgangszeugnis vom Katharineum (16. März 1894) ist vor diesem Hintergrund insofern von Bedeutung, als die darin verzeichnete Religionsnote »recht befr[iedigend]« die beste Fachnote in dem ansonsten leistungsschwachen Zeugnis darstellt. Dies ist zwar inzwischen bekannt,[18] aber man hat sich bislang kaum Gedanken darüber gemacht.[19]

[16] Zur Konzeption der Pastoren vgl. Notb I, 26, 78 und 90, sowie Walter Jens: Die Buddenbrooks und ihre Pastoren. Zu Gast im Weihnachtshause Thomas Manns, Lübeck: Weiland 1993, und Ada Kadelbach: Thomas Mann und seine Kirche im Spiegel der »Buddenbrooks«, in: Thomas Mann und seine Kirche, hg. vom Kirchenamt der Evangelischen Kirche in Deutschland (EKD), Hannover: Kirchenamt der EKD 2001, S. 9–23.

[17] Zu Thomas Manns retrospektiver, verallgemeinernder Wertung seiner Schulzeit (»Sie sehen, mein Interesse gilt hauptsächlich dem ethischen Moment«) vgl. seinen Brief an Hugo Marcus vom 11. Mai 1902 (21, 199 f., 200).

[18] Vgl. die Notenauflistung bei Gert Heine und Paul Schommer: Thomas-Mann-Chronik, Frankfurt/Main: Klostermann 2004, S. 5.

[19] Mein Dank gilt dem Buddenbrookhaus in Lübeck, dessen wissenschaftliche Mitarbeiterin, Frau Britta Dittmann, mir das Abgangszeugnis vom Katharineum zugänglich gemacht hat. Das Zeugnis befindet sich heute im Lübecker Stadtarchiv.

II.

Wie außen, so innen: Nicht nur im schulischen, kirchlichen und allgemein sozialen Umfeld verfällt die ruhige, natürliche Gewissheit der Geborgenheit in Gott (und damit einhergehend menschliche Wärme: die Fähigkeit und Bereitschaft, sich authentisch und im Einklang damit zu verhalten). Auch die Buddenbrook-Familie selbst demonstriert über die Dezennien eine Geisteshaltung, deren natürlicher Bezug zu Gott zunehmend verlorengeht. In dem Maße, wie dieser Prozess voranschreitet, geht auch das ursprüngliche Selbstverständnis und das Mitgefühl verloren; erste Anzeichen dafür finden sich bereits zu Beginn des Romans, was den aus der Familie verstoßenen Gotthold anbetrifft. Die Figuren isolieren sich bei Thomas Mann zusehends selbst, das Dasein wird zum K(r)ampf, man trägt – jeder auf seine Weise – eine »Maske«: Auch dies ein leitmotivisch gebrauchter Begriff, der nicht nur zum Geschäfts-, sondern auch zum religiösen Leben in Beziehung steht.

Der erste offenbare Schritt dieser inneren Auflösung besteht zunächst in einer *äußeren Forcierung,* d.h. in einer Verstärkung der Form. Sie wirkt kompensatorisch, aber bereits maskenhaft und histrionisch, indem der Konsul und später seine Frau eine rigide religiöse Performanz betonen, die ihnen selbst hingegen schon zuwiderläuft. So wird sich die altersfrömmelnde Konsulin bei ihrem Tode qualvoll an das Leben klammern, während der nüchtern kalkulierende Konsul im Zweifelsfall »der ›Firma‹, diesem vergötterten Begriff« (1.1, 82), als dem akzeptierten Götzen der Familie huldigt und den Leitsatz seines Großvaters, des Firmengründers, bereits konsequent negiert: »Mein Sohn, sey mit Lust bey den Geschäften am Tage, aber mache nur solche, daß wir bey Nacht ruhig schlafen können.« (1.1, 62) Bei der Konsulin wie bei dem Konsul wird die gesteigerte Religiosität zur Qual, zur selbstgewählten (Selbst-)Täuschung, die ihnen keinen Frieden bringt. In seinem Streben nach Erlösung und danach, ein ›guter Christ‹ zu sein, legt der Konsul sich stattdessen selbst das Kreuz auf, das beständig auf ihm lastet und dem er nicht entkommt. Es ist eine missglückende *Imitatio Christi*: Sünde und Schuld treten im Bewusstsein seiner selbst noch deutlicher hervor, so dass das Leiden sich verstärkt und der Bezug zu Gott sich auf Mechanisierungen beschränkt. Die Angst bleibt immer gegenwärtig und wird gar zum dominierenden Moment. Anlässlich von Claras Geburt schreibt der Konsul so in die Familienchronik:

›Ich habe meiner jüngsten Tochter eine Police von 150 Courant-Thalern ausgeschrieben. Führe du sie, ach Herr! auf deinen Wegen, und schenke du ihr ein reines Herz, auf daß sie einstmals eingehe in die Wohnungen des ewigen Friedens. Denn wir wissen wohl, wie schwer es sei, von ganzer Seele zu glauben, daß der ganze liebe süße Jesus mein sei, weil unser irdisches kleines schwaches Herz ...‹ Nach drei Seiten schrieb der Konsul ein ›Amen‹, allein die Feder glitt weiter, sie glitt mit feinem Geräusch noch über manches

Blatt, sie schrieb von der köstlichen Quelle, die den müden Wandersmann labt, von des Seligmachers heiligen, bluttriefenden Wunden, vom engen und vom breiten Wege und von Gottes großer Herrlichkeit. Es kann nicht geleugnet werden, daß der Konsul nach diesem oder jenem Satze die Neigung verspürte, es nun genug sein zu lassen, die Feder fortzulegen, hinein zu seiner Gattin zu gehen oder sich ins Comptoir zu begeben. Wie aber! Wurde er es so bald müde, sich mit seinem Schöpfer und Erhalter zu bereden? Welch ein Raub an Ihm, dem Herrn, schon jetzt einzuhalten mit Schreiben ... Nein, nein, als Züchtigung gerade für sein unfrommes Gelüste, citierte er noch längere Abschnitte aus den heiligen Schriften, betete für seine Eltern, seine Frau, seine Kinder und sich selbst, betete auch für seinen Bruder Gotthold, – und endlich, nach einem letzten Bibelspruch und einem letzten, dreimaligen Amen, streute er Goldsand auf die Schrift und lehnte sich aufatmend zurück. (1.1, 57)

Hintergrund ist die neupietistische Frömmigkeit, die aus den Erweckungsbewegungen des 19. Jahrhunderts hervorging und – wie im Romanverlauf anhand der Konsulin gezeigt – zu Konventikelbildung (Hauskreisen mit Bibelstudium), absoluter Bibeltreue und missionarischem Engagement führte. Interessant ist, wie in dieser Generation der *Buddenbrooks* die innerprotestantischen Einflüsse aus Thomas Manns Familie – lutherisch und reformiert – miteinander verschmelzen. Denn der Pietismus war eine Strömung sowohl des lutherischen als auch des reformierten Protestantismus; auch »Gotthold« ist ein pietistischer Name, und zumal in den frühen Erzählungen Thomas Manns tauchen pietistische Vornamen rekursiv auf, wenn wir nur etwa an Lobgott Piepsam aus *Der Weg zum Friedhof* (1900) denken. Hier übernimmt Mann einerseits den Neupietismus seiner schweizerisch-reformierten Großmutter Elisabeth Marty (1811–1890), andererseits jedoch den Pietismus seines lutherischen Ururgroßvaters Joachim Siegmund Mann (1728–1799), dessen Eintragungen in die Familienbibel im Roman beinahe wortwörtlich zitiert werden, so dass die neupietistische (Pseudo-)Religiosität, die in den *Buddenbrooks* zutage tritt, tatsächlich eine egalisierende Amalgamierung des innerprotestantischen Familienerbes darstellt. Bei Thomas Manns pietistisch-lutherischem Ururgroßvater lesen wir:

Hertzlich lieb hab ich Dich, Herr, meine Stärcke, mein Felß, meine Burg [vgl. Luthers Kirchenlied!], mein Erreter, mein Gott [...] ich dancke dir, mein Gott, ich will dich Preißen, und Ich weiß daß mein Erlöser lebt [Hiob! ...] die gottselige, und durch Anfechtung geprüfete Hertzen, befinden in der übung wie schwer es sey, von gantzer Seelen glauben, daß der gantze, liebe süße Jesus mein sey, weill unser Irdisches, Kleines schwaches Hertz den gantzen Himmel in sich faßen muß [...] der süße liebe Jesus, mit seinen heiligen blut trifenden Wunden [...]. (1.2, 575 f.)

Dass zwischen lutherischem und reformiertem Protestantismus nicht differenziert wird, ist charakteristisch für die *Buddenbrooks* als Ganzes – und für Thomas Manns Bewertung des Protestantismus überhaupt. Denn der Roman ist zwar zum großen Teile lutherisch geprägt, wofür auch das »Dominus providevit« steht; die Vorsehung (Providenzlehre) ist von der Vorherbestimmung (Prädestinationslehre) theologisch distinktiv zu unterscheiden. Es gibt in den *Buddenbrooks* keine innerweltliche Askese *in majorem gloriam Dei.* Gleichwohl, und das ist denkwürdig, durchziehen die Vorstellung der *Erwähltheit* und das *Leistungsethos* als zwei die Prädestinationslehre bestimmende Gedanken das religiöse Thema des Romans wie auch Manns Denken selbst, indem sie dessen künstlerisches Schaffen geradezu konstituieren. Wir werden diese zwei miteinander verwandten Ideen bei Thomas Mann zeit seines Lebens zuverlässig antreffen.

An dieser Stelle können wir entsprechend festhalten, dass der reformierttheologische Ursprung dieser zwei Konzepte auf Manns Großmutter Marty hindeutet, von Thomas Mann jedoch undifferenziert übertragen und somit, als den Protestantismus *insgesamt* vorstellend, generalisierend ausgeweitet wird. Der Anklang an die Prädestinationslehre bleibt im Roman so weit ersichtlich, wie dies angesichts einer Durchmischung mit ansonsten dominanten lutherischen Elementen möglich ist. Auch die theologische Erwähltheit und das damit verbundene Leistungsethos (Leistung, um die Erwählung für sich selbst zu verifizieren) werden, wie alle traditionellen Glaubensmuster unerachtet der konfessionellen Observanz, indessen grundsätzlich *historisiert*, so dass im Zuge dekadenter Fortentwicklung erneut eine bemerkenswerte Leerstelle entsteht, deren sinnstiftende Auffüllung – der Janusköpfigkeit der Décadence entsprechend – in geistiger Verfeinerung, gesteigerter Raffinesse des Verstandes und kultivierter Überlegenheit gesucht wird. Philosophie, Musik, für Thomas Mann persönlich auch und zumal die Literatur: Sie alle werden zum Signum einer (sich selbst als dekadent verstehenden) Exklusivität, zu Seligkeit sowie Verdammnis gleichermaßen – zu Medien mithin einer ihres ursprünglichen theologischen Kontextes enthobenen Erwähltheit.

Man hat von Thomas Manns Fehlinterpretation der eigenen protestantischen Glaubensüberlieferung gesprochen, von Manns Konfusion darüber, was lutherische vs. reformierte Lehrmeinungen anbelangt, eben weil Thomas Mann zwischen beiden nicht sorgsam unterschied. Dies wurde nicht aus unserer genannten Nivellierung aus den *Buddenbrooks*, wohl aber aus Manns idiosynkratischer Wertung des Protestantismus im Allgemeinen abgeleitet, deren Züge sich bereits bei Nietzsche finden.[20] So scharfsinnig das Vorbild Nietzsche hier herangezogen – und als Quelle nachgewiesen – wurde, so fraglich scheint es unterdessen, lediglich ein »Mißverständnis« in diesem Punkt zu supponieren;[21] denn schlicht *mangelnde* Kenntnisse dürfen wir weder bei Nietzsche (als Sohn

[20] Herbert Lehnert: Thomas Manns Lutherbild, in: Betrachtungen und Überblicke. Zum Werk Thomas Manns, hg. von Georg Wenzel, Berlin/Weimar: Aufbau 1966, S. 269–381.

[21] Ebd., S. 280.

eines lutherischen Pastors und ehemaligen Studenten der evangelischen Theologie) noch bei Thomas Mann voraussetzen, wie die Archivmaterialien des Katharineums unzweideutig zeigen. Für ein bloßes »Mißverständnis« darüber, was lutherische und was reformierte Provenienz ist, war nicht nur Nietzsches, sondern auch Thomas Manns religiöse Vorbildung zu substantiell und gründlich. Bei Nietzsche wie bei Thomas Mann können wir es nur mit einer *bewussten* Vermengung binnenprotestantischer Aspekte zu ›*dem*‹ Protestantismus als Konstrukt zu tun haben, der von Nietzsche wie von Mann in seinem Roman sorgfältig destruiert wird. Indem Thomas Mann die lutherische und die reformierte Theologie (Calvin, Zwingli) durchaus vorsätzlich in eins fasst, geht er in Nietzsches Spuren, doch wie bei Nietzsche dient die Nivellierung einer *Antiquierung*, die nur an *dem* Protestantismus als vereinheitlichtem, repräsentativem Artefakt vollzogen werden kann.

So auch in der Konsul-Generation. Die nächste Stufe der in den *Buddenbrooks* gezeigten religiösen Krise geht über die Forcierung äußerer Erscheinungsform hinaus. Der Senator Thomas stellt nunmehr den *Inhalt* alttradierter Glaubensmuster grundlegend in Frage und fühlt sich durch seine Lektüre Schopenhauers kurzzeitig befreit; dessen fernöstlich akzentuierte Philosophie scheint das Ende allen Leidens und tatsächlich Frieden und Erlösung zu verheißen. Indem Thomas sich für seine Affinität zu »Extravaganzen« (1.1, 726) unterdes verurteilt, sich für seinen ›religiösen Exotismus‹ schämt und sich als Apostat begreift – »[d]ieser Mann mit seiner nagenden Sorge um die Ehre seines Hauses [...], dieser abgenutzte Mann, der seinen Körper mit Mühe und Kunst elegant, korrekt und aufrecht erhielt« (1.1, 728) –, *variiert* er freilich nur das Leidens-Thema, das sich hier – abgewandelt – weiter zuspitzt. Das vage Bewusstsein von Sünde und Schuld, Angst und an dieser Stelle auch erstmals die Überzeugung, zu religiöser Entartung zu neigen, lassen den Senator in seiner Gottessuche gequält, einsam und in Abwehrhaltungen zurück. Die Ahnung einer »unendliche[n] Gegenwart« (1.1, 726), die das *Principium individuationis* transzendieren könnte, bleibt ein Zwischenfall ohne Folgen, und Thomas identifiziert sich abermals mit seiner Rolle: Er kehrt zurück zu seiner »Maske«, die zu tragen an diesem Punkt in der Romanhandlung seine Kräfte fast schon übersteigt.

So aber geschah es, daß Thomas Buddenbrook, der die Hände verlangend nach hohen und letzten Wahrheiten ausgestreckt hatte, matt zurücksank zu den Begriffen und Bildern, in deren gläubigem Gebrauch man seine Kindheit geübt hatte. Er ging umher und erinnerte sich des einigen und persönlichen Gottes, des Vaters der Menschenkinder, der einen persönlichen Teil seines Selbst auf die Erde entsandt hatte, damit er für uns leide und blute, der am jüngsten Tage Gericht halten würde, und zu dessen Füßen die Gerechten im Laufe der dann ihren Anfang nehmenden Ewigkeit für die Kümmernisse dieses Jammerthales entschädigt werden würden ... Dieser ganzen, ein wenig unklaren und ein wenig absurden Geschichte, die aber kein Verständnis, sondern nur gehorsamen Glauben beanspruchte, und die in feststehenden und kindlichen Worten zur Hand sein würde, wenn die letzten Ängste kamen ... Wirklich? (1.1, 727f.)

Hanno schließlich – als letzter Buddenbrook – bleibt den Glaubenssätzen seiner Väter gegenüber ganz und gar indifferent. Er nimmt die Lehre der ihm vermittelten Theologie in ihrer kraftlosen und effektiv entleerten Form nicht einmal mehr als Leere wahr, sondern wendet sich vollständig ab und sucht sein Heil stattdessen in der Musik Wagners. Dass diese jedoch nicht zum Leben hin-, sondern in berauschender Narkotisierung von demselben wegführt, markiert die extreme Ausformung eines qualvollen Leidensdrucks und Lebensüberdrusses, dessen sich die männlichen Hoffnungsträger der Firma zunehmend bewusst werden. Die in den *Buddenbrooks* akut werdende »Sehnsucht nach dem Tode« hat, wie in Novalis' gleichnamigem Gedicht (1800), als Ausgangspunkt dabei zunächst die Gottessehnsucht; allein je weiter sich dieser Prozess entwickelt – auch im Eruieren von Alternativen zu bislang Bekanntem –, desto bedeutungsloser wird zumal für die Firmenerben der Bezug zu Gott, und die romantische Idee vollständiger Entgrenzung durch das Absolute reduziert sich auf die Suche nach dem Exitus als *Rettung vor dem Leben* (des gegenwärtigen wie ewigen). Die Vorzeichen verkehren sich mithin: Das wird bei Hanno überdeutlich, doch auch der Umstand, dass es gerade das Nirwana ist, das unter der Oberfläche der Schopenhauer'schen »Unzerstörbarkeit unsers Wesens an sich« bei Thomas Buddenbrook auf solche Resonanz stößt, deutet die unwiderstehliche Anziehungskraft des Todes, der zum Selbstzweck avanciert, *in nuce* bereits an – insofern, als die Gottessuche hier schon von der Suche nach dem Nichts, nach Dunkelheit und Ende überschattet wird. Das besagte Kirchenlied *Befiehl du deine Wege* (»Mach End, o Herr, mach Ende«) klingt im Komplex religiöser Leitmotivik nunmehr nachgerade pervertiert, als *Ende ohne Gott* und Abgesang auf alte Glaubensmuster nach. Gott in der dem Tode geweihten Dekadenz zu finden, wird zum unmöglichen – und auch nicht mehr wirklich gewollten – Unterfangen. Noch der berühmte, kursiv gesetzte Vorsatz Hans Castorps aus dem *Zauberberg* (1924): »*Der Mensch soll um der Güte und Liebe willen dem Tode keine Herrschaft einräumen über seine Gedanken*« zeugt davon, wenn Castorp dennoch in seinem »Herzen« dem »Tode Treue halten« will (5.1, 748). Die Progression hin zu kunstreligiöser Erlösungssehnsucht stellt somit die Klimax einer Todessehnsucht dar, welcher gleichsam ›Götzenstatus‹ zugesprochen wird. Die religiöse Krise als moderne Krise des Subjekts und der Identität: Auch das verdeutlicht der Roman.

III.

In den *Buddenbrooks* degeneriert der Glaube langsam zur Historie. Thomas Manns umfangreiche Religionskenntnisse unterstützen diese Ausgestaltung, so dass Nähe und Distanzierung, Identifikation und Ironie sich auf subtile, vielschichtige Art durchdringen. Diese ›Gleichzeitigkeit des Ungleichzeitigen‹ gibt einer Zerrissenheit Ausdruck, die als Signatur der Zeit ohne Beschönigungen problematisiert wird – ohne Lösungen derweilen auch. Empathie und Überlegenheitserweise treffen aufeinander, wobei die Ironie stilistisch überwiegt.[22] Thomas Mann, der sich der Bedeutungshintergründe seines eigenen Taufnamens und des Vornamens des Senators wohlbewusst ist – »Zwilling«; der Apostel Thomas als Zweifler (Notb I, 131) –, spielt mit der Komplexität von Assoziationen, indem das ›überständig‹ werdende Sichgleichsetzen mit theologischen Dogmen und Konzepten in fortschreitenden Auflösungserscheinungen zur Anschauung gelangt. Der Protestantismus, dessen innerprotestantische Konfessionen repräsentativ vereinheitlichend rekapituliert werden, als ein letztlich kulturelles, nicht länger religiöses Phänomen: so dass denn der *Kulturprotestantismus* in den *Buddenbrooks* dort anfängt, wo der theologische Protestantismus aufhört. Denn »weniger eine [spezifische] Konfession als vielmehr eine Denkungsart« tritt im Kulturprotestantismus als kritisch-aufgeklärter Einstellung hervor,[23] deren Grundprinzipien zwar in der Tat oft auf das Luthertum verweisen, die für die kulturelle Identität der Neuzeit *insgesamt* indessen von größter Bedeutung ist. Hierin gründet Nietzsches wie auch Manns Perspektivismus; und doch wäre es verfehlt, die aus der Subjektivität entstehende Kritik mit nur rudimentären religiösen Hintergründen zu erklären – auch nicht, wie wir gesehen haben, bei (dem noch jungen) Thomas Mann.

Der Roman zeigt die mentale Säkularisierung auf – eine Säkularisierung in Gedanken und noch nicht so sehr in Taten, denn rituelle Elemente werden beibehalten. (So auch bezeichnenderweise in Thomas Manns Privatleben: Vgl. z.B. die nie ausbleibende Begehung des traditionellen Weihnachtsfestes, das Sakrament der Taufe, wie im *Gesang vom Kindchen* [1919] literarisiert, und die generelle Kirchen- und Gemeindezugehörigkeit, die sich beim späten Thomas Mann zuletzt jedoch in aufrichtigem Einsatz für die amerikanische *Unitarian Church* bekundete.[24]) Theologisch betrachtet hat diese Säkulari-

[22] Ein markantes Beispiel dafür ist die »Rabenaas«-Strophe, die Konrad Ameln als Kirchenliedstrophen-Parodie (1840) eines Freunds von Friedrich Engel, Friedrich Wilhelm Wolff, ausgewiesen hat: Über die »Rabenaas«-Strophe und ähnliche Gebilde, in: Jahrbuch für Liturgik und Hymnologie, Jg. 13, Göttingen: Vandenhoeck & Ruprecht 1968, S. 190–194.

[23] Ulrich Barth: Aufgeklärter Protestantismus, Tübingen: Mohr Siebeck 2004, S. VII (Vorwort).

[24] Siehe hierzu Heinrich Detering: Thomas Manns amerikanische Religion. Theologie, Poli-

sierung Verfall, Instabilität, Auflösung und Orientierungslosigkeit zur Folge, aus der »Dialektik der Aufklärung« heraus gesehen und als Kehrseite dieser Entwicklung allerdings auch potentielle Freiheit, Souveränität und (ästhetische) Sensibilisierung. Das eben ist die Doppelwertigkeit der Décadence, und doch ist die psychologische Dekonstruktion zu systematisch und zu tiefreichend, als dass eine wirkliche (Selbst-)Täuschung erfolgen könnte. Auch der Kulturprotestantismus kann die in den *Buddenbrooks* erzählerisch manifest werdende Leerstelle nicht füllen. Aus der Einsicht, dass Zeitkritik immer auch Selbstkritik bedeute, stellt die Ironie – das griechische Wort *eironia* bedeutet ›Verstellung‹ – für Thomas Mann eine geistige Distanzierungstechnik dar, die ihrerseits ambivalent ist: Das *Spiel* weist auf eine *Überspielung* der entstandenen Irritation, auf eine erneute »Maske« hin. Denn: Frieden des Geistes wird durch Verfeinerung des Intellekts, durch analytische Geistesleistungen nicht greifbar. Manns *Buddenbrooks* bringen vormals

> Geglaubtes in die Schwebe. In die Schwebe heißt nicht zum Verschwinden [...], aber vorbehaltlos und rein affirmativ wie zuvor kann und will man [... alte Glaubensmuster] nicht mehr ansprechen. [... Daher] ist Ironie auch bei Thomas Mann der Versuch, auf einen spezifischen *Problemhorizont* zu reagieren, der mit der Historisierung von Religion, mit den Plausibilitätsschwierigkeiten ihrer Leittraditionen verbunden ist.[25]

Ironie als vorherrschendes Stilmittel wird Manns Umgang mit der ›religiösen Frage‹ weit über die *Buddenbrooks* hinaus bestimmen. Sie wird später vom Humor abgelöst werden, was einen grundlegenden Paradigmenwechsel impliziert, doch bleiben ironische Brechungen fast durchgehend erhalten. In dem Bestreben, über alte, des Inhalts bar gewordener Glaubenskonzepte hinauszugelangen, birgt Ironie zugleich Stärke und Schwäche in sich; sie deutet auf demonstrative Freiheit ebenso wie zugrundeliegende Unfreiheit und kann daher als dekadentes Stilmittel *par excellence* betrachtet werden. Als ›Geburt des Erhabenen aus dem Geiste des Mangels‹ wird sie im Werk des frühen Thomas Mann gewissermaßen zum Versuch, *die Überlegenheit gleichfalls vor Gott zu wahren*. Wie aber das, wenn Gott doch tot ist? Verunsicherung, Gespaltenheit, das Leiden am Leben, an der Welt und an sich selbst scheint auf und eine Lücke bleibt jenseits aller (Schein-)Historie bestehen.

Das aber heißt: Auf einer Metaebene erlangt die Gretchenfrage an diesem Punkt aufs Neue Authentizität. Die gestörte Glaubensgewissheit erhebt die Kunst zur quasi-religiösen Lebensform, da die theologische Lehre als Leere

tik und Literatur im kalifornischen Exil. Mit einem Essay von Frido Mann, Frankfurt/Main: S. Fischer 2012.

25 Niklaus Peter: Religion und Ironie, in: Thomas Mann und die Religion (Anm. 8), S. 17–33, 18f.

erfahren wurde; bezeichnend für Letzteres ist ein Voltaire-Zitat, das Thomas Mann früh in sein Notizbuch exzerpierte: »La théologie m'amuse, la folie de l'esprit humain y est dans toute sa plénitude.« (Notb I, 25) Geist (Theologie) durch neue Geistesformen zu substituieren, muss unterdessen einen Zirkelschluss bedeuten, indem der vornehmliche Zugang über Verstand und Intellekt bejaht und nicht – wie später im Humor z. B. – transzendiert wird. Auch Manns ironische Historisierung beruht ja auf dem ›Geist‹, hier in der Tat im Sinne von ›Esprit‹. Dergestalt befördert der von Nietzsche diagnostizierte Tod Gottes eine reaktive Spannung: zwischen der Sehnsucht nach dem Numinosen, deren (kindliche) Ursprünglichkeit sich auch in Manns nostalgischem Verhältnis zu Weihnachten bekundet, und der Abwehr Gottes – ein Gott, der insofern seinerseits ironisch auf Distanz gehalten wird – oszilliert das aufgeklärte Bewusstsein der Moderne in Extremen.[26]

Die Archivbestände des Katharineums widerlegen einen langjährigen Forschungskonsens, demzufolge Manns theologisch-religiöse Vorbildung als *Quantité négligeable* galt und kaum genauer untersucht wurde. Wir haben anhand der *Buddenbrooks* zu zeigen unternommen, welch einschlägige Kenntnisse wir stattdessen in der Tat vorauszusetzen haben, deren Umsetzung in der gezeigten Tiefe und Komplexität die leitmotivische Verknüpfung des Romans erweitert, sie verfeinert und akzentuiert.

[26] Zur Bedeutung des Weihnachtsfests für Thomas Mann vgl. z. B. seine verklärenden frühen Gedichte: Notb I, 151 f. und 199 f., sowie Karl-Josef Kuschel: Weihnachten bei Thomas Mann, Düsseldorf: Patmos 2006, wo auch der rituelle Zauber zur Sprache kommt, der trotz aller Auflösungserscheinungen das Weihnachtsfest im Hause Buddenbrook erhellt.

Siglenverzeichnis

[Band arabisch, Seite]	Thomas Mann: Große kommentierte Frankfurter Ausgabe. Werke – Briefe – Tagebücher, hrsg. von Heinrich Detering, Eckhard Heftrich, Hermann Kurzke, Terence J. Reed, Thomas Sprecher, Hans Rudolf Vaget und Ruprecht Wimmer in Zusammenarbeit mit dem Thomas-Mann-Archiv der ETH Zürich, Frankfurt/Main: S. Fischer 2002 ff.
[Band römisch, Seite]	Thomas Mann: Gesammelte Werke in dreizehn Bänden, 2. Aufl., Frankfurt/Main: S. Fischer 1974.
BlTMG	Blätter der Thomas-Mann-Gesellschaft 1 (1958) ff., Zürich.
Br I–III	Thomas Mann: Briefe 1889–1936, 1937–1947, 1948–1955 und Nachlese, hrsg. von Erika Mann, Frankfurt/Main: S. Fischer 1962–1965.
BrHM	Thomas Mann – Henrich Mann. Briefwechsel 1900–1949, hrsg. von Hans Wysling, 3., erweiterte Ausg., Frankfurt/Main: S. Fischer 1995 (= Fischer Taschenbücher, Bd. 12297).
DüD I–III	Dichter über ihre Dichtungen, Bd. 14/I–III: Thomas Mann, hrsg. von Hans Wysling unter Mitwirkung von Marianne Fischer, München: Heimeran; Frankfurt/Main: S. Fischer 1975–1981.
Ess I–VI	Thomas Mann: Essays, Bd. 1–6, hrsg. von Hermann Kurzke und Stephan Stachorski, Frankfurt/Main: S. Fischer 1993–1997.
Notb I–II	Thomas Mann: Notizbücher 1–6 und 7–14, hrsg. von Hans Wysling und Yvonne Schmidlin, Frankfurt/Main: S. Fischer 1991–1992.

Reg I–V	Die Briefe Thomas Manns. Regesten und Register, Bd. 1–5, hrsg. von Hans Bürgin und Hans-Otto Mayer, Frankfurt/Main: S. Fischer 1976–1987.
Tb, [Datum]	Thomas Mann: Tagebücher. 1918–1921, 1933–1934, 1935–1936, 1937–1939, 190–1943, hrsg. von Peter de Mendelssohn, 1944–1. 4. 1946, 28. 5. 1946–31. 12. 1948. 1949–1950, 1951–1952, 1953–1955, hrsg. von Inge Jens, Frankfurt/Main: S. Fischer 1977–1995.
TMA	Thomas-Mann-Archiv der ETH-Bibliothek Zürich.
TM Hb	Thomas Mann-Handbuch: Leben – Werk – Wirkung, 1. Auflage, hrsg. von Andreas Blödorn und Friedhelm Marx, Stuttgart: Metzler 2015.
TM Jb [Band]	Thomas Mann Jahrbuch 1 (1988) ff., begründet von Eckhard Heftrich und Hans Wysling, hrsg. von Katrin Bedenig und Hans Wißkirchen (ab 2014), Frankfurt/Main: Klostermann.
TMS [Band]	Thomas-Mann-Studien 1 (1967) ff., hrsg. von Thomas-Mann-Archiv der ETH Zürich, Bern/München: Francke, ab 9 (1991) Frankfurt/Main: Klostermann.

Thomas Mann: Werkregister

Kursive Seitenzahlen verweisen auf die Anmerkungen.

Personenregister

Kursive Seitenzahlen verweisen auf die Anmerkungen.

Die Autorinnen und Autoren

Dr. Katrin Bedenig, Thomas-Mann-Archiv der ETH Zürich, Campus Hönggerberg, Gebäude HCP/G-21.3, Leopold-Ruzicka-Weg 4, CH-8093 Zürich.

Dr. Simone Costagli, Università degli Studi di Udine, Dipartimento di Lingue, Letteratura, Comunicazione, Formazione e Società, Via Mantica 3, I-33100 Udine.

Luca Crescenzi, Università degli studi di Trento, Dipartimento di Lettere e Filosofia, Via Tommaso Gar 14, I-38122 Trento.

Knut Elstermann, Winsstraße 34, 10405 Berlin.

Assoc. Prof. Dr. Johannes Endres, University of California, Riverside, Comparative Literature and Foreign Languages/History of Art, 900 University Ave, Riverside, CA 92521, USA.

Jenny Erpenbeck, Knaus Verlag, Neumarkter Str. 18, 81673 München.

Prof. Dr. Werner Frick, Albert-Ludwigs-Universität Freiburg, Deutsches Seminar, Platz der Universität 3, KG III, 79085 Freiburg im Breisgau.

Prof. Matteo Galli, Università degli Studi di Ferrara, Dipartimento di Studi Umanistici, Via Paradiso 12, I-44100 Ferrara.

Prof. Dr. Alexander Honold, Deutsches Seminar der Universität Basel, Nadelberg 4, CH-4051 Basel.

PD Dr. Katrin Max, Universität Leipzig, Institut für Germanistik, Beethovenstr. 15, 04107 Leipzig.

PD Dr. Yvonne Nilges, Katholische Universität Eichstätt-Ingolstadt, Lehrstuhl für Neuere deutsche Literaturwissenschaft, Universitätsallee 1, 85072 Eichstätt.

Thomas Ribi, Biberlinstrasse 46, CH-8032 Zürich.

PD Dr. Julia Schöll, Universität Bamberg, Lehrstuhl für Neuere deutsche Literaturwissenschaft, An der Universität 5, 96047 Bamberg.

Claudio Steiger, Université de Neuchâtel, Institut de langue et littérature allemandes, Espace Louis-Agassiz 1, CH-2000 Neuchâtel.

Auswahlbibliographie 2015–2016

zusammengestellt von Gabi Hollender

1. Primärliteratur

Mann, Katia: »Liebes Rehherz«: Briefe an Thomas Mann 1920–1950, erweiterte Neuausgabe, herausgegeben und kommentiert von Inge Jens und Dirk Heißerer, Würzburg: Könighausen & Neumann (= Thomas-Mann-Schriftenreihe, Fundstücke, Bd. 4, Neuausgabe), 232 S.

Mann, Thomas: Thomas Mann, dialoghi italiani: sintonia spirituale e comune cultura europea nei carteggi (1920–1955), a cura di Elisabetta Mazzetti, Roma: Artemide 2016 (= Proteo, Bd. 100), 216 S.

Mann, Thomas und Zweig, Stefan: Thomas Mann – Stefan Zweig: Briefwechsel, Dokumente und Schnittpunkte, herausgegeben von Katrin Bedenig und Franz Zeder, Frankfurt/Main: Klostermann 2016 (= Thomas-Mann-Studien, Bd. LI), 464 S.

Pringsheim, Hedwig: Tagebücher, herausgegeben und kommentiert von Cristina Herbst, Göttingen: Wallstein 2016, Bd. 5: 1911–1916, 826 S.

2. Sekundärliteratur

Albracht, Miriam: Gender trouble: Gewalt als Initiationserlebnis in Thomas Manns »Wie Jappe und Do Escobar sich prügelten«, in: Wortmann, Homme fragile, S. 167–178.

Bartl, Andrea: Von der Eigendynamik der Dinge: eine vergleichende Lektüre von Theodor Storms und Thomas Manns Novellen, in: Detering, Verirrte Bürger, S. 159–175.

Bauer, Jenny: Krisen-Dynastien: Buddenbrooks (1901), in: Bauer, Jenny: Geschlechterdiskurse um 1900: literarische Identitätsentwürfe im Kontext deutsch-skandinavischer Raumproduktion, Bielefeld: transcript 2016 (= Lettre), S. 89–132.

Bauer, Jessica: Thomas Mann und Stefan Zweig im Exil, Berlin: epubli 2015, 233 S.

Ben-Horin, Michal: Thomas Mann: dissonance as a mode of documentation, in: Ben-Horin, Michal: Musical biographies: the music of memory in post-1945 German literature, Berlin: de Gruyter 2016 (= Interdisciplinary German cultural studies, Bd. 20), S. 15–41.

Bergmann, Franziska: Der Glasschrank des Großvaters: Männlichkeit und Dingwelt in Thomas Manns »Zauberberg«, in: Wortmann, Homme fragile, S. 321–334.
Bernhardt, Oliver: Savonarola leuchtete – Thomas Mann und die Renaissance, in: Bernhardt, Oliver: Gestalt und Geschichte Savonarolas in der deutschsprachigen Literatur: von der Frühen Neuzeit bis zu Gegenwart, Würzburg: Könighausen & Neumann 2016, S. 344–360.
Biebuyck, Benjamin: Interkulturalität und Krise: erlebtes Europa bei Thomas Mann und Annette Kolb, in: Kläger, Florian (Hrsg.): Europa gibt es doch ...: Krisendiskurse im Blick der Literatur, Paderborn: Fink 2016, S. 159–184.
Blödorn, Andreas: Dichterängste: Tod und Jenseits bei Theodor Storm und Thomas Mann, in: Demandt, Bürger auf Abwegen, S. 178–187.
Blödorn, Andreas: Meeresrauschen: immanente Transzendenz und anti-bürgerliche Fluchtimpulse bei Theodor Storm und Thomas Mann, in: Detering, Verirrte Bürger, S. 265–281.
Blödorn, Andreas und Marx Friedhelm (Hrsg.): Thomas Mann Handbuch: Leben – Werk – Wirkung, Stuttgart: J.B. Metzler 2015, 425 S.
Boehringer, Michael: »So gut er das vermochte«: disability, masculinity and desire in Thomas Mann's »Der kleine Herr Friedemann«, in: Wortmann, Homme fragile, S. 235–256.
Braches, Ernst: Kommentar zum »Tod in Venedig«, Overveen: Selbstverlag 2015, 1108 S.
Bronfen, Elisabeth: Afterword, in: Döring, Thomas Mann and Shakespeare, S. 246–256.
Costagli, Simone: Cesare Gabrielli, il modello del mago Cipolla = Cesare Gabrielli, das Vorbild des Zauberers Cipolla, in: Hock, »Mario e il mago«, S. 34–45.
Demandt, Christian, Ermisch, Maren und Lipinski, Birte (Hrsg.): Bürger auf Abwegen: Thomas Mann und Theodor Storm, Göttingen: Wallstein 2015, 205 S.
Demandt, Christian: »Weihnachten ...«: Thomas Mann, Theodor Storm und die Ambivalenz des Paranormalen, in: Demandt, Bürger auf Abwegen, S. 165–177.
Denkert, Malte: »Herrlichkeit und Schande«: Versuche der Selbstfindung jenseits bürgerlicher Vorstellungen bei Theodor Storm, Thomas und Heinrich Mann, in: Detering, Verirrte Bürger, S. 69–86.
Detering, Heinrich: »... diese Mischung aus Nietzsche und Storm«: Thomas Manns »Tonio Kröger«, in: Demandt, Bürger auf Abwegen, S. 47–62.
Detering, Heinrich: Erotische Ambivalenz und künstlerische Gestaltung: Thomas Mann und die »Kinderliebe« Theodor Storms, in: Demandt, Bürger auf Abwegen, S. 145–154.

Detering, Heinrich und Ermisch, Maren: »Heimweh als Transzendenz«: Herkunft und Heimat im Werk Thomas Manns und Theodor Storms, in: Demandt, Bürger auf Abwegen, S. 188–198.

Detering, Heinrich: Der junge Thomas Mann, Frankreich und Herman Bang, in: Hoff, Karin (Hrsg.): Internationale Netzwerke: literarische und ästhetische Transfers im Dreieck Deutschland, Frankreich und Skandinavien zwischen 1870 und 1945, Würzburg: Könighausen & Neumann 2016, S. 187–202.

Detering, Heinrich: Das Meer meiner Kindheit: Thomas Manns Lübecker Dämonen, Heide: Boyens 2016, 278 S.

Detering, Heinrich: »Nicht ganz korrekt«: Thomas Mann und Theodor Storm als entlaufene Bürger, in: Detering, Verirrte Bürger, S. 51–67.

Detering, Heinrich, Ermisch, Maren und Wißkirchen, Hans (Hrsg.): Verirrte Bürger: Thomas Mann und Theodor Storm: Tagung in Husum und Lübeck 2015, Frankfurt/Main: Klostermann 2016 (= Thomas-Mann-Studien, Bd. LII), 295 S.

Dieckmann, Friedrich: Luther im Spiegel: von Lessing bis Thomas Mann, Berlin: Quintus 2016, 264 Seiten.

Dittmann, Britta: Tinte, Tee und Tanzstunde: bürgerliche Alltagsrituale bei Theodor Storm und Thomas Mann, in: Demandt, Bürger auf Abwegen, S. 117–130.

Döring, Tobias: The magic fountain: Shakespeare, Mann and modern authorship, in: Döring, Thomas Mann and Shakespeare, S. 94–112.

Döring, Tobias und Fernie, Ewan (Hrsg.): Thomas Mann and Shakespeare: something rich and strange, New York: Bloomsbury 2015 (= New directions in German studies, Bd. 14), 268 S.

Dollimore, Jonathan: The violence of desire: Shakespeare, Nietzsche, Mann, in: Döring, Thomas Mann and Shakespeare, S. 23–46.

Draesner, Ulrike: Changing the subject, in: Döring, Thomas Mann and Shakespeare, S. 229–245.

Drywa, Gottfried Thore: Von Gottes Sprachlichkeit: Eckhartbild und Eckhartbilder in Thomas Manns Josephromanen, in: Meister-Eckhart-Jahrbuch 9, 2015, S. 237–292.

Eickhölter, Manfred: 50 Jahre Deutsche Thomas Mann-Gesellschaft 1965 bis 2015: eine Chronik, in: Thomas Mann Jahrbuch 2016, S. 117–143.

Elsaghe, Yahya: Konzeptionen von Männlichkeit und ihre sozialgeschichtliche Interpretierbarkeit in Thomas Manns frühesten Erzählungen: eine Fallstudie zum »Kleinen Herrn Friedemann« und seiner Rezeptionsgeschichte, in: Wortmann, Homme fragile, S. 65–84.

Elsaghe, Yahya: Theodor Storm und Thomas Mann als Zeitgenossen des medizinischen Fortschritts, in: Detering, Verirrte Bürger, S. 201–224.

Ermisch, Maren: Die Kontrafaktur des buckligen Männleins: »Eine Maler-

arbeit« und »Der kleine Herr Friedemann«, in: Detering, Verirrte Bürger, S. 103–114.
Ermisch, Maren: »Man ist als Künstler innerlich immer Abenteurer genug«: Bürgertum und Künstlertum bei Thomas Mann und Theodor Storm, in: Demandt, Bürger auf Abwegen, S. 82–95.
Estermann, Aaron und Rück, Maximilian: Das Haus der Familie Mann: ein Rundgang zwischen Literatur und Wirklichkeit, Würzburg: Königshausen & Neumann 2016, 375 S.
Eversberg, Gerd: »Die Windmühl soll mein Wappen sein!«: Theodor Storms Teetasse und ihre symbolische Bedeutung, in: Demandt, Bürger auf Abwegen, S. 111–116.
Ewen, Jens: Thomas Manns Ironie als literarischer Wahrheitspluralismus, in: Thomas Mann Jahrbuch 2016, S. 45–56.
Fasold, Regina: »Korrekt gerade ist nichts bei Storm«: zu Theodor Storms Ehe- und Familienleben, in: Demandt, Bürger auf Abwegen, S. 131–144.
Fernie, Ewan: Introduction: something rich and strange, in: Döring, Thomas Mann and Shakespeare, S. 1–22.
Fernie, Ewan: »Yes-yes, no«: Mann, Shakespeare, and the struggle for affirmation, in: Döring, Thomas Mann and Shakespeare, S. 171–190.
Fischer, Alexander M.: Thomas Mann, in: Fischer, Alexander M.: Posierende Poeten: Autorinszenierungen vom 18. bis zum 21. Jahrhundert, Heidelberg: Universitätsverlag Winter 2015 (= Beihefte zum Euphorion, Bd. 80), S. 238–338.
Fuller, David: A kind of loving: Hans Castorp as model critic, in: Döring, Thomas Mann and Shakespeare, S. 207– 228.
Galvan, Elisabeth: Il balletto »Mario e il mago« di Luchino Visconti e Franco Mannino = Das Ballett »Mario e il mago« von Luchino Visconti und Franco Mannino, in: Hock, »Mario e il mago«, S.64–70.
Galvan, Elisabeth: Introduzione: »Mario e il mago«: il racconto italiano di Thomas Mann = Zur Einführung: »Mario und der Zauberer«: Thomas Manns italienische Erzählung, in: Hock, »Mario e il mago«, S. 6–33.
Gasser, Michael: Alles erschlossen, alles digitalisiert – Der moderne Zugang zum Thomas-Mann-Archiv der ETH-Bibliothek: ein Projektbericht, in: Bibliothek – Forschung und Praxis, Jg. 39, H. 3, 2015, S. 378–383.
Giller, Philipp: »Alle Erwählung ist schwer zu fassen«: die komische Realisierung des Wunders in Thomas Manns »Der Erwählte«, in: Jakobi, Carsten (Hrsg.): Witz und Wirklichkeit: Komik als Form ästhetischer Weltaneignung, Bielefeld: transcript 2015 (= Mainzer historische Kulturwissenschaften, Bd. 23), S. 293–316.
Gladilin, Nikita: Postmoderne Tendenzen im Schaffen der Schriftsteller des modernistischen Zeitalters (Th. Mann, H. Hesse, E. Canetti), in: Gladilin,

Nikita: Postmoderne deutschsprachige Literatur: Genese und Haupttendenzen der Entwicklung, Würzburg: Könighausen & Neumann 2015, S. 62–92.
Goślicka, Xenia: Der »Wille zur Zukunft«: Thomas Manns Poetik der Auserwählung und sein Spätwerk »Der Erwählte«, in: Thomas Mann Jahrbuch 2016, S. 145–161.
Hamacher, Bernd: »... meine imitatio Goethe's«: Thomas Mann und Goethe – eine lebenslange Auseinandersetzung in neuer Beleuchtung, in: Thomas Mann Jahrbuch 2016, S. 87–100.
Hamacher, Bernd: »Was wollte er? Das ist der Norden«: zur literarischen Topographie Thomas Manns und Theodor Storms, in: Detering, Verirrte Bürger, S. 251–264.
Hamilton, John T.: »Who chooseth me must give and hazard all he hath«: Shakespearean overtones in Mann's »Der Tod in Venedig«, in: Döring, Thomas Mann and Shakespeare, S. 134–148.
Hansen, Sebastian: Auf der Suche nach einer neuen Bürgerlichkeit: Thomas Manns Überlegungen in der Weimarer Republik, in: Pyta, Wolfram (Hrsg.): Bürgerlichkeit: Spurensuche in Vergangenheit und Gegenwart, Stuttgart: Franz Steiner 2016 (= Nassauer Gespräche der Freiherr-vom-Stein-Gesellschaft, Bd. 9), S. 133–150.
Happ, Julia S.: Thomas Manns spätrealistische Dekadenz im Wandel (1894–1924), in: Happ, Julia S.: Literarische Dekadenz: Denkfiguren und poetische Konstellationen, Würzburg: Könighausen & Neumann 2015, S. 89–162.
Heißerer, Dirk: Klaus Mann darf ins Kino: zur Buddenbrooks-Film-Premiere in München 1923, in: Juni: Magazin für Literatur und Kultur, H. 51/52, 2015/2016, Weibisch, Frankophil und (nicht nur) von Männern gemacht, S. 233–239.
Hnilica, Irmtraud: »Originellste Belege«: zu Thomas Manns frühen Novellen »Gefallen« und »Gerächt«, in: Wortmann, Homme fragile, S. 257–276.
Hock, Dorothee (Red.): »Mario e il mago«: Thomas Mann e Luchino Visconti raccontano l'Italia fascista = »Mario und der Zauberer«: Thomas Mann und Luchino Visconti erzählen vom faschistischen Italien, Roma: Casa di Goethe 2015, 80 S.
Honold, Alexander: Im Turm der öffentlichen Einsamkeit: Thomas Mann, Hugo von Hofmannsthal und die Krise der Autorschaft, in: Honold, Alexander: Einsatz der Dichtung: Literatur im Zeichen des Ersten Weltkriegs, Berlin: Vorwerk 8 2015, S. 323–394.
Honold, Alexander: Männlichkeit und Tauglichkeit: die Militär-Urszene bei Heinrich und Thomas Mann, in: Wortmann, Homme fragile, S. 31–64.
Honold, Alexander: Masquerades of love: »Love's labours's lost« and the musical development of Shakespeare's comedy in Mann's »Doktor Faustus«, in: Döring, Thomas Mann and Shakespeare, S. 70–93.

Immoos, Angelina: Meinrad Inglin und Thomas Mann, in: Blätter der Thomas-Mann-Gesellschaft Zürich, Nr. 36, 2014–2015, S. 24–43.

Jungo-Fallier, Helga Ida: Katia Mann – Gefährtin eines großen Dichters: Biografie, Hamburg: tredition 2016, 124 S.

Koopmann, Helmut: Vom Hund handeln heißt: auch vom Menschen handeln: Thomas Manns Hundejahre und Bauschans vierbeinige Verwandtschaft, in: Bunners, Christian (Hrsg.): Von »Reynke de Vos« bis zum »Butt«: Tiere in der deutschen Literatur, Rostock: Hinstorff 2016 (= Beiträge der Fritz-Reuter-Gesellschaft, Bd. 26), S. 69–85.

Laage, Karl Ernst: Storm-Spiegelungen in Thomas Manns »Buddenbrooks« und in »Tonio Kröger«, in: Detering, Verirrte Bürger, S. 115–122.

Lagoni, Frederike: Thomas Manns »Der Zauberberg« (2008) [1924] und Ernst Kantorowicz' »Kaiser Friedrich der Zweite« (1980) [1927], in: Lagoni, Frederike: Fiktionales versus faktuales Erzählen fremden Bewusstseins, Berlin: de Gruyter 2016 (= Narratologia, Bd. 53), S. 134–141.

Lahme, Tilmann, Pils, Holger und Klein Kerstin (Hrsg.): Die Briefe der Manns: ein Familienporträt, Frankfurt/Main: S. Fischer 2016, 720 S.

Lahme, Tilmann: Die Manns: Geschichte einer Familie, Frankfurt/Main: S. Fischer 2015, 478 S.

Linder, Jutta: Thomas Mann und Goethe, in: Kënigsberg – Kaliningrad: Nobelevskie laureaty v dialoge so vremenem: T. Mann, G. Grass, A. Solschenizyn, J. Brodsky: Materialy meschdunarodnoy nautschnoy konferentzii, 29–30 oktjabrja 2015 goda = Königsberg – Kaliningrad: Nobelpreisträger im Dialog mit der Zeit: Th. Mann, G. Grass, A. Solschenizyn, J. Brodsky: Akten der internationalen wissenschaftlichen Konferenz, 29–30 Oktober 2015, Kaliningrad: Kladez' 2015, S. 3–27.

Linder, Jutta: »Was für ein grundsonderbares Gewächs«: Thomas Mann liest Kafka, in: Brunetti, Simona (Hrsg.): Versprachlichung von Welt: Festschrift zum 60. Geburtstag von Maria Lieber, Tübingen: Stauffenburg 2016 (= Stauffenburg Festschriften), S. 429–443.

Lipinski, Birte: Theatrale Ausflüge zweier Epiker: Rolle und »unmaskierte Wirklichkeit« bei Thomas Mann und Theodor Storm, in: Detering, Verirrte Bürger, S. 225–249.

Lörke, Tim: Thomas Manns republikanische Wende?, in: Thomas Mann Jahrbuch 2016, S. 71–86.

Löwe, Matthias: »Freund, es geht nicht mehr«: Thomas Mann und die Normativität der ästhetischen Moderne, in: Thomas Mann Jahrbuch 2016, S. 9–29.

Love, Heather: Teenage fanclub: Mann and Shakespeare in the queer pantheon, in: Döring, Thomas Mann and Shakespeare, S. 191–206.

Lühe, Irmela von der: »... daß man gestorben sein muß, um ganz ein Schaffender zu sein.«: Thomas Manns Künstlerfiguren, in: Günther, Friederike

Felicitas (Hrsg.): Der Tod und die Künste, Würzburg: Königshausen & Neumann 2016 (= Würzburger Ringvorlesungen, Bd. 13), S. 231–250.

Markus, Anna-Lena: »Ich war schon in Sekunda so alt wie der Westerwald«: Theodor Storm und Thomas Mann als Schüler, in: Demandt, Bürger auf Abwegen, S. 66–81.

Marx, Friedhelm: »A dark exception among the rule-abiding«: Thomas Mann and Othello, in: Döring, Thomas Mann and Shakespeare, S. 113–132.

Marx, Friedhelm: Thomas Manns Storm-Bilder, in: Demandt, Bürger auf Abwegen, S. 38–46.

Max, Katrin: Fern von »Bürgerwonne und Goldschnittgemüt«: Theodor Storm, Thomas Mann und die Schwierigkeit, das »Bürgerliche« zu definieren, in: Detering, Verirrte Bürger, S. 11–27.

Möhn, Rudolf: Medizinisches, Paramedizinisches und Ärztliches in Thomas Manns Josephsromanen, in: Aktuelle Dermatologie, H. 10, 2015, S. 428–432.

Moll, Björn: Ehrenmännlein: zur Verhandlung von Männlichkeit in Thomas Manns »Wie Jappe und Do Escobar sich prügelten«, in: Wortmann, Homme fragile, S. 213–234.

Narchi, Jonas: »Seltsamer, romantisch-trister Reigen«: Haupt- und Leitmotive von Franz Schuberts »Winterreise« im »Zauberberg«, in: Thomas Mann Jahrbuch 2016, S. 211–227.

Nilges, Yvonne: Thomas Mann und die Religion, in: Lörke, Tim (Hrsg.): Religion und Literatur im 20. und 21. Jahrhundert: Motive, Sprechweisen, Medien, Göttingen: Vandenhoeck & Ruprecht 2015, S. 51–74.

Oliveira, Claire de: »Ein enzyklopädisches Werk«: neue Fundstücke zum »Zauberberg« anlässlich der ersten kritischen Ausgabe in französischer Sprache: ein Nachtrag zum Kommentar von Michael Neumann, in: Thomas Mann Jahrbuch 2016, S. 229–243.

Pastor, Eckart: Abwege, Abwärtswege: Verfallsgeschichten auf dem Staatshof, in der Mengstraße und Fischergrube, in: Detering, Verirrte Bürger, S. 123–135.

Paxton, Dave: Shakespeare to Mann, via Wagner, in: Döring, Thomas Mann and Shakespeare, S. 149–170.

Petras, Ole: Machtlose Kraft, kraftlose Macht: Raum und Bürgertum in Storms »Sylter Novelle« und Thomas Manns »Der kleine Herr Friedemann«, in: Detering, Verirrte Bürger, S. 87–101.

Raumann, Rachel: »Gregorius vom Fische, schnell war er genug«: heldenepische Spuren in Thomas Manns »Der Erwählte«, in: Keller, Johannes (Hrsg.): Spuren der Heldensage: Texte – Bilder – Realien, Wien: Fassbaender 2015 (= Philologica Germanica, Bd. 36.2, Pöchlarner Heldenliedgespräch), S. 179–196.

Reidy, Julian: Die »Basler Buddenbrooks«: Christoph Geisers Brachland (1980) und Thomas Manns »Referenzwerk« des deutschsprachigen Generationenromans, in: Blätter der Thomas-Mann-Gesellschaft Zürich, Nr. 36, 2014–2015, S. 8–23.

Reidy, Julian: Poetologische Chiffre und »matriarchale« Gefährdung: zur Funktionalisierung von Alter und Altern bei Thomas Mann, in: Deiters, Franz-Josef (Hrsg.): Altern / Ageing, Freiburg i. Br.: Rombach 2015 (= Limbus: australisches Jahrbuch für germanistische Literatur- und Kulturwissenschaft, Bd. 8), S. 33–47.

Reinhard, Nadja: Der experimentelle Blick des Jünglings: Inszenierung eines Wagnisses unbefangen-befangener Sinnlichkeit bei Theodor Storm und Thomas Mann, in: Detering, Verirrte Bürger, S. 177–200.

Rendall, Thomas: Thomas Mann's Dantesque »Zauberberg«, in: Monatshefte für deutschsprachige Literatur und Kultur, Jg. 108, H.1, 2016, S. 85–98.

Rieger, Hannah: Die altersgraue Legende: Thomas Manns »Der Erwählte« zwischen Christentum und Kunstreligion, Würzburg: Königshausen & Neumann 2015 (= Epistemata, Reihe Literaturwissenschaft, Bd. 838), 160 S.

Rieger, Hannah: Dankrede zur Verleihung des wissenschaftlichen Förderpreises der Deutschen Thomas Mann-Gesellschaft 2015, in: Thomas Mann Jahrbuch 2016, S. 203–210.

Schärf, Christian: Heinrich und Thomas Mann: der Kampf um die Moderne in Deutschland, in: Schärf, Christian: Geschichte des Essays: von Montaigne bis Adorno, Springe: Klampen 2016, S. 212–228.

Schneider, Jens Ole: Bürgerlichkeit als semantische Konstruktion: zur narrativen Inszenierung moderner Identitäten in Thomas Manns »Buddenbrooks« und Theodor Storms »Die Söhne des Senators«, in: Detering, Verirrte Bürger, S. 29–50.

Schöning, Matthias: Dimensionen der Referenz in Thomas Manns »Doktor Faustus«, in: Rüth, Axel (Hrsg.): Erfahrung und Referenz: erzählte Geschichte im 20. Jahrhundert, Paderborn: Fink 2016, S. 59–76.

Schuhen, Gregor: Der männliche Schein: »Felix Krull« in der Tradition der novela picaresca, in: Wortmann, Homme fragile, S. 85–117.

Selbmann, Rolf: Impulse am Nordfriedhof: Thomas Manns »Tod in Venedig«, in: Selbmann, Die Wirklichkeit der Literatur, S. 35–39.

Selbmann, Rolf: Thomas Manns geschichtliche Topografie, in: Selbmann, Die Wirklichkeit der Literatur, S. 86–98.

Selbmann, Rolf: Die Wirklichkeit der Literatur: literarische Texte und ihre Realität, Würzburg: Könighaussen & Neumann 2016, 195 S.

Stachorski, Stephan: Thomas Manns poltisch-unpolitische Begegnungen mit Theodor Storm, in: Demandt, Bürger auf Abwegen, S. 96–110.

Stoellger, Philipp: Gott gegen Gott: zur Narratheologie des »Erwählten« oder: »kraft der Erzählung«, in: Thomas Mann Jahrbuch 2016, S. 163–193.

Streim, Gregor: Thomas Mann: Doktor Faustus, in: Streim, Gregor: Deutschsprachige Literatur 1933–1945: eine Einführung, Berlin: Erich Schmidt 2015 (= Grundlagen der Germanistik, Bd. 60), S. 183–191.

Strowick, Elisabeth: Life is a flirtation – Thomas Mann's »Felix Krull«, in: Hoffman-Schwartz, Daniel (Hrsg.): Flirtations: rhetoric and aesthetics – this side of seduction, New York: Fordham University Press 2015, S. 64–73.

Teibler, Claudia: Katia Mann (1883–1980): Managerin des Thomas Mann'schen Literaturbetriebs, in: Teibler, Claudia: Münchnerinnen, die lesen, sind gefährlich, Berlin: Insel Verlag 2016, S. 75–81.

Theisohn, Philipp: Bürgerliche Metaphysik: Thomas Mann, Theodor Storm und die Ambivalenz des Paranormalen, in: Demandt, Bürger auf Abwegen, S. 155–164.

Theisohn, Philipp: Der Sohn der Danaë: Manns »Buddenbrooks«, Storms »Carsten Curator« und der Mythos der Spekulation, in: Detering, Verirrte Bürger, S. 137–157.

Thomas Mann Jahrbuch 2016, hrsg. von Katrin Bedenig und Hans Wißkirchen, in Verbindung mit der Deutschen Thomas-Mann-Gesellschaft Sitz Lübeck e.V., Frankfurt/Main: Klostermann 2016 (= Thomas Mann Jahrbuch, Bd. 29), 271 S.

Thüring, Hubert: Der Unfall und das Rettungswerk: Narrative und Modelle bei Thomas Mann und Adolf Wölfli, in: Lehmann, Johannes F. (Hrsg.): Rettung und Erlösung: politisches und religiöses Heil in der Moderne, Paderborn: Fink 2015, S. 149–167.

Totzke, Ariane: »Mauschelnde« Unternehmer und unproduktive Dandys: Männerarbeit in Thomas Manns »Wälsungenblut«, in: Wortmann, Homme fragile, S. 297–319.

Triendl, Dominica: Mahlzeiten in Thomas Manns Romanen: eine Studie zu »Buddenbrooks«, »Der Zauberberg« und »Bekenntnisse des Hochstaplers Felix Krull«, Marburg: Tectum 2016, 319 Seiten.

Tworek, Elisabeth: Literarisches München zur Zeit von Thomas Mann: von der Boheme zum Exil: Bilder, Dokumente, Kommentare, Regensburg: Friedrich Pustet 2016 (= Bayerische Geschichte), 255 S.

Vaget, Hans Rudolf: Eine »scheußliche Geschichte«: nachträgliches zum Streit Arnold Schönbergs mit Thomas Mann, in: Musik & Ästhetik, Jg. 19, H.1, 2015, S. 65–74.

Vormbaum, Thomas: Zauberberg und Läuterungsberg: Dante-Rezeption bei Thomas Mann, Münster: LIT 2016 (= Humaniora, Bd. 5), 105 S.

Voss, Torsten: »Sag mir wo die Männer sind – Wo sind sie geblieben?«: soziale und performative Verfahren der De-Maskulinisierung in Thomas Manns »Luischen« (1900) und Heinrich Manns »Im Schlaraffenland«, in: Wortmann, Homme fragile, S. 277–296.

Weichmann, Martin: Thomas Mann, Gunzenhausen und die Rote Hilfe: Kulturkampf im Zeichen des »Gotteslästerungsparagraphen«, in: Alt Gunzenhausen: Beiträge zur Geschichte der Stadt und Umgebung, H. 70, 2015, S. 210–229.
Weiher, Frank: Die literarische »Wiedergabe« fiktiver Musik: über Adrian Leverkühns Kompositionen im »Doktor Faustus«, in: Calzoni, Raul (Hrsg.): Intermedialität – Multimedialität: Literatur und Musik in Deutschland von 1900 bis heute, Göttingen: V & R Unipress 2015, S. 77–88.
Weiher, Frank: Über die Gegensätze »Geist und Leben« und »Künstler und Bürger« in der Thomas Mann-Forschung, in: Thomas Mann Jahrbuch 2016, S. 57–69.
Wickerson, Erica: Refracting time: symbolism and symbiosis in Theodor Storm's »Immensee« and Thomas Mann's »Tonio Kröger«, in: Modern language review, Jg. 111, H. 2, 2016, S. 434–453.
Wilson, Richard: Laughter in the throat of death: Thomas Mann's Shakespearean »Sprachkrise«, in: Döring, Thomas Mann and Shakespeare, S. 47–69.
Wimmer, Ruprecht: Laudatio: Verleihung des Thomas Mann-Förderpreises an Hannah Rieger für die Master-Arbeit: »Die altersgraue Legende«: Thomas Manns »Der Erwählte« zwischen Christentum und Kunstreligion, in: Thomas Mann Jahrbuch 2016, S. 195–201.
Wißkirchen, Hans: 50 Jahre Deutsche Thomas Mann-Gesellschaft: ein Rückblick aus festlichem Anlass, in: Thomas Mann Jahrbuch 2016, S. 101–115.
Wittmann, Reinhard G. (Hrsg.): Thomas Mann, »Der Zauberberg«: »Tod und Amüsement«, München: Literaturhaus München 2016 (= Hefte, Literaturhaus München, Nr. 8), 78 S.
Wolf, Benedikt: »Verkehrtheit« und »Vertauschbarkeit«: sexuelle Devianz als Moment des Karnevalesken in Thomas Manns »Bekenntnissen des Hochstaplers Felix Krull«, in: Wortmann, Homme fragile, S. 335–358.
Wortmann, Thomas und Zilles, Sebastian (Hrsg.): Homme fragile: Männlichkeitsentwürfe in den Texten von Heinrich und Thomas Mann, Würzburg: Königshausen & Neumann 2016 (= Konnex, Bd. 12), 361 S.
Wortmann, Thomas und Zilles, Sebastian: Homme fragile: zur Einleitung, in: Wortmann, Homme fragile, S. 7–30.
Zeller, Regine: Von Denkfiguren und Klischees: autobiographisches Schreiben, in: Thomas Mann Jahrbuch 2016, S. 31–43.
Zilles, Sebastian: Neurasthenie als Profession: Neurastheniker in der frühen Novellistik Heinrich und Thomas Manns, in: Wortmann, Homme fragile, S. 145–165.

Mitteilungen der Deutschen Thomas-Mann-Gesellschaft, Sitz Lübeck e.V., für 2016

Thomas Mann-Tagung 2016, Lübeck: »On Myself. *Autobiografisches Schreiben bei Thomas Mann«*

Vom 16. bis zum 18. September 2016 fand die Herbsttagung der Deutschen Thomas Mann-Gesellschaft zum Thema »*On Myself.* Autobiografisches Schreiben bei Thomas Mann« in Lübeck statt. Häufig sprach Thomas Mann von sich selbst. Die Äußerungen »on myself« sind vielfältig und erscheinen in verschiedenen Textsorten. Jenseits des Erzählwerks existieren Briefe, Tagebücher und Essays, die mit je anderem literarischen Anspruch geschrieben wurden und die sich daher nach den Formen und Funktionen ihrer Literarisierung befragen lassen. Die autobiografischen Texte Thomas Manns sind offensichtlich mehr als ein sekundärer Kommentar zum Werk. Sie dürfen als Teil des Werkes betrachtet werden, und sie spielen zudem eine wichtige Rolle in Thomas Manns Verständnis von Autorschaft und Repräsentanz.

Am Vorabend der Tagung wurde das Erika Mann-Konvolut von Britta Dittmann, Leiterin des Archivs des Buddenbrookhauses, und Dr. Manfred Eickhölter, Vorsitzender des Fördervereins Buddenbrookhaus Lübeck e.V., präsentiert.

Nach der Begrüßung seitens des Präsidenten der Deutschen Thomas Mann-Gesellschaft, Prof. Dr. Hans Wißkirchen, begann Prof. Dr. Alexander Honold von der Universität Basel die erste Sektion unter dem Titel »Tagebuch und Essay« mit einer »Einführung in Thomas Manns Selbstnarrative«. Darauf folgte der Vortrag Prof. Dr. Werner Fricks von der Universität Freiburg i. Breisgau über das Thema »›Geistige Huldigungsmusik‹: Thomas Mann als Gratulant und Jubilar«. Bevor eine Diskussion mit den drei Referenten stattfand, sprach Dr. Simone Costagli von der Universität Udine zum Thema »Französische Zustände: Das Tagebuch als Form der ideologischen Standortbestimmung in *Pariser Rechenschaft«*. Zum Abschluss führte Prof. Dr. Friedhelm Marx in die Lesung der Thomas Mann-Preisträgerin des Jahres 2016, Jenny Erpenbeck, ein, die im Bürgerschaftsaal des Rathauses stattfand.

Den Beginn der zweiten Sektion »Fiktionales Werk« bildete der Vortrag von Prof. Dr. Matteo Galli von der Universität Ferrara mit dem Titel »Je est un autre? Verfremdung des Autobiografischen bei Thomas Mann«. Darauf widmete sich Dr. Katrin Max von der Universität Leipzig dem Thema »Inszenierte Nähe und fiktive Verwandtschaft. Thomas Manns Darstellungen von Autorschaft in *Buddenbrooks*«. Bevor eine weitere Diskussion mit den Referenten geführt wurde, präsentierte Prof. Dr. Luca Crescenzi von der Universität Trient seinen Beitrag »Masken. Zu den Strategien der Selbstbiografik im *Doktor Faustus* und in der *Entstehung des Doktor Faustus*«. Anschließend folgten drei Vorträge von Mitgliedern des Kreises junger Thomas Mann-Forscher zu den Themen »›Den Schriftstellern vor die Geschichte zitieren‹: Zu einer nicht-essentialistischen Mann-Biografik« von Claudio Steiger (Neuchatel), »[W]eil ich das selber war, der ›gute Kerl‹: Chancen und Grenzen einer biografischen Lektüre der frühen Erzählungen *Gefallen* (1894) und *Gerächt* (1899)« von Dr. Irmtraud Hnilica (Hagen) und »Urlaub bei und mit Thomas Mann. Von fiktiven und anderen Räumen« von Dr. Jenny Bauer (Göttingen).

Der Nachmittag wurde durch zwei Führungen durch die Sonderausstellung »Fremde Heimat« des Buddenbrookhauses mit Anna-Lena Markus und die Sonderausstellung »Don't fence me in – Frühe Arbeiten von Günter Grass« des Günter Grass-Hauses mit Jörg-Philipp Thomsa sowie durch die Mitgliederversammlung gestaltet. Den feierlichen Abschluss des Tages bildete die Verleihung des Thomas Mann-Preises an Jenny Erpenbeck in den Kammerspielen des Lübecker Theaters.

Die dritte Sektion zum Thema »Briefwerk«, die von Prof. Dr. Andreas Blödorn moderiert wurde, eröffneten Dr. Tilmann Lahme, Dr. Holger Pils, Kerstin Klein, Prof. Dr. Hans Wißkirchen und Dr. Katrin Bedenig mit einer Diskussion und Lesung zu den aktuellen Erkenntnissen aus Briefeditionen. Den Abschlussvortrag der Tagung bildete der Vortrag von Dr. Johannes Endres »Mikrokosmische Autobiografie: Thomas Mann und die Zeitkapsel«. Der Präsident der Deutschen Thomas Mann-Gesellschaft fasste am Ende alle Vorträge kurz zusammen und verabschiedete die Mitglieder und Gäste mit einem Ausblick auf die kommenden Planungen.

Mitteilungen der Thomas Mann Gesellschaft Zürich 2017

Zum Jahreswechsel 2016/2017 erschien die 36. Ausgabe der *Blätter der Thomas Mann Gesellschaft Zürich*. Darin wurde Thomas Mann im Kontext zweier Schweizer Autoren untersucht: Julian Reidy analysierte Christoph Geisers *Brachland* in Bezug auf Thomas Manns *Buddenbrooks*, während Angelina Immoos u. a. zwei Briefe Meinrad Inglins an Thomas Mann vorstellte.

Für das Jahr 2017 wurde sodann ein besonderer Schauplatz und eine bereichernde Kooperation für die Jahrestagung gewählt: Gemeinsam mit den renommierten Silser Hesse-Tagen führte die Thomas Mann Gesellschaft Zürich ihre Jahrestagung vom 15. bis 18. Juni 2017 zum Thema »Hermann Hesse und Thomas Mann« durch. Die Tagung stand unter dem Motto »Im Geistigen gibt es eigentlich keine unglückliche Liebe« und fand im Waldhaus Sils statt, wo Hermann Hesse und Thomas Mann auch persönlich zu Gast gewesen waren. Untersucht wurden in verschiedenen Themenschwerpunkten literarische Bezüge, musische Parallelen, politisches Umfeld und Verlagsgeschichte bei Hermann Hesse und Thomas Mann. Das reichhaltige Programm umfasste die folgenden neun Referate:

Michael Kleeberg: »Lob der Herzenshöflichkeit«, York-Gothard Mix: »Musik als Modell. Hermann Hesses *Glasperlenspiel* und Thomas Manns *Doktor Faustus*«, Katrin Bedenig: »›Und der Funke kommt und zündet‹. Hermann Hesse, Thomas Mann und der belgische Grafiker Frans Masereel«, Heike Gfrereis: »Thomas Manns« – Anekdoten von Hermann und Ninon Hesse, Ursula Amrein: »Was heißt ›deutsche Literatur‹ nach 1933? Kontroversen um Thomas Mann und Hermann Hesse«, Karl-Josef Kuschel: »Diagnose ›Welt-Bürgerkrieg‹ – Thomas Manns und Hermann Hesses Gegenentwürfe zur ›Vergiftung‹ Deutschlands durch Nationalismus und Rassismus«, Andreas Solbach: »Literatur und Gewissen: Thomas Mann und Hermann Hesse im Kontext des Zivilisationsbruchs«, Adolf Muschg: »Synthese und Abschlussvortrag«. Als Vertreter der Jungen Hermann Hesse- und Thomas Mann-Forschenden referierte Manuel Bamert zum Thema: »Die Bibliotheken von Hermann Hesse und Thomas Mann: Wozu wir all diese Bücher bewahren«.

Programmgestaltung und Moderation lagen seitens der Thomas Mann Gesellschaft Zürich in den Händen von Katrin Bedenig, Ursula Amrein und Roland Spahr, seitens der Silser Hesse Tage bei Volker Michels, Michael Limberg und Rudolf Probst.

Das Rahmenprogramm enthielt eine spezialisierte Führung durch das Nietzsche-Haus in Sils Maria, die von Peter André Bloch, Vizepräsident der »Stiftung Nietzsche-Haus in Sils-Maria«, geleitet wurde. An zwei Abenden wurden außerdem zwei beeindruckende filmische bzw. schauspielerische Höhepunkte angeboten: Am 16. Juni wurde der Kurzfilm »Deutschland Adieu!« unter der Regie von Thomas Gull und der Kameraführung von Stephan Läuppi präsentiert. Der Film behandelt die turbulenten ersten Tage von Thomas Manns Exil in Arosa 1933. Ursula Amrein stellt darin als Exilexpertin den literarischen und zeithistorischen Kontext her. Am 17. Juni gelangte das Hörbild »›Spitzbübischer Spötter und treuherzige Nachtigall‹ – Thomas Mann und Hermann Hesse« zur Aufführung. Es wurde vom Herausgeber von Hermann Hesses *Sämtlichen Werken*, Volker Michels, geschaffen und vom Schauspieltrio René Ander-Huber (Hermann Hesse), Helmut Vogel (Thomas Mann) und Graziella Rossi (Katia Mann, Erika Mann und Ninon Hesse) überzeugend dargestellt.

Bereichert wurde das Berichtsjahr durch zwei zusätzliche Veranstaltungen unserer Gesellschaft:

Am 3. Februar präsentierten Aaron Estermann und Maximilian Rück an der ETH Zürich ihren Band *Das Haus der Familie Mann. Ein Rundgang zwischen Literatur und Wirklichkeit* mit zahlreichen historischen Fotografien, Bauplänen, literarischen Werkbezügen und biografischen Quellen und gaben Einblick in ihre Arbeitsweise.

Am 31. März präsentierte Thomas Gull den von ihm konzipierten Kurzfilm »Deutschland Adieu!« an der ETH Zürich und moderierte anschließend ein Gespräch mit Ursula Amrein und Katrin Bedenig über Thomas Manns Exilbeginn 1933 und die darauf folgenden Jahre der Emigration in der Schweiz und in den USA.

Abschließend bleibt uns, bereits vorauseilend größten Dank an die verdienten und langjährigen Revisoren unserer Gesellschaft auszusprechen, Frau Verena Wilhelm (Revisorin seit 1998!) und Herrn Werner Wilhelm (Revisor seit 1995!). Sie werden im übernächsten Jahr von ihren Ämtern zurücktreten und räumen uns damit genügend Zeit für die Suche nach geeigneten NachfolgerInnen ein. Wer ab dem Jahr 2019 gerne die ehrenamtliche Funktion des Revisors oder der Revisorin übernehmen möchte, ist herzlich eingeladen, sich zu melden. Ab Sommer 2017 kann dies bereits an die neue Sekretärin der Thomas Mann Gesellschaft Zürich, Frau Dr. Barbara Schmid, geschehen (info@thomas-mann.ch). Unser bewährter Sekretär, Dr. des. Philipp Ramer, ist ab Sommer 2017 vollzeitig an der Universität Genf tätig. Wir gratulieren ihm zu seinem erfolgreichen germanistischen Werdegang und bedanken uns für die sechsjährige ausgezeichnete Betreuung unserer Gesellschaft! Seine Nachfolgerin heißen wir herzlich willkommen und sind glücklich, dass wir in beiden Fällen von wertvoller germanistischer Fachkenntnis profitieren konnten und können.